无锡市律师协会
律师实务丛书

新公司法实务解构与精讲

DECONSTRUCTION AND ELABORATION OF NEW COMPANY LAW PRACTICE

张婧楠／编著

法律出版社
LAW PRESS · CHINA
北京

本书受无锡市律师协会、无锡太湖法律服务中心
研究课题经费资助

总 序

无锡市律师协会会长　宋　毅

无锡，是一座山美水美的太湖滨城，是一座颇具深厚文化底蕴又焕发清新现代气息的江南名城；地灵人杰，律界而言，曾孕育了诸如冯晓钟、吴凯声、杨荫杭、沙彦楷、王汝琪等志弘律范、铁血丹心的大律师，他们不仅具有扎实的法律功底和精湛的业务技能，还饱含刻苦的敬业精神和真挚的家国情怀，赢得了当事人和社会各界的广泛赞誉和永远铭记！近年来，无锡在"长三角"地区更是"C 位觉醒"，已然成为华东一颗极为耀眼的璀璨明珠。"强富美高"新无锡现代化建设新篇章的强势进程已然全面开启，为之配套的法律服务急需高质量发展、法律人才急需高品质成长。

新时代的感召，新形势的需要。无锡市律师协会责无旁贷！深感律师作为依法治国的一支重要力量，肩负维护公平正义、促进社会和谐的重任；积极贯彻落实司法部党组对律师行业建设所提出的"五点希望"，通过创办全省首个业内自建教育培训机构——无锡太湖法律服务中心、推进名优律师人才培养工程、举办无锡律师论坛和太湖涉外法律服务论坛、评选"五优"等多项举措，致力于广大律师专业素养和实务能力的提升，为无锡的高质量发展率先培养高品质的法律人才。而今又推出这套凝聚着无锡律师智慧与汗水的实务系列丛书，既是上述种种努力的结晶，更是意在务实推进全体律师办案能力和服务水平的快速提高。

此套丛书内容广泛，全面覆盖了民商事、刑事、行政、知识产权、涉外法律服务等多个法律专业领域，且以简洁明了的语言将深奥艰涩的法律理论和纷繁庞杂的实务问题结合起来予以呈现，通俗易懂，为律师执业进阶提供全面而具体的指引，以利其专业精进和稳健成长。

诚然，离不开从书作者们无私的鼎力奉献！他们结合自身广博的法律知识和丰富的法律实践，挖掘具有时代共性的法律问题、总结提出精准可行的解决方案；书中的每一篇章和每一个案例都是作者深思熟虑、精心钻研的成果。他们探索法律前沿问题，挑战传统理念观念，用创新思维和新方法解决新问题。在当下数字化、网络化、智能化迅猛发展的情势下，特别关注了互联网法律、人工智能法律应用等新兴领域，为读者提供前沿法律资讯、引发解决方案思考。

习近平总书记深刻指出："法治兴则国家兴，法治衰则国家乱。"法治是国家长治久安的必由之路，也是人民幸福安康的坚实保障。无锡市律师协会将秉持法治精神，发挥职业优势，为无锡的法治建设尽责尽力。这套实务系列丛书，既是无锡律师专业水平又一次崭新的全面展示，也是无锡律师行业又一张亮丽的宣传名片。我相信，这套丛书的出版，会让社会及更多人更加了解、认识和信任无锡律师，为无锡律师行业发展注入新的活力，为法治无锡建设增添新的光彩！

最后，我要感谢所有参与丛书编著的作者和工作人员！是你们的辛勤付出和无私奉献，使得这套丛书得以顺利面世！同时，我也要感谢广大读者对我们无锡律师的支持和厚爱！你们的期待，是我们服务的意义！你们的鼓励，是我们前行的动力！

序言　把握公司法的精神

2024年新《中华人民共和国公司法》（以下简称《公司法》）的实施，不仅掀起了社会层面学习新《公司法》的浪潮，更标志着我国公司法律制度的重要进步。相较于1993年以来的前五次修法，本次《公司法》的修订规模最大，删除了2018年《公司法》中的16个条文，新增和修改了228个条文，其中实质性修改112个条文，涉及包括公司治理、资本制度、国企改革等在内的多个领域。据估算，这将对我国4300多万家公司产生系统影响，足见影响广泛。尽管如此，面对纷繁复杂的司法实践，新《公司法》不免力有未逮。身为法律从业人员，应该如何应对？答案是：把握公司法的精神。

公司法发展的历史已经清晰地表明，高效的制度会很快在世界范围内传播；低效的制度，不管身披何种叙事的"外衣"，即便曾被大规模效仿，也会随着时代的浪潮销声匿迹。倘若我们将契合时代诉求的公司法制度，和落后于时代渴求的公司法制度做对比，可以得出以下结论：

首先，公司法制度应促进社会整体效率。有利于提高社会整体效率的规范能在历史长河中源远流长，如信义义务制度，工业革命的深化和"两权分离"的矛盾使该制度得到进一步确立，这有利于保证股东利益和高管利益的一致性；再如历史上的有限责任制度、限制股权自由转让之禁止，都极大提高了公司吸引投资的效率，使得各利益相关者受益，至今都在很大程度上得到保留。而忽略社会利益，仅出于某一群体利益的需求（如公司高管、政治团体等）制定的规范则会被历史淘汰。比如20世纪30年代西方大企业高管的"企业社会责任"叙事，其实是为高管攫取更多权力的抓手，且导致高管利益与股东利益发生偏离，造成低效。再比如德国的监事会制度与本国的工人运动有紧密联系，有数据统计显示，该制度使得公司决策的正确率下降了30%，是德国企业在资本市场上表现落后于美国的原因之一。而监事会制度被移植到日本、韩国、中国以后，普遍"水土不服"，没有达到预期监督效果，因而逐渐被淡化。

其次，探寻公司法规范前提之方法论应为归纳法。公司法规范前提应通过自下而上的归纳得出，即根据实践提出规范，再将规范放到实践中去检验效果。而不应像耶林所反对的“概念法学”那样，通过自上而下的演绎、从概念到概念的“辩经”得来。比如我国曾经存在的“验资”制度，制定的出发点是方便监管、保障公司信用，然而在实践中却变成了“多方作假”：银行专门为公司发起人推出设立公司的高息贷款，公司发起人缺乏资金，只能选择背负高息贷款。这种“多方作假”的制度建立在不稳固的前提之上，被事实证明是低效的制度。后来公司法针对现实问题，改“审批制”为“注册制”，公司设立门槛大大降低，经济活力进一步释放，事实证明这种自下而上得到反馈的制度是良好高效的制度。

因此，公司法的精神是以促进社会效率提高为目标；实事求是，以归纳法确立规范前提。

婧楠律师的这本新作《新公司法实务解构与精讲》准确把握了公司法的精神。此书立足于当下时代背景，以促进社会整体效率为导向，以归纳法为方法论，在规范和事实之间展开论证，厘清了众多司法实践中的模糊问题，适合所有法律从业人员阅读、参考。

在这本书中，婧楠律师不仅深入分析了新《公司法》的修订背景和具体条文变化，还结合司法实践中的案例，对公司治理、股东权利、董事责任等关键问题进行了详细探讨。书中不仅包含了对新《公司法》条文的解读，还提供了丰富的司法裁判实务梳理，使得读者能够全面理解新《公司法》的精神和应用。特别是在公司治理结构、股东权利保护、董事义务等核心领域，婧楠律师提供了深刻的见解和实用的指导，这些都是法律实务中不可或缺的知识。作为婧楠律师曾经的导师，我为他给公司法学界留下探求真理的足迹感到高兴。祝福婧楠律师在职业道路上更进一步，也在此将这本书推荐给所有读者朋友们，相信你们一定会有所收获！

随着《公司法》的不断演进，我们期待法律从业人员能够不断学习和适应新的法律环境，把握法的精神，以更好地服务于社会和经济发展。婧楠律师的这本书无疑是这一过程中的一盏明灯，为我们指引方向，提供智慧。让我们一起期待，在新《公司法》的指引下，我国的公司法律制度能够更加完善，为社会带来更多的福祉。

蒋悟真

2024 年 11 月 4 日于华南理工大学大学城校区

自 序

十年磨一剑。截至2024年，笔者已执业十年，期间做了大量公司法案件，也撰写过些许公司法专题学术论文。十年之旅让我感悟到，无论是法律人自身成长还是谈及对所在行业的贡献，均需要实践与理论的结合，二者不可或缺。而公司法是兼具合同属性与组织属性的特殊部门法，其覆盖应用之广泛，法律关系之复杂，值得法律人悉心钻研。

法律基业长青取决于法律思维的活力与深度，而2024年新《公司法》的实施无疑为法律人共享思考之光提供了一场盛宴，笔者也恰借此契机，结合既往相关执业经验以及偶得片羽整理成册，以期与广大同仁以及对公司法感兴趣的朋友做探讨与交流。

2024年7月1日实施的《公司法》对之前沿用的公司法条文进行了大幅度修改，实质新增和修改228条左右，主要包括坚持党对国有企业的领导，完善国家出资公司特别规定，完善公司设立、退出制度，优化公司组织机构设置，完善公司资本制度，强化控股股东和经营管理人员的责任，加强公司社会责任等方面。

此次著书，笔者从实务角度切入，既有实践洞察，亦有理论关切，并集合了司法判例的归纳与凝练。本书有几方面特色：特色一，本书从16个方面分析了《公司法》（2024）的重大变化以及相应影响；特色二，本书共设16个专题，每个专题均涉及多个实践应用难点问题，每一具体问题的分析均围绕"问题提炼""案例评析""理论延展"三个方面展开，完成了梳理提炼、比对分析、延展深化的闭环链路；特色三，本书扎根于司法实践，高度关注司法案例作为法治的基本单位所蕴含的价值，相较于司法解释固有的局限性，司法案例在弥补制定法不足方面更具有针对性、明确性。对于"热点问题"，本书所选案例以最高人民法院、高级人民法院、中级人民法院为主，展示司法裁判主流基调；而对于"冷门问题"本书则尽可能查找全部相关案例，挖掘既有司法裁判思路。

仅希望通过阅读此书，能够让读者们知悉《公司法》（2024）条文内容中的重大变化，了解和预判实操过程中所会遇到的各色问题，并通过裁判规则所涉核心争点以及不同角度的论证说理，提升对相应法理的深入思考。

笔者认为，公司是经济发展的单元基石，而公司法的发展史则见证着经济不断向前的轨迹、蕴含了社会主义市场经济不断与国际接轨、融合的过程，而一部又一部《公司法》的修订历程是无数法学人、法律人上下求索，孜孜不倦的丰碑。《公司法》的修订与应用与每一个人息息相关。我想，作为一名法律人，虽无经纬之才，但仍要担当奋进，善于求证和思考，以求抛砖引玉，在《公司法》的实证研究领域贡献微弱之力。正如陈寅恪先生所言“惟此独立之精神，自由之思想，历千万祀，与天壤而同久，共三光而永光”。独立之思想应系我等法律人的终身追求。

最后，感谢曾协助本书编辑、整理的所有伙伴：卞璐瑶、高捷、陈天池、李晶晶，感谢蒋悟真老师对我的指导，感谢无锡市律师协会对本书的支持。

法律规定索引

文件名称	简称	文号	生效日期	被废止 / 修正 / 修订 / 修改日期
一、法律法规				
《中华人民共和国公司法》	《公司法》（2024）	主席令第 15 号	2024 年 7 月 1 日	—
《中华人民共和国公司法》	《公司法》（2018）	主席令第 15 号	2018 年 10 月 26 日	2023 年 12 月 29 日被修订
《中华人民共和国公司法》	《公司法》（2013）	主席令第 8 号	2014 年 3 月 1 日	2018 年 10 月 26 日被修正
《中华人民共和国公司法》	《公司法》（2005）	主席令第 42 号	2006 年 1 月 1 日	2013 年 12 月 28 日被修正
《中华人民共和国公司法》	《公司法》（2004）	主席令第 20 号	2004 年 8 月 28 日	2005 年 10 月 27 日被修订
《中华人民共和国公司法》	《公司法》（1999）	主席令第 29 号	1999 年 12 月 25 日	2004 年 8 月 28 日被修正
《中华人民共和国公司法》	《公司法》（1993）	主席令第 16 号	1994 年 7 月 1 日	1999 年 12 月 25 日被修正
《中华人民共和国民法典》	《民法典》	主席令第 45 号	2021 年 1 月 1 日	—
《中华人民共和国民法总则》	《民法总则》	主席令第 66 号	2017 年 10 月 1 日	2021 年 1 月 1 日被废止
《中华人民共和国物权法》	《物权法》	主席令第 62 号	2007 年 10 月 1 日	2021 年 1 月 1 日被废止
《中华人民共和国合同法》	《合同法》	主席令第 15 号	1999 年 10 月 1 日	2021 年 1 月 1 日被废止
《中华人民共和国侵权责任法》	《侵权责任法》	主席令第 21 号	2010 年 7 月 1 日	2021 年 1 月 1 日被废止
《中华人民共和国民事诉讼法》	《民事诉讼法》（2023）	主席令第 11 号	2024 年 1 月 1 日	—
《中华人民共和国民事诉讼法》	《民事诉讼法》（2021）	主席令第 106 号	2022 年 1 月 1 日	2023 年 9 月 1 日被修正

续表

文件名称	简称	文号	生效日期	被废止 / 修正 / 修订 / 修改日期
《中华人民共和国中外合资经营企业法》	《中外合资经营企业法》(2016)	主席令第 51 号	2016 年 10 月 1 日	2020 年 1 月 1 日被废止
《中华人民共和国证券法》	《证券法》(2019)	主席令第 37 号	2020 年 3 月 1 日	—
《中华人民共和国证券法》	《证券法》(2005)	主席令第 43 号	2006 年 1 月 1 日	2013 年 6 月 29 日被修正
《中华人民共和国企业破产法》	《破产法》	主席令第 54 号	2007 年 6 月 1 日	—
《中华人民共和国会计法》	《会计法》(2024)	主席令第 28 号	2024 年 7 月 1 日	—
《中华人民共和国会计法》	《会计法》(2017)	主席令第 81 号	2017 年 11 月 5 日	2024 年 6 月 28 日被修正
《中华人民共和国会计法》	《会计法》(1999)	主席令第 24 号	2000 年 7 月 1 日	2017 年 11 月 4 日被修正
《中华人民共和国市场主体登记管理条例》	《市场主体登记管理条例》	国务院令第 746 号	2022 年 3 月 1 日	—
《中华人民共和国市场主体登记管理条例实施细则》	《市场主体登记管理条例实施细则》	国家市场监督管理总局令第 52 号	2022 年 3 月 1 日	—
《公司注册资本登记管理规定》	—	国家工商行政管理总局令第 64 号	2014 年 3 月 1 日	2022 年 3 月 1 日被废止
《证券登记结算管理办法》	《证券管理办法》(2018)	中国证券监督管理委员会令第 147 号	2018 年 9 月 15 日	2022 年 5 月 6 日被修订
《证券登记结算管理办法》	《证券管理办法》(2017)	中国证券监督管理委员会令第 137 号	2017 年 12 月 7 日	2018 年 8 月 15 日被修正
《上市公司独立董事管理办法》	—	中国证券监督管理委员会令第 220 号	2023 年 9 月 4 日	—
《上市公司证券发行注册管理办法》	—	中国证券监督管理委员会令第 206 号	2023 年 2 月 17 日	—
《非上市公众公司收购管理办法》	《非上市公众公司收购管理办法》(2020)	中国证券监督管理委员会令第 166 号	2020 年 3 月 20 日	—

续表

文件名称	简称	文号	生效日期	被废止 / 修正 / 修订 / 修改日期
《非上市公众公司监督管理办法》	《非上市公众公司监督管理办法》(2023)	中国证券监督管理委员会令第 212 号	2023 年 2 月 17 日	—
《私募投资基金监督管理条例》	—	国务院令第 762 号	2023 年 9 月 1 日	—
《商业银行股权管理暂行办法》	—	中国银行业监督管理委员会令 2018 年第 1 号	2018 年 1 月 5 日	—
《保险公司股权管理办法》	—	保监会令〔2018〕5 号	2018 年 4 月 10 日	—
二、司法解释及文件				
《最高人民法院关于适用〈中华人民共和国公司法〉若干问题的规定(一)》	《公司法司法解释(一)》(2014)	法释〔2014〕2 号	2014 年 3 月 1 日	—
《最高人民法院关于适用〈中华人民共和国公司法〉若干问题的规定(一)》	《公司法司法解释(一)》(2006)	法释〔2006〕3 号	2006 年 5 月 9 日	2014 年 2 月 17 日被修正
《最高人民法院关于适用〈中华人民共和国公司法〉若干问题的规定(二)》	《公司法司法解释(二)》(2020)	法释〔2020〕18 号	2021 年 1 月 1 日	—
《最高人民法院关于适用〈中华人民共和国公司法〉若干问题的规定(二)》	《公司法司法解释(二)》(2014)	法释〔2014〕2 号	2014 年 3 月 1 日	2020 年 12 月 23 日被修正
《最高人民法院关于适用〈中华人民共和国公司法〉若干问题的规定(二)》	《公司法司法解释(二)》(2008)	法释〔2008〕6 号	2008 年 5 月 19 日	2014 年 2 月 17 日被修正
《最高人民法院关于适用〈中华人民共和国公司法〉若干问题的规定(三)》	《公司法司法解释(三)》(2020)	法释〔2020〕18 号	2021 年 1 月 1 日	—

续表

文件名称	简称	文号	生效日期	被废止 / 修正 / 修订 / 修改日期
《最高人民法院关于适用〈中华人民共和国公司法〉若干问题的规定（三）》	《公司法司法解释（三）》(2014)	法释〔2014〕2 号	2014 年 3 月 1 日	2020 年 12 月 23 日被修正
《最高人民法院关于适用〈中华人民共和国公司法〉若干问题的规定（三）》	《公司法司法解释（三）》(2011)	法释〔2011〕3 号	2011 年 2 月 16 日	2014 年 2 月 17 日被修正
《最高人民法院关于适用〈中华人民共和国公司法〉若干问题的规定（四）》	《公司法司法解释（四）》(2020)	法释〔2020〕18 号	2021 年 1 月 1 日	—
《最高人民法院关于适用〈中华人民共和国公司法〉若干问题的规定（四）》	《公司法司法解释（四）》(2017)	法释〔2017〕16 号	2017 年 9 月 1 日	2020 年 12 月 23 日被修正
《最高人民法院关于适用〈中华人民共和国公司法〉若干问题的规定（五）》	《公司法司法解释（五）》(2020)	法释〔2020〕18 号	2021 年 1 月 1 日	—
《最高人民法院关于适用〈中华人民共和国公司法〉若干问题的规定（五）》	《公司法司法解释（五）》(2019)	法释〔2019〕7 号	2019 年 4 月 29 日	2020 年 12 月 23 日被修正
《最高人民法院关于适用〈中华人民共和国民法典〉合同编通则若干问题的解释》	《民法典合同编通则司法解释》	法释〔2023〕13 号	2023 年 12 月 5 日	—
《最高人民法院关于适用〈中华人民共和国民法典〉有关担保制度的解释》	《民法典担保制度司法解释》	法释〔2020〕28 号	2021 年 1 月 1 日	—
《最高人民法院关于印发〈全国法院民商事审判工作会议纪要〉的通知》	《九民纪要》	法〔2019〕254 号	2019 年 11 月 8 日	—

续表

文件名称	简称	文号	生效日期	被废止 / 修正 / 修订 / 修改日期
《最高人民法院关于适用〈中华人民共和国民事诉讼法〉的解释》	《民事诉讼法司法解释》	法释〔2022〕11 号	2022 年 4 月 10 日	—
《最高人民法院印发〈关于修改《民事案件案由规定》的决定〉的通知》	《民事案件案由规定》(2020)	法〔2020〕346 号	2021 年 1 月 1 日	—
《最高人民法院关于适用〈中华人民共和国企业破产法〉若干问题的规定(一)》	《破产法司法解释(一)》	法释〔2011〕22 号	2011 年 9 月 26 日	—
《上市公司股份回购规则》	《上市公司股份回购规则》(2023)	中国证券监督管理委员会公告〔2023〕63 号	2023 年 12 月 15 日	—
《上市公司章程指引》	《上市公司章程指引》(2023)	中国证券监督管理委员会公告〔2023〕62 号	2023 年 12 月 15 日	—
《国务院办公厅关于进一步完善国有企业法人治理结构的指导意见》	—	国办发〔2017〕36 号	2017 年 4 月 24 日	—
《最高人民法院印发〈关于当前形势下审理民商事合同纠纷案件若干问题的指导意见〉的通知》	《关于当前形势下审理民商事合同纠纷案件若干问题的指导意见》	法发〔2009〕40 号	2009 年 7 月 7 日	—
《关于加强私募投资基金监管的若干规定》	—	中国证券监督管理委员会公告〔2020〕71 号	2020 年 12 月 30 日	—
《最高人民法院关于审理外商投资企业纠纷案件若干问题的规定(一)》	—	法释〔2020〕18 号	2021 年 1 月 1 日	—
《最高人民法院印发〈关于审理公司强制清算案件工作座谈会纪要〉的通知》	《公司强制清算纪要》	法发〔2009〕52 号	2009 年 11 月 4 日	—

CONTENTS 目·录

专题八

股权代持法律关系

专题九

股权回购

专题十
股权转让及优先购买权

专题十一
公司治理与公司组织机构

专题一

公司设立

一、法律规定对比解析

(一)《公司法》(2018)与《公司法》(2024)相关条文对比

《公司法》(2018)	《公司法》(2024)
—	**第 43 条** 有限责任公司设立时的股东可以签订设立协议，明确各自在公司设立过程中的权利和义务。
—	**第 44 条** 有限责任公司设立时的股东为设立公司从事的民事活动，其法律后果由公司承受。 公司未成立的，其法律后果由公司设立时的股东承受；设立时的股东为二人以上的，享有连带债权，承担连带债务。 设立时的股东为设立公司以自己的名义从事民事活动产生的民事责任，第三人有权选择请求公司或者公司设立时的股东承担。 设立时的股东因履行公司设立职责造成他人损害的，公司或者无过错的股东承担赔偿责任后，可以向有过错的股东追偿。
第 77 条 股份有限公司的设立，可以采取发起设立或者募集设立的方式。 发起设立，是指由发起人认购公司应发行的全部股份而设立公司。 募集设立，是指由发起人认购公司应发行股份的一部分，其余股份向社会公开募集或者向特定对象募集而设立公司。	**第 91 条** 设立股份有限公司，可以采取发起设立或者募集设立的方式。 发起设立，是指由发起人认购设立公司时应发行的全部股份而设立公司。 募集设立，是指由发起人认购设立公司时应发行股份的一部分，其余股份向特定对象募集或者向社会公开募集而设立公司。
第 78 条 设立股份有限公司，应当有二人以上二百人以下为发起人，其中须有半数以上的发起人在中国境内有住所。	**第 92 条** 设立股份有限公司，应当有一人以上二百人以下为发起人，其中应当有半数以上的发起人在中华人民共和国境内有住所。
第 79 条 股份有限公司发起人承担公司筹办事务。 发起人应当签订发起人协议，明确各自在公司设立过程中的权利和义务。	**第 93 条** 股份有限公司发起人承担公司筹办事务。 发起人应当签订发起人协议，明确各自在公司设立过程中的权利和义务。

续表

<table>
<tr><th>《公司法》(2018)</th><th>《公司法》(2024)</th></tr>
<tr><td>—</td><td>第 94 条　设立股份有限公司，应当由发起人共同制订公司章程。</td></tr>
<tr><td>第 80 条　股份有限公司采取发起设立方式设立的，注册资本为在公司登记机关登记的全体发起人认购的股本总额。在发起人认购的股份缴足前，不得向他人募集股份。
股份有限公司采取募集方式设立的，注册资本为在公司登记机关登记的实收股本总额。
法律、行政法规以及国务院决定对股份有限公司注册资本实缴、注册资本最低限额另有规定的，从其规定。</td><td>第 96 条　股份有限公司的注册资本为在公司登记机关登记的已发行股份的股本总额。在发起人认购的股份缴足前，不得向他人募集股份。
法律、行政法规以及国务院决定对股份有限公司注册资本最低限额另有规定的，从其规定。</td></tr>
<tr><td>第 83 条　以发起设立方式设立股份有限公司的，发起人应当书面认足公司章程规定其认购的股份，并按照公司章程规定缴纳出资。以非货币财产出资的，应当依法办理其财产权的转移手续。
发起人不依照前款规定缴纳出资的，应当按照发起人协议承担违约责任。
发起人认足公司章程规定的出资后，应当选举董事会和监事会，由董事会向公司登记机关报送公司章程以及法律、行政法规规定的其他文件，申请设立登记。</td><td rowspan="2">第 97 条　以发起设立方式设立股份有限公司的，发起人应当认足公司章程规定的公司设立时应发行的股份。
以募集设立方式设立股份有限公司的，发起人认购的股份不得少于公司章程规定的公司设立时应发行股份总数的百分之三十五；但是，法律、行政法规另有规定的，从其规定。</td></tr>
<tr><td>第 84 条　以募集设立方式设立股份有限公司的，发起人认购的股份不得少于公司股份总数的百分之三十五；但是，法律、行政法规另有规定的，从其规定。</td></tr>
<tr><td>第 82 条　发起人的出资方式，适用本法第二十七条的规定。</td><td>第 98 条　发起人应当在公司成立前按照其认购的股份全额缴纳股款。
发起人的出资，适用本法第四十八条、第四十九条第二款关于有限责任公司股东出资的规定。</td></tr>
</table>

（二）相关规范索引

相关规范	条款
《民法典》	第 75 条
《公司法司法解释（三）》(2020)	第 1 条、第 2 条、第 3 条、第 4 条、第 5 条、第 6 条

（三）新旧公司法变化解读

第一，《公司法》（2024）第 43 条是新设条款，明确了发起人之间有权通过签署设立公司协议的方式确定各自的权利义务，弥补了《公司法》（2018）的不足。

早在《公司法》（2024）出台之前，很多发起人设立公司时为了厘清职责以及后续可能发生的责任承担等问题，在正式启动公司设立事项之前会通过签署“投资协议”“公司设立协议”等方式明确相应权利义务。实践中，一旦公司设立失败，往往会因为发起人的损失承担问题引发纠纷，一方面，发起人在设立公司过程中会因履行出资义务而产生一定的费用支出；另一方面，发起人在公司设立过程中会垫付与第三方债权人的交易成本、赔付成本等。司法实践中，法院大多会参照发起人之间的协议来确定各方的责任。笔者认为，《公司法》（2024）第 43 条虽然是任意性规范，但该条不仅符合市场现状，也契合了司法实践的既往审判思路，同时也具有引导作用，有助于公司发起人在公司设立过程中的规范化、程序化操作。

《公司法》（2024）第 93 条系股份有限公司发起人协议订立问题，延续了《公司法》（2018）第 79 条。与第 43 条的不同之处在于，第 43 条是任意性规范，而第 93 条是强制性规范，即《公司法》（2024）要求股份有限公司的发起人必须签署发起人协议。笔者认为，有限责任公司以“人合”为主，而股份有限公司以“资合”为主，有限责任公司的股东系“熟人圈子”组成，即使在不签订书面协议的情况下，发起人之间也可以形成一套有效的运行、制约规则，所以《公司法》（2024）并未强制要求有限责任公司的发起人在设立公司过程中签署协议；而股份有限公司的股东大多互不相识，不存在约定俗成的交互规则，如果在设立公司过程中未签署正式协议，不仅出现纠纷的概率很高，而且一旦发生纠纷也很难找到纠纷解决依据。所以，《公司法》（2024）强制要求股份有限公司的发起人在设立公司时通过书面协议确定各自的权利义务。

第二，《公司法》（2024）第 44 条吸收了《公司法司法解释（三）》（2020）第 2 条至第 5 条以及《民法典》第 75 条的规定，对公司设立过程中的债务由谁承担的问题进行了明确，弥补了《公司法》（2018）的空白。但是，《公司法司法解释（三）》（2020）第 3 条仍然为公司保留了抗辩的权利，即能够证明发起人为个人利益签订合同的，公司可以不承担责任，而《公司法》（2024）对此并未涉及。

第三，《公司法》（2024）第 92 条修改了《公司法》（2018）第 78 条中对发起人人数的规定，将发起人人数的最低限额由“二人以上”变更为“一人以上”，即法律认可一人股份有限公司的设立，有助于鼓励股份有限公司的发展。

第四,《公司法》(2024)第 96 条修改了《公司法》(2018)第 80 条中对注册资本的定义。《公司法》(2018)第 80 条规定,无论是发起设立的股份有限公司还是募集设立的股份有限公司,其注册资本是公司全部股本的总额。而《公司法》(2024)第 96 条规定,股份有限公司的注册资本等于已发行股份的股本总额。主要原因在于,《公司法》(2018)未规定股份有限公司设立时可仅发行部分股份,而《公司法》(2024)引入了“授权资本制”,所以,公司在授权初期可以仅发行部分股份,那么,公司登记的注册资本也应当等同于已发行的股本总额。

第五,《公司法》(2024)第 96 条删去了《公司法》(2018)第 80 条第 2 款的规定,不再区分发起设立、募集设立的公司注册资本,统一规定股份有限公司的注册资本为在公司登记机关登记的已发行股份的股本总额。这实质上是将发起设立的股份有限公司由认缴制改为实缴制,募集设立的股份有限公司则继续实行实缴制。前述条款与《公司法》(2024)第 98 条共同构建了股份有限公司的实缴制规则。

二、争议问题及裁判实务梳理

(一)发起人以设立中公司的名义签订合同,公司成立后,法律后果是否均应由公司承担?

案例1 最高人民法院(2021)最高法民申 5109 号 晋城市金汇房地产开发有限公司、高平市腾达房地产开发有限公司等合同纠纷

▶ 案情摘要

2011 年,晋城市金汇房地产开发有限公司(以下简称“金汇公司”)设立时的发起人在其成立之前,以金汇公司的名义与案外人屹塔社区签订了《高平南城办屹塔居委会城中村改造开发委托协议书》(以下简称“开发协议”),约定由屹塔社区委托金汇公司对该村进行城中村改造土地开发建设。

2016 年 1 月 23 日,金汇公司将屹塔社区城中村改造项目转让给李 × 虎。2016 年 4 月 1 日,第三人李 × 来代表金汇公司与李 × 虎就项目转让总价签订了补充协议。

2016 年 6 月 12 日,高平市腾达房地产开发有限公司(以下简称“腾达公司”)注册成立,李 × 虎为注册时的股东。

2016 年 6 月,腾达公司与案外人屹塔社区约定,因金汇公司无力承担涉案项目,由腾达公司取代金汇公司成为涉案项目后续运作的施工责任主体。2017 年 5 月 2

日，腾达公司取得了涉案项目的国有建设用地使用权。

后金汇公司与李 × 虎、腾达公司、李 × 来因支付剩余转让款及相应利息事项产生纠纷。

一审法院经审理后要求腾达公司支付相应转让款及利息，并要求金汇公司开具相应增值税专用发票，驳回其余诉讼请求。金汇公司、腾达公司、李 × 虎不服一审判决，提起上诉。二审法院经审理后维持原判，驳回上诉。金汇公司、腾达公司不服二审判决，向最高人民法院申请再审，再审法院裁定驳回其再审申请。

裁判要旨

法院认为，根据《公司法司法解释（三）》第 3 条第 1 款的规定，“发起人以设立中公司名义对外签订合同，公司成立后合同相对人请求公司承担合同责任的，人民法院应予支持”。因金汇公司有效设立，该公司设立时的发起人以金汇公司名义在其成立之前与屹塔社区居委会签订的《开发委托协议书》效力及于金汇公司。

案例 2 山西省高级人民法院（2021）晋民申 1211 号 郭 × 娥、太原市晋源区义井街道办事处北堰村民委员会租赁合同纠纷

► 案情摘要

2003 年 11 月 6 日，太原市晋源区北堰综合市场（以下简称“北堰综合市场”）设立，投资人为太原市晋源区义井街道办事处北堰村民委员会（以下简称“北堰村民委员会”）。

2003 年 7 月 25 日，北堰综合市场与郭 × 娥签订了《北堰综合市场租赁合同》，约定将案涉场地出租给郭 × 娥，合同落款加盖北堰村民委员会公章。郭 × 娥提交的 2003 年 10 月 20 日的租赁费收据抬头显示为“北堰综合市场收据”，加盖的公章为“北堰综合市场业务专用章”。2013 年 1 月 6 日，北堰综合市场被吊销营业执照。后因案涉场地的经营权变更，导致郭 × 娥无法正常使用。

郭 × 娥认为其是与北堰村民委员会建立的租赁合同关系，因此，以北堰村民委员会为被告，起诉至法院。

一审法院经审理后认为，《北堰综合市场租赁合同》所约定的租赁期限超出 20 年的部分无效，现合同已解除，郭 × 娥的诉讼请求无事实法律上的依据，法院不予支持。郭 × 娥不服一审判决，提起上诉。二审法院审理后判决维持原判。郭 × 娥不

服二审判决，向山西省高级人民法院申请再审，再审法院裁定驳回郭 × 娥再审申请。

裁判要旨

法院认为，设立中公司虽然不具有独立法人人格，但是已经具备民事主体的一些特征，如已具有事务执行机关、共同行为准则和一定的财产等。这些特点都使设立中公司具备了一定的权利能力和行为能力，可以以自己的名义对外进行民事活动。发起人是设立中公司的机关，有权代表设立中公司对外从事公司设立活动。设立中的公司与正式成立后的公司系同一人格，发起人以设立中公司名义签订的合同，按照合同的相对性原则，权利义务应当归属于设立中公司，公司成立后当然应当承继合同的权利义务。合同相对人只能请求成立后的公司承担合同责任，而不能请求发起人承担合同责任。本案中，《北堰综合市场租赁合同》系以北堰综合市场名义签订，北堰村民委员会在合同尾部加盖公章系因签订合同时北堰综合市场尚未成立，没有公章，且从收据来看，郭 × 娥并未将租赁费交给北堰村民委员会。故，郭 × 娥系与北堰综合市场建立了租赁合同关系。虽然北堰综合市场被吊销营业执照，但根据《中华人民共和国公司法》的有关规定，公司被吊销营业执照是公司解散的事由，在注销登记前，其法人资格并未消灭，仍然是独立的民事主体，不影响其承担民事责任。

总结及延展

对于设立中的公司属于何种性质这一问题，法律上并无规定，学界主要有三种观点[①]：第一种是无权利能力社团说。该说认为，设立中的公司尚未取得法人资格，因而不具有权利能力和行为能力，在性质上属于无权利能力社团。第二种是同一体说。该说认为，设立中的公司与成立后的公司本质上属于同一主体，只不过二者处于同一主体的不同阶段。在二者权利义务的继承关系上，该说主张成立后的公司对设立中的公司的行为后果进行不加区分的概括继承。第三种是修正的同一体说。该说是对同一体说的一种修正学说，该说虽然也认为从设立中的公司到成立后的公司是一个连续的、渐进的过程，但在权利义务关系的继承上，该说认为，仅在设立中公司的行为是为了公司设立所必要的情形下，成立后的公司才当然继承该行为之后果。

笔者认为，《公司法》(2024)出台之前，司法实践中的大部分判例所涉结论均系综合了无权利能力社团说和修正的同一体说这两种观点而得出，即以设立中公司的名义所承担或确认的债务只有在公司正式设立后方能对公司产生效力，而且，若公

① 参见赵旭东：《新公司法讲义》，法律出版社 2024 年版。

司能够证明该笔债务与公司利益无关，公司亦无须承担责任。

而《公司法》(2024)也在此次立法过程中再次确认了这种观点。一方面，《公司法》(2024)第44条明确了设立中的公司不具有法人独立性，故如公司未能成功设立，则相应债务责任由发起人来承受；另一方面，第44条并未切断设立中公司与设立后公司之间的联系，一旦公司成功设立，设立中公司的行为后果仍然由公司承担。概言之，设立中的公司属于一种过渡性状态，并不具备行为能力，但在过渡状态中已经发生的债权债务关系需要根据债权债务发生的指向性来确定最终的责任主体。如果债权债务与公司设立相关，则应当由成功设立的公司继受。

(二)发起人以自己的名义签订合同并承担责任，公司成立后，发起人是否有权向公司追偿？

案例1 最高人民法院(2016)最高法民申3163号 南通联达置业有限公司、陈×居间合同纠纷

▶ **案情摘要**

南通联达置业有限公司(以下简称"联达公司")筹建初期，为获得12#地块的房地产开发权，经项目发起人协商，由联达公司发起人陈×明于2010年5月29日以自己的名义向陈×出具承诺书一份，约定由陈×为承诺人竞得案涉项目开发权并为该项目融通资金，陈×明支付其1500万元居间服务费用。

联达公司成立后，陈×多次到联达公司要求解决居间服务费问题。经陈×明牵头协调，陈×、联达公司于2011年4月22日签订了还款协议，联达公司承诺于2011年12月30日前一次性结清居间服务费1500万元，逾期按3‰承担违约责任。但协议到期后，联达公司未能依约还款。

2012年12月22日，陈×明(甲方)与陈×(乙方)签订协议书一份，约定：甲方当初自愿承诺按人民币1500万元计付居间服务费，现为进一步搞好项目开发，乙方同意顾全大局，有关居间服务费暂按人民币550万元计付，甲方保证最迟于2013年7月30日前付清。

后陈×诉至法院，要求联达公司支付居间服务费1500万元。

裁判要旨

法院认为，根据《公司法司法解释(三)》第2条第2款的规定，发起人为设立

公司以自己名义对外签订合同，合同相对人请求该发起人承担合同责任的，人民法院应予支持。公司成立后对前款规定的合同予以确认，或者已经实际享有合同权利或者履行合同义务，合同相对人请求公司承担合同责任的，人民法院应予支持。因此，无论2011年4月22日还款协议是否存在，成立后的联达公司均应对其成立之前发起人向陈 × 作出的支付居间服务费承诺承担责任，即联达公司应向陈 × 支付居间费。

案例2　浙江省宁波市中级人民法院（2021）浙02民终3633号　纪 ×、方 × 华等追偿权纠纷

▶ 案情摘要

2014年，纪 × 与方 × 华、任 × 为发起人拟开办餐饮公司，同年2月12日，因公司尚未成立，便以纪 × 作为承租人与锦绣公司签订了《恒茂商业中心租赁合同》，租赁涉案房屋用于开办宁波海曙老纪餐饮有限公司（以下简称“老纪公司”）。同年10月23日该公司成立，纪 × 与方 × 华、任 × 分别各持股33.3333%，纪 × 为法定代表人。

2015年7月25日，纪 × 与方 × 华、任 × 签订《清算协商协议》约定：经清算，老纪公司截至2015年5月30日，对外欠款共计1,046,222.25元，三方确认后按比例各承担1/3的债务……同时纪 × 不再承担老纪公司的任何合同责任和三方共同认可的债权债务，由方 × 华、任 × 承担老纪公司附件清单内所有三方共同认可的对外债务。同年7月31日，三人办理了法定代表人及股权比例变更，纪 × 退出经营，方 × 华担任法定代表人。

此后，老纪公司于2016年10月26日更名为宁波市畀畀文化发展有限公司，并于2017年6月27日再次更名为杨梅酎公司。

后因杨梅酎公司未按约履行租金支付义务，纪 × 与杨梅酎公司就租金问题发生争议。

裁判要旨

法院认为，本案系追偿权纠纷，其前提是纪 × 已经承担了相应的民事责任。但在生效的（2018）浙0203民初4474号民事判决作出后，纪 × 并未履行该判决确定的给付义务，且已被申请强制执行。同时，纪 × 提供的证据亦不足以证明其已经实际向锦绣公司承担责任，故其要求杨梅酎公司承担责任的诉请，缺乏事实和法律

依据。

案例3 河南省郑州市中级人民法院（2021）豫01民终2002号 上诉人郑州西子美容服务有限公司与被上诉人陈×及原审被告石×、荆×青追偿权纠纷

▶ 案情摘要

郑州西子美容服务有限公司（以下简称“西子美容公司”）成立于2018年4月8日，陈×、石×、荆×青为公司发起人。

2018年4月1日，为设立公司，陈×作为发起人与唐×伟签订了房屋租赁合同，用作西子美容公司的经营场所，租赁期限为2018年5月15日至2022年6月30日。其后，陈×向唐×伟支付了该房屋2019年1月至6月的租金324,800元。

因西子美容公司一直未偿还陈×垫付的租金，故陈×提起诉讼要求西子美容公司偿还其垫付的租金，并请求荆×青和石×在出资范围内与公司承担共同清偿责任。

裁判要旨

法院认为，发起人为设立公司以自己名义对外签订合同，合同相对人请求该发起人承担合同责任的，人民法院应予支持。公司成立后对前款规定的合同予以确认，或者已经实际享有合同权利或者履行合同义务，合同相对人请求公司承担合同责任的，人民法院应予支持。本案中，陈×向案外人唐×伟支付的涉案租金，系西子美容公司所使用经营场所的租金，应当认定陈×垫付的涉案租金系代西子美容公司履行合同义务，陈×垫付的涉案租金324,800元依法应当由西子美容公司承担。陈×要求石×、荆×青在相应范围内承担共同清偿责任，证据不足，不予支持。

总结及延展

对于发起人以自己的名义签订的合同，公司成立的，发起人承担责任后，是否有权向公司进行追偿的问题，司法实践中存在不同观点。主流观点认为，如果公司成立后实际享有合同项下的权利，则应当由公司承继，发起人已经承担责任的，可以向公司追偿。但部分观点认为，发起人系合同订立主体，应当作为第一责任主体承担法律责任，故无权向公司追偿。究其原因，《公司法司法解释（三）》（2020）第2条虽明确了合同相对人可以请求发起人或成立后公司承担合同责任，但并未明确二者责任的性质。

笔者认为，发起人以个体名义签订合同不必然与设立中的公司相关，故首先应当审查分辨合同内容是否涉及公司设立中的必要内容，如果合同中内容与发起人个体利益相关，则发起人为此而承担的责任自然无权向公司进行追偿。当且仅当合同系发起人为设立中的公司的利益所订立时，相关责任才由公司承继。

此外，一旦公司设立成功后确定合同权利由公司享有的，责任则由公司承继，发起人在先承担的责任应视为已移转至公司，发起人不应再被视为责任主体。学理通说认为，发起人的法律地位属于“设立中的公司机关”，该机关与设立后的公司本质上属于同一体，[①] 故公司设立之后，发起人为公司设立所从事的民事活动的法律后果应当然归属于公司，而发起人的身份亦将由“设立中的公司机关”转化为公司股东。此时，由设立后的公司承继设立过程中产生的债务，亦符合发起人转换为股东后以认缴出资额为限的责任承担方式。但需要注意的是，发起人具有双重身份，其一，发起人自身系独立的民事法律主体，可以自己的名义参与民事活动；其二，因发起人从事了与设立公司相关的活动，故当且仅当发起人从事公司设立活动时才会被视为“设立中的公司机关”。故针对发起人以个人名义订立的合同，首先，应判断前述合同是否涉及设立公司之必要事项，方能确定发起人是以何种身份参与该合同的订立。如确认合同中发起人的角色系“设立中的公司机关”，则发起人在承担责任后自然可以向设立后的公司进行追偿，只要公司设立成功，发起人的责任理应被排除。反之，如发起人签订合同的目的或必要性与设立中的公司无关，则相应的法律后果应当由发起人自行承担。

（三）发起人为自己的利益以设立中公司的名义对外签订合同，该责任应由设立后的公司承担还是由发起人承担？

案例1 江苏省南京市中级人民法院（2015）宁民终字第6911号　上诉人乔×明、孙×与被上诉人陆×、周×明、南京寿厚贸易有限公司申请执行人执行异议之诉纠纷

▶ 案情摘要

南京寿厚贸易有限公司（以下简称“寿厚公司”）名称核准于2013年8月1日，成立于2013年8月18日，注册资本为150万元。

① 参见许中缘：《论发起人对公司设立中债务的承担》，载《法学》2021年第12期。

2013年8月2日，周×明与乔×明达成协议，以其名下的寿厚公司为其对乔×明所负连本带息56万元的债务提供担保；同年8月6日，又与孙×达成协议，以寿厚公司为其对孙×所负连本带息的12万元债务提供担保。

为公司验资所需，2013年8月15日，案外人顾远受陆×指示，分别从陆×及其个人账户取款130万元、20万元存入周×明银行卡内，后又从周×明银行卡内分别取款80万元、70万元存入寿厚公司的账户内。同日，法院作出裁定扣划寿厚公司银行存款68万元。

款项扣划后，陆×于同年8月19日向法院提出执行异议，法院审查后，作出（2013）秦执异字第34号裁定，裁定其异议部分成立。乔×明、孙×不服并向南京市中级人民法院提出复议，该案经发回原审法院重新审查后，支持了陆×的执行异议。

2014年9月28日，乔×明、孙×向法院提起诉讼，要求判令诉争款项68万元应许可执行给其二人。

裁判要旨

法院认为，周×明在执行过程中，以寿厚公司名义为其个人债务向法院提供担保，在性质上属于执行担保，寿厚公司应当具有代为履行或者代为承担赔偿责任的能力，但直至法院对寿厚公司采取执行措施之际，寿厚公司仍未正式成立，不具备民事行为主体资格，更不具有任何责任财产和债务偿还能力。以一般商事主体的交易经验，只有公司正式成立，才能对外提供担保。寿厚公司系周×明一人独资有限公司，在周×明下落不明的情形下，寿厚公司自无法表达意志，结合本案的实际情况，周×明利用寿厚公司提供担保的行为，不应由寿厚公司承担担保责任。

案例2 山东省潍坊市中级人民法院（2018）鲁07民终5576号 潍坊瑞坤置业有限公司、寿光市三洋木制品有限公司、郭×云等追偿权纠纷

▶ 案情摘要

2011年7月，刘×斌、张×军筹备成立潍坊瑞坤置业有限公司（以下简称“瑞坤公司”）。

2011年7月18日，刘×斌、张×军以公司名义向郭×云借款600万元，双方签订了《借款合同》并加盖了瑞坤公司印章，借款期限由2011年7月19日至

2013 年 7 月 18 日。同日，寿光市三洋木制品有限公司（以下简称“三洋公司”）及刘 × 斌、张 × 军、赵 × 庆作为保证人与郭 × 云签订了《保证合同》。

2015 年 7 月 9 日，郭 × 云起诉要求瑞坤公司、三洋公司、刘 × 斌、张 × 军、赵 × 庆连带偿还借款本金 600 万元及利息。同年 8 月 7 日，三洋公司通过其公司职工马 × 等的银行账户向郭 × 云转账 600 万元。

此后，三洋公司起诉要求瑞坤公司偿还欠款 600 万元并支付逾期欠款利息。

裁判要旨

法院认为，张 × 军、刘 × 斌作为发起人以设立中瑞坤公司的名义对外签订借款合同，但将借款用于张 × 军、刘 × 斌的个人利益，且借款合同中的郭 × 云不属于善意相对人，根据《公司法司法解释（三）》第 3 条第 2 款的规定，瑞坤公司不应承担借款合同责任。

而作为担保人的三洋公司在本案中行使追偿权还须具备“向债权人履行了保证债务且因该履行而使债务人免责，以及在履行保证债务过程中无过错”等条件，三洋公司目前提交的证据不足以证实其转款行为系为履行保证债务，亦就不能由此导致主债务人免责，且该公司在履行保证债务过程中存在过错，因此三洋公司行使追偿权的诉求不成立。

总结及延展

按照《民法典》第 75 条的规定以及《公司法》（2024）第 44 条的规定，当且仅当发起人为设立公司所从事的民事活动，相关后果才由公司承受，故无论发起人以设立中公司名义抑或以自身名义与第三方订立合同，人民法院在审理类似案件时，一般不会仅以签订合同的主体是否为设立中的公司来判断合同内容是否与设立公司相关。从实践中看，发起人以公司名义签订的合同可分为两种，一种是发起人虽借由设立中公司的名义，但实质是为私人利益而签订的合同；另一种是因设立公司之需要所签订的合同。

当发起人所签署的合同内容与设立中公司的利益不具有一致性时，尤其是当设立中公司所需承担的债务与发起人个人利益的实现相关联时，均不应当视为发起人所签署合同系设立公司所必需的民事活动，则相关法律后果也不应当交由公司承继。

（四）如公司未能成立，产生的盈余利益应当如何分配？

案例 陕西省高级人民法院（2012）陕民再字第00010号 王×与李×军、尤×等12人公司设立纠纷

▶ **案情摘要**

乌拉特前旗秦安磁选厂（以下简称“秦安磁选厂”）为李×军等12人共同经营的合伙企业。

2007年8月20日至23日，李×军等12名秦安磁选厂合伙人商议将该厂改组为“秦安矿业有限责任公司”（以下简称“秦安公司”），议定了公司设立的相关事项，同时决定在设立公司时引进新资金。

王×拟与李×军等12人共同出资设立秦安公司，经磋商，双方于同年8月25日就公司设立的基本问题形成了谈判纪要，并根据谈判纪要及此后的股东会决议选举了王×作为秦安公司的法定代表人，办理了公司预留名称登记，预先核准的企业名称保留至2008年3月6日。此后，王×按照纪要要求向公司交付了出资款，李×军等人未办理财产权的转移手续。秦安公司未成功设立。

2007年12月25日，王×起诉要求退还投资款并要求按出资比例分配相应利润及资产。

裁判要旨

法院认为，秦安公司设立过程中秦安磁选厂并未解散，但无论从其机构设置及人员组成情况，还是运营资金来源以及经营行为等情况看，秦安磁选厂实际是以设立中的秦安公司名义从事生产经营。《公司法司法解释（三）》第4条规定了公司设立不能时，发起人按出资比例承担该设立阶段产生的债务的情形，但并未规定设立中公司在公司设立阶段从事经营活动产生的盈利如何分配。根据权利义务相一致的法理以及民法的公平原则，对公司设立阶段的债权分配，应比照适用债务承担的规定，发起人有权按照出资比例分配公司设立阶段从事经营行为所产生的盈利。因此，王×有权按照出资比例参与分配其参与经营的73天中产生的利润及资产。

总结及延展

《公司法》（2024）第44条规定：“公司未成立的，其法律后果由公司设立时的股

东承受；设立时的股东为二人以上的，享有连带债权，承担连带债务”，但该条文中并未明确如果涉及待分配利益时应当按照何种规则予以操作，而《公司法司法解释（三）》(2020)第4条仅规定了公司设立不能时，发起人应当如何承担债务的问题，也未提及如产生盈利如何分配。

实践中，在公司设立失败时涉及发起人利益分配的案件较为少见。在(2012)陕民再字第00010号王×与李×军、尤×等12人公司设立纠纷再审民事判决书中，陕西省高级人民法院通过对法理原则的理解适用，认为债权分配与债务承担应秉持一致性的原则，既然法律规定发起人需要对债务承担责任，则发起人也应对盈余部分享有分配权。

笔者认为，正如前述，发起人在公司设立之时系“设立中的公司机关”，一旦公司设立成功则发起人转换为公司股东，而当公司设立失败时各发起人转换为合伙关系。根据《民法典》第967条、第969条的规定，从对外关系的角度来看，设立公司过程中所产生的债权、利益属于各合伙人共同所有，各合伙人对此享有连带债权；设立公司过程中所产生的债务、责任也应由各合伙人连带承担；从对内关系的角度来看，根据《民法典》第972条的规定，合伙人之间的利润分配、亏损分担按照合伙协议的约定办理，如果没有约定或者约定不明的，由合伙人之间协商，协商不成的，由合伙人按照实缴出资比例分配、分担；无法确定出资比例的，由合伙人平均分配、分担。故在公司未设立成功时，发起人之间的利润分配也应当按照前述原则进行。

（五）发起人协议与公司章程不一致时，应如何处理相关事项？

案例1　北京市第三中级人民法院（2020）京03民终119号　北京优宝互动科技有限公司与王×股东出资纠纷

▶ 案情摘要

北京优宝互动科技有限公司（以下简称“优宝公司”）设立之前，王×与安×于2016年2月18日签订了《合作协议》，双方约定拟成立的优宝公司注册资本1000万元，该笔款项全部由安×一人以货币的方式缴纳，王×无须承担所持股权比例对应的注册资本金，同时约定公司章程的内容与协议内容不一致的，以该协议为准。

2016年3月15日，优宝公司注册成立，注册资本1000万元，股东为安×和王×。根据公司章程规定，安×认缴出资600万元，王×认缴出资400万元，出资期限均为2016年12月1日。公司成立后，安×先后向公司转账600万余元，完成了出资义务，但王×未按照章程规定缴纳出资。

优宝公司诉至法院要求王×按照公司章程规定履行出资义务。

裁判要旨

法院认为，安×和王×作为优宝公司的仅有的两位股东，在成立优宝公司前签订《合作协议》，约定成立公司的出资方式和出资金额，并且约定《公司章程》的内容与协议内容不一致的，以协议内容为准。优宝公司主张《公司章程》是对《合作协议》出资的调整，但综合本案来看，欠缺调整的合意，如按优宝公司主张，其无法解决《合作协议》与《公司章程》约定冲突的问题，而该冲突背后，实质上是股东之间内部纠纷。就优宝公司股东内部而言，应当以《合作协议》约定的内容确定双方的出资额、出资方式和出资时间。根据该协议，优宝公司的注册资金1000万元，均由安×实际缴纳，王×仅负责管理和运营，无须向优宝公司缴纳货币出资。因此，优宝公司要求王×向其缴纳出资400万元，缺乏事实依据，不予支持。

案例2　河南省郑州市中级人民法院（2021）豫01民终8685号　河南聚汽涞新能源技术有限公司、郭×田公司决议纠纷

▶ 案情摘要

2019年12月27日，郭×田与案外人宋×群签订了《合作协议》（以下简称“协议”），并于2020年1月8日依照协议约定注册成立了河南聚汽涞新能源技术有限公司（以下简称“聚汽涞公司”）。协议第8.1条约定，该协议在公司设立之后仍然有效，协议约定与聚汽涞公司章程约定不一致的，以该协议为准；协议第4.2.3条约定，禁止郭×田与公司有同业竞争行为，否则公司股东会有权将其除名，除名后郭×田应以对价将其股权转让给宋×群。

公司成立后公司章程上未规定除名条款。

因郭×田实施了与公司具有同业竞争的行为，聚汽涞公司于2020年12月10日作出《2020年第1次股东会决议》，免除了郭×田的监事职务，并对其进行股东除名。

郭×田认为，聚汽涞公司依据《合作协议》对其作出除名决议没有法律依据，遂向法院起诉请求确认相应股东会决议不成立。

裁判要旨

法院认为,《合作协议》是聚汽涞公司发起人宋 × 群、郭 × 田为设立公司而签订的设立协议,双方在该协议中明确约定禁止郭 × 田与公司有同业竞争行为,否则公司股东会有权将其除名,除名后郭 × 田应以对价将其股权转让给宋 × 群,该约定系郭 × 田、宋 × 群的真实意思表示,不违反法律、行政法规的强制性规定,合法有效。而之后制定的聚汽涞公司章程实际上亦是股东郭 × 田、宋 × 群之间达成的合意,属于合同约定,其内容中虽未再载有上述除名条款,但结合《合作协议》约定的"本协议与后续成立的新公司和持股平台公司的章程不一致的,以本协议为准"的内容,应认定相关除名条款对各缔约股东依然具有规范和约束的效力。现本案事实证明郭 × 田在聚汽涞公司成立后,仍在与聚汽涞公司有着相同业务的公司任职,且有招募聚汽涞公司员工到其公司任职的行为,故聚汽涞公司依据《合作协议》对郭 × 田作出除名的股东会决议,依据充分,不违反法律规定。

案例3 北京市第二中级人民法院(2022)京02民终10329号 天颐资本管理(北京)有限公司等与北方国际新能源股份有限公司公司决议纠纷

▶ 案情摘要

天颐资本管理(北京)有限公司(以下简称"天颐公司")法定代表人为朱 × 娟,山东丰厚能源集团有限公司(以下简称"丰厚公司")法定代表人为张 ×。

2017年8月11日,天颐公司作为甲方与乙方丰厚公司签订《合作协议》,其第5.3条规定"公司管理层任免由董事会决定并股东会决议",并约定甲方持有北方国际新能源股份有限公司(以下简称"北方公司")49%的股份,乙方持有51%的股份。

2021年8月28日,朱 × 娟作为北方公司董事长召集并主持北方公司董事会并形成《董事会决议1》(以下简称"决议1"),董事朱 × 娟和张 × 江分别签署:不同意,因本程序与《合作协议》第5条相悖。

同日,在新任董事长李 × 国的主持下,北方公司形成《董事会决议2》(以下简称"决议2"),朱 × 娟全程参会,但并未签名。

8月29日,在朱 × 娟的主持下,北方公司召开第一次临时股东大会,并形成《股东会会议纪要》载明:"经股东商讨,一致同意:双方终止合作,公司进行最终清算,具体相关事宜待得出最终清算结果后执行"。双方股东朱 × 娟、李 ×、张 ×

签字。

10月29日，北方公司向股东发出召开第二次临时股东大会的通知，天颐公司表示不同意。11月14日，在李×国的主持下，北方公司形成《股东大会决议》(以下简称“第2次股东会决议”)，载明：“根据《章程》第十四、十五、十六条，本次股东大会通知了全体股东，决议内容由出席会议的股东所持表决权过半数通过。”

11月28日，北方公司形成《董事会决议3》(以下简称“决议3”)，载明：本次会议应出席董事5人，实际出席4人。出席董事共代表全体董事4/5的表决权。

此后，天颐公司起诉请求撤销决议1、决议2、决议3并确认第2次股东会决议不成立。理由是第2次股东会决议的作出未按照《合作协议》第5.3条的规定，程序不合法；决议1和决议2未经股东大会决议，不符合《合作协议》规定。

裁判要旨

法院认为，《合作协议》为双方在成立公司之时签订的协议，公司成立后，在《合作协议》的基础上签署《章程》并备案登记，公司相关人员亦应将《章程》作为公司行为准则。决议1、决议2、决议3召集程序合法，表决方式、决议内容并未违反法律法规及公司章程的规定，尽管朱×娟未在决议2上签字，但因通过表决同意的董事过半，故不影响其效力。北方公司的第2次股东会决议符合其公司《章程》第16条、第17条和《公司法》第103条的规定，天颐公司主张案涉《股东大会决议》不成立的诉讼请求，于法无据，不予支持。

总结及延展

从前述司法判例来看，人民法院在处理相关问题时一般会关注两点：首先，应当看发起人协议中有无对冲突的约定，有约定则从约定，(2021)豫01民终8685号河南聚汽涞新能源技术有限公司、郭×田公司决议纠纷案件的裁判意见即持此种观点。其次，如没有约定，且两份文件均为真实意思表示并经过全体股东签名，则在后形成的文件效力应当覆盖在先文件，形成在后文件的内容系对形成在先文件内容的改变。(2022)京02民终10329号的裁判说理即充分体现了司法机关对于公司章程地位的肯定。

发起人协议属于股东协议的一种，股东协议可分为全体股东协议以及部分股东协议，发起人协议属于全体股东协议。股东协议本质上是商主体之间就公司治理事项的商业合同安排，起源于英美法，英国法中亦将经过股东一致同意的协议视为公司宪章的一种。《公司法》(2024)虽然没有确认和设立股东协议制度,但其第 59 条、第 64 条、第 83 条、第 210 条、第 224 条、第 227 条、第 240 条的内容均属于法律为股东协议所预留的适用空间。从行为方式上看,股东协议较之于公司章程具有更多的灵活性与私密性,在公司治理过程中体现出更加高效便捷、缔约成本低的特点,尤其是在人数较少或者规模较小的公司中,公司内部通过股东协议取代股东会决议的现象越发常见。从协议内容来看,股东协议内容和适用情形广泛,股权转让、公司分红等都涉及股东协议,规避公司法定治理结构的安排、调整股东权利行使、股东兼任公司职位的约定等,更是多以股东之间自行协议的方式予以呈现。

股东协议很可能具有合同与组织双重属性。这就意味着在分析看待股东协议问题时需结合民法典合同编规则以及公司法规则,以协调适用。审判实践中,对于股东协议组织功能上效力的认定尚存在争议,但较为统一的观点是认为,由全体股东通过合同规则形成的合意可以取代组织规则。所以,股东协议是否具有组织属性决定了股东协议与章程之间是否可以并驾齐驱,具有相同的功能和效力。笔者认为,审查协议是否具有组织属性,具体应从以下两个方面着眼:第一,协议内容是否涉及公司治理。股东之间签订的协议并非全部均发生组织属性效力,只有内容涉及公司治理层面的股东协议才具有组织属性。第二,股东协议是否经全体股东一致签署。经全体股东一致同意的股东协议方可视为公司意志的体现。

由上可知,股东协议并不一定兼具合同属性以及组织属性,而公司章程则不一样,章程是程序化决议的产物,既有合同属性也有组织属性。故在判断股东协议与章程之间的效力顺位时,应当遵循内外有别的原则。内部关系是指协议内容仅涉及签订协议的股东之间的关系,不涉及其他股东、公司、公司外部债权人,此时的股东协议仅具有合同属性,不具有组织属性;反之,外部关系指协议签订内容涉及公司、公司债权人或是其他股东,此时的股东协议既具有合同属性亦具有组织属性。

笔者认为,如仅具合同属性的股东协议与公司章程发生冲突,由于相关事项限于股东之间内部关系的调整,并不涉及公司治理以及公司意志,故在审查时仅需按照合同法项下意思表示的一般处理规则判断即可:如果对于冲突处理办法进行了明确约定,则按照约定处理;如果对于冲突事项无约定,则形成在后的文件则视为对形成在先的文件的调整和改变。如股东协议兼具组织属性,且与公司章程发生冲突,则应适用公司法规则来判断,不再适用合同法规则及其法律效果。此时,股东协议的组织属性是否能够替代章程,不仅要看两份文件的形成时间,同时也要判断股东协议中涉及公司治理的内容是否符合公司法中公司意志的程序性要求。如股东协议中的公司治理内容属于无须召开股东会即可发生效力的事项，则针对相关事项而言，在后形成的股东协议可替代在先形成的公司章程，即按照文件产生的时间进行效力排序；如股东协议中的公司治理内容属于法律或章程规定的决议事项，则股东协议相关内容在未形成决议之前无法与公司章程相抗衡。

专题二

公司登记及公示

一、法律规定对比解析

(一)《公司法》(2018)与《公司法》(2024)相关条文对比

《公司法》(2018)	《公司法》(2024)
第6条 设立公司,应当依法向公司登记机关申请设立登记。符合本法规定的设立条件的,由公司登记机关分别登记为有限责任公司或者股份有限公司;不符合本法规定的设立条件的,不得登记为有限责任公司或者股份有限公司。 法律、行政法规规定设立公司必须报经批准的,应当在公司登记前依法办理批准手续。 公众可以向公司登记机关申请查询公司登记事项,公司登记机关应当提供查询服务。	**第29条** 设立公司,应当依法向公司登记机关申请设立登记。 法律、行政法规规定设立公司必须报经批准的,应当在公司登记前依法办理批准手续。
第29条 股东认足公司章程规定的出资后,由全体股东指定的代表或者共同委托的代理人向公司登记机关报送公司登记申请书、公司章程等文件,申请设立登记。	**第30条** 申请设立公司,应当提交设立登记申请书、公司章程等文件,提交的相关材料应当真实、合法和有效。 申请材料不齐全或者不符合法定形式的,公司登记机关应当一次性告知需要补正的材料。
第6条 设立公司,应当依法向公司登记机关申请设立登记。符合本法规定的设立条件的,由公司登记机关分别登记为有限责任公司或者股份有限公司;不符合本法规定的设立条件的,不得登记为有限责任公司或者股份有限公司。 法律、行政法规规定设立公司必须报经批准的,应当在公司登记前依法办理批准手续。 公众可以向公司登记机关申请查询公司登记事项,公司登记机关应当提供查询服务。	**第31条** 申请设立公司,符合本法规定的设立条件的,由公司登记机关分别登记为有限责任公司或者股份有限公司;不符合本法规定的设立条件的,不得登记为有限责任公司或者股份有限公司。

<table>
<tr><th>《公司法》(2018)</th><th>《公司法》(2024)</th></tr>
<tr><td>第 6 条　设立公司，应当依法向公司登记机关申请设立登记。符合本法规定的设立条件的，由公司登记机关分别登记为有限责任公司或者股份有限公司；不符合本法规定的设立条件的，不得登记为有限责任公司或者股份有限公司。
法律、行政法规规定设立公司必须报经批准的，应当在公司登记前依法办理批准手续。
公众可以向公司登记机关申请查询公司登记事项，公司登记机关应当提供查询服务。</td><td rowspan="3">第 32 条　公司登记事项包括：
(一)名称；
(二)住所；
(三)注册资本；
(四)经营范围；
(五)法定代表人的姓名；
(六)有限责任公司股东、股份有限公司发起人的姓名或者名称。
公司登记机关应当将前款规定的公司登记事项通过国家企业信用信息公示系统向社会公示。</td></tr>
<tr><td>第 12 条　公司的经营范围由公司章程规定，并依法登记。公司可以修改公司章程，改变经营范围，但是应当办理变更登记。
公司的经营范围中属于法律、行政法规规定须经批准的项目，应当依法经过批准。</td></tr>
<tr><td>第 13 条　公司法定代表人依照公司章程的规定，由董事长、执行董事或者经理担任，并依法登记。公司法定代表人变更，应当办理变更登记。</td></tr>
<tr><td>第 7 条　依法设立的公司，由公司登记机关发给公司营业执照。公司营业执照签发日期为公司成立日期。
公司营业执照应当载明公司的名称、住所、注册资本、经营范围、法定代表人姓名等事项。
公司营业执照记载的事项发生变更的，公司应当依法办理变更登记，由公司登记机关换发营业执照。</td><td>第 33 条　依法设立的公司，由公司登记机关发给公司营业执照。公司营业执照签发日期为公司成立日期。
公司营业执照应当载明公司的名称、住所、注册资本、经营范围、法定代表人姓名等事项。
公司登记机关可以发给电子营业执照。电子营业执照与纸质营业执照具有同等法律效力。</td></tr>
<tr><td>第 32 条　有限责任公司应当置备股东名册，记载下列事项：
(一)股东的姓名或者名称及住所；
(二)股东的出资额；
(三)出资证明书编号。
记载于股东名册的股东，可以依股东名册主张行使股东权利。</td><td>—</td></tr>
<tr><td>公司应当将股东的姓名或者名称向公司登记机关登记；登记事项发生变更的，应当办理变更登记。未经登记或者变更登记的，不得对抗第三人。</td><td>第 34 条　公司登记事项发生变更的，应当依法办理变更登记。
公司登记事项未经登记或者未经变更登记，不得对抗善意相对人。</td></tr>
</table>

续表

《公司法》(2018)	《公司法》(2024)
—	**第 35 条** 公司申请变更登记,应当向公司登记机关提交公司法定代表人签署的变更登记申请书、依法作出的变更决议或者决定等文件。 公司变更登记事项涉及修改公司章程的,应当提交修改后的公司章程。 公司变更法定代表人的,变更登记申请书由变更后的法定代表人签署。
第 7 条 依法设立的公司,由公司登记机关发给公司营业执照。公司营业执照签发日期为公司成立日期。 公司营业执照应当载明公司的名称、住所、注册资本、经营范围、法定代表人姓名等事项。 公司营业执照记载的事项发生变更的,公司应当依法办理变更登记,由公司登记机关换发营业执照。	**第 36 条** 公司营业执照记载的事项发生变更的,公司办理变更登记后,由公司登记机关换发营业执照。
第 14 条 公司可以设立分公司。设立分公司,应当向公司登记机关申请登记,领取营业执照。分公司不具有法人资格,其民事责任由公司承担。 公司可以设立子公司,子公司具有法人资格,依法独立承担民事责任。	**第 38 条** 公司设立分公司,应当向公司登记机关申请登记,领取营业执照。
第 198 条 违反本法规定,虚报注册资本、提交虚假材料或者采取其他欺诈手段隐瞒重要事实取得公司登记的,由公司登记机关责令改正,对虚报注册资本的公司,处以虚报注册资本金额百分之五以上百分之十五以下的罚款;对提交虚假材料或者采取其他欺诈手段隐瞒重要事实的公司,处以五万元以上五十万元以下的罚款;情节严重的,撤销公司登记或者吊销营业执照。	**第 39 条** 虚报注册资本、提交虚假材料或者采取其他欺诈手段隐瞒重要事实取得公司设立登记的,公司登记机关应当依照法律、行政法规的规定予以撤销。
—	**第 40 条** 公司应当按照规定通过国家企业信用信息公示系统公示下列事项: (一)有限责任公司股东认缴和实缴的出资额、出资方式和出资日期,股份有限公司发起人认购的股份数; (二)有限责任公司股东、股份有限公司发起人的股权、股份变更信息; (三)行政许可取得、变更、注销等信息; (四)法律、行政法规规定的其他信息。 公司应当确保前款公示信息真实、准确、完整。

续表

《公司法》(2018)	《公司法》(2024)
—	**第 41 条** 公司登记机关应当优化公司登记办理流程,提高公司登记效率,加强信息化建设,推行网上办理等便捷方式,提升公司登记便利化水平。 国务院市场监督管理部门根据本法和有关法律、行政法规的规定,制定公司登记注册的具体办法。
第 173 条 公司合并,应当由合并各方签订合并协议,并编制资产负债表及财产清单。公司应当自作出合并决议之日起十日内通知债权人,并于三十日内在报纸上公告。债权人自接到通知书之日起三十日内,未接到通知书的自公告之日起四十五日内,可以要求公司清偿债务或者提供相应的担保。	**第 220 条** 公司合并,应当由合并各方签订合并协议,并编制资产负债表及财产清单。公司应当自作出合并决议之日起十日内通知债权人,并于三十日内在报纸上或者国家企业信用信息公示系统公告。债权人自接到通知之日起三十日内,未接到通知的自公告之日起四十五日内,可以要求公司清偿债务或者提供相应的担保。
第 175 条 公司分立,其财产作相应的分割。公司分立,应当编制资产负债表及财产清单。公司应当自作出分立决议之日起十日内通知债权人,并于三十日内在报纸上公告。	**第 222 条** 公司分立,其财产作相应的分割。公司分立,应当编制资产负债表及财产清单。公司应当自作出分立决议之日起十日内通知债权人,并于三十日内在报纸上或者国家企业信用信息公示系统公告。
第 177 条 公司需要减少注册资本时,必须编制资产负债表及财产清单。 公司应当自作出减少注册资本决议之日起十日内通知债权人,并于三十日内在报纸上公告。债权人自接到通知书之日起三十日内,未接到通知书的自公告之日起四十五日内,有权要求公司清偿债务或者提供相应的担保。	**第 224 条** 公司减少注册资本,应当编制资产负债表及财产清单。 公司应当自股东会作出减少注册资本决议之日起十日内通知债权人,并于三十日内在报纸上或者国家企业信用信息公示系统公告。债权人自接到通知之日起三十日内,未接到通知的自公告之日起四十五日内,有权要求公司清偿债务或者提供相应的担保。 公司减少注册资本,应当按照股东出资或者持有股份的比例相应减少出资额或者股份,法律另有规定、有限责任公司全体股东另有约定或者股份有限公司章程另有规定的除外。
—	**第 225 条** 公司依照本法第二百一十四条第二款的规定弥补亏损后,仍有亏损的,可以减少注册资本弥补亏损。减少注册资本弥补亏损的,公司不得向股东分配,也不得免除股东缴纳出资或者股款的义务。 依照前款规定减少注册资本的,不适用前条第二款的规定,但应当自股东会作出减少注册资本决议之日起三十日内在报纸上或者国家企业信用信息公示系统公告。

续表

《公司法》(2018)	《公司法》(2024)
—	公司依照前两款的规定减少注册资本后,在法定公积金和任意公积金累计额达到公司注册资本百分之五十前,不得分配利润。
第 180 条 公司因下列原因解散: (一)公司章程规定的营业期限届满或者公司章程规定的其他解散事由出现; (二)股东会或者股东大会决议解散; (三)因公司合并或者分立需要解散; (四)依法被吊销营业执照、责令关闭或者被撤销; (五)人民法院依照本法第一百八十二条的规定予以解散。	**第 229 条** 公司因下列原因解散: (一)公司章程规定的营业期限届满或者公司章程规定的其他解散事由出现; (二)股东会决议解散; (三)因公司合并或者分立需要解散; (四)依法被吊销营业执照、责令关闭或者被撤销; (五)人民法院依照本法第二百三十一条的规定予以解散。 公司出现前款规定的解散事由,应当在十日内将解散事由通过国家企业信用信息公示系统予以公示。
第 185 条 清算组应当自成立之日起十日内通知债权人,并于六十日内在报纸上公告。债权人应当自接到通知书之日起三十日内,未接到通知书的自公告之日起四十五日内,向清算组申报其债权。 债权人申报债权,应当说明债权的有关事项,并提供证明材料。清算组应当对债权进行登记。 在申报债权期间,清算组不得对债权人进行清偿。	**第 235 条** 清算组应当自成立之日起十日内通知债权人,并于六十日内在报纸上或者国家企业信用信息公示系统公告。债权人应当自接到通知之日起三十日内,未接到通知的自公告之日起四十五日内,向清算组申报其债权。 债权人申报债权,应当说明债权的有关事项,并提供证明材料。清算组应当对债权进行登记。 在申报债权期间,清算组不得对债权人进行清偿。
—	**第 240 条** 公司在存续期间未产生债务,或者已清偿全部债务的,经全体股东承诺,可以按照规定通过简易程序注销公司登记。 通过简易程序注销公司登记,应当通过国家企业信用信息公示系统予以公告,公告期限不少于二十日。公告期限届满后,未有异议的,公司可以在二十日内向公司登记机关申请注销公司登记。 公司通过简易程序注销公司登记,股东对本条第一款规定的内容承诺不实的,应当对注销登记前的债务承担连带责任。

续表

《公司法》(2018)	《公司法》(2024)
—	**第 241 条** 公司被吊销营业执照、责令关闭或者被撤销，满三年未向公司登记机关申请注销公司登记的，公司登记机关可以通过国家企业信用信息公示系统予以公告，公告期限不少于六十日。公告期限届满后，未有异议的，公司登记机关可以注销公司登记。依照前款规定注销公司登记的，原公司股东、清算义务人的责任不受影响。

（二）相关规范索引

相关规范	条款
《民法典》	第 63 条、第 64 条、第 65 条、第 77 条
《市场主体登记管理条例》	第 3 条、第 8 条、第 9 条、第 35 条

注：除上表所列的条款外，《市场主体登记管理条例》第 30 条、第 32 条、第 33 条、第 37 条、第 40 条，《企业信息公示暂行条例》第 6 条至第 17 条、第 20 条至第 22 条涉及大量公示内容，但与本专题讨论问题关联不大，因此不再列明。

（三）新旧公司法变化解读

为更好地规范公司登记相关事宜，明确不同登记事项的法律效力，《公司法》(2024)在此次修改过程中增补了相关条文，在吸收、改进《公司法》(2018)“总则”章节相关条款基础上，新设“公司登记”专章，通过第 29 条至第 41 条，共计 13 个条文，系统性地规定了公司登记及公示的法律制度。此外，《公司法》(2024)第 220 条、第 222 条、第 224 条、第 225 条、第 229 条、第 235 条、第 240 条、第 241 条在《公司法》(2018)相关条文的基础上，进一步完善了公示送达的途径。《公司法》(2024)与《公司法》(2018)的具体区别如下：

第一，《公司法》(2024)第 29 条、第 30 条、第 31 条的内容与《公司法》(2018)基本一致，第 32 条的规定系新设条款，明确规定了公司应当予以登记的六个事项，在《公司法》(2024)未出台之前，相关内容主要体现在《市场主体登记管理条例》第 8 条。但是，《市场主体登记管理条例》第 8 条并未明确登记事项相应的公示行为的义务主体，是非强制性法律规范，而《公司法》(2024)则明确了公司登记机关的相关义务，提升了条文的规范效力。

第二，《公司法》(2024)第 33 条在吸收《民法典》《市场主体登记管理条例》规定的基础上，新增了有关电子营业执照效力的规定，与当下政务服务数字化的背景相契合。

第三，《公司法》(2018)涉及97个“登记”表述，却未就公司登记事项的法律效力做出规定。《公司法》(2024)第34条则明确了公司登记事项具有对抗效力。

第四，《公司法》(2024)新增了变更登记的程序性规定，明确变更申请书由变更后的法定代表人签署，一方面能够避免原法定代表人不配合签署申请书而导致无法完成法定代表人变更登记的情况；另一方面也意味着变更法定代表人的决议一经作出即产生内部效力，原法定代表人在公司内部即丧失代表权。

第五，《公司法》(2018)规定了撤销公司登记，《公司法》(2024)第39条将撤销公司登记独立为一个新条文，规定登记机关依申请或依职权调查后撤销虚假登记，且不再以“情节严重”为撤销登记的前提。

第六，《公司法》(2018)未规定公司的公示义务，《公司法》(2024)第40条新增了公司自主公示事项，明确公司负有保障公示信息真实、准确、完整与及时公示的义务。

综上，《公司法》(2024)在登记、公示两个制度上进行了较大的修订与完善，但笔者认为此次《公司法》(2024)修订，仍然未能厘清登记制度和公示制度的法律性质以及法律效力。登记和公示表面上类似，但其实是两种不同的制度，二者在法律性质以及法律效力上区别很大，并且在实践中容易让人产生混淆。其中登记的性质是行政确认或者行政许可(学理上有争议)①，而公示是信息披露的手段。公司登记效力可划分为生效效力和公示效力，生效效力是指登记具有让相关法律事实生效的效力；公司登记的公示效力可分为公信效力和对抗效力，公信效力是指被公示的登记事项被推定为真实、合法、有效，善意第三人可以登记事项对抗登记主体或登记义务人；而对抗效力指登记主体或登记义务人可以登记事项对抗第三人，也就是说，经过公示的登记事项可被视为公众所知悉事项。而公司公示制度指通过信息披露，让第三方知悉行为的产生以及行为的内容，可概括为送达效力。比如，公司在发生合并、分立、减资、解散、清算、注销等特殊重大事项时，通过企业公示系统向债权人公告，则产生送达效力。

从理论上讲，公示效力源自登记制度，公示制度本身不具有公示效力，除非前述信息在公示之前经过了核查，足以产生信赖利益。

---

① 参见刘俊海:《公司登记制度现代化的解释论与立法论：公共信息服务、公示公信效力与可诉可裁标准的三维视角》，载《法律适用》2023年第1期。

比较遗憾的是,《公司法》(2024)未区分登记制度以及公示制度,未明确第32条、第34条、第40条的法律效力,未明确登记事项究竟会产生哪些法律效力,这为相关问题的争论留下了空间。另外,关于新设条款中的部分条文,如第34条中所涉"善意相对人"的理解与适用等,亦值得进一步思考与讨论。

二、争议问题及司法裁判实务梳理

(一)《公司法》(2024)第32条规定的事项登记后会产生何种法律效力?

案例1 最高人民法院(2021)最高法民申3538号 敖×贵、西双版纳天瑞房地产开发有限公司民间借贷纠纷

▶ 案情摘要

西双版纳天瑞房地产开发有限公司(以下简称"天瑞公司")成立于2010年3月15日。

2014年4月4日,天瑞公司召开股东会,将公司注册资本由2500万元增加到2亿元,股东陈×、朱×刚、施×美、翁×喜按照公司章程规定应于2015年5月29日前按持股比例缴足增资款。

2014年5月20日,敖×贵以案外第三人师×华的名义与天瑞公司签订了《借款协议》,向天瑞公司出借人民币500万元,月利率为2.4%。同年5月29日,天瑞公司被西双版纳州工商行政管理局准予变更登记。

2018年5月16日,天瑞公司召开股东会,由中商云南资产管理有限公司(以下简称"中商公司")受让陈×、朱×刚、施×美、翁×喜的股权,并形成《股东会决议》载明:"中商公司出资人民币19,000万元,占注册资本的95%,出资时间为2018年5月16日前缴足;陈×、朱×刚、李×出资时间为2012年11月5日前"。5月24日,天瑞公司办理了相应的公司变更登记。

2019年1月21日,陈×的儿子陈×宇继承了其父的股权,中商公司、朱×刚将股权全部转让给梁×春、罕×。天瑞公司于同年2月21日办理了相应的公司变更登记。

此后,敖×贵起诉要求天瑞公司偿还借款本金500万元及利息,并要求股东承担相应的责任。

裁判要旨

法院认为，公司增加注册资本，应当办理变更登记。办理登记，亦是将公司的信息予以公示，以便交易对手了解该公司的情况，以利于在交易过程中作出决策和判断。虽然在案涉借款形成之前，天瑞公司就增资问题已作出股东会决议，并修改了公司章程。但是，案涉借款形成时，天瑞公司的注册资本仍为2500万元。虽然敖×贵称其在向天瑞公司出借款项时了解到天瑞公司股东会已决议增资，并修改了公司章程，但其并未提供证据证明。即便是其确实了解到此情况，但因天瑞公司尚未办理注册资本的变更登记，注册资本变更为2亿元不是既成事实，不具有对外公示的效力。基于对公司未经登记、未披露的信息所作交易产生的风险，应当由其自行承担。

因此，二审判决认定对于敖×贵向天瑞公司出借款项之后，天瑞公司的股东存在增资瑕疵的情形，敖×贵不能以此为由要求股东对公司欠付其的债务承担责任，并由此驳回敖×贵要求天瑞公司股东承担相应责任的诉讼请求，并无不当。

案例2 北京市第二中级人民法院（2023）京02民辖终380号　北京大光明电器有限公司与北京中博江恒投资公司追偿权纠纷

▶ 案情摘要

北京大光明电器有限公司（以下简称“大光明公司”）与北京中博江恒投资公司（以下简称“江恒公司”）就追偿权产生纠纷。一审法院裁定认定北京市丰台区人民法院依法对该案具有管辖权，大光明公司不服，提起上诉。

大光明公司称，其在丰台区分钟寺村的原址已经拆除，现住所地在北京市朝阳区鸿博家园D区4号楼3单元。双方既无合同关系也无对提起诉讼后管辖的约定。因此，依照《民事诉讼法》第22条的规定，请求撤销一审裁定并将本案移送北京市朝阳区人民法院审理。

裁判要旨

法院认为，倘若法人在存续期间原先登记的事项发生变化，其应当依法履行变更登记的手续，否则不得对抗善意不知情的相关公众。本案中，大光明公司既未举证证明其申请办理了登记住所变更的手续并获得受理，也未举证证明向江恒公司披露过自身主要办事机构所在地位于北京市朝阳区等相关信息。大光明公司系依法设立的法人，理应知晓善意不知情的公众会根据法律等相关规定，将其在登记部门登记的住所合理信赖为其主要办事机构所在地。就此，应认定大光明公司对江恒公司表明其选择将公司登记地址作为具有法律意义的公司住所，相应地，其自当承受基于意思自治自行选择登记住所而产生的法律后果。现江恒公司基于对登记部门公示的法人登记信息的信赖而确定大光明公司的住所，当其与该公司发生纠纷时以此确定管辖法院寻求司法救济，自为法律所允许，也是民事活动应当遵循诚信原则的应有之义。综上，本案中，本院认定大光明公司的住所地位于北京市丰台区，北京市丰台区人民法院依法对本案有管辖权。大光明公司的上诉理由不成立，其上诉请求应予驳回。

总结及延展

从前述司法判例可知，对于公司应当登记的事项，即目前《公司法》(2024)第32条规定的事项，在登记之后至少具备两种效力：第一，公信效力。公信效力，是指公司完成必要事项登记后，善意的公众基于对登记机关就公司登记事项所作的公示即产生信赖利益，其相应利益应受保护。倘若公司在存续期间原先登记的事项发生变化，或者登记事项与实际情况不一致，其应当依法履行变更登记的手续，否则第三人依然可以依据现登记情形对抗公司。第二，对抗效力。对抗效力是指公司完成必要事项登记后，可推定第三方知晓公司已登记事项，第三人不得以不清楚、不了解公司相关登记事项为由，拒绝承担由此引发的交易风险和法律责任。确切地说，对抗效力属于公信效力的另一种表现方式。公信效力与对抗效力类似硬币的正反面，不同主体从各自的角度出发，会呈现不同效果。①

笔者认为，此次《公司法》(2024)第32条规定的登记事项仍有待完善，如股权比例、实缴资本也应被列入登记事项。一方面，股权比例、实缴资本关系到股东权益及债权人利益，且在股权交易中属于必要信息；另一方面，股权比例、实缴资本情况在债权人与公司、股东之间的诉讼纠纷中，如抽逃出资纠纷等，以及新老股东的股权交易诉讼纠纷中属于常见信息，因此，第三方往往会凭借工商部门公示的相应信息作出判断。司法实践中，即使工商部门公示的相关信息与实际情况不符，比如存在股权代持等情况，人民法院也依然会按照相关公示信息确认公信力和对抗效力，即司法惯例已经认可了其公示力，但《公司法》(2024)却未将股权比例、实缴资本列为

① 参见张双根：《公司章程“对外效力”问题辨析——对若干基本概念的厘清》，载《清华法学》2023年第5期。

应登记信息，反而会导致不必要的争议。需要说明的是，公示并不等于公示力的产生。公示信息可分为登记公示信息及备案公示信息两种，登记公示信息指根据法律法规的规定，必须向相应行政机关提供且经过受理审批后公示的信息；而备案公示信息指公司自愿填写、上传的材料，前述材料交由工商登记机关予以留存以备查考，行政机关并不对备案公示信息进行审核。故笔者认为，只有依据法律法规规定填报且经过有权机关审核的登记的公示信息才具有公示力。所以，在《公司法》(2024)未将股权比例、实缴资本列入应登记事项之内的情况下，相关信息的公示效果从理论角度来讲仍处于不确定状态。

此外，虽然《市场主体登记管理条例》第9条中规定了备案事项，但在实践中，工商部门并不会对前述备案事项予以审核，故笔者认为《市场主体登记管理条例》第9条中所涉备案内容虽然系行政法规规定，但仍然不具有公示力。值得注意的是，在前述备案事项中，公司章程具有特殊性，其是否具有公示力将在本专题剩余部分中予以探讨。

(二)《公司法》(2024)第34条规定“公司登记事项未经登记或者未经变更登记，不得对抗善意相对人”，其中“善意相对人”如何理解？

案例1 最高人民法院(2014)民四终字第20号 大拇指环保科技集团(福建)有限公司与中华环保科技集团有限公司股东出资纠纷

▶ 案情摘要

中华环保科技集团有限公司(以下简称“环保科技公司”)于2001年在新加坡注册成立，公司类型为有限股份上市公司。

大拇指环保科技集团(福建)有限公司(以下简称“大拇指公司”)系环保科技公司在中国设立的外商独资企业，于2000年6月30日取得营业执照，注册资本1.3亿元人民币。

2008年6月30日，大拇指公司经批准注册资本增至3.8亿元，增资部分分期至2010年8月3日缴清。

2012年3月30日，环保科技公司作出书面决议和任免书，将大拇指公司的法定代表人、董事长变更为保×武，董事变更为保×武、徐×雯、宋×。

2012年4月27日，大拇指公司以环保科技公司未足额缴纳出资为由提起诉讼，请求判令环保科技公司履行股东出资义务，缴付增资款4500万元。

2012年5月16日，环保科技公司向福州中院起诉请求确认环保科技公司任免大拇指公司董事、监事、法定代表人的决议合法有效。福州中院就该案已作出判决，确认环保科技公司于2012年3月30日作出的《书面决议》和《任免书》有效。

一审法院经审理后判令环保科技公司向大拇指公司缴纳出资款4500万元。环保科技公司不服一审判决，向最高人民法院提出上诉。二审法院经审理后撤销一审判决，驳回大拇指公司的起诉。

裁判要旨

法院认为，工商登记的法定代表人对外具有公示效力，如果涉及公司以外的第三人因公司代表权而产生的外部争议，应以工商登记为准；而对于公司与股东之间因法定代表人任免产生的内部争议，则应以有效的股东会任免决议为准，并在公司内部产生法定代表人变更的法律效果。因此，环保科技公司作为大拇指公司的唯一股东，其作出的任命大拇指公司法定代表人的决议对大拇指公司具有约束力。本案起诉时，环保科技公司已经对大拇指公司的法定代表人进行了更换，其新任命的大拇指公司法定代表人明确表示反对大拇指公司提起本案诉讼。因此，本案起诉不能代表大拇指公司的真实意思，应予以驳回。

案例2 最高人民法院（2019）最高法民申5848号 罗×辉、聂×超股东资格确认纠纷

▶ 案情摘要

2014年1月12日，江西富瑞房地产开发有限公司（以下简称“富瑞公司”）将其在江西泽盛投资有限公司（以下简称“泽盛公司”）股份中的42.4%以2120万元转让给刘×根。

3月11日，工商部门股权变更登记确认，显名股东刘×根持有泽盛公司42.4%股权（其中含王×生12%股权，罗×辉10%股权）。

3月25日，刘×根与罗×辉签订了《股权代持协议书》，约定罗×辉自愿委托刘×根代为持有泽盛公司10%的股权。同日，刘×根与王×生签订《股权转让协议》，将12%股权转让给王×生并隐名在刘×根名下。

9月11日，刘×根与陈×文签订了《股权转让合同》，由刘×根将其在泽盛公司持有的42.4%股份中转让2.4%股权给陈×文，并办理了股权变更登记手续。

10月7日，聂×超与刘×根签订了《股权转让合同》，由刘×根将其11%的泽盛公司股份转让给聂×超，后在2015年6月14日该11%股权又由王×生收购，王×生支付了相应对价。

2014年11月14日，袁×钢与刘×根签订了《股权转让协议》，由刘×根将其9%的泽盛公司股份以4500万元转让给袁×钢。

2015年6月28日，刘×根向罗×阳承诺，其与罗×阳共同享有的泽盛公司8%的股权全部转让给罗×阳一人享有。

其后，罗×辉与聂×超、刘×根、泽盛公司及第三人陈×文、王×生、罗×阳、袁×钢产生股权确认纠纷。

一审、二审法院认为受让人取得涉案股权均属于合法取得或者善意取得，罗×辉请求确认其在泽盛公司仍享有10%的股权，并由泽盛公司向其支付股权分红款的诉讼请求缺乏事实和法律依据。罗×辉不服二审判决，向最高人民法院申请再审。再审法院裁定驳回其再审申请。

裁判要旨

法院认为，刘×根持有的42.4%泽盛公司股权已经陆续转让给王×生12%、王×生11%、陈×文2.4%、罗×阳8%、袁×钢9%。2015年6月14日，聂×超与刘×根、王×生签订《协议书》，罗×辉作为见证人在该协议书上签名确认，说明罗×辉对于刘×根不再持有泽盛公司股权且完全退出泽盛公司是明知且不持异议的。因刘×根已经将其42.4%的泽盛公司股权全部转让，故其在泽盛公司不享有任何股东权益和其他权益，罗×辉也不再享有作为泽盛公司隐名股东的相应权益。

总结及延展

实践中，常发生公司未对应登记事项进行登记或变更登记的情况，进而产生系列纠纷，例如，法定代表人更换而未进行变更登记、已被免职却未变更登记的法定代表人继续行使职权引发的民事责任承担纠纷；再如，股权代持纠纷中，名义股东的债权人基于对公司登记信息的信赖，要求处置名义股东的股权，隐名股东以实际出资关系对抗执行的纠纷。但是，法定登记事项发生事实上的变化，在未进行变更登记时，并非完全丧失对抗效力，当且仅当第三人是善意主体时，未完成变更登记之事项才会丧失对抗力，故“善意相对人”的理解以及在实务中的适用显得尤为重要。

司法实践中，“善意相对人”的判断宗旨是，第三人对公司未登记或未变更登记之事项不知情、也不应当知情。判断要素一般会综合第三人是否系变更事项参与人、变更事项是否属于第三人的职责范畴、变更事项是否落入第三人应当注意的范畴等予以考量。如果公司有证据证明第三人已经知情或者可推定为应当知情，则第三人将不被视为善意相对方。

（三）作为公司的必备文件，章程备案后是否会产生公示效力？

案例1 最高人民法院（2019）最高法民申1112号 北京中石大新元投资有限公司、北京中科联华石油科学研究院等案外人执行异议之诉纠纷

▶ 案情摘要

北京中石大能源技术服务有限公司（以下简称“中石大公司”）设立于2013年12月10日，公司注册资本100万元，其中，北京中石大新元投资有限公司（以下简称“新元公司”）的出资数额为10万元，出资时间为2015年12月9日。

2014年7月31日，中石大公司修改公司章程，将注册资本变更为500万元，新元公司的认缴出资额为500万元，出资时间为2034年12月9日。

2014年3月7日，北京中科联华石油科学研究院（以下简称“中科研究院”）与中石大公司签订了《技术服务合同书》。2016年10月20日，中石大公司被判令向中科研究院支付《技术服务合同书》余款144万元及各期违期付款违约金136,890元。

后因中石大公司无财产可供执行，新元公司被追加为案件被执行人，在其未出资到位的10万元范围内对中石大公司应履行而未履行的债务承担连带清偿责任。

2018年5月28日，新元公司就本案提起执行异议之诉。

裁判要旨

法院认为，中石大公司修改前的公司章程中规定的新元公司的相关出资信息经过工商登记确认，具有公示公信效力，原审认定债权人中科研究院基于公示公信效力产生的信赖利益应予保护，并无不当。案涉交易发生后，中石大公司修改公司章程对新元公司的注册资本及出资期限进行了调整，但在后发生的事实不能作为中石大公司在先交易主观认知的判断因素。况且，公司章程关于宽限公司股东自身相关义务及加大债权人潜在风险的修改，不足以对抗债权人中科研究院对债务人原章程产生的合理信赖。原审综合考虑中石大公司的履约能力、新元公司履行出资义务的实际情况、中科研究院的信赖利益应予保护等的情形，认定新元公司关于其不应对

中科研究院承担责任的主张不能成立，并无不当。

案例2 最高人民法院（2020）最高法民终1224号 张家港保税区千兴投资贸易有限公司、梦兰星河能源股份有限公司股东资格确认纠纷

▶ 案情摘要

2018年4月28日，江苏梦兰集团有限公司（以下简称“梦兰集团”）与沙钢集团达成股权转让意向，拟将其持有的4.29%梦兰星河能源股份有限公司（以下简称“梦兰星河公司”）股份转让给沙钢集团，并由沙钢集团委派张家港保税区千兴投资贸易有限公司（以下简称“千兴投资公司”）受让该股份。

同日，梦兰集团向梦兰星河公司的其他股东发出《股权转让通知》，载明“有意向受让并拟行使优先受让权等梦兰星河公司《章程》第24条规定权利的，应于收到本通知之日起5个工作日之内（最晚不迟于2018年5月6日）书面通知我司”。

梦兰星河公司及其他股东分别于5月24日复函称，梦兰集团与梦兰星河公司于2015年5月27日签订了《理财借款协议》，尚有2030万元股东借款未清偿完毕，在借款清偿前，不应进行股份转让。

梦兰星河公司设立时公司章程第24条规定内容为“股东持有的股份可以依法转让”。2015年12月修订为“股东持有的股份可以依法转让。股东向股东之外第三方转让股份的，应事先取得其他股东一致同意。各股东一致同意，任何涉及以公司股份为标的之股东（一位股东或几位股东）与第三方之间的交易中，其他股东对交易标的股份在同等条件下享有优先受让权。各股东一致同意，任何涉及以公司股份为标的之股东（一位股东或几位股东）与第三方间的交易中，若不行使前款优先受让权的其他股东（一方或几方）有权但无义务将其持有的公司股份优先共同出售给第三方”。

其后，千兴投资公司与梦兰星河公司就股东资格确认发生纠纷。

一审法院经审理后驳回千兴投资公司请求确认其股东身份并办理股东名册和工商变更登记的诉讼请求。千兴投资公司不服一审判决，提起上诉。二审法院审理后判决维持原判，驳回上诉。

裁判要旨

法院认为，案涉股份转让的目标公司梦兰星河公司修订后的公司章程对股东向

第三方转让股份作出了限制性规定，即应事先取得其他股东一致同意及其他条件。尽管该修订后的公司章程并未在工商档案中备案，未起到公示作用，但因梦兰星河公司时任各股东均已盖章确认，故在公司内部对公司股东应当具有约束力。梦兰星河公司的股东在对外转让股份时，应当遵守公司章程相关规定。千兴投资公司虽称梦兰集团已将案涉股份转让事宜通知了梦兰星河公司及各股东，但梦兰星河公司及其他股东均未表示同意转让，亦未明确表示放弃优先受让权等相关权利，故案涉《股份转让协议》目前对梦兰星河公司并未发生法律效力。

案例3 最高人民法院（2023）最高法民申250号 华大石化（南通）有限公司、上海易德臻投资管理中心等保证合同纠纷

▶ 案情摘要

南通华大公司与上海易德臻投资管理中心（有限合伙）（以下简称“易德臻中心”）、上海美岩石油化工有限公司（以下简称“美岩公司”）、刘×、崔×清发生借款合同、保证合同纠纷。

华大（香港）有限公司（以下简称“香港华大公司”）是南通华大公司的唯一股东，刘×系南通华大公司工商备案资料公示的香港华大公司的法定代表人，该事项直至南通华大公司宣告破产未予变更。南通华大公司与美岩公司系关联公司，刘×系两公司的实际控制人。

刘×自南通华大公司成立起至2019年，多次代表香港华大公司签署相关重要文件。在南通华大公司的工商备案资料中，并没有对刘×代表南通华大公司对外作出民事法律行为进行权利限制的文件。

2016年签订案涉框架协议时，刘×时任南通华大公司的法定代表人。

刘×在2016年11月7日以后不再担任南通华大公司的法定代表人，但香港华大公司并未收回刘×制作和持有的香港华大公司的通用授权印章，也未就刘×不再担任南通华大公司股东代表事宜向债权人或有关方面进行通报。

在案涉《保证承诺函》及《确认函》两份文件中，南通华大公司明确作出对案涉债务承担连带还款义务的意思表示，且加盖南通华大公司印章并经刘×、崔×清签字。

南通华大公司与易德臻中心、美岩公司、刘×、崔×清发生借款合同、保证合同纠纷。易德臻中心起诉要求南通华大公司应承担担保责任。

二审判决南通华大公司应承担担保责任。南通华大公司不服二审判决，向最高人民法院申请再审。再审法院裁定驳回南通华大公司的再审申请。

裁判要旨

法院认为，刘 × 系南通华大公司工商备案资料公示的香港华大公司的法定代表人，该事项直至南通华大公司宣告破产未予变更，依法应具有公示公信效力。虽然我国香港特区的法律没有与内地《公司法》中“法定代表人”直接对应的概念，但该事项被明确记载于南通华大公司的章程之中并作为工商备案资料对外公示，易德臻中心有理由相信刘 × 具有代表香港华大公司的权利外观。在南通华大公司的工商备案资料中，并没有对刘 × 代表南通华大公司对外作出民事法律行为进行权利限制的文件，可以认为香港华大公司对于刘 × 的授权属于概括性的授权。二审判决认为刘 × 具有代表香港华大公司和南通华大公司的权利外观，易德臻中心已尽到应有的审查义务，并无不当。

总结及延展

公司章程具有一定的特殊性，章程虽并非《公司法》(2024)第 32 条规定的登记事项，但章程的内容中却包含了前述登记内容。笔者认为，关于章程是否具有公示力的问题应当分两部分进行探讨：第一，公司章程中所记载的登记事项必然具有公示力，因前述事宜本身具有公示力，所以最高人民法院(2023)最高法民申 250 号判决亦是据此对章程相关内容公示力进行了确认。第二，章程中所包含的其他内容是否具有公示力。这部分内容亦可区分讨论，因除登记事项外，章程中的其他内容包含股东之间的内部规范以及公司治理规则，部分治理规则与公司对外交易相关，比如公司担保事宜，公司关于董事、高管人员的职权设定等。

笔者认为，对于股东之间的规范性内容，由于其并不涉及股东与公司之外的其他主体，仅是股东之间的合意，故自然不具备、也不需要对世效力，正如最高人民法院 (2020) 最高法民终 1224 号判决书中所述的裁判观点，“各股东均已盖章确认，故在公司内部对公司股东应当具有约束力”，在此情况下，仅需确认章程内容是否体现了股东之间真实合意即可。对于章程中与对外交易相关的内容，笔者认为，相关内容虽然不属于法定登记事项，但根据《市场主体登记管理条例》第 9 条的规定，章程属于备案事项。在本专题“公示效力”问题中，笔者曾提及并非所有公示信息均具有公示效力，只有经过行政机关审查之后的登记事项才具有公示力，而登记事项的公示力之所以需经过行政机关审核确认，系公司是拟制人格之故，前述登记事项属于公司的核心特征信息，且均系公司委托代理人自行提供，如未经审查即具备公示效力显然不具有合理性。公示力属于对世效力，不应随意被赋予，相关信息在产生公示力之前，应尽可能地在合理尺度内保证其真实性，避免因其随意性过强而产生纠纷。故行政机关有义务对前述登记信息的真实性予以形式核查，在实践中，工商部门会要求公司提供相应的股东会决议、董事会决议，以确认登记信息的设立或变更是否符合公司表达意思的形式性规定，由此最大限度上避免了相关信息的效力瑕疵。否则，若公司随意提交的未经审查的信息均具有公示力，显然不合逻辑。但是，公司章程具有特殊性，因为公司章程本就是股东的一致约定，其实质与股东会决议没有任何区别，其意思表达的真实性无须再经过工商部门的形式核查，所以在这种情况下，虽然公司章程仅属于法定备案事项，未被列入《公司法》(2024)规定的登记事项之中，但其仍然具备产生公示力的条件。值得注意的是，备案之后公司章程能否产生公示力同时要根据公示效果来综合判定，从实践来看，公司章程作为备案文件并不能直接通过国家企业信用信息系统公开查询，只能通过向市监局提出申请的方式查询，由于各地市监局查询政策具有差异性，个别地方查阅公司章程手续烦琐，前置条件较多，导致公司章程公示效果、公示范围均受到很大的限制。故，如果直接推定备案后的公司章程可以产生公示力不利于保护交易安全和交易相对人的利益。概言之，从内容形式上看公司章程满足公示力产生的真实性要素，但公司章程的公开度不高，公示效果有限。恰是上述矛盾之处导致一直以来司法实践中针对章程公示力的问题存在不同观点，而这些观点又进一步强化了章程公示力的争议。

比如，部分法院的裁判观点认为，公司设立时制定的初始公司章程应报经工商部门登记后才能生效，而在后续修改公司章程时，经法定程序修改的公司章程，自股东达成修改公司章程的合意后即发生法律效力，工商备案并非公司章程的生效要件。一般而言，公示效力往往伴随创设性效力而生，即需要通过登记方能生效的事项原则上均会具有公示效力，因为创设性登记事项的创设性效力意味着行政机关对于该事项披露存在强制性要求且进行了核查，也就意味着该事项不仅应当为社会公众所知悉，且公众可借此产生信赖利益，公司也可借此获取对抗效力。而部分司法判例一方面认为初始章程需要经过登记后方能生效，另一方面又认为章程修订案只需股东合意便可生效，前述观点的矛盾之处恰恰导致了司法审判中对章程是否具有公示效力的摇摆不定和反复商榷。笔者认为，公司章程的生效与公示力是两个截然不同的问题，生效方式并非判断公示力的必要条件。至于公司章程的公示力能否成型在当前阶段仍有待司法解释进一步明确，但从根本上讲，章程公示力的产生取决于登记备案制度后续发展和完善的方向及路径。

（四）《公司法》（2024）第40条规定的自主公示事项是否与《公司法》（2024）第32条规定的公司登记机关公示事项具有同等法律效力？

案例1 江西省宜春市中级人民法院（2018）赣09民终925号　高×强、钱×买卖合同纠纷

▶ 案情摘要

钱×于2017年始向江西省在这里餐饮服务管理有限公司（以下简称“在这里公司”）供应各类蔬菜。截至2017年10月31日，在这里公司累计拖欠钱×蔬菜款29,468.16元且未支付。

钱×起诉要求在这里公司支付货款29,468.16元，公司股东柳×、熊×、高×强对此承担连带清偿责任。

国家企业信用信息公示系统显示：在这里公司的股东高×强认缴出资金额为货币24万元，认缴出资日期2016年11月30日，实缴出资额24万元，实缴出资时间2017年2月28日。而在这里公司出示的《股东出资证明书》记载熊×、高×强分别于2016年11月16日向在这里公司各缴纳出资40万元。

裁判要旨

法院认为，国家企业信用信息公示系统中在这里公司公示的信息显示，高×强认缴出资40万元，实缴出资24万元，该系统是国家工商行政管理部门所设立，真实可信，而在这里公司向其股东签发的出资证明书，系在这里公司内部的管理行为，仅凭该出资证明书不能对抗公司外部债权人。高×强未能缴足其认缴的注册资本，依法应在未出资本息范围内对公司债务不能清偿的部分承担补充赔偿责任。

案例2 湖北省荆州市中级人民法院（2021）鄂10民终1076号　万×丽、杨×等教育培训合同纠纷

▶ 案情摘要

2018年4月22日，杨×与湖北斐柏尔文化传播有限公司（以下简称“斐柏尔

公司”）签订《Salescontract课程销售合同》，协议到期日2019年4月22日。合同签订当日，杨×即支付了课程培训费。

2019年3月31日，斐柏尔公司在经营场所张贴通知“因清明节来临，中心4月1日、4月2日、4月5日暂停营业，4月3—4日正常上课”，随即关门并在处置公司资产后歇业。

国家企业信用信息公示系统显示，斐柏尔公司注册资本140万元，现股东为郭×及万×丽，其中郭×持股比例50.71%，认缴资本710,000元，万×丽持股比例49.29%，认缴资本690,000元。该公司2015—2019年度报告显示郭×实缴出资710,000元，实缴出资时间为2020年8月23日，实缴出资方式为货币；万×丽实缴出资690,000元，实缴出资时间为2020年8月23日，实缴出资方式为货币。

此后，杨×起诉请求解除培训合同，斐柏尔公司退还已缴纳的剩余课程培训费用7308元并支付利息；郭×对上述退款及利息承担连带偿还责任；万×丽在未实际缴纳出资本息范围内对上述费用承担补充赔偿责任。

一审法院经审理后支持了杨×的全部诉讼请求。万×丽不服一审判决，提起上诉。二审法院审理后判决维持原判，驳回上诉。

裁判要旨

法院认为，企业资本金额一经工商注册登记、公告并载明于《企业法人营业执照》，即产生对外的资产公信效力，对外承担民事责任的保证效力。斐柏尔公司于2019年向社会公布的年度报告中显示股东已经足额出资，该年度报告对外已经公示，其信息源于斐柏尔公司，信息是否真实属于公司内部管理事务，不能对抗第三人。杨×基于对公示内容的信任，有理由相信斐柏尔公司股东已经足额出资。

总结及延展

公司的自主公示事项虽然是由公司自行披露，但并不意味着其仅产生信息披露的法律后果，不具备公信效力和对抗效力。从司法实践中的裁判逻辑来看，因公示信息显示在国家工商行政管理部门所设立的系统当中，且前述系统系公众查询系统，相应内容可供人查阅，所以仍然会产生公示力，即使公司内部的管理行为与工商登记不一致，也无法依据公司内部文件对抗公司外部债权人。

（五）公司登记事项的公示效力是否也适用于执行案件？

案例1 最高人民法院（2020）最高法民终844号 贵州雨田集团实业有限公司诉逸彭（上海）投资管理合伙企业、付×案外人执行异议之诉纠纷

▶ 案情摘要

2013年1月13日，付×、朱×韦将二人持有的原贵州韦顺达源投资有限公司100%的股份全部转让给贵州雨田集团实业有限公司（以下简称“贵州雨田公司”）。股权转让后，原贵州韦顺达源投资有限公司更名为贵州雨田集团投资有限公司（以下简称“雨田投资公司”）。

2016年8月10日，贵州雨田公司与付×签订《代持股协议书》，委托付×代为持有雨田投资公司10%的股权。

在逸彭（上海）投资管理合伙企业（有限合伙）（以下简称“逸彭企业”）与付×的借款合同纠纷一案中，法院作出（2017）甘执13号执行裁定，并于2017年6月8日冻结了付×持有的雨田投资公司10%的1000万元股权。

其后，贵州雨田公司起诉请求确认其对付×代持的贵州雨田公司10%的股权享有权利；撤销（2017）甘执13号执行裁定。

裁判要旨

法院认为，公司的工商登记对社会具有公示公信效力，善意第三人有权信赖公司登记机关的登记文件，工商登记表现的权利外观应作为认定股权权属的依据。雨田投资公司的《企业信用信息公示报告》显示，付×持有雨田投资公司10%股权；贵州雨田公司与付×关于股权转让的约定和案涉《代持股协议书》均仅在协议签订双方之间具有法律效力，对外不具有公示效力，不能对抗第三人。在诉争股权仍然登记在付×名下的情形下，逸彭企业作为申请执行人有理由相信工商行政管理机关的登记和企业信用信息公示系统公示的信息是真实的。因此，无论贵州雨田公司是否支付对价，均不能以其与付×之间的代持股关系排除人民法院的强制执行行为。

案例2 最高人民法院（2023）最高法民终45号　韩×、上海垦丰天和石油化工有限公司执行异议之诉纠纷

▶ 案情摘要

1995年3月16日，韩×与马×1结婚。马×1为宝恒公司、北京丰年公司、黑龙江丰年公司的法定代表人，持股比例分别为90%、70%、60%。

在上海垦丰天和石油化工有限公司（以下简称“垦丰公司”）与中油丰年（北京）石油销售有限公司、马×1买卖合同纠纷案二审期间，马×1死亡，其继承人韩×、马×宁（马×1之子）被追加为当事人。

2020年7月24日，北京市国信公证处作出（2020）京国信内民证字第040××号公证书，载明登记在马×1名下北京丰年公司的股份是夫妻共同财产，一半的产权份额属韩×所有，一半为马×1遗产，由韩×继承。

同年12月30日，北京市国信公证处作出（2020）京国信内民证字第086××号公证书，载明马×1名下宝恒公司90%股份是夫妻共同财产，一半的产权份额属韩×所有，另一半为马×1的遗产，由马×宁继承。

此后，上海市高级人民法院（以下简称“上海高院”）作出（2020）沪执保54号执行裁定，于2021年1月冻结马×1名下宝恒公司90%的股权、北京丰年公司70%的股权、黑龙江丰年公司60%的股权。

2021年3月8日，韩×向上海高级人民法院提出异议，申请解除对宝恒公司45%股权、北京丰年公司35%的股权、黑龙江丰年公司30%的股权的保全措施。

一审法院经审理后驳回韩×的诉讼请求。韩×不服一审判决，提起上诉。二审法院审理后撤销一审判决，支持韩×要求不得冻结登记在马×1名下宝恒公司的45%股权、北京丰年公司的35%股权、黑龙江丰年公司的30%股权的诉讼请求。

裁判要旨

法院认为，婚姻关系存续期间登记在配偶一方名下的股权能否成为夫妻共同财产，可由司法据实确认。登记并非股权设立或生效的要件。案涉股权基于股东出资而产生，是股东因出资事实而发生的法律效果之一，即在取得股东资格之外，股东通过投资取得的相应财产权利。股权登记与否，不是判断该股权设立与归属的实质要件，股权变更登记仅对作为民商事主体的第三人产生对抗效力，且此种对抗效力实

为推定效力，而不宜认定为确认效力。人民法院采取查封、扣押或冻结等强制措施，系司法执行权对私人财产的审查及限制，在审查方式和强度上与民商事活动及执行异议之诉中的审判活动理应有所区别，不应简单地将股权登记作为司法确权和执行的充要条件。另外，股权登记的义务主体是公司，股权变更登记不是股东的法定义务。原审判决认为“股权本可分别登记在夫妻各自名下”而未变更登记，进而质疑案涉股权之夫妻共同财产性质，情理法未尽允协。原审判决对马 ×1 生前登记在自己名下股权之夫妻共同财产性质未作明确认定，亦未直接确认案涉公证书的效力，认定事实和适用法律均有不当，应予纠正。

总结及延展

针对公司登记事项的公示效力是否也适用于执行案件，司法实践中出现了两种不同的观点。一种观点认为，公司的工商登记对社会具有公示公信效力，善意第三人有权信赖公司登记机关的登记文件，工商登记表现的权利外观应作为认定股权权属的依据。公司、股东之间的协议具有法律效力，但对外不具有公示效力，不能对抗第三人。申请执行人有理由相信工商行政管理机关的登记和企业信用信息公示系统公示的信息是真实的，无法排除人民法院的执行行为。另一种观点则认为，工商变更登记仅对作为民商事主体的第三人产生对抗效力，且此种对抗效力实为推定效力，而不宜认定为确认效力。人民法院采取查封、扣押或冻结等强制措施，系司法执行权对私人财产的审查及限制，在审查方式和强度上与民商事活动及执行异议之诉中的审判活动理应有所区别，不应简单地将股权登记作为司法确权和执行的充要条件。

笔者赞同第二种观点，公司登记事项与真实权利状态不一致时的处理方式，可参考物权公示制度在类似情况下的效力规则，从内外有别的角度区分对待。关于这个问题笔者在“专题八 股权代持法律关系”章节中有详细论述，此处不再赘述。

专题三

公司章程的自治边界

一、法律规定对比解析

（一）《公司法》（2018）与《公司法》（2024）相关条文对比

《公司法》（2018）	《公司法》（2024）
第 11 条 设立公司必须依法制定公司章程。公司章程对公司、股东、董事、监事、高级管理人员具有约束力。	**第 5 条** 设立公司应当依法制定公司章程。公司章程对公司、股东、董事、监事、高级管理人员具有约束力。
第 23 条 设立有限责任公司，应当具备下列条件： （一）股东符合法定人数； （二）有符合公司章程规定的全体股东认缴的出资额； （三）股东共同制定公司章程； （四）有公司名称，建立符合有限责任公司要求的组织机构； （五）有公司住所。	**第 45 条** 设立有限责任公司，应当由股东共同制定公司章程。
第 37 条 股东会行使下列职权： （一）决定公司的经营方针和投资计划； （二）选举和更换非由职工代表担任的董事、监事，决定有关董事、监事的报酬事项； （三）审议批准董事会的报告； （四）审议批准监事会或者监事的报告； （五）审议批准公司的年度财务预算方案、决算方案； （六）审议批准公司的利润分配方案和弥补亏损方案； （七）对公司增加或者减少注册资本作出决议； （八）对发行公司债券作出决议； （九）对公司合并、分立、解散、清算或者变更公司形式作出决议； （十）修改公司章程； （十一）公司章程规定的其他职权。	**第 59 条** 股东会行使下列职权： （一）选举和更换董事、监事，决定有关董事、监事的报酬事项； （二）审议批准董事会的报告； （三）审议批准监事会的报告； （四）审议批准公司的利润分配方案和弥补亏损方案； （五）对公司增加或者减少注册资本作出决议； （六）对发行公司债券作出决议； （七）对公司合并、分立、解散、清算或者变更公司形式作出决议； （八）修改公司章程； （九）公司章程规定的其他职权。 股东会可以授权董事会对发行公司债券作出决议。

《公司法》(2018)	《公司法》(2024)
对前款所列事项股东以书面形式一致表示同意的，可以不召开股东会会议，直接作出决定，并由全体股东在决定文件上签名、盖章。	对本条第一款所列事项股东以书面形式一致表示同意的，可以不召开股东会会议，直接作出决定，并由全体股东在决定文件上签名或者盖章。
—	**第 94 条**　设立股份有限公司，应当由发起人共同制订公司章程。
第 90 条　发起人应当在创立大会召开十五日前将会议日期通知各认股人或者予以公告。创立大会应有代表股份总数过半数的发起人、认股人出席，方可举行。 创立大会行使下列职权： (一)审议发起人关于公司筹办情况的报告； (二)通过公司章程； (三)选举董事会成员； (四)选举监事会成员； (五)对公司的设立费用进行审核； (六)对发起人用于抵作股款的财产的作价进行审核； (七)发生不可抗力或者经营条件发生重大变化直接影响公司设立的，可以作出不设立公司的决议。 创立大会对前款所列事项作出决议，必须经出席会议的认股人所持表决权过半数通过。	**第 104 条**　公司成立大会行使下列职权： (一)审议发起人关于公司筹办情况的报告； (二)通过公司章程； (三)选举董事、监事； (四)对公司的设立费用进行审核； (五)对发起人非货币财产出资的作价进行审核； (六)发生不可抗力或者经营条件发生重大变化直接影响公司设立的，可以作出不设立公司的决议。 成立大会对前款所列事项作出决议，应当经出席会议的认股人所持表决权过半数通过。
第 99 条　本法第三十七条第一款关于有限责任公司股东会职权的规定，适用于股份有限公司股东大会。	**第 112 条**　本法第五十九条第一款、第二款关于有限责任公司股东会职权的规定，适用于股份有限公司股东会。 本法第六十条关于只有一个股东的有限责任公司不设股东会的规定，适用于只有一个股东的股份有限公司。

注：此外，《公司法》(2024)中提及公司章程的共有 114 处，对公司章程的法律属性、对外效力、自治边界等方面均做出了相应的规定。鉴于公司章程贯穿公司从设立至清算的全过程、涉及公司事务的全方面，所涉法条数量过多，此处不再一一罗列。

(二)相关规范索引

相关规范	条款
《公司法司法解释(三)》(2020)	第 1 条、第 24 条
《市场主体登记管理条例》	第 9 条

（三）新旧公司法变化解读

与《公司法》(2018)相比,《公司法》(2024)更注重公司章程构建公司治理结构的功能,进一步扩大了股东在章程中的自治权利。《公司法》(2024)允许股东在公司章程中自行约定的事项多达几十项,相关规定主要可分为三类,第一类是可自行设定规则的“创设性”规定,例如,召开会议及表决、股权转让规则等;第二类是股东在法律规定项下针对相关事项进行具体化处理的“授权性”规定,例如,法定代表人职务、公司对外投资或担保的批准机构、董事长产生办法等;第三类是股东可根据实际情况进行设置的“可选性”规定,例如,法定代表人侵权行为的追偿、股东会的议事方式和表决程序、审计委员会的设置等。

《公司法》(2024)进一步厘清了任意性条款的权利边界,与强制性条款的约束边界呈现出互补态势。在此背景下,涉及公司内部管理与运营的事项可以由任意性条款规制,公司拥有了更大的自我管理权利,给予公司制定出最适合自身发展、最适合自己业务领域扩展的一套公司治理模式的机会。

二、争议问题及裁判实务梳理

（一）公司章程是否具有处罚权？

案例1 江苏省南京市鼓楼区人民法院　南京安盛财务顾问有限公司诉祝 × 股东会决议罚款纠纷①

▶ 案情摘要

2004年8月,祝 × 成为南京安盛财务顾问有限公司(以下简称“安盛公司”)员工,在审核岗位从事审核会计工作。2007年1月1日,安盛公司修订公司章程,将祝 × 记载为股东。2008年7月23日,祝 × 向安盛公司提出辞职申请,同月25日双方解除了劳动关系。

经安盛公司调查发现,祝 × 在公司经营过程中,存有严重的违反公司章程规定的行为,具体表现为:(1)祝 × 作为新股东,不满三年即离开公司;(2)祝 × 具有主观故意侵占或损害公司利益、利用在公司的地位和职权为自己谋私利、违反公司同

① 参见最高人民法院办公厅主办:《中华人民共和国最高人民法院公报·案例》2012年第10期(总第192期)。

业禁止约定的行为。

安盛公司于2009年1月5日召开股东会，并依据公司章程第14条、第16条、第36条之规定，形成对祝 × 处以50,000元罚款的股东会决议。该决议作出后，安盛公司多次要求祝 × 履行决议，均被祝 × 拒绝。

因此，安盛公司诉至法院请求判令祝 × 立即给付安盛公司罚款人民币50,000元。

裁判要旨

法院认为，公司章程关于股东会对股东处以罚款的规定，系公司全体股东所预设的对违反公司章程股东的一种制裁措施，符合公司的整体利益，体现了有限公司的人合性特征，不违反公司法的禁止性规定，应合法有效。但公司章程在赋予股东会对股东处以罚款职权时，应明确规定罚款的标准、幅度，股东会在没有明确标准、幅度的情况下处罚股东，属法定依据不足，相应决议无效。

本案中，祝 × 在安盛公司和瑞派尔公司委托记账合同关系停止后，仍作为瑞派尔公司的经办人向税务部门申请取消一般纳税人资格业务，该行为属于《安盛同业禁止规定》第1条及公司章程第36条第1款第6项的约定范畴，应认定祝 × 违反了公司章程，安盛公司股东会可以对祝 × 处以罚款。但是，安盛公司未在公司章程中明确记载罚款的标准及幅度，使得祝 × 对违反公司章程行为的后果无法作出事先预料，况且，安盛公司实行"股东身份必须首先是员工身份"的原则，而《安盛员工手册》的《奖惩条例》第7条所规定的5种处罚种类中，最高的罚款数额仅为2000元，而安盛公司股东会对祝 × 处以5万元的罚款已明显超出了祝 × 的可预见范围。故安盛公司临时股东会所作出对祝 × 罚款的决议明显属法定依据不足，应认定为无效。

案例2 湖南省张家界市中级人民法院（2015）张中民二终字第29号 袁 × 与湖南绿源房地产有限公司公司决议撤销纠纷

▶ 案情摘要

湖南绿源房地产有限公司（以下简称"绿源公司"）注册登记日期为2010年6月8日，登记时的股东为肖 × ×、毛 × 坤、周 × 山、李 × 初、李晓林、袁 ×。2013年11月26日变更登记后的股东为肖 × ×、李 × 初、袁 ×，肖 × × 为法定代表人。

2010 年 4 月 26 日，肖 ××、毛 × 坤、周 × 山、李 × 初、袁 × 签订了一份《合作协议书》："……八、其他规定：1. 严禁贪污、挪用公物，严禁弄虚作假，多报开支，一经查实，实行十倍处罚，从其股本金中直接扣除，并调离原工作岗位……"

2011 年 11 月 17 日，绿源公司与湖南智埔工程咨询有限公司（以下简称"智埔公司"）签订了《建设工程造价咨询合同》，并明确绿源公司股东袁 × 为其咨询服务联络人。

绿源公司认为袁 × 于 2013 年 4 月以公司名义与智埔公司签订一份造价咨询协议，从中拿回扣 7 万元，损害公司利益。2014 年 11 月 21 日，绿源公司形成股东会决议，决定对股东袁 × 处以 70 万元罚款处罚，上缴公司。

其后，袁 × 诉至法院要求确认该股东会决议书第一项决议违法并予以撤销。

裁判要旨

法院认为，在公司章程未作另行约定的情况下，有限公司的股东会并无对股东处以罚款的法定职权，如股东会据此对股东作出处以罚款的决议，则属超越法定职权，决议无效。本案中，绿源公司对袁 × 处以罚款的依据是肖 ××、毛 × 坤、周 × 山、李 × 初、袁 × 于 2010 年 4 月 26 日签订的《合作协议书》，该协议书不是绿源公司的公司章程，不能作为股东会处罚股东的依据。故绿源公司对袁 × 作出处以罚款的决议无效。

总结及延展

从法院裁判案例可以看出，公司章程可以有处罚权，公司章程中的处罚条款是公司自治的一种体现。法院在审理涉及公司方面的民商事案件时，必须尊重公司章程的规定和股东之间的约定，表明了司法介入公司治理时应当尊重公司自治的态度，对于不违反公司法禁止性规范的公司内部约定，一般应当依法认定为有效。但是同时，法院提出应当明确规定罚款的标准和幅度并提前公示，否则公司章程中的处罚规定将因为超出股东的可预见范围而无效。

笔者认为，章程是否具有处罚权，取决于章程的法律性质。按照《公司法》（2024）的相应规定，有限责任公司章程的制定需要全体发起人股东一致同意，而有限责任公司章程的修改、股份有限公司章程的制定和修改则只需要有 2/3 以上表决权股东的同意即可，而司法实践中涉及股东自益权的相关处分，主流观点认为应当经过股东本人的同意，故通过多数决的方式修订章程进而损害或剥夺股东自益权的行为是无效的。由上可知，章程既具有“契约”属性，也具有“决议”属性。从公司章程的内容上看，所涉利益维度可分成三种：股东、公司、债权人，前述三种维度相互交汇渗透，相互联结影响。

具体而言，股东的权利可分为“自益权与共益权”，以“股东共益权”为基础，形成了公司内部的组织管理结构、管理规则，而前述管理规则与股东的义务、责任相连，共同形成了对公司及债权人的利益保护。① 所以，笔者认为公司章程的性质具有“契约”“决议”双重属性。一方面，股东自益权相关条款必然具有契约属性，需要具备一致意思表示后方可生效；另一方面，公司的本质是团体、组织，其内部的组织管理结构、运营规则应当按照团体、组织的治理规则予以设置，而团体、组织的自治规则并不需要具备合意机制，不需要取得全部股东的同意，而是应通过特定程序按照表决权多数予以决议，只要程序合法合规，则决议结果亦会对全体股东形成约束力，而公司章程中庞杂多样的内容往往让人难以针对所有具体条款形成统一表决意见，所以，公司章程中不同性质的条款内容所对应的生效规则应有所区分。

那么，涉及股东自益权的章程内容调整应当适用何种表决规则，是否只有在经过股东本人同意的前提下方可进行修订？如果相应条款目的性正当，且符合公司经营利益必要性原则，即使前述条款限制甚至剥夺了特定股东的权益，是否必然无效？目前这些问题无论是在学理上还是司法实践中仍存在较大争议。

笔者认为，公司作为经济组织、经营团体，其设立是为了能够参与经济竞争，获取经济利益，且由于公司是拟制人格，股东的利益能否得到合理保障亦决定了公司内部秩序的稳定与否，故公司在决策时需兼顾公平与效率。公司法本质属于团体法、组织法，应以多数人的意思表示一致性作为相应规范设立的底层逻辑，但同时公司法以推动和促进公司发展作为立法目标，鼓励公司在基本原则框架下追求团体、组织利益最大化，创造经济收益。前述特质决定了公司的运行不能按照“意思一致”的合意规则来推进，否则将丧失其作为经济组织的设立初衷以及立足根基。因此，当公司利益与股东私权利益相冲突时，只要章程中所规定的处理方式符合目的正当性要求，即可按照公司多数决程序规则予以表决确认，但前文中笔者亦提及公司决议需兼顾公平，即使公司的决议具有目的正当性，与公司发展利益具有一致性，亦不能理所当然地割舍股东的个人权利，并将其作为公司获取发展利益的对价，此时公司在作出多数决议时亦要考虑到该决议对少数股东权益的影响，并应当遵循公平原

① 参见葛伟军：《论契约说视角下公司章程的约束力》，载《北方法学》2024年第4期。

则对少数股东施以补偿。值得注意的是，对个人私权受损的股东进行补偿的前提是股东私权的行使亦具有正当性，如股东私权的行使已经损害了公司的利益，公司当然有权通过决议的方式限制、惩处股东的损害行为。

所以，为了维系公司团体治理的稳定性、权威性，公司在章程中设定处罚条款无可厚非，但是公司应当证明相应条款设置的合理性及正当性。

最高人民法院公报案例“南京安盛财务顾问有限公司诉祝 × 股东会决议罚款纠纷案”中的裁判说理也充分体现了上述原则。最高人民法院在裁判要旨中认可公司章程有权就处罚股东事宜作出规定，但同时认为章程未规定处罚的标准与幅度，其后续处罚幅度 5 万元远远高于安盛公司现有规章制度中所记载的标准，故在公司无法证明其处罚合理性与正当性的情况下该处罚决议是无效的。前述判决说理内容对应的是安盛公司的具体案情，有一定限制性，未能尽释法理。在本案中，最高人民法院以章程规定不详为由判定处罚决议无效，但若章程在规定处罚条款的同时详细量化了处罚标准及幅度，是否意味着相应的处罚决议必然有效？笔者认为不然。如前文所论，当股东私权与公司决议相冲突且二者均具有目的正当性时，可按照章程规定，通过合法有效的决议程序进行决策，如决策程序合法且给予了股东合理补偿，则相应章程的规定内容是可以通过决议程序有效实施的；如股东私权的行使侵害了公司利益，章程中所设定的处罚条款亦要秉持权责相匹配的合理性原则，方具备通过合法决议予以落地实施的前提条件。所以，无论在前述哪一种情境下，章程的处罚条款设定是否有效、能否实施，核心在于相应内容是否具有目的正当性、是否具有合理性、是否在实施过程中遵循了公平原则，以及在股东利益因公司多数决自治规则受到限制时，公司是否予以了对价补偿。简言之，在充分尊重公司经营特质，尊重公司团体组织自治权时，亦要平衡考量股东的私权利益，防止组织权力对于个体股东权利的倾轧。目前，司法实践中尚缺乏针对前述内容进行深入剖析的判决内容。

（二）公司章程规定人走股留是否具有合法性？

案例1 **陕西省高级人民法院（2014）陕民二申字第 00215 号　宋 × 军诉西安市大华餐饮有限公司股东资格确认纠纷**

▶ 案情摘要

2004 年 5 月，西安市大华餐饮有限责任公司（以下简称“大华公司”）由国有企业改制为有限责任公司，宋 × 军系大华公司员工，出资 2 万元成为大华公司的自然人股东。

大华公司章程第 3 章规定“公司股权不向公司以外的任何团体和个人出售、转让。公司改制一年后，经董事会批准后可在公司内部赠予、转让和继承。持股人死亡或退休经董事会批准后方可继承、转让或由企业收购，持股人若辞职、调离或被辞退、解除劳动合同的，人走股留，所持股份由企业收购……”第 13 章“股东认为需要规定的其他事项”下第 66 条规定“本章程由全体股东共同认可，自公司设立之日起生效”。该公司章程经大华公司全体股东签名通过。

2006 年 6 月 3 日，宋 × 军向公司提出解除劳动合同，并申请退出其所持有的公司的 2 万元股份。同年 8 月 28 日，经大华公司法定代表人赵 × 锁同意，宋 × 军领到退出股金款 2 万元整。

2007 年 1 月 8 日，大华公司召开股东大会审议通过了宋 × 军、王 × 青、杭 × 国三位股东退股的申请并决议“其股金暂由公司收购保管，不得参与红利分配”。

后宋 × 军以大华公司的回购行为违反法律规定，未履行法定程序且公司法规定股东不得抽逃出资等，请求依法确认其具有大华公司的股东资格。

一审法院经审理后驳回其诉讼请求。宋 × 军不服一审判决，提起上诉。二审法院审理后判决维持原判，驳回上诉。宋 × 军不服二审判决，向陕西省高级人民法院申请再审，再审法院裁定驳回宋 × 军再审申请。

裁判要旨

法院认为，首先，有限公司章程系公司设立时全体股东一致同意并对公司及全体股东产生一致约束力的规则性文件，宋 × 军在公司章程上签名的行为，应视为其对前述规定的认可和同意，该章程对大华公司及宋 × 军均产生约束力。其次，基于有限责任公司封闭性和人合性的特点，由公司章程对公司股东转让股权作出某些限制性规定，系公司自治的体现。大华公司章程将是否与公司具有劳动合同关系作为确定股东身份的依据继而作出“人走股留”的规定，符合有限责任公司封闭性和人合性的特点，亦系公司自治原则的体现，不违反公司法的禁止性规定。最后，大华公司章程第 14 条关于股权转让的规定，属于对股东转让股权的限制性规定而非禁止性规定，宋 × 军依法转让股权的权利没有被公司章程所禁止，大华公司章程不存在侵害宋 × 军股权转让的情形。

案例2 辽宁省大连市中级人民法院（2023）辽02民终2660号 李×波、大连港隆科技有限公司等公司决议效力确认纠纷

▶ 案情摘要

大连港隆科技有限公司（以下简称“港隆公司”）的《公司章程》第46条规定：“当自然人股东因各种原因不再担任原岗位职务（担任公司其他同级别及以上职务者除外）或离开公司时，其股权须转让给新的任职者，原自然人股东不得留持。自然人股东股权转让的价格，原则上按照公司当期净资产确定的价格进行转让。若自然人股东对此持有异议的，也可采取资产评估的方式进行转让，须选用股东各方一致同意的资产评估机构进行资产评估，原则上转让须在评估完成后的20个工作日内完成，且由此产生的相关费用由提出异议者负担。对于自然人股东转让的股权，原则上按照下列优先顺序进行受让：首先是退出自然人股东在公司中职务的继任者；其次是大连口岸物流网股份有限公司；再次是公司的主要经营者，但单一经营者持股比例不应超过大连口岸物流网股份有限公司；最后是其他股东。也可采取股东协商一致的原则按股比同比例进行受让。如果没有股东同意受让该转让的股权，则由公司采取注册资本减资的方式予以解决。”

2020年4月15日，港隆公司召开议题为“李×波与王×军股权转让事宜”的股东会，并依据《公司章程》第46条作出股东会决议载明，“全体股东经会议讨论，除李×波明确表示不同意股权转让之外，其他参会股东一致同意形成决议如下：1. 因李×波职务变动已经不在本公司任职，根据公司章程规定，李×波持有的公司30%的股权，全部转让给其继任者王×军；2. 公司自2016年3月15日以后，基于股东名册曾分三次向李×波发放2016年1—10月、2016年11—12月及2017年的利润分红，李×波应返还给公司、由公司重新分配给王×军；3. 王×军应将支付给李×波的股权转让款项及资金占用利息补偿，直接交给公司，由公司扣除李×波已领取的分红款后转交李×波”。

李×波诉至法院，请求确认2020年4月15日的《股东会决议》无效。

裁判要旨

法院认为，现有证据不能证明案涉的股东会决议无效。港隆公司的《公司章程》系公司股东意思自治的体现，是调整公司内部事务的准则。案涉股东会决议的主要内容为李×波与王×军的股权转让及相关事宜，上述股权转让主要依据2017

年11月港隆公司修改的《公司章程》第46条，而此次《公司章程》的修改已得到包括李 × 波在内的全体股东的一致同意通过。案涉股东会决议的内容并未违反《公司章程》，且本次股东会决议效力的争议，属于公司内部的纠纷，是私主体之间民事权益的调整关系，在李 × 波未能举证案涉的股东会决议损害国家利益和社会公共利益时，对李 × 波提出的确认股东会决议无效的上诉主张，不予支持。

案例3 江苏省南京市中级人民法院（2020）苏01民终1830号 上诉人江苏省化工设计院有限公司与被上诉人张 × 升与公司有关的纠纷

▶ 案情摘要

江苏省化工设计院有限公司（以下简称“省化工设计院”）原系全民所有制事业单位，2004年经江苏省建设厅批准改制成公司制科技型企业，其员工张 × 升出资9.5万元，持股1.583%。

2006年6月28日，张 × 升因即将调入南京中圣集团环保事业设计部，向公司提交的《辞职报告》中未提及其所持股权的后续处置问题。

2009年9月12日，省化工设计院召开临时股东会，并表决通过公司章程。章程第55条规定，“股东离开公司（含辞职、公司辞退、合同到期不续签等情形），不再为公司服务时，该股东应将所持有的公司股权在离开公司之日起六十日内转让给在职股东，当无在职股东收购时，由公司董事长用公司未分配利润收购”。

2017年9月12日，省化工设计院办理增资变更手续，注册资本由600万元变更为700万元，张 × 升持股比例变更为1.36%。后双方就张 × 升离职后所持股权处置问题产生纠纷，省化工设计院诉至法院要求回购张 × 升持有的省化工设计院9.5万股股份。

一审法院经审理后驳回省化工设计院的诉讼请求。省化工设计院不服一审判决，提起上诉。二审法院审理后判决维持原判，驳回上诉。

裁判要旨

法院认为，设立公司必须依法制定公司章程。公司章程对公司、股东、董事、监事、高级管理人员具有约束力。本案中，省化工设计院公司章程第55条关于公司股东离职后应将所持有的公司股权在离开公司之日起60日内转让给在职股东，在无在职股东收购时，由公司董事长依公司未分配利润收购的规定，不违反公司法等法律的强制性规定，合法有效；并且该章程通过时，张 × 升本人已参会，虽然其提交了反对票，不同意章程“人走股留”的规定，但此并未影响章程最终的表决结果，故省化工设计院及张 × 升均应遵守，故省化工设计院有权据此回购张 × 升持有的股权。

省化工设计院依据公司章程主张回购离职股东张 × 升股权，应属债权请求权，而非物权请求权，应适用诉讼时效的相关规定。本案已超过诉讼时效期间，一审判决驳回省化工设计院的诉讼请求，并无不当。

总结及延展

所谓“人走股留”，即在公司章程中对股东转让股权设置一定的限制，规定股东不在本公司任职的情况下，不得再持有公司股权，而应向其他股东转让或由公司进行回购。“人走股留”的设计多被应用于公司化改制、初创公司的创始团队增强股东结构的稳定性以及实行股权激励制度的公司对被激励对象的绑定等情形。

在 2018 年之前的司法裁判中，主流观点认为“人走股留”条款属于对股东自益权的剥夺，除非经该股东事先同意，否则无效。2018 年最高人民法院发布的第 96 号指导性案例认为“人走股留”条款系公司章程自治范畴，在不违反法律规定的情况下合法有效，但第 96 号指导性案例案情较为简单，“人走股留”部分争议并未在该案中展现出来。

“人走股留”的诸多争议系一脉同源，本质上均属于公司章程内容有效性的判断标准问题。2021 年最高人民法院发布了《民事案件案由规定》(2020)对我国民事案由进行了第二次修正，其中在与公司有关的纠纷案由“第八部分 与公司、证券、保险、票据等有关的民事纠纷”的“第二十一条 与公司有关的纠纷”中并没有规定“章程无效纠纷”这一案由，既往司法实践中对相关问题也并无统一的裁判标准，而此次《公司法》(2024)亦未对公司章程的有效或者无效情况予以规定，笔者认为可尝试从以下角度进行分析：

首先，关于章程内容中“人走股留”条款是否有效的问题，应结合章程性质予以评析。

正如本专题第一个问题“公司章程是否具有处罚权”中所述，公司的性质为团体组织，公司法亦属于组织法，公司章程是规定公司组织及其行为基本规则的重要文件，其中既包含了股东与股东之间的“契约”，又包含了股东之间关于公司组织结构、治理规则等公共事项的“决议”，所以公司章程性质具有融合性，不能以“合约”或者“自治规章”对其进行单一论判。[1] 但总体而言，基于对公司性质、设立目标、经

① 参见王毓莹：《有限公司股权对外转让中“同意权”规则的反思与重构》，载《中国法律评论》2024 年第 2 期。

营特质的考量，在团体利益与个体利益之间，团体利益的保障需被置放于优先位置，公司章程对于股东、董事、监事、高级管理人员等的效力不仅来源于合意，更是来源于个体对于决议规则背后所代表的团体治理规则以及团体利益的在先认可，即同意在自己利益在决议中被投反对票的情况下仍然接受章程约束的自治，并认可该种治理规则能够致使团体利益最大化。故公司章程作为团体组织的治理规则，在其内容中对股东个人权益进行合理限制亦具有合法性基础，其限制行为属于公司自治权利的合理使用，而前述自治权利亦源于股东基于公司利益考量而给予的在先认可。故公司章程中规定股东离开公司时以股权转让的方式退股，属于公司意思自治的利弊权衡范畴，并未违反法律规定，亦不应被视为侵害股东利益的行为。

在2018年最高人民法院发布第96号指导性案例后，法院针对“人走股留”条款是否具有有效性这一问题，在实践中基本上持合法有效态度。例如，在辽宁省大连市中级人民法院（2023）辽02民终2660号案件，以及江苏省南京市中级人民法院（2020）苏01民终1830号案件中，法院均持有下述观点：公司章程关于人走股留的规定，符合有限责任公司封闭性和人合性的特点，亦系公司自治原则的体现，不违反公司法的禁止性规定，股东在载有“人走股留”的章程上签字，就代表对该规定的认可和同意，即使部分股东不认可该条款，但如果没有影响章程的投票结果的，在章程依然有效的情况下，即便不同意“人走股留”条款，也应该遵守这一规定。

但需要注意的是，公司内部章程对股权转让的限制性规定并不能约束外部债权人，即在债权人申请法院强制执行股权的过程中，公司不能以章程内部“人走股留”的规定予以对抗。

其次，依据当然解释举重以明轻，司法实践中既已承认了“对赌回购”的协议效力，则章程中关于“人走股留”的规定亦应有效。“人走股留”与“对赌回购”均属于公司与股东之间自行约定回购的情形，二者有异曲同工之处。区别在于，“人走股留”系基于公司内部治理需要而强制股东同意转让股权，而“对赌回购”系投资人股东基于投资利益保护而要求公司回购股权。这两种约定回购股权的情况，一种是基于股东利益，另一种是基于公司利益，正如笔者前述分析，公司法作为团体组织法，平衡股东、公司之间的利益固然重要，但如股东个体利益与公司利益之间出现冲突，应当允许公司在给予股东合理补偿的情况下，按照能够体现公司利益的表决程序进行决策。相较而言，投资人股东要求公司以特定价格回购股权，如操作不当则容易导致公司利益受损，而“人走股留”则是对股东自由转让股权的权利进行了一定限制，并不会损伤公司利益。《九民纪要》第5条规定：“投资方与目标公司订立的‘对赌协议'在不存在法定无效事由的情况下，目标公司仅以存在股权回购或者金钱补偿约定为由，主张'对赌协议'无效的，人民法院不予支持，但投资方主张实际履行的，人民法院应当审查是否符合公司法关于'股东不得抽逃出资'及股份回购的强制性规定，判决是否支持其诉讼请求。"举重以明轻，《九民纪要》关于对赌协议中的股权回购效力约定也间接回答了"人走股留"回购协议的效力问题。

最后，"人走股留"的可行性问题仍需予以关注。正如"对赌回购"合同有效并不代表合同可履行，《九民纪要》将目标公司事实上完成减资程序作为投资方请求目标公司回购股权的前置条件，对合同有效和合同可履行进行了区分①。针对公司章程中规定创始股东、高管等"人走股留"的情形，笔者在检索中发现法院极少要求以减资程序作为回购股权的前置条件，但公司回购股权也需符合资本维持原则来具体认定协议的可履行性。

综合前述，在最高人民法院发布第96号指导性案例之后，关于"人走股留"条款的效力，审判实践中倾向于认为：第一，有限公司初始章程设立时全体股东一致同意的，该章程对公司和各股东均产生约束力；第二，基于有限公司封闭性和人合性的特点，由公司章程对公司股东转让股权作出某些限制性规定，而非禁止股东进行股权转让，系公司自治的体现，并非对股东权利的侵害，不违反公司法的禁止性规定。

笔者认为，尽管司法实践肯定了公司章程可以突破公司法规定，以"人走股留"条款限制股东自由转让股权，但这种限制仍需有边界感，不得违反法律法规的强制性规定，如禁止或不合理限制股东进行股权转让等；毫无理由地减损股权权能等。值得注意的是，如果公司章程是全体股东的合意，则其中的"人走股留"条款对原始股东具有约束力不难实现，但如果该等条款系在章程修正案中新增，则可能无法取得全体股东的一致同意，此时对于异议股东或未签字股东而言，其拘束力并非毋庸置疑的。因此，在设计"人走股留"条款时，笔者建议，将该等条款纳入初始章程中，或章程修正案取得全体股东一致同意；制定公允合理的转让方式及转让价格；避免禁止股东进行股权转让的表述；如由公司进行回购的，贴合公司法对公司回购自身股权的限制及程序性要求，设计详尽科学的回购条款。

---

① 参见《九民纪要》"二、关于公司纠纷案件的审理（一）关于'对赌协议'的效力及履行 5.【与目标公司'对赌'】投资方请求目标公司回购股权的，人民法院应当依据《公司法》第35条关于'股东不得抽逃出资'或者第142条关于股份回购的强制性规定进行审查。经审查，目标公司未完成减资程序的，人民法院应当驳回其诉讼请求……"

专题四

法定代表人行为效力及其责任承担

一、法律规定对比解析

（一）《公司法》（2018）与《公司法》（2024）相关条文对比

《公司法》（2018）	《公司法》（2024）
第 13 条　公司法定代表人依照公司章程的规定，由董事长、执行董事或者经理担任，并依法登记。公司法定代表人变更，应当办理变更登记。	**第 10 条**　公司的法定代表人按照公司章程的规定，由代表公司执行公司事务的董事或者经理担任。 担任法定代表人的董事或者经理辞任的，视为同时辞去法定代表人。 法定代表人辞任的，公司应当在法定代表人辞任之日起三十日内确定新的法定代表人。
—	**第 11 条**　法定代表人以公司名义从事的民事活动，其法律后果由公司承受。 公司章程或者股东会对法定代表人职权的限制，不得对抗善意相对人。 法定代表人因执行职务造成他人损害的，由公司承担民事责任。公司承担民事责任后，依照法律或者公司章程的规定，可以向有过错的法定代表人追偿。
—	**第 32 条**　公司登记事项包括： （一）名称； （二）住所； （三）注册资本； （四）经营范围； （五）法定代表人的姓名； （六）有限责任公司股东、股份有限公司发起人的姓名或者名称。 公司登记机关应当将前款规定的公司登记事项通过国家企业信用信息公示系统向社会公示。

续表

《公司法》(2018)	《公司法》(2024)
—	**第 35 条** 公司申请变更登记，应当向公司登记机关提交公司法定代表人签署的变更登记申请书、依法作出的变更决议或者决定等文件。 公司变更登记事项涉及修改公司章程的，应当提交修改后的公司章程。 公司变更法定代表人的，变更登记申请书由变更后的法定代表人签署。
第 25 条 有限责任公司章程应当载明下列事项： (一)公司名称和住所； (二)公司经营范围； (三)公司注册资本； (四)股东的姓名或者名称； (五)股东的出资方式、出资额和出资时间； (六)公司的机构及其产生办法、职权、议事规则； (七)公司法定代表人； (八)股东会会议认为需要规定的其他事项。 股东应当在公司章程上签名、盖章。	**第 46 条** 有限责任公司章程应当载明下列事项： (一)公司名称和住所； (二)公司经营范围； (三)公司注册资本； (四)股东的姓名或者名称； (五)股东的出资额、出资方式和出资日期； (六)公司的机构及其产生办法、职权、议事规则； (七)公司法定代表人的产生、变更办法； (八)股东会认为需要规定的其他事项。 股东应当在公司章程上签名或者盖章。
第 81 条 股份有限公司章程应当载明下列事项： (一)公司名称和住所； (二)公司经营范围； (三)公司设立方式； (四)公司股份总数、每股金额和注册资本； (五)发起人的姓名或者名称、认购的股份数、出资方式和出资时间； (六)董事会的组成、职权和议事规则； (七)公司法定代表人； (八)监事会的组成、职权和议事规则； (九)公司利润分配办法； (十)公司的解散事由与清算办法； (十一)公司的通知和公告办法； (十二)股东大会会议认为需要规定的其他事项。	**第 95 条** 股份有限公司章程应当载明下列事项： (一)公司名称和住所； (二)公司经营范围； (三)公司设立方式； (四)公司注册资本、已发行的股份数和设立时发行的股份数，面额股的每股金额； (五)发行类别股的，每一类别股的股份数及其权利和义务； (六)发起人的姓名或者名称、认购的股份数、出资方式； (七)董事会的组成、职权和议事规则； (八)公司法定代表人的产生、变更办法； (九)监事会的组成、职权和议事规则； (十)公司利润分配办法； (十一)公司的解散事由与清算办法； (十二)公司的通知和公告办法； (十三)股东会认为需要规定的其他事项。

续表

《公司法》(2018)	《公司法》(2024)
第 92 条 董事会应于创立大会结束后三十日内,向公司登记机关报送下列文件,申请设立登记: (一)公司登记申请书; (二)创立大会的会议记录; (三)公司章程; (四)验资证明; (五)法定代表人、董事、监事的任职文件及其身份证明; (六)发起人的法人资格证明或者自然人身份证明; (七)公司住所证明。 以募集方式设立股份有限公司公开发行股票的,还应当向公司登记机关报送国务院证券监督管理机构的核准文件。	**第 106 条** 董事会应当授权代表,于公司成立大会结束后三十日内向公司登记机关申请设立登记。

(二)相关规范索引

相关规范	条款
《民法典》	第 61 条、第 62 条、第 81 条、第 504 条、第 532 条
《民法典合同编通则司法解释》	第 20 条、第 22 条、第 23 条
《民法典担保制度司法解释》	第 7 条
《九民纪要》	第 17 条、第 18 条、第 41 条

(三)新旧公司法变化解读

《公司法》(2024)吸收了《民法典》《九民纪要》等法律法规的规定,对法定代表人制度进行了进一步的修改与完善。相较于《公司法》(2018),《公司法》(2024)中对法定代表人的规定更为具体、明确。《公司法》(2024)与《公司法》(2018)的主要区别如下:

第一,扩大了法定代表人的选任范围。《公司法》(2018)第 13 条中将法定代表人的选任范围限制在董事长、执行董事、经理三者之中。而《公司法》(2024)第 10 条第 1 款则采用了概括性描述,规定由代表公司执行公司事务的董事或者经理担任,赋予了在公司担任其他职务、管理公司事务的其他董事被选任为法定代表人的资格。实践中，除执行公司事务的董事或者经理代表公司从事经营活动外，亦由公司安排其他岗位的高管代表公司行权，如此规定可使公司对外经营的代表在外观上具有一致性，防止因“有权无名”无法对抗第三人信赖利益最终致使公司利益受损。

第二，新增了法定代表人辞任、补任的规定。《公司法》(2018)中并未对法定代表人辞任及补任事项作出详细的规定，这造成了实践中的大量问题，例如，原经理或董事已经辞任但仍具有法定代表人身份的情况下，法定代表人损害公司利益或是法定代表人被迫承担相关法律风险的问题；公司陷入原法定代表人拒绝辞任，同时新法定代表人无法确定的僵局；公司陷入原法定代表人已经辞任而公司迟迟未定新法定代表人的权责真空期等。《公司法》(2024)第10条第2款、第3款新增的辞任及强制补任规定弥补了法律空白，有效地解决了实践中的问题。

第三，增加了法定代表人地位和责任的规定。《公司法》(2024)第11条吸收了《民法典》第61条的规定，与《民法典合同编通则司法解释》接轨，明确了法定代表人行使职权对公司产生的法律后果、越权代表不得对抗善意相对人的法律效力以及法定代表人职务侵权时的责任承担。①

第四，改变了法定代表人的选任机制。《公司法》(2018)第25条中规定公司章程中应记载法定代表人，而《公司法》(2024)第46条则将此处改为“法定代表人的产生、变更方法”。这一改动使法定代表人的产生、变更更加规范与灵活。法定代表人的选任方法记载于公司章程中，能够促使公司选任法定代表人的方法更加规范化、合理化，但公司又不必在每次变更法定代表人的同时变更公司章程，减轻了公司的负担。

第五，明确了法定代表人的变更机制。《公司法》(2018)第13条中规定“公司法定代表人变更，应当办理变更登记”，该条款仅明确变更登记是公司项下的义务，但法定代表人的变更登记涉及新旧法定代表人的衔接以及配合，变更过程中的相应材料由谁来签署，《公司法》(2018)并未规定，导致实践中经常出现原法定代表人故意拖延、阻碍变更事宜的情况。《公司法》(2024)第35条中新增“公司变更法定代表人的，变更登记申请书由变更后的法定代表人签署”这一规定，针对公司变更法定代表人登记的手续进行了完善，避免因原法定代表人拒绝配合签署变更登记申请书而引发的公司治理僵局，以保障法定代表人变更事项的顺利完成。

① 参见赵旭东、刘斌：《新公司法重点热点问题解读：新旧公司法比较分析》，法律出版社2024年版，第323页。

二、争议问题及司法裁判实务梳理

（一）法定代表人以公司名义从事民事活动是代理行为还是代表行为？

案例1 最高人民法院（2014）民申字第528号 济宁市任城区农村信用合作联社与济宁菲斯特印务有限公司、济宁龙华电子有限公司金融借款合同纠纷

▶ **案情摘要**

济宁菲斯特印务有限公司（以下简称“菲斯特公司”）公司股东由刘×宁等23名自然人和济宁龙华电子有限公司（以下简称“龙华公司”）组成，其中，龙华公司持股比例为43.86%，刘×宁为法定代表人。

2011年2月11日，济宁市任城区农村信用合作联社（以下简称“农信社”）与龙华公司签订《流动资金借款合同》，约定龙华公司贷款1500万元用于购买材料，借款期限自2011年2月11日至2013年1月11日。同日，农信社与菲斯特公司签订了《最高额抵押合同》，约定菲斯特公司在人民币1650万元的最高余额内为龙华公司的1500万元借款提供担保。

2011年1月2日，菲斯特公司召开股东会，表决批准以本公司房地产为抵押物为龙华公司2011年1月在农信社李营信用社贷款1500万元提供担保。其中，法人股东龙华公司在股东会决议上盖章，自然人股东刘×宁等7人签字。

2012年3月18日，信用社向龙华公司送达《贷款利息逾期催收通知书》一份，载明至2012年3月18日，龙华公司已欠息241,421.71元，龙华公司盖章予以确认。

其后，农信社为实现其债权，起诉了龙华公司和菲斯特公司。

裁判要旨

法院认为，公司法定代表人以公司名义从事民事活动，对外即代表公司，公司应当为其行为承担民事责任。本案中，刘×宁系龙华公司法定代表人，经其与李营信用社联系，李营农信社与龙华公司签订了书面借款合同，借贷是双方真实意思表示，不违反法律强制性规定，应为有效。

案例2 吉林省高级人民法院（2018）吉民申3800号 四平市东达建筑公司因与董×民间借贷纠纷

▶ 案情摘要

2011年5月23日，四平市东达建筑公司（以下简称“东达公司”）经理张×远以东达公司名义向董×借款50万元，出具欠条一张，写明：“东达公司欠董×人民币伍拾万元整”，并口头约定借款为5分利，扣除一个月利息，董×实际交付张×远475,000元。

2012年7月8日，张×远又给董×出具证明一份，证实2011年5月因公章没有在张×远手中，所以没有加盖公章。张×远于2013年11月25日死亡，至死亡前为东达公司的法定代表人。

董×为实现其债权，起诉了东达公司。

裁判要旨

法院认为，关于张×远出具欠条行为是否代表东达公司的问题，本案中，东达公司主张欠条只有法定代表人签字并未加盖公章，其不应当承担还款责任。但根据原审查明事实，张×远以东达公司的名义向董×出具欠条时的身份系东达公司的法定代表人，在无相反证据的情况下，应当认定张×远的行为构成法定代表行为，该行为对东达公司产生法律效力。

总结及延展

从前述案例裁判逻辑可知，法院普遍认为法定代表人以公司名义从事民事活动是代表行为。学术界存在一种观点，认为代表和代理殊途同归，在效果归属上并无区别，故无需对法定代表人以公司名义从事民事活动的行为予以精确定性。[①] 笔者认为，代表行为与代理行为虽然在大多数情况下都能形成对被代表人和被代理人的同等约束力，但由于二者的法律关系结构不同，故法律效果的认定规则，以及越权代表、越权代理在特殊情况下的效果归属力仍具有较大差别，故针对二者的差异化研究以及对相应行为的定性仍有必要性。代表人、代理人二者与被代表主体、被代理

① 参见李洪健：《作为特殊代理行为的代表行为：效果归属与规范适用》，载《法学评论》2022年第6期。

主体的逻辑联结远近有所区别。具言之，代表人与被代表的主体之间系同一个民事主体，代表人本质应系被代表人在形式上的对外延展，属“一体双生”。代理人与被代理人是两个不同的民事主体。由于具有形式上的天然一致性，故代表人的行为原则上均会被认为是被代表主体的行为，当出现越权代表的情形，除非被代表人能够证明第三人存在主观恶意，即明知或者应知存在越权代表的情形。当出现越权代理的情形时，由于代理人与被代理人的行为一致性系基于被代理人的授权行为形成，故第三人需证明从自身角度观察，前述授权行为业已合法有效且授权范畴应包含越权代理行为。

（二）法定代表人是否需对其职务侵权行为承担个人责任？

案例1　北京市第一中级人民法院（2020）京01民终2397号　杭州迪火科技有限公司与北京三快科技有限公司名誉权纠纷

▶ 案情摘要

北京三快科技有限公司（以下简称“三快公司”）系生活服务类网站美团网（www. meituan. com）、美团点评餐饮开放平台（developer. meituan. com）的经营主体。杭州迪火科技有限公司（以下简称“杭州迪火公司”）是主要从事餐饮和商超零售云计算收银系统研发和推广的服务商。

2017年9月25日，杭州迪火公司的法定代表人赵×军使用其经今日头条认证为二维火创始人兼CEO的个人账户“二维火创始人唐僧”发表“微头条”，表示“我愤怒，不是因为二维火业务受了多大影响，而是美团的做法完全损害了商家的利益……垄断餐饮服务的整个链条，控制商户，美团封杀二维火，控制收银机……”9月26日，该账号发表“对‘美团封杀二维火事件’的声明：不要让商家二选一，欢迎美团良性竞争”的文章。文章下相关评论均与“二维火”“美团”有关。

其后，三快公司以杭州迪火公司侵犯名誉权为由起诉至法院。

裁判要旨

法院认为，法定代表人以法人名义从事的民事活动，其法律后果由法人承受；法定代表人因执行职务造成他人损害的，由法人承担民事责任。本案中，赵×军虽系以个人名义注册头条用户并发表文章，但其头条认证为二维火创始人兼CEO，且涉案文章的内容均为对“二维火”及美团的评论，体现了杭州迪火公司与三快公司之间的矛盾。赵 × 军的涉案行为与其职务直接相关，应认定为法定代表人为公司利益进行的职务行为，故杭州迪火公司应承担相应民事责任。

案例2 广东省广州市中级人民法院（2020）粤 01 民初 2171 号 顾 × 骏、黄 × 香等 55,326 名投资者等证券虚假陈述责任纠纷

▶ 案情摘要

康美药业股份有限公司（以下简称“康美药业”）披露的《2016 年年度报告》《2017 年年度报告》《2018 年半年度报告》中存在虚增营业收入、货币资金等情况，未按规定披露控股股东及其关联方非经营性占用资金的关联交易。正中珠江会计师事务所出具的审计报告存在虚假记载。经专业机构评估，扣除系统风险后投资者实际损失为 24.59 亿元。

2020 年 12 月 31 日，顾 × 骏、刘 × 君经 11 名原告共同推选为拟任代表人，就康美药业证券虚假陈述责任纠纷提起普通代表人诉讼，要求康美药业、马 × 田、许 × 瑾等 22 名被告赔偿其投资损失。

裁判要旨

法院认为，康美药业进行虚假陈述，造成了投资者投资损失，应承担赔偿责任。马 × 田作为康美药业董事长、总经理和实际控制人，许 × 瑾作为康美药业副董事长、副总经理和实际控制人，共同组织安排相关人员将上市公司资金转移到其控制的关联方、实施财务造假，明知康美药业《2016 年年度报告》《2017 年年度报告》《2018 年半年度报告》披露数据存在虚假，仍然作为董事签字并承诺保证相关文件真实、准确、完整。马 × 田、许 × 瑾的行为直接导致康美药业披露的定期报告存在虚假陈述，是应当对康美药业信息披露违法行为直接负责的人员，应对投资者损失承担全部连带赔偿责任。康美药业部分董事、监事、高级管理人员虽未直接参与造假，但签字确认财务报告真实性，应根据过失大小分别在投资者损失的 20%、10% 及 5% 的范围内承担连带赔偿责任。

总结及延展

《公司法》（2024）第 11 条规定：“法定代表人以公司名义从事的民事活动，其法律后果由公司承受。公司章程或者股东会对法定代表人职权的限制，不得对抗善意

相对人。法定代表人因执行职务造成他人损害的，由公司承担民事责任。公司承担民事责任后，依照法律或者公司章程的规定，可以向有过错的法定代表人追偿。”《公司法》(2024)第11条与《民法典》第61条、第62条形成呼应，明确了法定代表人代表行为的法律后果由公司承受；特殊情况下，法定代表人需对外承担责任。对于法定代表人的职务侵权行为的责任承担问题，司法实践中存在两种情形。第一，法定代表人逾越其职务范畴行为所引发的任何后果和责任由其个人承担。实践中，如何认定法定代表人的行为属于职务范畴或是逾越职务范畴存在一定争议。最高人民法院在(2019)最高法民再228号案件判决内容中表达了下述观点：“即便公司对于工作人员的职权范围限制明确告知相对人，但若考察交易具体的场景、地点和性质等因素，尤其考虑工作人员从事相关民事活动的利益是否归属于公司，综合考量后仍然存在相关民事活动属于工作人员的职务行为之认定，公司仍应对因此发生的法律后果承担责任。”故考量法定代表人是否需要为其职务行为承担侵权责任需结合授权、与公司之间的牵连性、相对人的信赖合理性等综合判断。第二，法定代表人与公司承担连带责任。法定代表人明知法人实施的行为是侵权行为，且该法定代表人自身积极参与侵权行为的实施，则该侵权行为同时体现了公司的意志以及法定代表人的意志，可以认定法定代表人与公司共同实施了侵权行为，应依法承担共同侵权责任，如近几年常见的证券虚假陈述责任纠纷案件的审理法院多持上述观点。

(三)《公司法》(2024)第11条第2款“公司章程或者股东会对法定代表人职权的限制，不得对抗善意相对人”中的“善意相对人”应如何理解？

案例1 最高人民法院(2012)民提字第208号　宁波绣丰彩印实业有限公司、浙江杭州湾汽配机电市场经营服务有限公司、慈溪道新投资咨询有限公司、慈溪道新汽配贸易有限公司、慈溪市一得工贸有限公司、孙×生合同纠纷

▶ 案情摘要

林×松为宁波绣丰彩印实业有限公司(以下简称“绣丰公司”)的法定代表人。浙江杭州湾汽配机电市场经营服务有限公司(以下简称“机电公司”)的法定代表人为孙×生，股东为慈溪市一得工贸有限公司(以下简称“一得公司”)。其中，孙×生持有一得公司90%的股权。

2007年年底至2008年6月，孙×生向林×松累计借款2490万元，借款通过绣丰公司汇入孙×生指定账户。2008年7月2日，孙×生以机电公司名义与绣丰

公司签订房地产转让协议，约定转让价款与林 × 松出借给孙 × 生的借款本息相折抵，由孙 × 生与一得公司提供连带责任担保。该协议经林 × 松签名并加盖了绣丰公司印章，孙 × 生与一得公司分别在担保人栏签名、加盖公司印章。

2008 年 9 月 5 日，机电公司分立为机电公司、投资公司、汽配公司并办理了工商变更登记。孙 × 生为投资公司、汽配公司的法定代表人和执行董事，同时，不再担任机电公司法定代表人。2009 年 1 月 15 日，孙 × 生不再担任前述两公司的法定代表人。

2009 年 2 月 6 日，绣丰公司起诉请求机电公司、投资公司、汽配公司履行房地产转让协议，共同承担违约金 3,062,700 元，孙 × 生及一得公司承担连带责任。

裁判要旨

法院认为，相对人是否知道或者应当知道法定代表人越权，应当结合法律规定、交易的性质和金额以及具体交易情境予以综合判定。本案所涉协议条款使机电公司只承担巨额债务而不能获得任何对价，不属于公司正常的经营活动，且孙 × 生同时代表公司和个人签约，行为后果是将公司利益转移给个人，具有明显的超越代表权的外观。绣丰公司知晓机电公司由几名股东组成，并专门聘请律师草拟协议，在孙 × 生不能提供股东会同意证明的情形下，绣丰公司根据协议内容理应知道孙 × 生的行为不是为机电公司经营活动所从事的职务行为，而是违反公司法强制性规定的侵占公司财产行为。因此，绣丰公司以协议和委托书加盖了机电公司公章为由主张善意信赖孙 × 生代表权的理由不能成立。综合考虑本案的交易过程和事实，绣丰公司应当知道孙 × 生的签约超越代表权限，绣丰公司不属于善意相对人。

案例 2　最高人民法院（2021）最高法民申 3819 号　前郭县华宇建设工程有限公司、吉林省投资集团有限公司保证合同纠纷

▶ 案情摘要

2015 年 8 月 3 日，吉林省投资集团有限公司（以下简称“省投公司”）与前郭县华宇建设工程有限公司（以下简称“华宇公司”）法定代表人崔 × 江签订《保证合同》，约定华宇公司为润兴公司在省投公司的 3000 万元借款提供连带责任保证，保证期间为主债务期限届满之日起两年。

2015 年 8 月 7 日，吉林省长春市信维公证处为前述《保证合同》以及华宇公司

和润兴公司签订的《委托借款合同》进行了公证。

截至2015年9月18日，润兴公司尚欠借款本金1300万元。

此后，省投公司因与华宇公司发生保证合同纠纷，将华宇公司诉至法院。

裁判要旨

法院认为，善意是指债权人不知道或者不应当知道法定代表人超越权限订立担保合同；债权人对公司机关决议内容的审查一般限于形式审查，只要求尽到必要的注意义务即可，标准不宜太过严苛。华宇公司并非为其股东或实际控制人提供担保，省投公司对《股东会决议》已尽形式审查义务，华宇公司提供的书面证据和相关证人证言，均不足以认定省投公司明知《股东会决议》系伪造、华宇公司法定代表人存在越权代表的情形，且省投公司对公证的《保证合同》产生了较强的信赖，符合善意相对人的标准。

案例3 北京市高级人民法院（2018）京民终127号 陕西龙门钢铁有限责任公司等与温德拉（天津）实业有限公司等金融借款合同纠纷

▶ 案情摘要

禹×胜为温德拉（天津）实业有限公司（以下简称“实业公司”）和温德拉企业管理集团有限公司（以下简称“管理公司”）的法定代表人。

2014年12月22日，中国进出口银行（以下简称“进出口银行”）与实业公司签订借款合同，约定进出口银行向实业公司提供最高不超过3268万美元的境外投资固定资产类贷款。

2014年12月22日，进出口银行与实业公司签订房地产抵押合同，由实业公司以其名下房屋为贷款总额中的1148万美元贷款份额提供抵押担保并办理了登记。同日，进出口银行与陕西龙门钢铁有限责任公司（以下简称“龙钢公司”）签订保证合同，约定由龙钢公司为实业公司向进出口银行申请2120万美元贷款份额提供连带责任保证；又与禹×胜签订保证合同，约定禹×胜为实业公司向进出口银行申请3268万美元贷款提供连带责任保证。

2015年1月7日，进出口银行与实业公司、管理公司签订协议，约定由管理公司承担与实业公司相同的借款合同项下的还款责任。另外，管理公司向实业公司提供2015年1月6日管理公司股东会决议文件，该决议授权内容与管理公司在协议中所承诺的义务一致。

2015年1月18日，进出口银行依据实业公司提款申请向实业公司拨付了2400万美元贷款，履行了合同义务。

因实业公司不能支付到期利息，进出口银行在多次向实业公司及管理公司、龙钢公司、禹×胜催要到期利息无果后，宣布贷款全部到期，并起诉要求偿还借款本息。

裁判要旨

法院认为，进出口银行按照《保证合同》的约定要求龙钢公司出具相应的董事会决议；龙钢公司董事会亦根据公司章程规定的职责，向进出口银行出具了董事会决议。进出口银行不可能也没有必要对上述通过7层持股结构的8个公司之间的持股结构或者实际控制关系进行审查。如果要求金融机构在贷款和签订担保合同时，必须对公司内部持股结构或者实际控制关系进行全面审查，则于法无据，于理过苛；既严重违背了公司法律制度法人人格独立的基本原则，又严重干扰了金融机构正常的操作规程。因此，本案进出口银行已经尽到了其应有的注意义务和审查职责，属于善意相对人。

案例4 上海市高级人民法院（2019）沪民终274号 上海瀚辉投资有限公司与上海斐讯数据通信技术有限公司、广西慧金科技股份有限公司等借款合同纠纷

▶ 案情摘要

2015年5月8日，上海瀚辉投资有限公司（以下简称“瀚辉公司”）与上海斐讯投资有限公司（以下简称“斐讯投资公司”）、顾×平、上海斐讯数据通信技术有限公司（以下简称“斐讯通信公司”）、广西慧金科技股份有限公司（以下简称“慧金公司”）签署了《合作协议》一份，约定由瀚辉公司向斐讯投资公司提供15,000万元投资款项，投资期间为一年。

签约时，斐讯投资公司是斐讯通信公司的股东，顾×平为斐讯投资公司的一人股东、法定代表人，和斐讯通信公司的法定代表人和实际控制人，以及慧金公司的董事长、股东和实际控制人。

《合作协议》签署后，瀚辉公司依约向斐讯投资公司支付了15,000万元，因斐讯投资公司未按期归还投资款本金以及未支付基础收益，瀚辉公司提起了本案诉讼。

裁判要旨

法院认为，瀚辉公司签订合同时是否为善意，判断标准在于瀚辉公司在缔约时是否依法对决议文件予以审查。瀚辉公司自述当时追问过斐讯通信公司的法定代表人和其他人员是否经公司决策机构决议，但在该公司未出示股东会决议的情况下，仍与其签订担保合同，事后也未经有权机关追认，由此表明瀚辉公司对于顾 × 平超越法定代表人权限与其订立担保合同系为明知。作为专业投资公司，瀚辉公司明知斐讯通信公司法定代表人顾 × 平未向其提供股东会同意担保的决议，仍与之签订担保合同，未尽依法审查的合理审慎义务，难言善意。

总结及延展

作为唯一的、无须公司特别授权即可对外代表公司的自然人，法定代表人的行为效力往往直接及于公司。而法定代表人作出职务侵权行为时，其行为后果仍然由公司承受。《公司法》(2024)第 11 条第 2 款规定“公司章程或者股东会对法定代表人职权的限制，不得对抗善意相对人”，笔者认为“善意相对人”的认定应当结合“对法定代表人的限制的类型”进行区分性判断。实践中，对法定代表人的限制有以下两种：第一，法定限制。比如法律法规已经明确规定了相应事项的职权归属于股东会或董事会，在这种情况下，法定代表人的越权行为即违背了法定限制。针对法定限制，应推定相应规定一经公布实施，所有人均应知晓，故在法定代表人违反法定限制的情境下，不存在善意相对人的探讨空间。第二，意定限制，比如公司章程、股东会决议等内部限制。其中，公司章程较为特殊，因有限公司的章程属于备案事项，从司法实践来看，主流审判观点认为“章程备案不足以构成相对人应当知道章程内容的依据”，笔者也赞同上述观点，具体理由在专题二中“公司章程是否具有公示力”问题项下已予以分析，故不再赘述。而上市公司的章程是对全社会公示的，可以认定属于相对人应当知道的事项。与有限公司的章程相比，公司股东会、董事会决议对法定代表人的限制则更加不具有公开性，除非公司主动披露，否则相对方无从知晓。

综合上述可知，法律法规对法定代表人的限制对于相对人具有对抗效力，当法定代表人的行为超越法定限制时，相对人不能以不知情为由要求公司承担责任；而公司章程、股东会决议、董事会决议等内部文件对法定代表人的限制，除非具有特定的、不受限制的公开路径，否则不应推定相对人应当知道。此时，相对人可以其系善意信赖为由要求公司承担责任。

专题五

股东出资形式与期限

一、法律规定对比解析

（一）《公司法》（2018）与《公司法》（2024）相关条文对比

《公司法》（2018）	《公司法》（2024）
第26条 有限责任公司的注册资本为在公司登记机关登记的全体股东认缴的出资额。 法律、行政法规以及国务院决定对有限责任公司注册资本实缴、注册资本最低限额另有规定的，从其规定。	**第47条** 有限责任公司的注册资本为在公司登记机关登记的全体股东认缴的出资额。全体股东认缴的出资额由股东按照公司章程的规定自公司成立之日起五年内缴足。 法律、行政法规以及国务院决定对有限责任公司注册资本实缴、注册资本最低限额、股东出资期限另有规定的，从其规定。
第27条 股东可以用货币出资，也可以用实物、知识产权、土地使用权等可以用货币估价并可以依法转让的非货币财产作价出资；但是，法律、行政法规规定不得作为出资的财产除外。 对作为出资的非货币财产应当评估作价，核实财产，不得高估或者低估作价。法律、行政法规对评估作价有规定的，从其规定。	**第48条** 股东可以用货币出资，也可以用实物、知识产权、土地使用权、股权、债权等可以用货币估价并可以依法转让的非货币财产作价出资；但是，法律、行政法规规定不得作为出资的财产除外。 对作为出资的非货币财产应当评估作价，核实财产，不得高估或者低估作价。法律、行政法规对评估作价有规定的，从其规定。
第28条 股东应当按期足额缴纳公司章程中规定的各自所认缴的出资额。股东以货币出资的，应当将货币出资足额存入有限责任公司在银行开设的账户；以非货币财产出资的，应当依法办理其财产权的转移手续。 股东不按照前款规定缴纳出资的，除应当向公司足额缴纳外，还应当向已按期足额缴纳出资的股东承担违约责任。	**第49条** 股东应当按期足额缴纳公司章程规定的各自所认缴的出资额。 股东以货币出资的，应当将货币出资足额存入有限责任公司在银行开设的账户；以非货币财产出资的，应当依法办理其财产权的转移手续。 股东未按期足额缴纳出资的，除应当向公司足额缴纳外，还应当对给公司造成的损失承担赔偿责任。
第30条 有限责任公司成立后，发现作为设立公司出资的非货币财产的实际价额显著低于公司章程所定价额的，应当由交付该出资的股东补足其差额；公司设立时的其他股东承担连带责任。	**第50条** 有限责任公司设立时，股东未按照公司章程规定实际缴纳出资，或者实际出资的非货币财产的实际价额显著低于所认缴的出资额的，设立时的其他股东与该股东在出资不足的范围内承担连带责任。

续表

《公司法》(2018)	《公司法》(2024)
—	**第 51 条** 有限责任公司成立后，董事会应当对股东的出资情况进行核查，发现股东未按期足额缴纳公司章程规定的出资的，应当由公司向该股东发出书面催缴书，催缴出资。 未及时履行前款规定的义务，给公司造成损失的，负有责任的董事应当承担赔偿责任。
—	**第 52 条** 股东未按照公司章程规定的出资日期缴纳出资，公司依照前条第一款规定发出书面催缴书催缴出资的，可以载明缴纳出资的宽限期；宽限期自公司发出催缴书之日起，不得少于六十日。宽限期届满，股东仍未履行出资义务的，公司经董事会决议可以向该股东发出失权通知，通知应当以书面形式发出。自通知发出之日起，该股东丧失其未缴纳出资的股权。 依照前款规定丧失的股权应当依法转让，或者相应减少注册资本并注销该股权；六个月内未转让或者注销的，由公司其他股东按照其出资比例足额缴纳相应出资。 股东对失权有异议的，应当自接到失权通知之日起三十日内，向人民法院提起诉讼。
第 82 条 发起人的出资方式，适用本法第二十七条的规定。	**第 98 条** 发起人应当在公司成立前按照其认购的股份全额缴纳股款。 发起人的出资，适用本法第四十八条、第四十九条第二款关于有限责任公司股东出资的规定。
第 93 条 股份有限公司成立后，发起人未按照公司章程的规定缴足出资的，应当补缴；其他发起人承担连带责任。 股份有限公司成立后，发现作为设立公司出资的非货币财产的实际价额显著低于公司章程所定价额的，应当由交付该出资的发起人补足其差额；其他发起人承担连带责任。	**第 99 条** 发起人不按照其认购的股份缴纳股款，或者作为出资的非货币财产的实际价额显著低于所认购的股份的，其他发起人与该发起人在出资不足的范围内承担连带责任。
第 199 条 公司的发起人、股东虚假出资，未交付或者未按期交付作为出资的货币或者非货币财产的，由公司登记机关责令改正，处以虚假出资金额百分之五以上百分之十五以下的罚款。	**第 252 条** 公司的发起人、股东虚假出资，未交付或者未按期交付作为出资的货币或者非货币财产的，由公司登记机关责令改正，可以处以五万元以上二十万元以下的罚款；情节严重的，处以虚假出资或者未出资金额百分之五以上百分之十五以下的罚款；对直接负责的主管人员和其他直接责任人员处以一万元以上十万元以下的罚款。

续表

《公司法》(2018)	《公司法》(2024)
—	**第 266 条** 本法自 2024 年 7 月 1 日起施行。 本法施行前已登记设立的公司，出资期限超过本法规定的期限的，除法律、行政法规或者国务院另有规定外，应当逐步调整至本法规定的期限以内；对于出资期限、出资额明显异常的，公司登记机关可以依法要求其及时调整。具体实施办法由国务院规定。

（二）相关规范索引

相关规范	条款
《公司法司法解释（三）》(2020)	第 7 条、第 8 条、第 9 条、第 10 条、第 11 条、第 15 条、第 17 条
《市场主体登记管理条例》	第 13 条

（三）新旧公司法变化解读

第一，《公司法》(2024)第 48 条拓展了股东的出资形式，将股权、债权纳入其中。

一直以来，我国公司法坚持对股东的出资形式进行限制，且一般通过列举规定股东可以采用的出资形式达到该限制目的。《公司法》(1993)将出资形式限定为货币、实物、工业产权、非专利技术和土地使用权五个类别；《公司法》(2005)将出资形式扩展至非货币财产，《公司法司法解释（三）》(2011)中第 11 条将股权纳入股东出资形式中；《公司注册资本登记管理规定》第 7 条规定债权可以转为股权，且公司应当增加注册资本。《公司注册资本登记管理规定》虽然赋予了债权出资的合法性，但同时也将适用条件限定于增资情形，并未允许股东以债权形式进行初始认缴出资。《市场主体登记管理条例》第 13 条规定股权或者债权均可以用于出资，但应符合权属清楚、权能完整、依法可以评估、转让、符合公司章程规定等条件。从相关规定内容的演进过程可知，股东对出资形式多样化的需求早已在实践中充分体现，故《公司法》(2024)第 48 条在原有"实物、知识产权、土地使用权"的出资形式之外增加了股权和债权，但同时要求这类出资形式必须满足"可以用货币估价"且"可以依法转让"的条件。《公司法》(2024)施行后，股东以债权方式进行出资得到法律的正式认可，前述修订丰富了股东出资的方式，对增强市场活力有着重要的意义，但实践中如何进行具体操作，仍需进一步探索。

第二，《公司法》(2024)第 47 条明确了有限责任公司的资本缴纳制度为限期认缴制。

1993年我国首部《公司法》颁布,《公司法》(1993)对公司资本制度作了明确规定,主要包括:其一,明确法定注册资本的最低限额。对于有限责任公司,按照行业类型从10万元到50万元分级规定法定注册资本的最低限额,股份有限公司的注册资本最低限额规定为1000万元;其二,实行全面实缴制。无论是有限责任公司还是股份有限公司,资本总额均一次发行、一次性全额缴纳。1999年和2004年虽然对公司法进行了修正,但并未改变注册资本的实缴制度,为适应已渐完善的市场环境,2005年对《公司法》(2004)进行了修订,针对公司资本制度进行了宽松化改革。一方面,降低了设立公司的门槛,有限责任公司不再区分行业,注册资本额一律降至3万元,股份公司则降至500万元;另一方面,允许股东部分分期缴纳出资,减轻了股东设立公司的初始负担。2013年再次修正《公司法》(2005),针对公司资本制度亦作出了重大修改,主要体现为:其一,废除法定注册资本最低限额。除法律法规另有规定外,一人公司、有限责任公司、股份有限公司的设立均无注册资本最低数额的门槛限制。其二,推行注册资本认缴登记制,既不要求首次认缴比例,也不规定认缴期限。其三,废除强制验资制度,简化公司登记程序。第四,不再要求股东货币出资的比例。

从公司法相关修订的历史沿革进程可知,自1993年至2013年我国的公司资本制度从全面实缴制走向了彻底认缴制,[①]降低了股权融资难度,激发了大众创业的活力,但是对公司资本的充实形成了冲击,影响了交易安全,在实践中出现了大量因公司注册资本未完全实缴而导致公司债权人直接诉讼公司股东清偿债权的纠纷。为此,《公司法》(2024)第47条确立了有限责任公司资本5年限期认缴制,将公司章程规定的股东出资的最长期限限制为自公司成立之日起5年,法律、行政法规以及国务院决定可以对有限责任公司注册资本实缴、注册资本最低限额、股东出资期限作另外的规定。该规定促使公司股东理性认缴出资,使公司交易对方能够有效辨别公司的经营实力,进一步保护公司债权人的利益。5年最长认缴期限规则是对现状的回应。自2013年呼应"大众创业、万众创新"经济政策,实行认缴登记制改革以来,实践中涌现出了不少"注册资本注水"的公司,股东承诺的认缴资本数额巨大、缴付期限畸长,且股东又可在认缴期限届至之前转让股权,"粉碎"了债权人对公司注册资本的信赖。设置5年最长认缴期限规则,可激励股东在确定出资义务时更理性地评估未来经营需求、投资风险,并照顾债权人获得偿付的合理预期。

---

① 参见沈朝晖:《重塑法定资本制——从完全认缴到限期认缴的动态系统调适》,载《中国法律评论》2024年第2期。

但值得注意的是，注册资本认缴制具有灵活筹资的功能，设置最长认缴期限后，该制度的灵活筹资功能将被削弱。就此而言，可考虑将授权资本制引入有限责任公司，以满足有限责任公司依据商业现实灵活筹资之需要。

二、争议问题及司法裁判实务梳理

（一）出资人以对拟投资公司的债权出资的，需要满足哪些条件？

案例1 最高人民法院（2021）最高法民申7606号 北京世纪润华广告有限公司、宁夏懿丰投资控股集团有限公司等合同纠纷

▶ 案情摘要

2016年7月26日，银川市人民政府国有资产监督管理委员会出具批复：原则同意银川综合保税区投资开发有限公司（以下简称“银川保投公司”）将受让的银川市产业基金管理有限公司（以下简称“银川产业基金”）持有的宁夏懿丰投资控股集团有限公司（以下简称“宁夏懿丰公司”）1.5亿元债权通过债权转股权的方式增资宁夏懿丰公司。

2016年12月24日，银川保投公司受让银川产业基金持有的宁夏懿丰公司1.62亿元债权（其中本金1.5亿元），以及西部（银川）担保有限公司（以下简称“西部担保公司”）持有的宁夏懿丰公司225万元债权，总计16,425万元。其后，银川保投公司代宁夏懿丰公司偿还了该项债务。

同日，银川保投公司与宁夏懿丰公司及该公司董事长向×琪、股东及监事吴×锐签订了《债转股协议》，将16,425万元债权以债转股的形式增资成为宁夏懿丰公司的股东。

12月28日，又签订了《债转股补充协议》，载明：根据工商管理部门要求，在申请工商注册变更登记时，有限公司股东的出资比例与持股比例及表决权比例原则上应当相同。据此，银川保投公司除享有宁夏懿丰公司之债权16,425万元对其进行增资扩股，还需分别受让向×琪、吴×锐3622.25万元和4357.5万元股份，共计24,404.75万元，才能符合原协议约定的67%持股比例及表决权比例。同时约定，各股东的出资比例与持股比例和表决权比例仍以原协议约定为准，变更登记后，由向×琪和吴×锐实际出资的股份，视为银川保投公司代持。

因宁夏懿丰公司未偿还北京世纪润华广告有限公司（以下简称“世纪润华公

司”）为其垫付的8480万元广告款，世纪润华公司诉至法院要求宁夏懿丰公司立即还款，并要求银川保投公司、向×琪、吴×锐承担连带偿还责任。

裁判要旨

法院认为，银川保投公司通过受让基金公司、西部担保公司对宁夏懿丰公司的债权后，再通过债转股的形式增资从而成为宁夏懿丰公司的股东。虽然1.5亿元《进账单》未加盖银行收讫章，形式上存在瑕疵，但不足以否定该债权存在的事实，原审认定投资公司债转股的16,425万元已经实际出资到位，并不缺乏证据证明。银川保投公司对宁夏懿丰公司负有的出资义务为16,425万元，其已经实缴出资到位。至于工商登记的股权数额为24,404.75万元的问题，系为满足工商管理部门出资比例与持股比例及表决权比例原则上应当相同的要求，才以银川保投公司名义持有向×琪和吴×锐7979.75万元部分出资对应的24.32%股权。银川保投公司与向×琪和吴×锐之间并无转让7979.75万元股权的真实意思，仅是为了按照工商登记需要进行的形式转让，并不存在真正的股权转让，其对宁夏懿丰公司的出资义务已经全面履行。故原审未支持世纪润华公司关于投资公司在7979.75万元差额范围内承担责任，并不违反公司法规定。

案例2 最高人民法院（2019）最高法民终65号 中铁十五局集团有限公司、内蒙古太西煤集团股份有限公司建设工程施工合同纠纷

▶ 案情摘要

因内蒙古太西煤集团民勤金阿铁路有限责任公司（以下简称“金阿铁路公司”）欠付2013年12月30日已结算的工程款，中铁十五局集团有限公司（以下简称“中铁十五局”）诉至法院要求金阿铁路公司立即支付工程欠款（含质保金）、违约金和逾期付款利息，并以金阿铁路公司的唯一股东内蒙古太西煤集团股份有限公司（以下简称“太西煤集团”）至今尚未完全履行7.8亿元出资义务为由，要求其承担补充赔偿责任。

2007年11月7日，甘肃省发改委甘发改交运（2017）1161号《关于新建金昌到阿拉善右旗专用铁道金昌至红沙岗项目核准的批复》核准了案涉工程项目，项目估算投资为7.8亿元。

2009年，金阿铁路公司设立时的公司章程载明：公司最终注册资本金为项目批

准概算总投资的100%。公司最终注册资本以外的项目建设资金，由公司通过贷款等方式进行融资，股东按股权比例提供贷款担保。太西煤集团出资1亿元人民币，占注册资本的100%。金阿铁路公司营业执照载明注册资本为1亿元。

2010年和2011年4月，太西煤集团分别对金阿铁路公司增资2亿元、1亿元，增资后金阿铁路公司实收资本变更为4亿元，其营业执照目前载明注册资本为4亿元。

诉讼过程中，太西煤集团提交证据证明实际投入该项目的资金已达10.97亿元，资金全部实际到位，并已通过债转股的方式为金阿铁路公司增资4亿元，转增后公司注册资金实收资本已变更为8亿元。因金阿铁路公司办理股权出质登记，股权已冻结，所以目前无法办理注册资本变更登记。

裁判要旨

法院认为，太西煤集团将对金阿铁路公司享有的4亿元债权通过债转股的方式对其进行增资，即包含向金阿铁路公司作出免除4亿元债务的意思表示，其单方法律行为已经产生了金阿铁路公司4亿元债务消灭的效果。西煤集团的董事会决议与金阿铁路公司股东会决议，均同意将太西煤集团对金阿铁路公司享有的4亿元债权通过债转股的方式转增注册资本4亿元，且《承诺函》中承诺前述股东会决议及债转股事宜真实有效。2015年11月23日，变更后的金阿铁路公司章程载明太西煤集团出资额为人民币8亿元，占注册资本的100%，证明太西煤集团增资4亿元情况属实，亦符合金阿铁路公司设立时公司章程中“最终注册资本金为项目批准概算总投资的100%”的规定。金阿铁路公司股权因办理出质登记而被冻结，暂无法办理注册资本变更登记，并非为损害债权人中铁十五局的权利而恶意拖延，且公司注册资本发生变更而未办理登记，不能否定太西煤集团已经实际出资8亿元的事实。

综合以上，太西煤集团已全面履行了出资义务，不应就金阿铁路公司的债务承担补充赔偿责任。

案例3 上海市第三中级人民法院（2021）沪03民初573号 上海畅茸餐饮管理有限公司与强×栋追收未缴出资纠纷

▶ **案情摘要**

上海畅茸餐饮管理有限公司（以下简称“畅茸公司”）向一审法院提出诉讼请

求，称因畅茸公司进入破产清算程序，各股东出资义务依法应提前到期，请求判令其股东强 × 栋向公司补缴注册资本人民币 240 万元，履行其认缴出资义务。

本案中，强 × 栋出具了 2019 年 12 月由国信（上海）会计师事务所（普通合伙）（以下简称“国信会所”）出具的国信验（2019）015 号《验资报告》，该报告载明，“畅茸公司申请登记的注册资本为 500 万元，由强 × 栋认缴出资额 250 万元，占公司注册资本的 50%”。根据该验资报告，强 × 栋已于 2019 年 11 月 20 日通过银行转账的方式履行了 10 万元的货币出资义务，同时以其对畅茸公司 175.759725 万元债权中的 165.759725 万元经评估后以债权转股权的方式出资。《验资报告》同时载明：债权转股权依法已经股东会批准同意，并签订了债权转股权协议书。2019 年 11 月 7 日，畅茸公司三位股东在公司会议室召开临时会议，形成决议同意将股东借给公司的其他应付款经评估后转增资本，其中强 × 栋 165.759725 万元。

畅茸公司经质证后认为，强 × 栋提供的《评估报告》中仅有强 × 栋与畅茸公司之间的流水，并无借款协议，对强 × 栋是否真实享有畅茸公司债权有异议；《验资报告》审验结果中表示“其中 1,657,597.25 元经评估后作为资本金”，而 2019 年 11 月 7 日畅茸公司《股东会决议》中，强 × 栋、曹 ×、龚 × 明确其三人借给畅茸公司的其他应付款经评估后转增资本，并不是冲抵出资；强 × 栋所述的债转股行为不得直接替代和免除其作为公司发起设立时股东通过认缴或实缴方式向公司履行的出资义务，否则将导致公司注册资本的实质性减少，继而损害债权人利益。

经法院审理查明，畅茸公司设立时的章程显示，出资方式为货币，各股东应按期缴纳所认缴的出资，并依其所认缴的出资额承担公司的债务。

裁判要旨

法院认为，从合同法的角度，强 × 栋主张的基础债权数额与实际发生差距较大，在其不能解释和提供完整证据证明其主张的借款金额情况下，证明涉案债权真实有效成立的证据不足。从公司法的角度，强 × 栋等人将其对畅茸公司的剩余出资义务转化为以债权出资，而非原有的货币出资，损害了畅茸公司债权人对该公司登记信息的信赖利益，有违诚实信用原则。根据案涉股东会决议，强 × 栋系以“增量债转股”的方式出资，但实际并未完成法定增资及变更登记手续，缺乏相应的法律效力。本案中，强 × 栋的出资义务已加速到期。法律不禁止债权人将对公司合法有效的债权通过债转股方式增加公司注册资本，但该债转股行为不得直接替代和免除强 × 栋作为公司发起股东应当履行的出资加速到期义务，更何况被告出示的审计、评估报告等证据难以证明其对畅茸公司享有相应的债权。强 × 栋虚构债权、逃避债务的行为，损害了畅茸公司债权人对该公司登记信息的信赖利益，有违诚实信用原则，故对其有关以债转股的方式履行剩余未实际缴纳出资义务的主张不予支持，强 × 栋应向畅茸公司补缴出资 240 万元。

案例4 江苏省无锡市中级人民法院（2023）苏 02 民终 198 号 沈 × 杰、江苏东鋆光伏科技有限公司等股东出资纠纷

▶ 案情摘要

2020 年 9 月 7 日，沈 × 杰与薛 × 铭签订股权转让协议，约定沈 × 杰将其持有的熠生辉公司 32.5% 的股权计 162.5 万元（实缴出资 0 元）以 0 元价格转让给薛 × 铭，同时约定沈 × 杰未缴付的出资 162.5 万元由薛 × 铭于 2045 年 12 月 31 日前缴足。

2020 年 9 月 11 日，熠生辉公司股东变更登记为董 ×、薛 × 铭，熠生辉公司的公司章程明确股东薛 × 铭、董 × 分别认缴出资 325 万元、175 万元，出资时间均为 2045 年 12 月 31 日前。

2020 年 8 月 24 日，熠生辉公司与江苏东鋆光伏科技有限公司（以下简称“东鋆公司”）发生纠纷，法院判令熠生辉公司向东鋆公司支付货款、违约金，赔偿其损失、返还其多付的款项。经法院强制执行，因熠生辉公司无其他可供执行的财产，故终结执行程序。

东鋆公司诉至法院，要求其股东薛 × 铭、董 × 在各自未出资范围内对熠生辉公司的债务承担补充赔偿责任，沈 × 杰在未出资范围内对薛 × 铭、董 × 上述补充赔偿责任承担连带责任。

一审法院经审理后支持了东鋆公司的诉讼请求。沈 × 杰不服一审判决，提起上诉。二审法院审理后判决维持原判，驳回上诉。

裁判要旨

法院认为，沈 × 杰替熠生辉公司缴纳的税款和罚金等无法视为其对于熠生辉公司的出资。股东出资义务的履行需要经过相应的程序，是一种要式法律行为。本案中，沈 × 杰以代熠生辉公司清偿债务的方式取得对于熠生辉公司的债权，虽然其主张以该债权出资，但一是与其认缴时在工商备案登记的以现金出资方式不符；

二是第三人因信任公司登记的认缴资本、认缴期限和实缴资本等信息与公司进行交易，根据公示公信原则，此种信赖应得到保护，即便沈 × 杰与其他股东形成以债权出资的内部合意，但是在未有证据证明已经就该债权出资进行变更登记的情况下，不得以股东的债权抵销其出资义务；三是股东的出资义务系法定之债，区别于普通之债，不可随意抵销。若允许股东可随意通过其代偿公司债务以抵销出资义务，即等同于在公司资不抵债具备破产条件下，让股东对公司的债权得到优先清偿，影响其他债权人的利益，有失公平。

总结及延展

在《公司法》(2024)以法律的形式明确将债权出资作为出资的形式之前，司法实践中的主流观点已经认可了债权出资的合法性。《公司注册资本登记管理规定》第7条[①]更是规定了转为公司股权的债权应当符合的条件(该规定已经失效)。现行有效的《市场主体登记管理条例》实施细则第13条[②]吸收了《公司注册资本登记管理规定》第7条的规定，进一步简化了以债权出资的限制性要求，仅要求用于出资的债权权属清楚、权能完整，依法可以评估、转让，符合公司章程规定。结合既往司法判例的裁判要旨，债权出资的合法性判断着眼于以下几个方面：第一，用于出资的债权须具有真实合法性；第二，债权应当具有可受偿性；第三，债权出资应当进行评估或验资；第四，债权出资应当经过法定程序；第五，在破产程序中不应适用。

笔者认为，出资涉及股东的基本义务以及公司存续的根基，是公司资本制度的核心内容，出资的合法性与公司资本确定、资本维持、资本恒定密切相关，对公司的经营稳定性及安全性具有重要影响。而债权因其系期待性利益，故而与货币、实物等资产存在明显差异，债权注入公司之时，其请求权是否能够实现具有不确定性。

---

① 《公司注册资本登记管理规定》

第七条　债权人可以将其依法享有的对在中国境内设立的公司的债权，转为公司股权。

转为公司股权的债权应当符合下列情形之一：(一)债权人已经履行债权所对应的合同义务，且不违反法律、行政法规、国务院决定或者公司章程的禁止性规定；(二)经人民法院生效裁判或者仲裁机构裁决确认；(三)公司破产重整或者和解期间，列入经人民法院批准的重整计划或者裁定认可的和解协议。

用以转为公司股权的债权有两个以上债权人的，债权人对债权应当已经作出分割。

债权转为公司股权的，公司应当增加注册资本。

② 《市场主体登记管理条例实施细则》

第十三条　申请人申请登记的市场主体注册资本(出资额)应当符合章程或者协议约定。

市场主体注册资本(出资额)以人民币表示。外商投资企业的注册资本(出资额)可以用可自由兑换的货币表示。

依法以境内公司股权或者债权出资的，应当权属清楚、权能完整，依法可以评估、转让，符合公司章程规定。

《公司法》(2024)将债权列为出资形式之一，系在经济流动性与债权人利益保护之间权衡后的结果，是对效率与安全的调和，而前述调和与平衡在很大程度上依赖于人民法院的相关裁判口径。故笔者认为虽然债权转股权有助于活跃投资氛围，优化资源配置，但碍于债权出资的天然弊端，司法实践中对于其合法性的审查应严谨缜密。债权出资可分为两种情况，一种是股东以自己对公司的债权进行出资，另一种是股东以对第三方享有的债权进行出资。由于两种情况下对应的债务人主体存在区别，故相应的合法性判断要素亦有不同。

在股东以自己对公司债权进行出资的情形下，相应的风险点存在于债权内容的真实性以及出资程序的合法性之中。首先，应当确认债权内容真实合法，排除出资人与公司虚构债权的可能性；其次，因股东对公司的债权转为股权，故应确保该出资行为能够产生消灭债权的效果；最后，以债权出资的，在公司设立时，应该与各出资人形成合意，并记载于公司章程。在公司增资时，应形成股东会决议并修改公司章程、办理工商变更登记。值得探讨的是，由于对公司的债权本身就是确定的数额，因此，在股东已对公司的债权出资的情形下，笔者认为评估作价并非必要条件。当然，在司法实践中，公司出于风险控制的谨慎思考，请求法院对债权金额进行评估，也并未违反法律的规定，但这并不意味着在相关案件的审理中启动债权评估程序具有必要性。

(二)出资人以对第三人的债权出资的，需要满足哪些条件？

案例1 吉林省高级人民法院(2020)吉民申694号　李×材与长春市正达房地产开发有限责任公司、长春建设国有资产经营有限公司股东出资纠纷

▶ 案情摘要

长春建工集团吉洋建设股份有限公司(以下简称“吉洋公司”)成立于1998年4月7日，长春建设国有资产经营有限公司(以下简称“建设国有资产公司”)、长春市正达房地产开发有限责任公司(以下简称“正达公司”)为其发起人。

吉洋公司章程(草案)规定，建设国有资产公司持股比例61.8%；正达公司持股比例27%。1998年9月24日，长春市固定资产投资审计事务所出具长固所验字(1998)第86号验资报告(以下简称“验资报告”)载明：经审验，建工集团吉洋公司设立时实收资本3008万元，其中货币资金0元，实物资产3008万元，固定资产(实物资产)已办理调拨手续。

1998 年 4 月，建设国有资产公司以长春建工集团总公司资产投资吉洋公司，其中包括施工机械等临时设施作价 200,971.72 元、小平房作价 176,236.24 元、六建公司地上无籍房屋作价 932,661.53 元、六建公司对长春市工业干部管理学校的债权 558,930.21 元、对长春市人大委员会债权 2,352,628.48 元。

2011 年 1 月 30 日，吉洋公司出具《情况说明》载明：长春市工业管理干部学校已将 578,900 元工程款转至我公司借用账户，因该工程由六建公司承建，据长春市工业干部学校要求，税务发票收款方为六建公司；2011 年 5 月 18 日，长春市人大办公厅出具《证明》：建设国有资产公司作为出资将六建公司的债权转至吉洋公司，并通知我委转至吉洋公司，此后我委已将 2,352,628.48 元全部清偿完毕。

李 × 材与案外人吉洋公司工程款纠纷一案，法院判决吉洋公司给付李 × 材工程款 150 万元及利息。该案在执行过程中，发现吉洋公司财产不足以偿还李 × 材债务。李 × 材认为吉洋公司股东建设国有资产公司和正达公司出资不实，故李 × 材起诉要求建设国有资产公司和正达公司对吉洋公司债务承担清偿责任。

裁判要旨

法院认为，1993 年公司法并未限制股东以债权出资，并且债权具有实际价值。本案中，涉案的债权出资已由长春市人大办公厅和长春市工业管理干部学校分别偿还到位，股东投资的施工机械、房屋等已由吉洋公司实际占有、使用，房产的拆迁款亦已由吉洋公司所得。李 × 材提交的证据不足以证明其主张，原判决未予支持并无不当。

案例2 北京市第一中级人民法院（2023）京 01 民终 3731 号　北京酷哥文化发展有限公司与北京美加农生物科技有限公司股东出资纠纷

▶ 案情摘要

2014 年 6 月 15 日，北京美加农生物科技有限公司（以下简称“美加农公司”）全体股东作出股东会决议，将所持有的美加农公司全部股权 1100 万元转让给北京酷哥文化发展有限公司（以下简称“酷哥公司”）；同时，美加农公司 1025.4 万元的债务由酷哥公司承担，酷哥公司据此对美加农公司产生了 1025.4 万元的债权，酷哥公司以对美加农公司的上述债权转为股权对美加农公司增加出资；增资后，美加农公司实收资本 2125.4 万元。

因发生纠纷，美加农公司诉至法院，请求判令酷哥公司向其支付出资款 1025.4 万元。

庭审中，酷哥公司称美加农公司 1025.4 万元的债务由酷哥公司承担，酷哥公司据此对美加农公司产生了 1025.4 万元的债权，酷哥公司以对美加农公司的上述债权转为股权对美加农公司增加出资。

裁判要旨

法院认为，酷哥公司作为主张完成出资的一方，对出资事实负有举证义务。首先，案涉各审计、评估、尽职调查报告等均不是针对债权转股权进行的价值评估，无法据此确认酷哥公司依法履行了法律规定的评估作价程序；其次，酷哥公司未能提供股东会决议确认以债权转股权方式完成增资，美加农公司工商登记资料中亦无关于以债权转股权增资以及酷哥公司完成以债权出资登记的记载，不符合债权转股权的形式要件和程序要求；再次，案涉资产评估报告的内容表明 1025.4 万元债权真实性、完整性、准确性均存在不同程度的问题，酷哥公司提供的证据不足以证明上述债权合法有效、符合出资条件；最后，尚无美加农公司的债权人张玉琴、中储粮威武直属库出具的确认同意债务转移，以及在美加农公司债权转股权当时放弃向美加农公司主张权利的文件，无法认定案涉债权转股权的真实性。综合上述债权本身以及债权转股权程序均存在瑕疵，酷哥公司主张已完成债权转股权相关出资义务，依据不足。

案例3 河南省高级人民法院（2022）豫民终 983 号　郑州市新辰丰置业有限公司、河南蓝城房产建设管理有限公司与西安门外广告有限公司执行异议之诉纠纷

▶ 案情摘要

河南蓝宛小镇建设管理有限公司（以下简称“蓝宛公司”）于 2019 年 3 月 28 日注册成立，注册资金 1000 万元，股东为河南蓝城房产建设管理有限公司（以下简称“蓝城公司”）和郑州市新辰丰置业有限公司（以下简称“新辰丰公司”），分别认缴出资额为 510 万元和 490 万元，占出资比例 51% 和 49%，认缴出资时间为 2039 年 3 月 16 日。

2019 年至 2020 年，蓝城公司多次向蓝宛公司转款，转账凭证均载明用途为往来

款。2019 年 4 月 24 日至 2020 年 9 月 18 日，新辰丰公司亦多次向蓝宛公司转款，转账凭证均载明用途为借款，蓝宛公司向新辰丰公司出具了借款收据。

蓝宛公司于 2022 年 1 月 28 日作出股东会决议，全体股东一致同意前述蓝城公司支付的 1800 万元往来款中的 250 万元作为蓝城公司的出资款，将新辰丰公司向公司支付的往来款中的 750 万元作为新辰丰公司的出资款，至此蓝城公司、新辰丰公司的认缴出资义务全部履行完毕。蓝宛公司给蓝城公司、新辰丰公司出具出资证明书。

西安门外广告有限公司（以下简称“门外公司”）与蓝宛公司之间存在服务合同纠纷，经郑州仲裁委员会调解后，蓝宛公司未履行生效文书确定的义务，门外公司申请执行。在执行过程中因蓝宛公司无其他可供执行的财产，因此裁定终结本次执行程序。

门外公司向法院起诉，请求追加蓝宛公司股东新辰丰公司、蓝城公司为上述执行案件的被执行人，在未出资本息范围内对蓝宛公司未支付服务费 36 万元及利息承担补充连带责任。

裁判要旨

法院认为，在债务人公司被多个债权人申请执行的情况下，债务人公司的股东对公司的债权未经评估作价不能直接抵销公司对股东的出资债权。在公司不能清偿多个债务被执行时，股东享有的债权的名义债权额与实际价值大有差异，如果允许股东将其债权与欠缴的注册资本金抵销，不仅违反了资本充实原则，也违反了对“作为出资的非货币财产应当评估作价，核实财产”的规定。此外，从实质上看，股东对公司欠缴出资时该出资的债权人应当延伸至公司的全体债权人，而非仅仅是公司，因主体之间不具有对应性，故不应进行抵销。

本案中，在蓝宛公司未清偿多个债务被强制执行且新辰丰公司、蓝城公司对蓝宛公司的债权未经评估作价的情况下，新辰丰公司、蓝城公司主张与认缴出资等额抵销，与法律法理不符，不予支持，应当认定其未缴纳认缴出资。

案例4 山东省高级人民法院（2022）鲁民终 311 号 山东中通物流有限公司、中通汽车工业集团有限责任公司股东出资纠纷

▶ 案情摘要

2015 年 1 月 9 日，中通汽车工业集团有限责任公司（以下简称“中通集团公

司”）作为山东中通物流有限公司（以下简称“中通物流公司”）的唯一股东作出决定，将向中通物流公司增资1640万元的出资方式由货币出资变更为集团所属物流板块相关资产扣除负债后的净资产出资，出资时间为2015年1月16日。

经法院查明，中通集团公司用于出资的净资产主要是中通集团公司对第三人享有的52笔债权26,938,736.09元。该52笔债权的账面值与评估值一致，评估报告、验资报告和交割协议中仅列明了用于出资的52笔应收账款债权的债务人、账面价值和发生日期，出资债权是否经过诉讼或仲裁程序，是否在诉讼时效期间内主张过权利，是否存在不能实现的风险和实现的成本等诸多因素，在对债权出资的价值进行评估时均未考量。

后中通物流公司已进入破产清算程序，因发生股东出资纠纷，其破产管理人作为诉讼代表人参加了本次诉讼，要求中通集团公司履行货币出资义务。

裁判要旨

法院认为，非货币出资的资产必须是可以用货币评估作价并可以依法转让的财产。债权出资属于非货币出资，因债权的实现具有一定的不确定性，所以以对出资公司之外的第三人享有的债权作为出资时，必须符合以下条件：1. 用于出资的债权原则上是可以依法转让的债权；2. 用于出资的债权应是合法有效存在的确定债权，非法债权、超过诉讼时效的债权不得作为出资；3. 用于出资的债权应当通知债务人。另外，债权出资人应当对其出资提供相应的担保，声明保证在债务到期后不能有效受偿的情况下，由其补足出资或者以提供的担保物抵充出资。本案中，中通集团公司未能提交证据证实其用于出资的52笔应收账款债权是合法有效存在的债权，亦未举证证实其在将涉案52笔债权以出资的形式转让给中通物流公司后履行了对债务人的通知义务，中通集团公司关于其实际出资到位的主张证据不足，依法应承担举证不能的法律后果。股东未履行或者未全面履行出资义务的行为，违反了公司资本维持原则，损害了债权人的利益。故，中通集团公司应向中通物流公司履行出资义务。

总结及延展

正如上一问题所述，债权出资可分为两种情况，一种是股东以自己对公司的债权进行出资，另一种是股东以对第三方享有的债权进行出资。由于两种情况下对应的债务人主体存在区别，故相应的合法性判断要素亦有不同。出资人用第三人公司的债权出资的，理论上与实践中一直存在支持与反对两种观点，长期无法统一。《公司法》(2024)明确规定了股东可以债权作价出资，其中也包括股东对第三人享有的普通债权，结束了长期以来的争议，对于司法实践意义重大。[①]

但因股东所享有的第三人债权存在较高不确定性，所涉出资行为可能会为公司带来诸多风险，因此，公司可要求出资股东提供评估报告。总体来看，股东用其对第三人的债权出资时应符合下述几个要求：第一，出资人应对用以出资的“对第三人债权”享有直接的权利基础，即通过特定法律关系形成的“第三人债权”项下的所有权利应当归出资人所有。同时，用以出资的“对第三人债权”应当不存在其他权利负担或权利瑕疵，债权人应当已履行与能够行使债权权利对应的全部义务，债权人有权向债务人行使权利，债务人不存在其他抗辩事由，也未超过诉讼时效。第二，用以出资的“第三人债权”应当具备资产价值且该债权应是可处分、可流通的，可通过评估确定相应价值。根据《民法典》第 545 条之规定，除了根据债权性质、当事人约定或法律规定不得转让的债权以外，其余债权均可转让。此外，用于出资的“对第三人债权”应当具备可转让性，根据债权性质、法律规定不属于不得转让的债权，且出资人与债务人、其他利害关系人之间应当不存在限制或禁止债权转让的相关约定。第三，根据《市场主体登记管理条例》第 13 条的规定，依法以境内公司债权出资的，应当符合公司章程规定。因此，标的公司章程就公司股东的出资应当未限制以“对第三人债权”出资，否则出资人以“对第三人债权”出资将违反标的公司章程的相关规定。

笔者认为，股东以对第三人的债权出资与以其对公司的债权出资最大的不同在于，股东以对公司的债权出资实质是同一双方主体之间债权债务抵销的问题，无需评估债权的可受偿性。只要股东对公司的债权真实合法，则股东出资的真实性、稳定性均可得到保障。但若股东以对第三人的债权进行出资，即使相关的债权审核、债权转让均符合法律规定，但由于牵涉到第三方的履约态度及履约能力，仍然无法确保前述债权可以被完整回收。而股东出资是股东的基本义务，也是公司依法设立、存续的基础，如果用于出资的债权未能得到清偿或已清偿数额与股东应出资金额之间存在差额，则出资股东应当承担补足出资的责任。山东省高级人民法院在(2022)鲁民终 311 号二审民事判决书中亦指出：“以对出资公司之外的第三人享有的债权作为出资时，必须符合以下条件：债权出资人应当对其出资提供相应的担保，

---

① 参见潘勇锋：《关于股东出资方式的实践思考》，载《法律适用》2024 年第 2 期。

声明保证在债务到期后不能有效受偿的情况下，由其补足出资或者以提供的担保物抵充出资。”由于法律暂无明确规定，股东以对第三人的债权出资是否应当提供相应担保有待商榷，但笔者赞同上述审判方向，即若公司后续未能就债权有效受偿，则视为股东未完成对应的出资义务，股东应继续承担补足出资的法律责任。

（三）以知识产权出资入股需要满足哪些条件？

案例1 最高人民法院（2020）最高法民申4578号 青海威德生物技术有限公司、北京威德生物科技有限公司公司增资纠纷

► 案情摘要

北京威德生物科技有限公司（以下简称“北京威德公司”）拥有“一种以菊芋或菊苣为原料制造菊粉的新方法”发明专利及相关全套工业生产技术、“红菊芋”注册商标、“wede”注册商标3项无形资产。

2010年4月9日，经青海威德生物技术有限公司（以下简称“青海威德公司”）股东会决议，北京威德公司以该3项无形资产向青海威德公司增资，并以评估结果1300万元认定增资数额。随后，完成了无形资产的增资并依法变更工商登记。

此后，“红菊芋”商标和案涉发明专利权分别于2014年和2016年被宣告无效并进行了公告，“wede”注册商标仍在有效期内。

青海威德公司认为评估报告违法，且北京威德公司对于案涉专利、“红菊芋”商标随时可能被宣告无效是明知的，具有主观过错，诉至法院要求北京威德公司补充缴纳出资1300万元。

一审法院经审理后驳回青海威德公司的诉讼请求。青海威德公司不服一审判决，提起上诉。二审法院审理后判决维持原判，驳回上诉。青海威德公司不服二审判决，向最高人民法院申请再审，再审法院裁定驳回青海威德公司再审申请。

裁判要旨

法院认为，北京威德公司的出资严格遵循了公司法对知识产权出资的要求，理由是北京威德公司委托北京大正评估公司对其所有的知识产权价值进行了评估，并据此增资入股至青海威德公司，双方未作其他约定。青海威德公司的股东会决议亦同意北京威德公司以知识产权评估作价1300万元入股青海威德公司，并履行了股东变更工商登记手续。

案例2 山东省淄博市中级人民法院（2021）鲁03民终1283号 宋×、白×强等股东出资纠纷

▶ 案情摘要

2014年12月9日，山东金晶格林防火玻璃有限公司（以下简称“金晶格林公司”）成立。

金晶格林公司章程显示：宋×、白×强以货币和知识产权出资，认缴出资分别为24,500,000元，出资方式为知识产权和货币，实缴出资为24,500,000元，其中知识产权出资均为21,305,000元，货币出资均为3,195,000元。出资时间分别为：知识产权出资为公司设立一个月内，货币出资为公司设立三年内。其中，出资的知识产权为中京民信（北京）资产评估有限公司出具的资产评估报告的技术1—20。

根据该资产评估报告，至2014年5月31日，技术1—20中包含3项已取得专利权的专利、4项已报批正在审核中的专利、部分正在起草申请的专利和因保密而不准备申请的专有技术。之后，已报批正在审核中的4项专利取得专利权，正在起草申请的专利一直未获批。

宋×、白×强对其中3项专利技术办理了权属变更手续，其中2项已交付给金晶格林公司使用。其他已取得专利权的专利未办理权属变更手续且已不能再办理，正在起草申请的专利因一直未获批也不能办理权属变更登记。

2020年11月5日，金晶格林公司委托淄博新诚资产评估有限公司出具追溯性评估咨询报告，就技术1—20进行核实拆分，认定已办理专利变更登记的专利权折分价值为4,752,700元。

金晶格林公司起诉要求宋×、白×强继续履行出资义务。

裁判要旨

法院认为，无有效证据载明宋×、白×强应出资的知识产权已出资到位。二人据以出资的技术1—20中，存在不能再办理权属变更手续的专利技术，已经实际交付不能，金晶格林公司有权要求二人继续履行出资义务。追溯性资产评估报告中专利8、专利12、专利20的技术价值并未单独列明，也无证据证实该技术的单独价值，对该部分价值不予认定。

案例3 北京市第一中级人民法院（2021）京01民终7140号 中南融海科技有限公司与童×海股东出资纠纷

▶ 案情摘要

2010年6月18日，中南融海科技有限公司（以下简称“中南融海公司”）作出股东会决议增资4700万元。

同年6月17日，北京鼎革资产评估有限责任公司出具《“网站访问方法及装置系统技术”非专利技术资产评估报告书》（以下简称“《非专利技术资产评估报告书》”），载明：“网站访问方法及装置系统技术”非专利技术于2010年5月31日的评估值为3570万元。其中，童×海持有该项技术的12%，即428.4万元，其中：420万元计入实收资本、8.4万元计入资本公积。

因发生股东出资纠纷，中南融海公司诉至法院，请求判令童×海向中南融海公司交付出资420万元。

裁判要旨

法院认为，现有证据无法证明用以出资的“网站访问方法及装置系统技术”与用以申请专利的“网站访问方法及装置”为同一技术。依据《非专利技术资产评估报告书》《知识产权转移审计报告》《验资报告》，童×海用以出资的“网站访问方法及装置系统技术”价值与其增资数额相符，且已经实际移交给中南融海公司。童×海已全面履行了出资义务，中南融海公司上诉主张童×海出资不实应补缴出资，无依据，不予采信。

总结及延展

虽然我国自2005年修订《公司法》开始即认可知识产权作为股东出资的效力，但由于知识产权本身具有复杂性，且其受市场变化的影响较大，价值并不固定，故在实践中经常会因知识产权出资引发多种纠纷。

从既往司法判例中看，争议焦点主要集中在以下几个方面：

第一，拟出资知识产权是否符合法律规定。针对知识产权出资，自《公司法》（2005）后，我国历次公司法均提出了根本性原则，即“可以用货币估价并可依法转让的非货币财产”。基于此，适合出资的知识产权应当具备确定性、评价可能性、独立转让可能性。股东无论是以何种类型的知识产权出资，均属于对该知识产权的处分情形，要求股东对该知识产权拥有完整权利，否则相应的出资协议恐将被认定为无效。此外，《公司法》(2024)第48条没有限定以知识产权出资的权利种类，在既往司法实践中，人民法院亦认可以知识产权所有权出资和以使用权出资两种方式。在无锡先迪德宝电子有限公司与金德成专利实施许可合同纠纷一案中，江苏省高级人民法院认为：在以知识产权出资入股时，可以用权利的整体出资或是使用权出资。如以权利的整体转让出资，则出资人只对其知识产权享有股权，不再享有处分权，不能再将该知识产权转让或许可给其他人；而如果仅以知识产权的使用权出资，则出资人对该知识产权仍享有最终处分权，在不违反出资协议的情况下，出资人仍可以自己使用或许可给其他人使用该知识产权。

第二，知识产权是否已进行价值评估。由于知识产权较为复杂，且在权利产生之初其市场价值难以被准确判定，而且其价值曲线具有显著波动性，有可能一个发明专利在权利初始期的价值为1000万元，但由于后续相继出现了同类专利，原有专利价值可能一落千丈。《公司法司法解释（三）》(2020)第9条规定："出资人以非货币财产出资，未依法评估作价，公司、其他股东或者公司债权人请求认定出资人未履行出资义务的，人民法院应当委托具有合法资格的评估机构对该财产评估作价。评估确定的价额显著低于公司章程所定价额的，人民法院应当认定出资人未依法全面履行出资义务。"在司法实践中，如果股东在出资时未对拟出资知识产权进行专业评估，则因后续知识产权发生贬值引发争议时，法院将会按照司法评估的结果判令出资股东补足差额；反之，如股东在出资时已针对知识产权进行了专业评估，且在公司章程中亦未针对作价知识产权发生贬值时是否需要补足出资作出明确约定，则法院将会判定出资股东无须承担补足出资的法律责任。

第三，以知识产权出资是否已经履行合法程序。首先，公司章程中需明确许可以知识产权出资的方式，并在市场监督管理部门进行登记备案；其次，针对需要办理权属登记的知识产权，应办理相应的权属变更手续并交付给公司使用，对不需要办理权属登记的应当交付给公司使用。

为了避免出资知识产权的适格性风险，公司在接受知识产权出资时，应当尽量选择以知识产权所有权出资而不是以知识产权使用权出资。根据前述司法案例的裁判观点可知，如专利权人以使用权出资，其依然可以将该技术许可给其他人使用，可能会对公司的生产经营造成负面影响。同时，公司对该财产权利并不拥有事实上的、完全的处分权，仅享有一定期限和范围内的使用权，若出资人收回使用权，也会对公司的持续运营形成阻碍。

（四）以股权出资需要满足哪些条件？

案例1 湖南省长沙市中级人民法院（2021）湘01民终7086号 方×、长沙市岳麓区新湘北汽车修理厂等修理合同纠纷

▶ **案情摘要**

2001年7月，湖南海天新材实业有限公司（以下简称“海天公司”）注册资本为500万元，其中方×出资43.4万元、长沙湘星实业有限公司（以下简称“湘星公司”）出资456.6万元。

2008年4月29日，湘星公司改制并将其所持股份（出资456.6万元）转由其职工方×等人持有。

2016年6月12日前，方×原为湘星公司股东，认缴出资858.13万元、持股28.6044%。2016年6月12日，方×将所持的股权全部以0元对价转让给海天公司，随后办理了工商登记。

2016年6月21日，海天公司召开股东会，决议公司注册资本由500万元增加至3066万元，修订了公司章程，并于2016年7月15日在工商部门作了相应变更登记。依公司章程及工商登记记载，其中，方×增加出资8,134,850元、合计认缴出资10,087,780元、持股32.9021%，新增出资时间为2016年8月21日。

海天公司的债权人长沙市岳麓区新湘北汽车修理厂（以下简称湘北汽修厂）起诉要求方×等人在未补缴出资范围内对海天公司的债务承担连带责任。

裁判要旨

法院认为，海天公司股东增资扩股时认缴出资的期限及出资方式应以该工商行政部门登记的内容为准，而工商登记记载的出资方式为货币出资。方×既未提供海天公司的股东会决议，也未提供其所持有湘星公司股权的评估报告，证实海天公司股东会决议同意其以持有的湘星公司的股权作为其对海天公司新增出资的出资，并已履行了相应的股权评估程序。方×应就该部分新增出资在未出资本息的范围内对海天公司的对外债务承担补充赔偿责任。

案例2

陕西省宝鸡市中级人民法院（2020）陕03民终1108号 宝鸡市国有资产经营有限责任公司与姜×丽，陕西宝棉纺织集团有限公司案外人执行异议之诉纠纷

▶ 案情摘要

2015年12月25日陕西宝棉纺织有限公司注册成立，注册资本3000万元，宝鸡市国有资产经营有限责任公司（以下简称“市国资公司”）系其股东，认缴出资3000万元，持股比例100%，工商登记实缴0元。工商系统查询投资人信息得知实际出资额为0元，认缴期限2017年7月31日。

2016年3月23日陕西宝棉纺织有限公司名称变更为陕西宝棉纺织集团有限公司（以下简称“宝纺集团公司”）。2016年3月11日，宝纺集团公司章程约定市国资公司于2017年7月31日出资到位，出资方式为股权出资。

市国资公司分别于2016年3月3日、3月4日、3月17日将其持有的昌荣纺织公司、大荣纺织公司、九州纺织公司三家企业股权变更为陕西宝棉纺织有限公司持有。

2016年3月至4月，经评估，市国资公司所持有的大荣纺织公司、昌荣纺织公司、九州纺织公司三家企业股权总价值4610.52万元，远超过宝纺集团公司的注册资本3000万元。

宝纺集团公司的债权人姜×丽认为市国资公司存在实际出资不实行为，应当在出资不实的3000万元范围内对宝纺集团公司的债务承担清偿责任。

一审法院经审理后驳回其诉讼请求。姜×丽不服一审判决，提起上诉。二审法院审理后判决维持原判，驳回上诉。

裁判要旨

法院认为，宝纺集团公司的公司章程、大荣纺织公司、昌荣纺织公司、九州纺织公司三家公司的工商登记、评估报告及宝纺集团公司出具的股东出资证明书等，能形成证据锁链，证实市国资公司已按公司章程约定于2016年3月17日对宝纺集团公司完成了作为股东的出资义务，评估报告结论也足以证明市国资公司已足额出资。

总结及延展

以股权出资实际上是出资者将其对另一公司享有的股权转让给公司，作为获得公司股权的对价，出资人既可以在公司设立时以股权出资，也可以在公司增资时以

股权出资。虽然在《公司法》(2024)出台之前，法律规定并未涉及股权出资，但《公司法司法解释(三)》(2020)第 11 条已明确规定以股权出资需要满足的条件，具体如下：第一，出资的股权由出资人合法持有并依法可以转让；第二，出资的股权无权利瑕疵或者权利负担；第三，出资人已履行关于股权转让的法定手续；第四，出资的股权已依法进行了价值评估。此外，从司法实践来看，无论是以股权作为公司设立时的出资，还是作为公司增资时的出资，都需要通过全体股东以法定之合意形成的章程予以确定。

(五)《公司法》(2024)第 50 条“实际出资的非货币财产的实际价额显著低于所认缴的出资额的”中的“显著低于”应如何认定?

案例1 最高人民法院(2020)最高法民申 4578 号　青海威德生物技术有限公司、北京威德生物科技有限公司公司增资纠纷

▶ 案情摘要

2002 年 10 月 30 日，青海威德生物技术有限公司(以下简称“青海威德公司”)成立。受北京威德生物科技有限公司(以下简称“北京威德公司”)委托，2009 年 11 月 27 日，北京大正评估公司对北京威德公司拥有的“一种以菊芋或菊苣为原料制造菊粉的新方法”发明专利及相关全套工业生产技术、“红菊芋”注册商标、“wede”注册商标 3 项无形资产作出 168 号评估报告。至评估基准日 2009 年 9 月 30 日，上述 3 项无形资产的评估结果为人民币 1300 万元，评估结论使用有效期自评估基准日起一年。

2010 年 4 月 9 日，青海威德公司作出股东会决议，同意北京威德公司以上述 3 项无形资产向青海威德公司增资，并以评估结果 1300 万元认定增资数额。随后，完成了无形资产的增资并依法变更工商登记。

2014 年 12 月 30 日，国家工商行政管理总局商标评审委员会作出商评字〔2014〕第 0000115544 号商标无效宣告请求裁定书，宣告“红菊芋”商标无效并进行了公告。2016 年 2 月 25 日，国家知识产权局专利复审委员会作出第 27799 号无效宣告请求审查决定书，宣告 03119619.5 号发明专利权(“一种以菊芋或菊苣为原料制造菊粉的新方法”发明专利)无效并进行了公告。“wede”注册商标仍在有效期内。

青海威德公司遂起诉至法院，要求判令北京威德公司向青海威德公司补充缴纳出资 1300 万元。

一审法院经审理后驳回其诉讼请求。青海威德公司不服一审判决，提起上诉。二审法院审理后判决维持原判，驳回上诉。青海威德公司不服二审判决，向最高人民法院申请再审，再审法院裁定驳回青海威德公司的再审申请。

裁判要旨

法院认为，其一，根据《公司法》(2018)第27条的规定，股东可以将知识产权等可以用货币估价并可以依法转让的非货币财产作价出资，对作为出资的非货币财产应当评估作价，核实财产，不得高估或者低估作价。《最高人民法院关于适用〈中华人民共和国公司法〉若干问题的规定(三)》第15条亦规定，出资人以符合法定条件的非货币财产出资后，因市场变化或者其他客观因素导致出资财产贬值，该出资人不承担补足出资责任，除非当事人另有约定。本案中，北京威德公司于2010年委托北京大正评估公司对其所有的知识产权价值进行了评估，并据此增资入股至青海威德公司，双方未作其他约定。此后，青海威德公司召开股东会会议，决议同意北京威德公司以知识产权评估作价1300万元入股青海威德公司，并履行了工商变更登记手续。上述事实表明，北京威德公司的出资严格遵循了《中华人民共和国公司法》对知识产权出资的要求。虽然几年后用以出资的专利和商标都被宣告无效，但青海威德公司未能提交证据证明本案评估存在违法情形或者北京威德公司在评估时存在违法情形，现以案涉两项知识产权被确认无效，要求北京威德公司承担补足出资和赔偿损失的责任，缺乏事实和法律依据。其二，根据《中华人民共和国商标法》第47条和《中华人民共和国专利法》第47条的规定，注册商标或者专利被宣告无效，对宣告无效前已经履行的商标或者专利转让不具有追溯力，除非证明权利人存在主观恶意。

案例2 山东省菏泽市中级人民法院(2020)鲁17民终3382号 李×、崔×文等股东出资纠纷

▶ 案情摘要

2014年6月5日，李×与菏泽森博家居有限公司(以下简称“森博家居公司”)签订了商用房租赁协议，约定前3年租赁费2,444,256元，租赁场地是森博国际家居广场三楼。

2014年12月8日，山东宜之家家居有限公司(以下简称“宜之家公司”)成立，

股东为李 ×、崔 × 文、周 ×、齐 ×。其中李 × 认缴出资 816 万元，于 2015 年 9 月 2 日以货币的方式出资 120 万元，其余 696 万元于 2016 年 6 月 30 日以货币或实物的方式出资；周 × 认缴出资 144 万元，于 2016 年 6 月 30 日以货币的方式出资；崔 × 文认缴出资 120 万元，于 2015 年 6 月 30 日以货币的方式出资。经营场所仍为李 × 租赁的场地。

2016 年 6 月 13 日，菏泽鲁瑞联合会计师事务所根据崔 × 文的申请，对宜之家公司自 2014 年 9 月 1 日至 2016 年 3 月 1 日的财务状况、经营成果进行审计，双方对该审计报告结论均无异议。该审计报告显示，李 × 代垫支出投入的 278.50 万元中的 240 万元为支付的森博家居公司三楼卖场 3 年的租赁费，无银行支付的记录（实际支付 10 万元）；周 × 的出资与注册资本相差 72 万元。2018 年 7 月 19 日，崔 × 文起诉请求李 ×、周 × 缴纳所欠注册资金并赔偿损失。

裁判要旨

法院认为，《公司法》（2018）第 27 条第 2 款规定，对作为出资的非货币财产应当评估作价，核实财产，不得高估或低估作价。法律、行政法规对评估作价有规定的，从其规定。《最高人民法院关于适用〈中华人民共和国公司法〉若干问题的规定（三）》第 9 条规定：出资人以非货币财产出资，未依法评估作价，公司、其他股东或者公司债权人请求认定出资人未履行出资义务的，人民法院应当委托具有合法资格的评估机构对该财产评估作价。评估确定的价额显著低于公司章程所定价额的，人民法院应当认定出资人未依法全面履行出资义务。针对本案中双方所争议的菏泽森博国际家居广场三楼场地 3 年的租赁使用价值，司法评估报告显示的租赁费评估值为 2,024,659.00 元。而公司章程对于该场地租赁费出资所定价额为 2,400,000 元，二者相差 375,341 元，该评估确定的价值数额显著低于公司章程所定价值数额，可以认定李 × 未全面履行出资义务，应负有向公司补足其出资差额的出资义务。

总结及延展

对于货币出资而言，因货币本身具有确定性，所以不存在差额问题；而对于非货币出资而言，则很容易出现因其价值被高估，造成股东 / 发起人实际出资低于其认缴出资额的情况，从而违反资本充实原则。《公司法》（2024）第 49 条规定，若发现作为设立公司时出资的非货币财产的实际价额显著低于公司章程所定价额的，应当由交付该出资的股东补足其差额。

基于上述规定，结合司法实践的审判要点，如股东要求以非货币出资的出资人承担补缴责任的，应具备两个前提条件：

第一，已经通过评估确定了资产的实际价值。对于非专业领域的人员而言，非货币出资的价值通常难以判断。因此，根据《公司法司法解释（三）》（2020）第9条的规定，非货币出资未经评估的，其他股东有权请求法院进行评估。评估确定的价额显著低于公司章程所定价额的，应当认定为出资人未依法全面履行出资义务。因此，评估价值低于公司章程所定价额，应当是非货币出资人承担差额补缴责任的必要前提。司法实践中，即便存在显著证据表明资产价值明显低于章程载明金额，法院也必须委托司法鉴定机构进行评估以确定差额的范围。

第二，价值的差距应当是"显著"的。《公司法》（2024）和《公司法司法解释（三）》（2020）均强调，若需出资人承担差额责任的，评估确定的价额应当"显著低于"公司章程所定价额。但对于"显著"的衡量标准，目前法律法规及司法解释并无统一规定，各法院的认定方式也存在区别，但通常分为绝对标准和相对标准两种。笔者认为，对于"显著"的认定，采取相对标准更为合理，具体可参照有关司法解释中判断违约金是否过高的标准，即计算实际价值与章程载明的价值之差是否超过30%；若二者间的价差低于30%，则属于当事人认知价值与专业机构评估价值的合理差距范围，即价值基本相当，不具有法律救济的必要性。

（六）股东会决议是否可自行调整出资期限？

案例1 上海市第二中级人民法院（2019）沪02民终8024号　姚×城与鸿大（上海）投资管理有限公司、章×等公司决议纠纷

▶ 案情摘要

2017年7月17日，鸿大（上海）投资管理有限公司（以下简称"鸿大公司"）形成新的公司章程，第5条载明：股东章×、姚×城、蓝×球、何×松出资时间均为2037年7月1日。

2018年10月30日，被告鸿大公司向原告姚×城发送快递，快递单载明：内件品名为鸿大公司2018年临时股东会通知。该快递于次日被签收，快递记载签收人为他人收。

该临时股东会决议第二项决议所涉章程修正案，载明如下内容：将鸿大公司公司章程第5条姚×城及3个第三人作为鸿大公司股东的出资时间2037年7月1日修改为出资时间2018年12月1日；并增加以下内容：若公司股东之间或股东与公

司之间就出资时间另有约定，无论这等出资约定的具体时间在本章程或章程修正案签署之前还是签署之后，则股东的出资时间以该出资约定为准，但出资约定的最晚期限不得超过 2018 年 12 月 1 日；股东逾期未缴纳出资额的，应当按照同期人民银行公布的一年期贷款利息向公司支付逾期利息；股东溢价投资入股的金额超过其认缴的注册资本部分，应当计入公司的资本公积金。上述章程修正案落款处由章 × 作为鸿大公司法定代表人签名，落款时间为 2018 年 11 月 18 日。

此后，姚 × 城诉至法院，要求判令确认鸿大公司于 2018 年 11 月 18 日作出的临时股东会决议无效。

一审法院经审理后确认涉案临时股东会决议中的第二项决议“通过章程修正案”无效，驳回其他诉讼请求。鸿大公司不服一审判决，提起上诉。二审法院审理后判决维持原判，驳回上诉。

裁判要旨

法院认为，案涉临时股东会决议，剥夺了姚 × 城作为公司股东的出资期限利益，限制了姚 × 城的合法权益。股东的出资期限利益，是公司资本认缴制的核心要义，系公司各股东的法定权利，如允许公司股东会以多数决的方式决议修改出资期限，则占资本多数的股东可随时随意修改出资期限，从而剥夺其他中小股东的合法权益。修改股东出资期限直接关系到公司各股东的切身利益，不能简单等同于公司增资、减资、解散等事项，不能简单地适用资本多数决规则。股东出资期限系公司设立或股东加入公司成为股东时，公司各股东之间形成的一致合意，股东按期出资虽系各股东对公司的义务，但本质上属于各股东之间的一致约定，而非公司经营管理事项。法律允许公司自治，但需以不侵犯他人合法权益为前提。公司经营过程中，如有法律规定的情形需要各股东提前出资或加速到期，系源于法律规定，而不能以资本多数决的方式，以多数股东意志变更各股东之间形成的一致意思表示。本案中，修改股东出资期限不应适用资本多数决规则。

案例 2　北京市第三中级人民法院（2016）京 03 民终 9248 号　中清化能源投资有限公司等上诉鑫苑（中国）置业有限公司房地产咨询合同纠纷

▶ 案情摘要

中清化能源投资有限公司（以下简称“中清化公司”）于 2010 年 10 月 28 日成

立，其公司章程规定注册资本为5000万元，史×红实缴1000万元，认缴出资1750万元，并应于2012年10月28日之前缴足出资。

2012年10月26日，中清化公司向工商局申请延长股东出资时间至2015年10月27日。2012年11月2日获工商局批准办理延期登记。中清化公司于2012年11月8日修改《公司章程》，将公司股东的认缴出资期限延长至2015年10月28日。

2014年3月1日施行的《公司法》(2013)将注册资本实缴登记制改为了认缴登记制。2015年7月，中清化公司修改《公司章程》，将史×红认缴的1750万元出资期限延长至2030年8月8日。

因与中清化公司发生房地产咨询合同纠纷，鑫苑(中国)置业有限公司(以下简称“鑫苑公司”)诉至法院要求中清化公司返还500万元及其自2015年8月16日起至实际返还之日止的利息；并要求史×红对中清化公司的上述付款义务承担补充责任。

裁判要旨

法院认为，债权人主张债务人按照债权债务发生时公示的股东出资期限履行出资义务、承担补充赔偿责任的，应当予以支持。中清化公司于2015年7月通过修改《公司章程》将史×红出资期限延长至2030年8月8日的行为不得对抗鑫苑公司。对于债权人具有对抗力的债务公司股东出资期限，应适用债权债务发生时经工商登记的《公司章程》所确定的股东出资期限。如股东在该期限前全面履行了出资义务，则无需承担补充责任；反之，则应承担。本案中，鑫苑公司与中清化公司债权债务发生时，中清化公司的《公司章程》及工商登记信息显示的史×红认缴出资期限为2015年10月28日，而史×红未在该期限内全面履行出资义务，一审判决史×红在未出资本息的范围内对返还500万元保证金债务承担补充赔偿责任是合理的，应予以支持。

总结及延展

笔者认为，股东出资期限的变更存在缩短或延长两个方向，同时，股东出资期限的修改涉及股东以及债权人不同维度的利益。如果股东会以决议的方式缩短出资期限，则仅涉及对股东自身期限利益的影响；反之，如果股东会以决议的方式延长出资期限，则将涉及对债权人信赖利益的影响。

第一，公司章程或股东出资协议确定的公司注册资本出资期限系股东之间达成的合意，而相应出资期限的设置在不违反法律法规规定的情况下，属于股东基本权益的行使，是股东的自益权。除非股东个人明确表示同意或自愿修订其出资期限，否则公司其他股东滥用控股地位，以多数决的方式通过缩短出资期限的决议，导致个别股东期限权益受损的，所作出的股东会决议应当被视为无效。

第二，公司股东的内部决策往往涉及公司外部当事人的利益。正如中清化能源投资有限公司等上诉鑫苑（中国）置业有限公司房地产咨询合同纠纷一案中法院所述，公司章程虽然主要调整公司内部组织关系，但作为公司最基本的法律文件，往往还涉及不特定第三人乃至社会公众的利益。

笔者认为，公司章程中与第三方相关的内容均具有公示力，而股东的出资期限是公司章程的必要记载内容，一经公示，则第三方可通过查阅登记机关备案材料获悉其内容，即导致第三人因此产生信赖利益，且第三人亦因信赖利益对即将进行的交易产生了合理预期，而前述预期则可被推定为第三人进行交易决策的重要参考因素。亦可理解为，公司股东出资期限的公示是法律授予第三人权利的特定方式，第三人可依据此权利要求股东在期限内完成相应的出资义务，故虽然我国实行认缴制的公司出资方式，但不代表公司的股东可以利用该规则的变动侵害债权人之利益。如公司尚未产生债务，则公司可以根据股东会决议延长出资期限；反之，如公司已产生债务，在未获取相应债权人同意的情况下，公司自行根据股东会决议延长出资期限的行为不能对抗债权人。

第三，公司的设立运营涉及股东、公司、债权人三者之间的利益平衡，无论从公司治理的对内视角抑或从公司业务经营的对外视角来看，股东与公司之间的利益均具有一致性。股东的出资是构成公司资产、保障公司正常运作的基石，当公司的经营状况发生变化，迫切需要补充资金时，应当根据公司具体情况判断此时修改出资期限是否必要。当公司资本确有充实之必要时，公司可通过股东会多数决的形式要求包括投反对票在内的全体股东提前实缴出资。据此形成的股东提前出资的决议既有利于公司利益，也并不损害股东权益，股东会决议应属有效。

专题六

股东出资加速到期

一、法律规定对比解析

（一）《公司法》（2018）与《公司法》（2024）相关条文对比

《公司法》（2018）	《公司法》（2024）
—	**第 54 条** 公司不能清偿到期债务的，公司或者已到期债权的债权人有权要求已认缴出资但未届出资期限的股东提前缴纳出资。

（二）相关规范索引

相关规范	条款
《公司法司法解释（二）》（2020）	第 22 条
《破产法》	第 35 条
《九民纪要》	第 6 条

（三）新旧公司法变化解读

《公司法》（2018）并未对股东出资加速到期的问题作出明确规定，《公司法》（2024）则明文规定了在公司不能清偿到期债务情形下，股东出资加速到期的法律后果。实践中，股东出资加速到期的相关争议普遍存在，在《公司法》（2024）出台前，股东出资加速到期被限制在以下四种情形中：[①] 公司破产；公司解散；公司作为被执行人的案件，人民法院穷尽执行措施无财产可供执行，已具备破产原因，但不申请破产的；在公司债务产生后，公司股东（大）会决议或以其他方式延长股东出资期限。《公司法》（2024）的规定扩大了股东出资加速到期的适用范围，有效地维护了债权人利益。

① 参见刘斌：《出资义务加速到期规则的解释论》，载《财经法学》2024 年第 3 期。

二、争议问题及司法裁判实务梳理

(一)《公司法》(2024)第54条中规定的加速到期是否适用于非货币财产出资的情况?

案例1 辽宁省大连市中级人民法院(2023)辽02民终536号 大连高新技术产业园区凌创资产管理有限公司、大连哥伦布控股集团有限公司等申请执行人执行异议之诉纠纷

▶ **案情摘要**

码头网(大连)信息技术有限公司(以下简称"码头网公司")的现有股东分别为大连哥伦布控股集团有限公司(以下简称"哥伦布公司")、白×、崔×江、丁×飞、尧×明、赵×鹏、大连兴旺业诚管理咨询合伙企业(有限合伙)(以下简称"兴旺业诚企业"),公司名下有包括"哥伦布船舶租赁买卖软件"在内的9项软件著作权信息。

码头网公司2019年6月10日公司章程修正案、股权转让协议及相关转账记录显示:崔×江、尧×明、赵×鹏、兴旺业诚企业已履行出资义务。白×已履行完1000万元货币出资义务,32.5万元知识产权出资义务因未届认缴期尚未履行。哥伦布公司以知识产权出资,因未经过评估,系股东议定价值,无法确定其履行出资义务金额,且其知识产权出资义务亦未届认缴期。

大连高新技术产业园区凌创资产管理有限公司(以下简称"凌创资产公司")起诉要求哥伦布公司、崔×江、白×、兴旺业诚企业、尧×明、赵×鹏、丁×飞在其各自未缴出资范围内对码头网公司的债务承担连带清偿责任。

裁判要旨

法院认为,码头网公司名下有9项软件著作权,具有财产价值可供执行,未达到"人民法院穷尽执行措施无财产可供执行"的标准,不宜现在认定码头网公司满足了公司不能清偿到期债务的标准,且凌创资产公司主张哥伦布公司、白×、崔×江、尧×明、丁×飞未出资部分均为知识产权出资,即使需补齐出资,上述股东亦应先以知识产权出资。码头网公司名下即有可供执行的知识产权,凌创资产公司拒绝对财产申请评估拍卖而径行要求股东出资加速到期并以现金出资,依据不足。

案例2 河南省濮阳市中级人民法院（2020）豫09民终1762号 濮阳经济技术开发区城市建设投资有限公司、吴×股东损害公司债权人利益责任纠纷

▶ 案情摘要

濮阳爱网特实业有限公司（以下简称“爱网特公司”）的股东为上海爱网特实业有限公司（以下简称“实业公司”）、濮阳经济技术开发区城市建设投资有限公司（以下简称“开发区城投公司”）。

经查询国家企业信用信息公示系统，爱网特公司2015年8月13日的公示信息显示：实业公司认缴出资额2700万元，实缴出资额为0元，认缴出资方式为货币，认缴出资日期为2024年6月30日；开发区城投公司认缴出资额300万元，实缴出资额为0元，认缴出资方式为实物，认缴出资时间为2024年6月30日。爱网特公司2018年3月30日公示的2017年度报告详情显示：股东开发区城投公司和实业公司认缴出资时间均变更为2035年8月11日。

吴×与爱网特公司的纠纷，经生效判决判令爱网特公司支付吴×工资及未签订劳动合同双倍工资剩余部分共计53,181.62元。判决生效后，吴×申请法院强制执行，因爱网特公司没有可供执行的财产，一审法院依法裁定终结本次执行程序。吴×主张开发区城投公司未履行出资义务，应在其未出资范围内对爱网特公司不能清偿的债务部分承担补充赔偿责任。

裁判要旨

法院认为，开发区城投公司主张其为爱网特公司购置了办公家具，履行了实物出资义务，但其提供的购买发票显示涉案家具均登记在开发区城投公司名下，不足以证实其履行了出资义务。爱网特公司已符合《破产法》规定的破产原因，但仍未申请破产，根据该公司2017年度报告显示，在公司债务产生后，开发区城投公司作为股东之一，其出资期限从2024年6月30日延长至2035年8月11日，逃避履行补足出资义务明显，因此，开发区城投公司及爱网特公司的行为符合股东出资加速到期的相关规定，开发区城投公司应在未出资范围内对爱网特公司欠付吴×的债务承担补充赔偿责任。

总结及延展

认缴出资系针对注册资本缴纳事宜而在股东与公司之间形成的约定，其构成要

素包含出资期限、出资形式，正常情况下，股东完全可以按照约定的时间安排己方出资，但在公司经营不善的情况下，股东作为公司的权利主体对债权人负有利益保障义务。基于此，股东出资期限利益将转化为立即出资义务，故加速到期制度系在特定情况下为优先保护债权人利益而对股东期限利益的调整，是债权人利益与股东期限利益相冲突时，法律在充分权衡各方权利义务后作出的合理处置，但其调整和处置维度应尽量限缩，即，当出现特殊情况需要以股东利益换取债权人利益时，应遵循必要性、损害最小性原则，不应突破股东与公司之间针对认缴出资要素的约定，随意对股东利益进行负向调整。故加速到期制度中的变化仅涉及认缴出资中的出资期限，而并不涉及股东的出资形式。

无论是以货币形式出资还是以非货币形式出资，对应的均为股东出资义务，相应义务在各股东之间适用平等原则。在加速到期制度下，股东利益的调整方向、程度也应具有一致性，不能出现部分股东仅调整出资期限，而部分股东既调整出资期限又调整出资形式的情形。《公司法》(2024)实施之前，公司不能清偿到期债务，并非股东出资义务加速到期的适用情形。但从北京市海淀区人民法院（2023）京0108民初8786号的裁判结果可知，出现股东出资义务加速到期情形时，非货币财产出资同样应当加速到期，但当股东系以非货币形式出资且出现出资义务加速到期情形时，股东相应出资形式并未转化，并不会因出资期限缩短而导致出资形式的变更，债权人亦无权在加速到期案件中要求法院判令股东以货币出资代替原有出资形式。

(二)《公司法》(2024)第54条关于加速到期中“公司不能清偿到期债务”如何理解，是否需要通过强制执行方式予以确认？

案例1 北京市高级人民法院（2020）京民终125号　武×等与北京世纪金文广告有限公司申请执行人执行异议之诉纠纷

▶ 案情摘要

中扬公司成立于2016年7月28日，武×认缴出资700万元，认缴出资时间为2036年7月20日。

2019年1月7日，北京仲裁委员会就北京世纪金文公司与中扬公司合同纠纷一案作出(2019)京仲裁字第0137号裁决书，裁决中扬公司向北京世纪金文公司支付合同款3,084,931.5元及违约金740,000元。该裁决生效后，中扬公司未按照裁决履行给付义务。经世纪金文公司申请，法院于2019年1月30日作出(2019)京03执

234号执行裁定书。由于中扬公司暂无其他财产可供执行，执行法院于2019年4月23日作出(2019)京03执234号之一执行裁定书，终结了本次执行程序。

北京世纪金文公司诉至法院，请求追加武×为被执行人，在武×尚未缴纳出资的范围内对于(2019)京仲裁字第0137号裁决书裁决结果承担责任。

裁判要旨

法院认为，武×作为中扬公司的股东，未提供中扬公司可供执行的财产线索，提供的证据不足以证明其已向公司足额出资。中扬公司作为被执行人，已具备破产原因，但未申请破产。在中扬公司的财产不足以清偿生效仲裁裁决所确定债务的情况下，武×的出资期限虽未届满，但其作为中扬公司的现任股东，有应缴而未缴纳的出资，属于未足额缴纳出资的股东，即应履行其应有义务，在未出资范围内对公司不能清偿的债务承担补充赔偿责任。武×称其已向中扬公司支付出资款项的表述，没有事实和证据支持，不予采信。

案例2 上海市第一中级人民法院(2021)沪01民终6011号 上海云城融资租赁有限公司与上海川亮钢结构有限公司等申请执行人执行异议之诉纠纷

▶ 案情摘要

上海川亮钢结构有限公司(以下简称“川亮公司”)成立时的注册资本为100万元，股东为鲜×、邓×旭，各出资50万元。截至2011年9月20日，二人均以货币资金的形式实缴了出资。

2016年5月3日，川亮公司的注册资本由100万元增资为500万元，由邓×旭、鲜×各增加出资200万元，增资额的出资日期均为2021年9月20日前。

2017年3月6日，鲜×将其持有的全部川亮公司股权转让给了邓×旭。2018年10月31日，邓×香受让了邓×旭所持有的川亮公司的30%股权。至此，川亮公司注册资本500万元中，邓×旭出资额为350万元、邓×香出资额为150万元，出资时间均为2021年9月(除已实缴的100万元外)。

在上海云城融资租赁有限公司(以下简称“云城公司”)与川亮公司、邓×旭、魏×琴融资租赁合同纠纷一案中，经云城公司申请强制执行，法院作出(2020)沪0117执1573号裁定，后又因该案执行标的暂无执行条件，法院于2020年4月28日裁定终结了该案的本次执行程序。

云城公司认为，川亮公司原股东鲜 × 未尽股东出资义务即转让股权，股东邓 × 香在公司增资时未履行出资义务，侵害公司财产利益，同时也损害了公司债权人利益，就此提起执行异议之诉，请求追加鲜 ×、邓 × 香为执行（2019）沪 0117 民初 6910 号案件的被执行人，并在各自未缴纳的出资 200 万元、150 万元范围内对川亮公司未清偿的债务承担连带清偿责任。

裁判要旨

法院认为，川亮公司原股东鲜 × 系在认缴期限届满前转让股权，其出资义务应由受让股东承继，且其转让股权时，本案债权债务纠纷尚未发生，鲜 × 不具备原股东恶意转让股权逃避履行债务的情形，不应追加其为本案被执行人。邓 × 香系川亮公司的现任股东，依据川亮公司的公司章程规定，邓 × 香的出资期限尚未届满，公司债权人请求公司股东承担出资责任，实则是请求未届出资期限的股东出资加速到期。公司债权人以公司不能清偿到期债务为由，请求未届出资期限的股东在未出资范围内对公司不能清偿的债务承担补充赔偿责任的，一般情形下，人民法院不予支持。但是，符合公司作为被执行人的案件，人民法院穷尽执行措施无财产可供执行，已具备破产原因，但不申请破产的情形除外。本案执行中查封的被执行人邓 × 旭名下的房产尚未执行完毕；执行依据（2019）沪 0117 民初 6910 号民事判决认定租赁物变现清偿债务也尚未执行完毕，尚不符合上述关于被执行人无财产可供执行的前提，公司债权人请求追加出资期限未届满的股东在未出资范围内承担责任，缺乏事实依据。

总结及延展

《公司法》（2024）第 54 条规定的出资加速到期的情形是：“公司不能清偿到期债务。”但是，对于“不能清偿到期债务”应当如何判断存在争议，即究竟应当依据客观情况予以证明还是只要债务人到期未偿债就意味着债权人具备申请股东出资加速到期的条件。[①]“公司不能清偿到期债务”的表达并非《公司法》（2024）首创，其来源于《破产法》第 2 条，关于“公司不能清偿到期债务”的解释则最早出现在《破产法司法解释（一）》第 2 条规定：“下列情形同时存在的，人民法院应当认定债务人不能清偿到期债务：（一）债权债务关系依法成立；（二）债务履行期限已经届满；（三）债务人

① 参见朱惠邦、曲天明：《债权人加速到期请求权的修正——以新〈公司法〉第 54 条展开》，载《潍坊学院学报》2024 年第 1 期。

未完全清偿债务。”

前述解释说明并未要求债权人通过提交裁判文书或强制执行裁定方能证明债务清偿不能，但在破产申请中，债权人几乎均需要提交前述材料。因为《破产法司法解释（一）》第 4 条规定：“债务人账面资产虽大于负债，但存在下列情形之一的，人民法院应当认定其明显缺乏清偿能力：（一）因资金严重不足或者财产不能变现等原因，无法清偿债务；（二）法定代表人下落不明且无其他人员负责管理财产，无法清偿债务；（三）经人民法院强制执行，无法清偿债务；（四）长期亏损且经营扭亏困难，无法清偿债务；（五）导致债务人丧失清偿能力的其他情形。”所以，如果债权人意图证明债务人明显缺乏清偿能力，则需要提交强制执行文书。而存在不能清偿的到期债务，必须要经过法院或仲裁机构的审理，否则无法证明该债权债务关系依法成立。故在债权人申请破产的过程中，债权人均是凭借生效裁判文书作为申请依据，而在破产程序中，法院也会要求债权人提交强制执行的材料用以证明债务人未完全清偿债务，只有在前述条件都能以证据材料佐证的前提下，法院才会同意破产申请。实践中债权人提交强制执行裁定相关材料并非为了证明债务人不能清偿债务，而是为了证明债务人明显缺乏清偿能力。

《公司法》(2024)出台之前曾历经三次审查修订，其中一审稿第 48 条规定：“公司不能清偿到期债务，且明显缺乏清偿能力的，公司或者债权人有权要求已认缴出资但未届缴资期限的股东提前缴纳出资。”二审稿第 53 条则规定：“公司不能清偿到期债务的，公司或者已到期债权的债权人有权要求已认缴出资但未届缴资期限的股东提前缴纳出资”，三审稿与二审稿对于本条款的规定内容一致。《公司法》(2024)中第 54 条规定：“公司不能清偿到期债务的，公司或者已到期债权的债权人有权要求已认缴出资但未届出资期限的股东提前缴纳出资”最终去掉了“明显缺乏清偿能力”的表述。前述变化恰恰是因为《公司法》(2024)无意遵循《九民纪要》相关观点，《九民纪要》第 6 条认为债权人仅在两种情况下方能适用股东出资义务加速到期，其中一种情形是具备破产原因，另一种情形是债务产生之后刻意延长出资期限，除此之外，债权人不得以到期债务人不能清偿债务为由申请股东出资加速到期。《九民纪要》第 6 条意在将股东出资加速到期与破产清算程序的启动相连接，在《九民纪要》出台之前，规定股东出资加速到期的只有两个法律条文。一个是《破产法》第 35 条，该条规定：“人民法院受理破产申请后，债务人的出资人尚未完全履行出资义务的，管理人应当要求该出资人缴纳所认缴的出资，而不受出资期限的限制。”另一个是《公司法司法解释（二）》(2014)第 22 条第 1 款，该款规定：“公司解散时，股东尚未缴纳的出资均应作为清算财产。”这两条规定的法理在于，公司破产或者强制清算后将终止存在或重新整合，不可能再根据原定期限请求股东履行，因此，如果公司不能要求股东提前缴付出资，则股东将逃避履行对公司的出资义务，并进而损害公司债权人和其他股东的正当利益。[①]《九民纪要》中最高人民法院仍然认为，在公司出现破产征兆时所有债权人均应能在股东出资的范畴内获益方显公平，所以，虽然在条文中设置了两种除《破产法》第35条、《公司法司法解释（二）》（2014）第22条之外的情况，但总体而言与破产申请的受理条件并无二致。

现《公司法》（2024）第54条既然选择将“明显缺乏清偿能力”删除，则意味着《公司法》（2024）显然不认为债权人需要提供能够证明公司已具备破产条件的材料，即债权人无须必然通过强制执行终本裁定或终止裁定等证明“公司不能清偿到期债务”，无须待前序案件进入强制执行程序即可启动股东加速出资之诉，只需证明债务到期后公司经催缴仍未偿还债务的事实状态即可，包括但不限于公司财产不足以清偿全部债务、公司以无清偿能力为由不予履行、债权人已强制执行仍无法实现全部债权等。

虽然《公司法》（2024）放宽了股东出资加速到期制度的适用范围，强制执行相关文书的提交已并非必然选项，但实践中，债务人逃废债的方式多种多样，债权人未必能够通过非诉讼手段获取到“公司不能清偿到期债务”的有效证据。相反，债权人对执行不能的举证会更为容易，相应的证明材料更为直接，效力更强，更加容易得到法院的认可，降低了审理法官“自由心证”的不确定性。

另外，值得注意的是，在“公司不能清偿到期债务”的举证环节，债权人无须提交强制执行相关文件是否意味着债权人亦无须提供能够确认债权的生效法律文书？因为人民法院认定“公司不能清偿到期债务”须以认定债权的合法有效性作为前提条件。如果债务人公司与债权人之间就债务结欠事宜已经达成一致，比如双方已经签署了对账单等债权确认性文件，则债权人可直接提起股东出资义务加速到期之诉，否则债权人仍需通过诉讼证明债权的合法性。

在《公司法》（2024）出台之前，债权人启动股东加速到期诉讼需要分两步走：首先，债权人须通过债权确认之诉获取生效法律文书，并申请强制执行；其次，债权人凭借所获取的生效裁决及执行裁定再次提起诉讼，要求公司股东出资加速到期。诚如前文所述，既然从《公司法》（2024）的立法意旨来看，债权人仅需证明公司存在

---

① 参见刘斌：《出资义务加速到期规则的解释论》，载《财经法学》2024年第3期。

未履行的到期债务即可，不必然通过诉讼或执行的方式证明公司拖欠债务不还之事实，那么，在司法实践中债权人应亦有权利通过同一个诉讼达到确认债权以及要求股东出资加速到期的双重目的。

（三）股东出资加速到期后适用“直接清偿原则”还是“入库规则”？

案例1 北京市第三中级人民法院　郭 × 诉李 × 、冯 × 、某科技公司执行异议之诉纠纷[①]

▶ **案情摘要**

某科技公司于 2015 年 12 月 6 日成立，注册资本 100 万元。其中李 × 认缴出资 60 万元，出资时间为 2035 年 12 月 5 日；冯 × 认缴出资 40 万元，出资时间为 2035 年 12 月 5 日。

在郭 × 与某科技公司服务合同纠纷一案中，法院于 2018 年作出判决：某科技公司于判决生效之日起 7 日内返还郭 ×30 万元及赔偿利息损失。

后郭 × 向法院申请强制执行，法院立案执行后，经执行查询，被执行人某科技公司无财产可供执行。郭 × 遂以李 × 、冯 × 作为被执行人的股东未足额出资为由提出执行异议，申请追加李 × 、冯 × 为该案的被执行人。法院于 2019 年 5 月 8 日作出执行裁定书，驳回了郭 × 申请追加李 × 、冯 × 为被执行人的请求。某科技公司自 2017 年 11 月开始进行清算，目前已注销了税务登记。

郭 × 起诉请求：变更原执行裁定，追加股东李 × 、冯 × 为被执行人。

裁判要旨

法院认为，根据现有证据，某科技公司已具备破产原因，但不申请破产，法院对某科技公司穷尽执行措施仍无财产可供执行，故郭 × 有权请求未届出资期限的股东李 × 、冯 × 在未出资范围内对公司不能清偿的债务承担补充赔偿责任。关于李 × 、冯 × 主张的不应单独清偿案涉债权，在上述情况下，加速到期的财产归公司的债权人而非同破产那样归公司，此类情况并非破产程序，在保护本案债权人的同时，并不妨碍其他债权人申请公司破产，亦不妨碍公司自身申请破产；且债权人提起

---

① 参见北京市第三中级人民法院《北京市第三中级人民法院公司类纠纷审判白皮书（2013—2020）》案例五。

本案诉讼系为自身利益的诉讼，所获收益归债权人个人而非归债务人，其并非代表全体债权人进行诉讼，故对此不予采信，判决追加李 ×、冯 × 为该案件的被执行人。

案例2 广西壮族自治区柳州市中级人民法院（2022）桂 02 民终 1856 号 柳州市群星人力资源有限责任公司诉朱 ×、董 × 灿等执行异议之诉纠纷

▶ 案情摘要

董 × 灿为柳州市风雨楼餐饮管理有限公司（以下简称“风雨楼公司”）股东，认缴出资额为 11.1 万元人民币，认缴出资的日期为 2048 年 12 月 31 日。

在柳州市群星人力资源有限责任公司（以下简称“群星公司”）诉风雨楼公司劳务派遣合同纠纷一案中，风雨楼公司未支付秩序员服务费 97,598.24 元，经群星公司申请强制执行，柳南区人民法院作出（2021）桂 0204 执 482 号执行裁定书，后又因查明被执行人暂无可供执行的财产，裁定终结了本次执行程序。

2021 年 4 月 13 日，风雨楼公司被列为失信执行人，在执行过程中，群星公司申请追加包括董 × 灿在内的 6 名股东为被执行人。

经法院审理查明，董 × 灿通过建设银行于 2019 年 1 月 7 日、1 月 24 日共向群星公司时任法定代表人曾 × 转账 110,000 元。

董 × 灿辩称，其向曾 × 转款 110,000 元系实缴注册资金，已经履行实际出资义务，同时提出，追加股东作为被执行人会对其他债权人不公平，应由债权人申请债务人破产以实现保护全体债权人利益。

一审法院经审理后支持了群星公司申请追加包括董 × 灿在内的 6 名股东为被执行人的诉讼请求，并要求董 × 灿在内的 6 名股东在未出资范围内对涉案债务承担补充赔偿责任。董 × 灿不服一审判决，提起上诉。二审法院审理后维持原裁定，驳回上诉。

裁判要旨

法院认为，债权人在债务人存在破产原因时可申请债务人破产，也可以申请未出资的股东在未出资范围内承担补充赔偿责任，即债权人有选择权。债务人也可以在出现破产原因时主动申请破产。在债务人未进入破产程序的情况下，不涉及“公平清偿”问题，因为通过“非破产出资加速到期”存在清偿全部债务的可能，此时允许个别清偿行为并不必然损害其他债权人利益。且风雨楼公司目前被执行的标的

金额并未超过风雨楼公司的注册资本，尚无需考虑全体债权人公平清偿的问题。因此，董 × 灿的上述意见不能成立。

总结及延展

在《公司法》(2024)出台之前，由于《九民纪要》第 6 条的规定旨在破产程序之外赋予股东出资加速到期制度特殊的适用空间，故彼时司法裁判的主流观点是，非破产清算公司股东出资加速到期的，对债权人进行个别清偿。

然而，《公司法》(2024)第 54 条在宽泛适用股东出资加速到期制度的同时，也带来了新的问题：加速到期后的资金应当适用于“入库规则”还是“直接清偿原则”？从民法角度来看，债权人请求股东出资加速到期的行为本质是行使代位权，而学理上，债权人行使代位权的行为效力存在着两套规则，即“入库规则”和“直接清偿原则”。[①] “入库规则”是指债权人行使代位权取得的财产将统一归入债务人的“财产库”，再由各个债权人依据债权分配制度参与分配。“入库规则”认为，债务人的财产系对所有债权人的共同担保，其行为效果为提起诉讼后次债务人不得向债务人随意清偿债务，从清偿顺位而言，提起代位权诉讼的债权人与债务人的其他债权人并无不同。故代位所得之结果，仍归于债务人，所有债权人平等享有该结果之利益。而“直接清偿原则”是指债权人主张代位权成立后可使次债务人直接向债权人履行债的清偿义务，债权人将直接获得代位权诉讼所得结果，哪个债权人行使了代位权，所获财产就应归属于该债权人。

笔者认为，代位权行使的法律后果是问题核心所在，《民法典》第 537 条规定：“人民法院认定代位权成立的，由债务人的相对人向债权人履行义务，债权人接受履行后，债权人与债务人、债务人与相对人之间相应的权利义务终止。债务人对相对人的债权或者与该债权有关的从权利被采取保全、执行措施，或者债务人破产的，依照相关法律的规定处理。”前述内容明确了代位权成立的，由相对人向债权人履行义务，其主旨思路与“直接清偿原则”并无二致。该条特别指出“债务人对相对人的债权或者与该债权有关的从权利被采取保全、执行措施，或者债务人破产的，依照相关法律的规定处理”，而根据《民事诉讼法司法解释》第 506 条至第 508 条的规定，《破产法》以外的非企业法人作为被执行人的，对执行到的财产由普通债权人平等参与分配；《破产法》上的企业法人作为被执行人但又未进入破产程序的，普通债权人按照财产保全和执行中查封、扣押、冻结财产的先后顺序受偿。上述规定区分了不同

---

① 参见刘贵祥：《关于新公司法适用中的若干问题》，载《法律适用》2024 年第 6 期。

情形适用“入库规则”和“直接清偿原则”。《公司法》(2024)第54条所涉债务人主体为企业法人，且股东对于公司的出资亦属于公司资产中的一种，按照《民法典》以及《民事诉讼法司法解释》的规定，在债务人未进入破产程序之前，债权人有权直接获取其通过行使代位权所获之成果。

诚然，实践中反对适用“直接清偿原则”的观点亦不在少数，该种观点认为《民法典》第537条的规定系合同编的代位权规范，落脚点在合同法以及交易制度，其好处是从效率出发，注重对债权人的激励。但前述制度仅具有交易法上的正当性，而公司法是组织法，交易法中的合同规范不能与公司直接匹配。公司法作为组织法需要考虑各个参与主体的利益，而不能仅局限于个别债权人的利益，如果公司资金并不充足，适用“直接清偿原则”将妨碍公司针对资金使用事宜作出价值最大化的决策。

上述两种观点思考的角度不同，第一种观点是系以交易秩序为核心，而第二种观点更关注公司的组织特性，前述两种观点均自成体系且各有利弊。鉴于《公司法》(2024)未对此作出明确规定，股东出资加速到期后究竟适用“直接清偿原则”还是“入库规则”，在一段实践时间内仍然存在争议，仍需后续的案例积累及司法解释予以补充回应。

(四)股权转让情况下，债权人能否要求转让股东对受让股东加速到期的出资承担补充责任？

案例1 最高人民法院(2022)最高法民终116号　大荔县皇家沙苑旅游开发有限公司、中国旅行社总社西北有限公司等建设工程施工合同纠纷

▶ 案情摘要

大荔县皇家沙苑旅游开发有限公司(以下简称“沙苑公司”)成立于2014年11月6日，其中中国旅行社总社西北有限公司(以下简称“中旅西北公司”)参股比例51%，佳美公司参股比例49%，缴足期限为2044年11月5日。

2016年4月，沙苑公司作为发包人与滕王阁建工集团股份有限公司(以下简称“滕王阁公司”)作为承包人签订了《施工合同》，案涉工程于2017年6月、7月停工。

2017年4月11日，中旅西北公司董事兼总经理张×兵、沙苑公司法定代表人殷×文共同作为甲方代表与滕王阁公司代表召开会议商讨保证金退还事宜，殷×文同意按合同退回，张×兵表示保证金按合同应该退回给滕王阁公司。

另外，中旅西北公司分别于2016年11月10日、2017年9月25日将其占比41%和10%的认缴出资额转让给佳美公司。2018年2月5日，佳美公司分别将其所有的90%和10%的沙苑公司股权转让给清池公司和龙俊公司。

后因发生建设工程纠纷，滕王阁公司起诉要求中旅西北公司对沙苑公司应支付的工程款及逾期利息、设计费、招标代理费等费用承担连带清偿责任。

裁判要旨

法院认为，中旅西北公司虽认缴出资期限未届满且其已经转让了股权，但应当依法对案涉沙苑公司工程款债务承担相应责任。首先，案涉工程款债务发生时，中旅西北公司为沙苑公司股东，工程款债权在中旅西北公司转让股权之前已经形成。其次，中旅西北公司作为控股股东，未实缴出资，仍然对外签订合同产生巨额的案涉债务，并再次以认缴方式巨额增资，其明知沙苑公司资产不足以清偿债务，并在诉讼前通过转让股权的方式以逃废出资义务，具有逃废出资债务的恶意。其行为严重损害了沙苑公司债权人的利益，其认缴出资的期限利益不应被保护。最后，中旅西北公司未实际出资即转让股权，股权受让人亦未补缴该出资。沙苑公司工商登记显示的股东情况，是滕王阁公司在签订案涉合同时对沙苑公司履约能力的考量因素之一。沙苑公司之后股东的变更会影响沙苑公司的偿债能力，必然也会影响滕王阁公司债权的实现。股东未实缴出资即转让股权，实质是原股东将其对公司的债务转移给了股权受让人，是通过股权转让的方式对债务主体进行变更，且变更后的主体即股权受让人亦未补缴出资，导致债权人的债权难以实现，超出了债权人的预期，债权不能实现的风险不应由债权人承担。综上，中旅西北公司应在其未出资范围内对股权转让前的案涉工程款债务承担补充赔偿责任。

案例2 北京市第一中级人民法院（2021）京01民初875号 北京考拉便利信息科技有限公司与沈×翔等追收未缴出资纠纷

▶ 案情摘要

2017年12月22日，原告北京考拉信息公司登记成立，注册资本1000万元，广州考拉网络公司认缴出资1000万元，出资方式为货币出资，出资期限为2027年12月31日。

2018 年 2 月 2 日，广州考拉网络公司分别与沈 × 翔、雷 ×、北京安达资管企业签订《股权转让协议》，约定广州考拉网络公司将其持有的未缴出资额 218.75 万元、449.1994 万元、34.6192 万元所对应的股权，以 0 元的价格分别转让给沈 × 翔、雷 ×、北京安达资管企业。同日，北京考拉信息公司召开股东会，同意由雷 ×、沈 × 翔、北京安达资管企业等 8 位股东组成新一届股东会，注册资本变更为 1250 万元，其中雷 × 货币出资 449.1994 万元、沈 × 翔货币出资 218.75 万元、北京安达资管企业货币出资 34.6192 万元。

2018 年 4 月 20 日，北京考拉信息公司召开股东会，同意增加新股东广州诺曼咨询企业，雷 × 将其持有的出资 449.1994 万元转让给广州诺曼咨询企业，雷 × 退出股东会。

2018 年 7 月 10 日，北京考拉信息公司召开股东会，同意注册资本变更为 1525 万元，同意由北京安达资管企业、广州诺曼咨询企业、沈 × 翔等 12 位股东组成新的股东会，出资期限均为 2027 年 12 月 31 日。

2020 年 6 月 30 日，一审法院作出（2020）京 01 破申 415 号民事裁定书，裁定受理北京英豪圣汐文化传播有限公司对北京考拉信息公司的破产清算申请，并于 2020 年 7 月 13 日作出（2020）京 01 破 198 号决定书，指定北京市海问律师事务所担任该公司管理人。

北京考拉信息公司经管理人向股东催缴出资款，并经债权人会议决议，对 12 位股东中的 5 位提起追收未缴出资之诉。

裁判要旨

法院认为，《最高人民法院关于适用〈中华人民共和国公司法〉若干问题的规定（三）》第 18 条规定，有限责任公司的股东未履行或者未全面履行出资义务即转让股权，受让人对此知道或者应当知道，公司请求该股东履行出资义务、受让人对此承担连带责任的，人民法院应予支持。就本条所述的“未履行或者未全面履行出资义务”，一般是指股东就已负有的出资义务，在未履行或未全面履行时所承担的责任。本案中，股东广州考拉网络公司、雷 × 在转让股权时，相应的出资期限尚未届满，尚不负有出资义务，不构成前述法条所述的“未履行或者未全面履行出资义务”之情形；且综合本案现有证据尚不足以证明广州考拉网络公司、雷 × 在转让股权时存在逃避债务的情形，故对原告要求广州考拉网络公司承担缴纳出资款的义务及要求雷 × 承担未出资连带责任的诉讼请求，因缺乏法律和事实依据，本院不予支持。

总结及延展

《公司法》(2024)第 88 条规定:"股东转让已认缴出资但未届出资期限的股权的,由受让人承担缴纳该出资的义务;受让人未按期足额缴纳出资的,转让人对受让人未按期缴纳的出资承担补充责任。"根据前述内容,股权转让后,受让股东在出资期限届满后仍未出资的,转让股东须对受让股东未按期缴纳的出资承担补充责任。但针对债权人能否依据该条款要求转让股东对受让股东加速到期的出资承担补充责任,《公司法》(2024)并未明确规定。

在《公司法》(2024)出台之前,由于转让股东是否需要对受让股东未履行出资责任的行为承担责任已属于实践中热点问题,故相关判例业已出现。法院在解决此类问题时往往依赖于《公司法司法解释(三)》(2020)第 13 条和第 18 条的理解与适用。从既往判例来看,部分法院倾向于认为,当股东出资责任加速到期时,现有股东已经对公司的债务承担了补充赔偿责任。因此,如果再让转让股东对同一出资义务承担补充赔偿责任,可能会导致公司债权人得到超出实际债务的重复补偿。

笔者认为,加速到期时受让人未完全缴纳出资的情形应属于股东未实缴出资即转让股权,出资期尚未届满时股东转让股权实质是原股东将其对公司的债务转移给了股权受让人,是通过股权转让的方式对债务主体进行变更,且变更后的主体即股权受让人亦未补缴出资,导致债权人的债权难以实现,超出了债权人的预期。债权人与原股东之间虽然并无直接债权债务关系,但股东对于公司的出资义务将影响到公司的偿债能力,进而间接对债权人的债权受偿产生影响。从理论上讲,出资期限未届满而转让股权的股东不仅是公司的直接债务人,而且是债权人的间接债务人,故在前述情况下股东转让股权应当征询债权人的同意,如果股东在未经过债权人同意的情况下转让股权,则因转让股权导致债权不能实现的风险不应由债权人承担。此外,根据《公司法》(2024)第 88 条的规定,当受让人未履行出资义务时,出于对债权人的保护,转让人的出资责任仍然存在。而受让人出资义务加速到期说明公司已丧失偿债能力,举重以明轻,公司偿债能力还未陷入危机之时,转让人尚需要因为受让人未能履行出资义务而承担责任,当受让人的出资义务因为公司经营不善而提前到期时,如果受让人未履行出资义务,转让人自然需要承担相应责任。

专题七

失权与除名制度

一、法律规定对比解析

(一)《公司法》(2018)与《公司法》(2024)相关条文对比

《公司法》(2018)	《公司法》(2024)
—	**第 51 条** 有限责任公司成立后,董事会应当对股东的出资情况进行核查,发现股东未按期足额缴纳公司章程规定的出资的,应当由公司向该股东发出书面催缴书,催缴出资。 未及时履行前款规定的义务,给公司造成损失的,负有责任的董事应当承担赔偿责任。
—	**第 52 条** 股东未按照公司章程规定的出资日期缴纳出资,公司依照前条第一款规定发出书面催缴书催缴出资的,可以载明缴纳出资的宽限期;宽限期自公司发出催缴书之日起,不得少于六十日。宽限期届满,股东仍未履行出资义务的,公司经董事会决议可以向该股东发出失权通知,通知应当以书面形式发出。自通知发出之日起,该股东丧失其未缴纳出资的股权。 依照前款规定丧失的股权应当依法转让,或者相应减少注册资本并注销该股权;六个月内未转让或者注销的,由公司其他股东按照其出资比例足额缴纳相应出资。 股东对失权有异议的,应当自接到失权通知之日起三十日内,向人民法院提起诉讼。
—	**第 107 条** 本法第四十四条、第四十九条第三款、第五十一条、第五十二条、第五十三条的规定,适用于股份有限公司。
第 149 条 董事、监事、高级管理人员执行公司职务时违反法律、行政法规或者公司章程的规定,给公司造成损失的,应当承担赔偿责任。	**第 191 条** 董事、高级管理人员执行职务,给他人造成损害的,公司应当承担赔偿责任;董事、高级管理人员存在故意或者重大过失的,也应当承担赔偿责任。

（二）相关规范索引

相关规范	条款
《公司法司法解释（三）》（2020）	第6条、第13条、第17条

（三）新旧公司法变化解读

第一，《公司法》（2024）新设董事会核查、催缴股东实缴出资制度。《公司法》（2024）第51条、第107条规定了有限责任公司及股份有限公司董事会核查股东出资情况并对未按期足额缴纳公司章程规定出资的股东进行催缴的义务。《公司法》（2013）生效以来，我国关于公司注册资本实施完全认缴制，法律未曾干涉股东的实缴期限，故实践中很多股东逃避履行出资义务，导致公司、债权人、其他股东均遭受了经济损失。前述新制度的设立通过明确义务主体、强化董事责任的方式，使资本充实原则得到进一步保障。

第二，《公司法》（2024）首次创设股东失权制度。《公司法》（2024）第52条、第107条规定了有限责任公司与股份有限公司股东失权的程序及法律后果。与之较为类似的是《公司法司法解释（三）》（2020）第17条所规定的除名制度，前述两种制度都具有致使未按时足额缴纳出资的股东失去相应的股东权利的功能，但也存在一定的区别：

（1）适用范围不同：失权制度仅适用于股东未按期足额缴纳公司章程规定出资的情况；除名制度适用于股东未履行出资义务或者抽逃全部出资的情况。

（2）催缴义务主体不同：失权制度中，催缴义务的主体为董事会，若董事会怠于履行催缴义务给公司造成损失的，负有责任的董事应当承担赔偿责任；除名制度中，催缴义务主体为公司，具体执行公司事务的董事、高级管理人员均可能成为催缴义务人。

（3）失权或除名的决定主体不同：失权制度中，失权决定由董事会决议作出，公司发出失权通知；除名制度中，除名决定由股东会决议作出，无需再进行通知。

（4）法律效果不同：其一，失权制度中，失权通知发出后，该股东丧失其未缴纳出资的股权而非全部股权，除非该股东未缴纳全部出资，否则其仍然享有股东资格；通常来说，由于除名制度适用范围为完全未履行出资义务的股东和抽逃全部出资的股东，因此，股东被除名后，丧失的是全部股权，即丧失股东资格。然而，也有司法裁判显示，瑕疵出资股东被部分除名，即保留部分股权，仍享有股东资格。其二，失权制度中，失权股东无需对公司债权人承担责任；除名制度中，若公司无法完成减资或者由其他股东或者第三人缴纳相应的出资，公司债权人有权请求被除名股东承担责任。其三，失权制度下，若公司在6个月内未能将失权股权转让或者注销，其他股东应该按照出资比例认购该股权；除名制度下，其他股东无此义务。

从法律规定的内容上看，除名制度基本能够被催缴失权制度所包含，但除名制度中经由股东会决议解除股东身份的程序确实能够更加有效地保护中小股东的利益，避免了大股东控制董事会情形下催缴失权制度被架空的问题。因此，失权制度不具有完全替代除名制度的功能。

二、争议问题及司法裁判实务梳理

（一）董事是否有对股东出资的催缴义务？

案例1 最高人民法院（2018）最高法民再366号 斯曼特微显示科技（深圳）有限公司、胡×生损害公司利益责任纠纷

► **案情摘要**

斯曼特微显示科技（深圳）有限公司（以下简称"深圳斯曼特公司"）成立于2005年1月11日，系外国法人独资的有限责任公司，股东为斯曼特微显示科技有限公司（以下简称"开曼斯曼特公司"），认缴注册资本额为1600万美元。

2005年1月11日至2006年12月29日，胡×生、薄×明、史×文担任深圳斯曼特公司董事，其中胡×生为董事长、法定代表人。2006年12月30日起，贺×明、王×波、李×滨担任深圳斯曼特公司董事，其中贺×明为董事长、法定代表人。

深圳斯曼特公司章程规定，公司成立后90天内股东应缴付出资300万美元，第一次出资后一年内应缴付出资1300万美元。

开曼斯曼特公司于2005年3月16日至2005年11月3日分多次出资后，欠缴出资5,000,020美元。

其后，深圳斯曼特公司向法院起诉，并认为，胡×生等6名董事未尽到监督并促使深圳斯曼特公司股东缴纳认缴出资的义务，并因此造成了公司和债权人的经济损失，应承担相应的法律责任。

裁判要旨

法院认为，《公司法》第147条并没有列举董事勤勉义务的具体情形，但是董

事负有向未履行或未全面履行出资义务的股东催缴出资的义务，这是由董事的职能定位和公司资本的重要作用决定的。根据董事会的职能定位，董事会负责公司业务经营和事务管理，董事会由董事组成，董事是公司的业务执行者和事务管理者。股东全面履行出资是公司正常经营的基础，董事监督股东履行出资是保障公司正常经营的需要。《公司法司法解释（三）》第 13 条第 4 款规定的目的是赋予董事、高级管理人员对股东增资的监管、督促义务，从而保证股东全面履行出资义务、保障公司资本充实。在公司注册资本认缴制下，公司设立时认缴出资的股东负有的出资义务与公司增资时是相同的，董事、高级管理人员负有的督促股东出资的义务也不应有所差别。本案中，股东开曼斯曼特公司未缴清出资的行为实际损害了深圳斯曼特公司的利益，胡 × 生等 6 名董事的消极不作为放任了实际损害的持续。股东开曼斯曼特公司欠缴的出资即为深圳斯曼特公司遭受的损失，开曼斯曼特公司欠缴出资的行为与胡 × 生等 6 名董事的消极不作为共同造成了损害的发生、持续，胡 × 生等 6 名董事未履行向股东催缴出资义务的行为与深圳斯曼特公司所受损失之间存在法律上的因果关系。胡 × 生等 6 名董事未履行向股东催缴出资的勤勉义务，对深圳斯曼特公司遭受的股东出资未到位的损失，应承担相应的赔偿责任。

案例 2　北京市第一中级人民法院（2022）京 01 民终 583 号　唐 × 桥等与姜 × 等股东损害公司债权人利益责任纠纷

▶ 案情摘要

2015 年 11 月 20 日，在与王 × 文的建设工程合同纠纷案中，法院判决北方通和控股有限公司（以下简称“北方通和公司”）向王 × 文支付工程款 1110 万元。后因北方通和控股有限公司名下无财产可供执行，法院裁定终止了执行程序。

后王 × 文经查询工商档案发现，北方通和公司的股东北京万市房地产开发公司和北京坤鹏伟业投资管理有限公司尚分别有 20,580 万元、21,420 万元出资义务未履行。

唐 × 桥于 2005 年 1 月 26 日至 2018 年 11 月 22 日担任北方通和公司的董事及副总经理。在此期间，唐 × 桥未实际参与北方通和公司的经营、主持和管理工作，亦未从该公司缴纳社会保险和领取工资。

2011 年 11 月 1 日，北方通和公司通过了减少公司注册资本至 18,000 万元的股东会决议，并相应修改了公司章程、在北京《法制晚报》上刊登了减资公告。2019年，该减资程序方办理完毕。

王 × 文认为，唐 × 桥作为公司的董事、副总经理，未尽到勤勉义务，未及时督促未足额出资的股东履行出资义务，遂向法院起诉，要求唐 × 桥对北方通和公司所负债务承担连带责任。

裁判要旨

法院认为，一方面，现有证据不足以证明唐 × 桥具有敦促股东缴纳出资的客观条件，亦无证据表明督促北方通和公司的股东出资属于唐 × 桥的职责范围。另一方面，首先，现有证据并未表明唐 × 桥与北方通和公司的各股东之间具有共同侵害王 × 文债权的故意；其次，仅凭唐 × 桥未催缴股东出资的行为，并不足以导致股东未足额出资的事实；最后，北方通和公司始于 2011 年的减资程序，到 2019 年已实际办理完毕，无论唐 × 桥是否具有催缴出资的行为，股东均已决意不再出资，唐 × 桥怠于催缴出资的行为与王 × 文债权无法收回的损失之间并无直接因果关系。综上所述，唐 × 桥并未怠于履行勤勉义务，亦未由此导致王 × 文债权无法收回，因此，唐 × 桥不应在华夏通和公司未足额出资本息范围内承担案涉债务的连带赔偿责任。

总结及延展

在《公司法》(2024) 出台前，《公司法司法解释（三）》(2020) 第 13 条第 4 款仅规定了在公司增资阶段，董事、高级管理人员对股东增资具有监管、督促的义务。2019 年，最高人民法院作出 (2018) 最高法民再 366 号“斯曼特案”再审判决，在个案中尝试将《公司法司法解释（三）》(2014) 第 13 条第 4 款关于增资情形下的规定，扩大至非增资情形，认为在公司注册资本认缴制下，公司设立时认缴出资的股东负有的出资义务与公司增资时是相同的，董事、高级管理人员负有的督促股东出资的义务也不应有所差别。董事未在股东出资期限届满后向股东履行催缴出资的义务，以消极不作为的方式构成了对董事勤勉义务的违反。董事消极不作为放任了实际损害的持续。股东欠缴的出资即为公司遭受的损失，股东欠缴出资的行为与董事消极不作为共同造成了损害的发生、持续，董事未履行向股东催缴出资义务的行为与公司所受损失之间存在法律上的因果关系。因此，董事未履行向股东催缴出资的勤勉义务，应该对公司遭受的因股东出资未到位的损失承担相应的赔偿责任。前述探索引发了理论和实务界的热烈讨论。

2023 年的公司法修订，在总结过往实践的基础上明确规定了董事会催缴制度。值得注意的是，类似于（2022）京 01 民终 583 号唐 × 桥等与姜 × 等股东损害公司债权人利益责任纠纷二审民事判决书中的说理观点，《公司法》（2024）出台之前，很多法院认为董事是否具有对股东出资的催缴义务，还需要结合董事是否在公司实际参与经营、主持、管理工作，以及董事是否具有敦促股东缴纳出资的客观条件予以综合分析判断。

《公司法》（2024）出台之后，前述问题同样存在，《公司法》（2024）第 51 条规定："有限责任公司成立后，董事会应当对股东的出资情况进行核查，发现股东未按期足额缴纳公司章程规定的出资的，应当由公司向该股东发出书面催缴书，催缴出资。未及时履行前款规定的义务，给公司造成损失的，负有责任的董事应当承担赔偿责任。"

《公司法》（2024）明确了核查与催缴的主体是董事会，并非全体董事均对此必然负有个体责任。《公司法司法解释（三）》（2020）第 13 条曾将义务主体确定为董事个人。在《公司法》（2024）出台过程中，关于承担出资核查、催缴义务的主体究竟是董事个人还是董事会，亦曾有争议。最终《公司法》（2024）选择将义务主体确定为董事会而非董事个人，以避免在多元义务主体情形下易产生的责任落实不到位、互相推诿等问题。

如此，则会出现另外一个问题，董事个人的催缴行为能否视为董事会已经履行催缴义务？笔者认为需要分情况视之，根据《公司法》（2024）第 75 条，规模较小或者股东人数较少的有限责任公司，可以不设董事会，仅设一名董事，并行使董事会的职权。因此，针对不设董事会，仅设一名董事的公司，催缴义务、责任可视为董事个人的义务责任；而针对设立董事会的公司，董事个人不能代替董事会履行催缴义务。因为董事会是内设机构，其机关意志须通过集体决议等程序来形成，无法由个体替代，那么，设立董事会的公司如未完成催缴义务，相关责任如何落实，也值得我们进一步思考。《公司法》（2024）第 72 条规定："董事会会议由董事长召集和主持；董事长不能履行职务或者不履行职务的，由副董事长召集和主持；副董事长不能履行职务或者不履行职务的，由过半数的董事共同推举一名董事召集和主持。"《公司法》（2024）第 73 条规定："董事会的议事方式和表决程序，除本法有规定的外，由公司章程规定。董事会会议应当有过半数的董事出席方可举行。董事会作出决议，应当经全体董事的过半数通过。" 故从上述条文可知，董事会的会议一般由董事长召集和主持，特殊情况下由副董事长召集和主持，即董事长应当在合理期间内通过召集和主持董事会的方式针对股东未按时缴纳出资事宜作出催缴决议，如果董事长未能及时履职，副董事长亦有义务代替董事长履行相应职责。故笔者认为，在章程未作特殊规定的情况下，如公司董事会未在合理期间内针对股东出资催缴事宜出具决议，导致公司未在合理期间内发出催缴通知，进而导致公司遭受损失的，相应不利后果应当由董事长、副董事长承担。值得注意的是，《公司法》(2024)第73条明确公司章程可针对董事会议事规则作出规定，所以在分析确认责任主体时应当先行参阅公司章程。

部分学者认为，《公司法》(2024)删除了修订草案一审稿中适用于“作为出资的非货币财产的实际价额显著低于所认缴的出资额”情形，将催缴失权制度的适用范围限缩至“股东未按期足额缴纳出资”这一种情形，其他出资瑕疵情形能否适用仍有待司法实践的检验。但笔者认为，无论是从公司法的立法精神还是既往司法实践考量，都应对《公司法》(2024)第51条规定的“未按期足额缴纳出资”进行广义理解，即“未按期足额缴纳出资”既应包括货币出资未缴足，也应包括非货币财产出资的实际价额显著低于其认缴出资额的情况。

股东投入公司的财产无论是货币形式还是非货币形式，均属于公司注册资本的组成部分，一旦未能足额或足值出资，均会损害公司、其他股东和债权人的合法权益。如果将未足额缴纳出资的范围限缩在货币出资这一种情形下，不仅与公司法的立法精神不相匹配，也会减轻部分股东的出资责任，造成股东之间的义务不平等。

此外，《公司法》(2024)第52条规定的宽限期不得少于60日的合理性有待商榷，如果董事会决议将宽限期延长至数月甚至一年以上是否仍具有合理性、合法性？如在此期间股东资产流失，最终导致公司未能收到股东缴纳的出资，董事是否应为此承担责任？笔者认为，《公司法》(2024)第52条本是为了督促董事勤勉尽责，督促股东按时出资，保障公司资本的充实，但宽限期的规定反而致使董事履职的标准宽泛化，给予了董事过大的裁量空间，而容易滋生权利滥用，更容易让前述董事义务流于形式而无法落到实处。笔者建议后续司法解释应当就此问题予以补充规定，确立宽限期的合理设定原则，防止董事以“催缴”之名，行“放任”之实，如董事会在核查出资并作出催缴决议时，已发现或应当发现股东存在转移资产、资产减损的可能性，则董事有义务按照法定最短期限进行催缴，否则董事应对公司的损失承担赔偿责任。

（二）催缴义务人存在过错未履行催缴义务，造成公司损失的，是否应承担连带赔偿责任？

案例1 北京市高级人民法院（2022）京民终562号 熊×明等与北京银广保联科技有限公司追收未缴出资纠纷

▶ **案情摘要**

高×、陈×武、黎×豪、陈×佳为北京银广保联科技有限公司（以下简称“银广保联公司”）股东。

2021年5月19日，法院受理了对银广保联公司的破产清算申请。

其后，银广保联公司向法院起诉，要求高×、陈×武、黎×豪、陈×佳给付各自的认缴出资及利息，并要求熊×明承担补充责任。法院于2021年9月15日立案受理。

截至本案一审判决作出时，高×仍有480万元未实缴，陈×武仍有120万元未实缴，黎×豪、陈×佳各有100万元未实缴。

另查明，2011年6月15日，高×担任银广保联公司监事，熊×明担任该公司法定代表人、经理、执行董事。庭审中，陈×武自述其为银广保联公司实控人。

裁判要旨

法院认为，熊×明自2011年6月15日起担任银广保联公司法定代表人、经理、执行董事，应当按照公司章程约定对黎×豪已届期限的出资进行催收。虽然熊×明主张陈×武为银广保联公司的实际控制人，但这不能免除其作为公司的经理、执行董事对黎×豪的出资催收义务。熊×明未尽到相应的勤勉义务，应对股东出资本息承担补充责任。

案例2 山东省菏泽市（地区）中级人民法院（2021）鲁17民终5266号 李×君、江苏润圆单县地产有限公司等股东出资纠纷

▶ **案情摘要**

2014年5月26日，江苏润圆单县地产有限公司（以下简称“润圆单县公司”）将

注册资本增加到7000万元，其中，股东叶×荣出资额为3430万元，认缴出资时间为2016年6月26日前。

股东认缴出资时间于2016年8月8日变更为2017年6月26日，又于2017年4月5日变更为2020年3月15日。叶×荣至今未缴纳增资部分的出资。

另查明，2013年7月1日，润圆单县公司成立时的法定代表人为李×君，职务为执行董事兼总经理。2016年8月8日，该公司法定代表人变更为叶×荣，由叶×荣担任执行董事兼总经理。

其后，润圆单县公司和李×君、叶×荣就追收未缴出资发生纠纷。

本案中，李×君未提交证据证明其在担任润圆单县公司执行董事兼总经理期间向叶×荣催收过出资。

裁判要旨

法院认为，李×君作为润圆单县公司时任法定代表人、执行董事兼总经理，未向叶×荣催收出资，未尽到对公司所负的勤勉义务，应当承担相应责任。该院认为，综合考虑董事、高级管理人员的催收只是股东缴纳出资的外部条件、认缴期限届满后李×君任职时间较短等情节，一审法院酌定由李×君对叶×荣不能缴纳的出资部分，在叶×荣欠缴出资总额的5%即122.5万元以内承担补充支付责任，已经减轻了李×君的责任比例，并无不当。

总结及延展

《公司法》(2024)第51条第2款规定了“未及时履行前款规定的义务，给公司造成损失的，负有责任的董事应当承担赔偿责任”，但对于董事应承担责任的性质和范围并未明确。大部分司法案例认为未出资股东是资本充实的责任主体，董事仅具有忠实勤勉义务，如要求董事与未出资股东承担连带责任是不合理的，因此，大部分法院认为董事承担的应该是补充赔偿责任。

而在责任范围上，虽然也有大量案例认为董事应该对股东出资瑕疵部分承担完全补充责任，但也有部分判决认为董事的催收只是股东缴纳出资的外部条件，并非决定性因素，赔偿金额的确定应当结合“认缴期限届满后董事的任职时间”“董事是否具备了解股东出资真实情况的条件”等情节，酌定董事的补充赔偿责任范围。

值得注意的是，如何认定“催缴义务人”存在过错在实践中可能会出现争议。《公司法》(2024)第59条规定：“股东会行使下列职权：(一)选举和更换董事、监事，决定有关董事、监事的报酬事项……”可知，董事系由股东会选举产生。实践中常遇到的情形是，股东会在出资协议或公司章程中规定某股东可委派或推选几位董事，之后再通过股东会决议的方式将各股东推荐的董事会人选固定下来，即大股东对董事会的渗透力是较强的，如果未按时缴纳出资的是大股东，则大股东恐将利用自身控制力致使董事会迟迟无法通过催缴决议，在这种情况下应当由哪些董事承担责任？笔者认为，股东到期缴纳出资是法定义务，并无法定理由可以豁免或者延迟缴纳，在股东拖欠出资不缴的情况下，董事会如未能召集相关会议，则未履行召集职责的董事长、副董事长必然要承担责任，可如果董事会已召开，但由于大部分董事针对催缴出资事宜出具反对票而导致催缴决议未能通过，则应当进一步查明反对催缴出资事宜的董事身份，如相应董事系未缴纳出资股东所推荐委派，则可推定该董事的行为并非基于对公司利益的善意考量，应属于责任承担主体。

（三）催缴失权是否可针对股东进行区别适用？

案例1 安徽省合肥市中级人民法院（2019）皖01民初1684号之二　安徽长江徽银投资集团股份有限公司、梁×、杜×希等追收未缴出资纠纷

▶ **案情摘要**

经安徽长江徽银投资集团股份有限公司（以下简称“长江徽银投资公司”）的债权人伍×申请，合肥市中级人民法院于2018年12月24日裁定受理了对长江徽银投资公司的破产清算。

梁×和李×为长江徽银投资公司股东，其中，梁×认缴出资8000万元，持股比例为64.26%，未缴出资7911.641万元；李×认缴出资200万元，持股比例1.61%，实缴出资0元。

其后，长江徽银投资公司以已被人民法院受理破产申请为由，向法院起诉要求梁×缴纳出资款500万元，李×缴纳出资款200万元。

裁判要旨

法院认为，长江徽银投资公司要求各股东缴纳的出资既非各股东未缴的全部出资，也非按照同一比例确定，明显有违公平原则。梁×系长江徽银投资公司持股比例达64.26%的控股股东，未缴出资为7911.641万元，而长江徽银投资公司在本案中仅要求其缴纳500万元出资。而持股比例最低（仅1.61%）的李×，未缴出资为200

万元，长江徽银投资公司却要求其全额缴纳出资。此做法也明显与我国公司法倡导保护中小投资者合法权益，构建优良营商环境的理念背道而驰。长江徽银投资公司已经进入破产清算程序，其对不同股东采取区别对待的方式，随意确定出资数额，既会直接造成各股东权利义务失衡，也可能侵犯债权人的合法权益，故驳回长江徽银投资公司的起诉。

案例2 浙江省嘉兴市中级人民法院（2016）浙04民终字第392号 浙江中迪不锈钢管有限公司与蔡×卿、冯×蓉股东出资纠纷

▶ 案情摘要

2012年1月13日，中迪公司股东傅×盛、郑×、蔡×卿持股比例分别为80%、10%、5%。其中，郑×为中迪公司发起人及法定代表人。

2013年8月23日，蔡×卿将其所持有的中迪公司5%的股权计154.4万元出资额（其中49.4万元尚未出资）以105万元的价格转让给冯×蓉。同日，冯×蓉支付了105万元股权转让金。

2014年3月14日，傅×盛、冯×蓉与德威公司签订的《股权转让协议书》载明：中迪公司注册资本3088万元，其中傅×盛、冯×蓉出资2779.20万元，占公司90%的股份，现将该公司90%的股份折价589.5万元转让给德威公司。工商部门登记备案的《股权转让协议》中记载的转让价格则为2779.2万元。

2014年4月3日，经工商变更登记，中迪公司股东为德威公司、郑×，持股比例分别为90%、10%。

2015年5月12日，中迪公司以蔡×卿未全面履行出资义务为由，向法院起诉，要求蔡×卿补足公司出资资本金75万元，并由冯×蓉承担连带补足责任。

裁判要旨

法院认为，2015年5月12日，中迪公司起诉向蔡×卿、冯×蓉追缴出资时，郑×也尚未按期足额缴纳公司章程中规定的认缴出资额；从该转让价格来看，德威公司受让股权时知道或应当知道中迪公司实际出资情况的可能性较高。考虑到郑×、德威公司的特殊情况，中迪公司若须真正实现公司实收资本与注册资本的一致，则务必在向公司原股东蔡×卿、受让人冯×蓉主张权利的同时，一并向公司现股东郑×、受让人德威公司主张权利。现中迪公司无合理理由选择性诉讼，仅追究

持5%股权的原股东蔡×卿、受让人冯×蓉的责任，而任由现股东郑×、德威公司逃脱出资责任，显属对其追缴出资权的滥用，有违立法的本意。而且，如本案不考虑公司现股东郑×、德威公司具体情况，径行判令蔡×卿、冯×蓉向公司承担出资责任，还将导致郑×、德威公司无对价取得利益，使股东之间权利、义务严重失衡，违背了公司法股东之间权利平等的原则。综上，中迪公司在本案中的诉求不当，应当予以驳回。

总结及延展

股东失权是对股东严厉的惩罚，且具有终局性。在股东出资不到位的情况下，公司有权追缴。但是，公司应该遵循公平原则，对于未缴纳出资的股东，应采取同样的催缴方式，给予同等宽限期以及救济途径。否则，如公司对不同的股东采取区别对待的方式，针对同等未出资情况，有选择性地进行部分催缴，或给予不同的宽限期、延长出资期限等，既会直接造成各股东权利义务失衡，也可能侵犯债权人的合法权益。

（四）未履行出资义务的股东能否参与相关除名决议的表决？

案例1 江苏省常州市中级人民法院（2018）苏04民终1874号 刘×芳诉常州凯瑞化学科技有限公司等公司决议效力确认纠纷

▶ 案情摘要

常州凯瑞化学科技有限公司（以下简称“凯瑞公司”）于2015年2月修正的公司章程载明：凯瑞公司注册资本为300万元，股东包括刘×芳、洪×刚及洪×，其中刘×芳及洪×各出资135万元，洪×刚出资30万元，其中刘×芳出资22.95万元于2009年7月7日到位，112.05万元于2018年12月30日之前（增资）到位。

在刘×芳起诉洪×离婚纠纷案中，刘×芳自称“2016年2月其将凯瑞公司的大部分账户资金转存在自己的账户中以保障资金安全”，凯瑞公司于2017年9月起诉要求刘×芳返还资金2,951,420.9元，包括刘×芳抽逃的全部出资135万元及侵占的公司款项1,601,420.9元。

其后，因刘×芳在合理期限内仍未返还款项，凯瑞公司于2017年11月20日作出股东会决议，载明：鉴于股东刘×芳在公司经营过程中存在利用职务之便抽逃全部出资及侵占公司财产的行为，并经公司催告在合理期限内仍然未偿还，参与股东会成员一致表决同意解除刘 × 芳股东资格。参会股东有洪 ×、洪 × 刚。

经法院查明，凯瑞公司 2015 年 2 月的公司章程记载的内容与实际情况并不完全相符。凯瑞公司成立时的注册资本为人民币 51 万元，洪 × 与刘 × 芳分别出资 22.95 万元，洪 × 刚出资 5.1 万元，但均未实际出资。2015 年 2 月凯瑞公司注册资本增至 300 万元，洪 × 与刘 × 芳各增资 112.05 万元，洪 × 刚增资 24.9 万元，均应于 2018 年 12 月 30 日前增资到位。

刘 × 芳向法院起诉要求确认案涉股东会决议无效。

裁判要旨

法院认为，案涉股东除名决议的作出和内容于法无据，于实不符，应属无效。在公司的存续过程中，股东始终应恪守出资义务的全面实际履行，否则构成对其他守约股东合理期待的破坏，进而构成对公司契约的违反。合同“解除权”仅在守约方手中，违约方并不享有解除（合同或股东资格）的权利。从虚假出资和抽逃出资的区别来看，前者是指股东未履行或者未全部履行出资义务，后者则是股东在履行出资义务之后，又将其出资取回。洪 ×、洪 × 刚无权通过召开股东会的形式，决议解除刘 × 芳的股东资格，除名决议的启动主体明显不合法。案涉股东除名决议认定刘 × 芳抽逃全部出资，事实上凯瑞公司包括刘 × 芳在内的所有股东在公司设立时均未履行出资义务，属于虚假出资，故该决议认定的内容亦有违客观事实。综上，刘 × 芳关于洪 ×、洪 × 刚无权作出除名决议的上诉理由成立，应予支持。

案例2 上海市第一中级人民法院（2014）沪一中民四（商）终字第 1255 号 上海象云化学纤维有限公司诉上海家兴房地产开发有限公司公司决议撤销纠纷

▶ 案情摘要

2002 年 8 月 8 日，案外人上海欣升投资咨询有限公司（以下简称“欣升公司”）以往来款的名义向上海象云化学纤维有限公司（以下简称“象云公司”）支付人民币 1000 万元。

同日，上述款项分别以象云公司、上海通威机电物资有限公司（以下简称“通威公司”）的名义按 700 万元及 300 万元划入上海家兴房地产开发有限公司（以下简称“家兴公司”）的验资账户。当日，上海新汇会计师事务所有限公司出具验资报告。

2002 年 8 月 13 日，家兴公司设立，性质为有限责任公司，注册资本为 1000 万元。依据公司章程，家兴公司的股东为象云公司（认缴出资额为700万元）、通威公司（认缴出资额为300万元），股东的出资额须在2002年8月30日之前足额认缴。

2002年8月20日，家兴公司以往来款的名义向象云公司支付1000万元。同日，象云公司以往来款的名义向欣升公司支付1000万元。此后，象云公司未向家兴公司另行出资。

2013年8月、9月，家兴公司及通威公司多次向象云公司发函，要求其履行股东出资义务，支付拖欠的认缴出资700万元并偿付违约金。象云公司则回函表示其已实缴出资并经验资确认。

在书面通知象云公司后，家兴公司于2013年11月5日召开股东会，并形成决议：因象云公司未履行出资义务，经多次催缴给予合理期限后，仍拒绝出资，已构成严重违约，决定解除象云公司股东资格。并注明：因会议议题与象云公司有利害关系，该公司不参加表决。

此后，象云公司就该决议向法院提起诉讼。

裁判要旨

法院认为，系争股东会就通知、召集程序而言未违反公司章程和《公司法》（2013）的规定，并无瑕疵，决议的内容亦不违反公司章程和法律、行政法规的规定。而象云公司对家兴公司的出资系虚假出资，并未实际履行出资义务，且自验资款抽逃至今，象云公司未向家兴公司履行补足出资的义务。关于该次股东会的表决程序，象云公司为持有家兴公司70%的股权的控股股东，系争决议事项涉及象云公司股东资格问题，从表决权比例来看，如果由象云公司参与表决，则该次股东会的召开并无必要，从会议议题来看，如果由象云公司对自己是否具备股东资格进行表决，则该种表决形同虚设，亦不符合《公司法司法解释（三）》（2011）作出相关规定的初衷。

案例3 上海市金山区人民法院（2020）沪0116民初12484号 顾×林与上海拓成制衣有限公司公司决议效力确认纠纷

▶ 案情摘要

上海拓成制衣有限公司（以下简称“制衣公司”）成立时的注册资本为50万元，顾×林及潘×忠各认缴出资25万元，公司章程约定股东认缴的出资额须在2002年7月8日前足额认缴。验资报告显示，二股东已于2002年7月15日分别将25

万元出资款缴存至公司账户。

2020 年 3 月 14 日，制衣公司向潘 × 忠发出催告函，要求其履行 25 万元的出资义务并偿付逾期付款违约金。

2020 年 4 月 10 日，制衣公司召开临时股东会并形成决议，内容如下：因股东潘 × 忠抽逃全部出资，且经合理催告后仍未及时归还，故经另一股东顾 × 林同意，决议解除潘 × 忠的股东资格。顾 × 林在决议上签名，后该决议寄送第三人。

同日，潘 × 忠参加了该临时股东会，对决议内容表示反对，认为根据工商注册资料中的验资报告显示，其已于 2002 年 7 月实际向公司缴纳了 25 万元的出资款，已履行出资义务。

顾 × 林诉至法院，请求确认 2020 年 4 月 10 日作出的股东会决议有效。

法院经审理后支持了顾 × 林要求确认涉案股东会决议有效的诉讼请求。

裁判要旨

法院认为，首先，解除潘 × 忠股东资格并不一定导致制衣公司形式的变更，制衣公司仍可通过由他人缴纳潘 × 忠出资等方式保持公司形式不变，公司作出股东除名行为不属于《公司法》(2018)规定的特别事项，制衣公司章程也未约定股东除名行为属于特别事项。其次，从系争股东会决议的议题来看，潘 × 忠应予以回避。《公司法》(2018)虽未规定有限责任公司的股东表决回避制度，但该法关于上市公司组织机构的特别规定中提到，上市公司董事与董事会决议事项所涉及的企业有关联关系的，不得对该决议行使表决权，也不得代理其他董事行使表决权。根据相关立法精神，如果由潘 × 忠对自己是否具备股东资格进行表决，违背了《公司法司法解释(三)》(2014)规定股东除名制度的初衷。最后，顾 × 林提供了证据证明其已向公司补缴了出资，而潘 × 忠对于顾 × 林的出资也未提出异议与抗辩，顾 × 林作为占有制衣公司出资比例 50% 的股东，基于其股东身份，有权行使表决权，作出系争股东会决议。

案例 4 北京市第三中级人民法院(2018)京 03 民终 468 号 盈之美(北京)食品饮料有限公司等与泛金管理有限公司公司决议效力确认纠纷

▶ 案情摘要

盈之美(北京)食品饮料有限公司(以下简称“盈之美公司”)系北京汇源佳必爽

商贸有限责任公司（以下简称“汇源公司”）与泛金管理有限公司（以下简称“泛金公司”）依据双方签订的《中外合资经营企业章程》与《合资合同及章程修改协议》所合资设立。该公司董事会成员由汇源公司委派的董事张 × 秋、刘 × 英、郑 × 相，与泛金公司委派的董事纪 ×、张 × 茹组成。

2016 年 4 月 10 日，盈之美公司召开董事会，参会董事为张 × 秋、刘 × 英、郑 × 相，参会人员一致通过并形成董事会决议，以泛金公司不配合盈之美公司办理营业执照变更手续，损害了公司利益，亦未按照合资合同履行出资义务，在催告后的合理期间内仍未缴纳出资为由，决议解除了泛金公司的股东资格。

盈之美公司诉至法院，请求确认 2016 年 4 月 10 日作出的董事会决议有效，解除泛金公司的股东资格。

泛金公司辩称，盈之美公司在未通知泛金公司董事张 × 茹、参会人员不足 2/3 的前提下召开董事会属于程序违反《中外合资经营企业法》（2001）的规定。《中外合资经营企业合同》《中外合资经营企业章程》均未规定或约定董事会可以解除泛金公司的股东资格，案涉董事会决议内容不具有法律效力。

一审法院驳回了盈之美公司的诉讼请求。

盈之美公司上诉称，泛金公司未履行出资义务，不享有股东实体权利；股东除名权是公司为消除不履行义务的股东对公司和其他股东所产生的不利影响而享有的一种法定权能，是不以征求被除名股东的意思为前提和基础的。对于该股东除名决议，该未出资股东不具有表决权，即便该股东系控股股东。基于指导案例形成的裁判规则，本案泛金公司对于其除名决议，不具有表决权；泛金公司已经丧失主张董事会会议召集程序、表决方式违反法律、行政法规或者公司章程，决议内容违反公司章程的权利。

裁判要旨

法院认为，根据现已查明的事实情况，盈之美公司提供的证据难以证明泛金公司构成未履行出资义务或者抽逃全部出资的情况。本案中，汇源公司并未给予泛金公司缴纳出资款的方式，亦未约定合理的期限，同时，并没有告知泛金公司若不在合理期限内缴纳出资或向公司明确说明、提出申辩，公司将启动除名程序。盈之美公司未给予泛金公司缴足出资的合理期限即召开董事会并作出了决议，不符合法律规定的前置程序要求。案涉董事会决议关于解除泛金公司股东资格的决定，系在未通知泛金公司及其委派董事的情况下对未通知事项作出的决议，存在严重的程序问题。盈之美公司以被除名股东不享有表决权为由主张案涉董事会决议有效，无事实和法律依据，本院不予支持。

总结及延展

《公司法司法解释（三）》（2020）第17条第1款规定："有限责任公司的股东未履行出资义务或者抽逃全部出资，经公司催告缴纳或者返还，其在合理期间内仍未缴纳或者返还出资，公司以股东会决议解除该股东的股东资格，该股东请求确认该解除行为无效的，人民法院不予支持。"根据前述条款，如股东未履行任何出资义务或者抽逃全部出资的，经股东会决议该股东可被除名。在涉及股东除名的案例中，法院通常认定被除名股东不能在作出除名决议的股东会会议上行使表决权，如（2020）沪0116民初12484号、（2018）京03民终468号判决中，法院认为"根据《公司法》（2018）关于上市公司组织机构的特别规定中关联董事表决回避的相关立法精神，被除名股东不能行使除名表决权"。

笔者赞同上述观点。公司治理具有多面性，从出资的维度来看，公司是股东之间、股东与公司之间达成的契约结合体，股东之间的关系自然应当受该契约的约束。在公司的存续过程中，股东始终应恪守出资义务的全面实际履行责任，否则构成对其他守约股东合理期待的破坏，进而构成对公司契约的违反。一旦股东未履行出资义务或抽逃全部出资，基于该违约行为已严重危害公司的经营和其他股东的共同利益，背离了契约订立的目的和初衷，故公司法赋予守约股东解除彼此间的合同，并让违约股东退出公司的权利。由此可见，契约"解除权"仅在守约方手中，违约方并不应享有解除契约或股东资格的权利。如果让被除名股东参与表决解除其股东资格的决议，则该种表决就形同虚设，这亦不符合《公司法司法解释（三）》（2020）作出相关规定的初衷。

如按照"除名表决"的相关司法裁判观点进行推演，是否可以推演出在股东失权的决议中，关联董事的表决权也应受到限制？

首先，笔者认为"除名"和"失权"两种制度的差异很大，《公司法》（2024）项下的失权制度奉行的是"等比例剥夺"原则，[①] 即股东欠缴多少出资则丧失多少权利，前述制度可被视为对违约股东的一种惩罚措施，也可被视为针对股东之间、股东与公司之间的利益进行平衡的措施，总之失权制度并未改变有限责任公司的人合性基

---

① 参见王红霞：《新〈公司法〉股东失权制度之检讨——兼论相关司法解释之制定》，载《法学评论》2024年第3期。

础。但“除名”则不同，被除名股东不仅丧失了全部股东权利，而且也丧失了股东资格，有限责任公司的人合性基础就此改变。可以说，“除名”较之“失权”而言后果严重得多，所以“除名”制度项下的表决原则不能当然适用于“失权”事项的处理。

其次，从《公司法》(2024)第52条的用语来看，针对未履行全部出资义务时的失权处置，《公司法》(2024)给予了董事会较大的弹性空间，并未强制要求实现股东失权的实然状态，即立法者仍然将失权与否的选择权交由股东内部进行博弈，而未意图排除关联方的表决权利。另外，董事会决议机制与股东会决议机制不同，股东会表决以表决权作为基础，即便排除了部分股东的表决权利，依然能够形成有效决议。而董事会系按照一人一票的方式进行决议，每个人具有同等表决权，所以董事会人员均为奇数，如果排除了关联方董事的表决权，参与表决的董事人数可能变为偶数，此时则无法形成有效表决。

（五）催缴失权制度会带来何种法律后果？

案例1　北京市第二中级人民法院（2018）京02民终12476号　黑龙江农垦完达山贸易有限公司与王×力等公司决议效力确认纠纷

▶ **案情摘要**

2016年1月6日，完达山（北京）食品有限公司（以下简称“完达山北京公司”）章程约定：完达山北京公司的注册资本金为850万元，其中黑龙江农垦完达山贸易有限公司（以下简称“黑龙江完达山公司”）以货币方式认缴出资450万元，王×力以货币方式认缴出资200万元，乐姆农业科技股份有限公司（以下简称“乐姆农业公司”）以货币方式认缴出资200万元，以上三名股东的认缴出资期限均为2016年4月30日。

在登记的公司章程中，三名股东约定：对认缴出资进行分期缴纳，首期为黑龙江完达山公司出资90万元、王×力出资40万元、乐姆农业公司出资40万元；第二期为黑龙江完达山公司出资360万元、王×力出资160万元、乐姆农业公司出资160万元。

其后，王×力按期履行了200万元的两笔出资义务，而乐姆农业公司和黑龙江完达山公司仅缴纳了首期出资。

2016年11月22日，完达山北京公司向黑龙江完达山公司发送《催告函》，黑龙江完达山公司于同年11月27日以回函内容表明拒绝按照公司章程约定的时间和金额缴纳剩余出资，并于2017年7月18日提起完达山北京公司解散之诉。

2016年12月28日，完达山北京公司形成临时股东会决议，将黑龙江完达山公司持股比例变更为10.59%，认缴注册资本金变更为90万元，并解除其未出资额相对应部分的股东资格。

其后，黑龙江完达山公司向法院起诉请求确认案涉临时股东会决议无效。

一审法院经审理后驳回黑龙江完达山公司的诉讼请求。黑龙江完达山公司不服一审判决，提起上诉。二审法院审理后判决维持原判，驳回上诉。

裁判要旨

法院认为，虽然《公司法》(2018)对未完全出资股东是否可以被部分解除股东资格的问题没有明确规定，但是，应当从公司法的整体框架考虑，遵循立法原则及立法目的予以综合判断，不应直接否认公司股东会决议关于变更出资比例相关内容的效力。从权利义务对等原则、尊重公司意思自治、股东应尽忠实义务和经济效率的角度考虑，黑龙江完达山公司未履行剩余360万元认缴出资的缴纳义务，应当承担不利的后果，其股东权利应当受到相应的限制。案涉临时股东会决议在保留黑龙江完达山公司股东资格的前提下，决议解除其未缴纳部分相对应的认缴资格，是在不违反人合性基础上，股东与公司自主救济的方式，并未侵害黑龙江完达山公司的股权，未违反法律、行政法规。从维护公司的团体性及商事主体的稳定性，促进市场主体更大发挥经济价值的角度出发，在法律、行政法规没有禁止性规定的前提下，也不应直接否认公司股东会决议关于变更出资比例相关内容的效力。当股东拒不履行出资义务时，应赋予公司更多的救济途径。

案例2 四川省眉山市中级人民法院(2020)川14民终837号 江苏中南建筑产业集团有限责任公司、四川公路桥梁建设集团有限公司公司决议效力确认纠纷

▶ 案情摘要

四川路桥公司、四川铁投公司与江苏中南公司作为联合体中标了眉山市交通基础建设PPP项目。

2019年6月17日，为履行PPP项目，项目公司眉山天环基础设施项目开发有限责任公司(以下简称“眉山天环公司”)经依法登记成立，该公司章程载明，江苏中南公司出资额为4500万元，占股45%，应于2020年6月30日前出资到位。

2019 年 7 月 30 日，经眉山天环公司发函催告，江苏中南公司缴纳了 4500 万元注册资本金。

2019 年 8 月 9 日，眉山天环公司向江苏中南公司发出催告函，要求其于 2019 年 8 月 15 日前缴付 PPP 项目资本金中前期费用 3.6 亿元。2019 年 8 月 13 日，江苏中南公司书面回函表示拒绝。后四川路桥公司、四川铁投公司缴足了 PPP 合同约定的前期费用 8 亿元。

2019 年 8 月 16 日，眉山天环公司将江苏中南公司缴纳的 4500 万元注册资本金退回到该公司账户。

2019 年 12 月 23 日，眉山天环公司就限制江苏中南公司股东权益的议案召开股东会进行表决，并形成 2019 年第二次股东会决议，载明：江苏中南公司认缴出资为 4500 万元，占股 2.74%，不再享有案涉 PPP 项目剩余 15.98 亿元项目资本金的出资权以及 PPP 项目的施工承包权；由于江苏中南公司对公司出资存在严重违约行为，故对本次会议审议的议案无表决权。

其后，四川路桥公司、四川铁投公司向法院起诉，请求确认案涉股东会决议有效，由江苏中南公司、眉山天环公司协助两公司办理相应工商变更登记手续。

裁判要旨

法院认为，PPP 项目中，股东未向项目法人履行超出注册资本金数额的项目资本金出资义务的，项目法人可根据股东会决议限制该股东权利，就相关议案表决时，拟被限制权利的股东无表决权。因江苏中南公司未全面履行项目资本金出资义务，眉山天环公司召开股东会并形成决议对江苏中南公司相应的股东权利进行合理限制，符合法律规定。眉山天环公司 2019 年第二次股东会决议合法有效，眉山天环公司及其股东四川路桥公司、四川铁投公司和江苏中南公司均应执行并协助按决议内容办理相应工商变更登记手续。

总结及延展

因失权制度是《公司法》(2024)首创，尚未应用于司法实践，所以笔者搜集的相关判例均为《公司法司法解释(三)》(2014)除名制度项下的具体裁量，并非必然适用失权制度的对应情境。失权后果如何、相应股权应当如何处置，有待日后司法判例的进一步延展。

按照《公司法》(2024)第 52 条规定，未缴纳出资的股东自公司发出失权通知之日起丧失其未缴纳出资的股权。丧失的股权应当依法转让，或者相应减少注册资本并注销该股权；如6个月内未转让或者注销的，由公司其他股东按照其出资比例足额缴纳相应出资。

从该条内容看，相应的后果非常明确，即该股东将丧失其欠缴出资对应的股权比例。前述后果似乎仅与未缴纳出资的股东有关，但是公司的运转具有系统性，牵一发而动全身，前述等比例股东失权制度所对应的后果并不仅仅影响到未缴纳出资的股东，也同样会影响到其他股东、公司及其债权人的利益。因公司股权系权利束，既包括财产权也包括管理权，等比例失权的后果所带来的影响不仅是财产权利的重新分割，也会同步改变公司的股权结构以及各股东对公司的控制力。基于公司的自治性以及人合性，公司股权结构的变更以及控制权的分配应当交由公司股东自行决策，而非由法律强制分配。在股东之间未就部分股东股权空置的处置方式提前形成合意的情况下，无论是通过减资程序抑或各股东按照出资比例的方式予以分割，均会导致股东权利非因股东自主意志而被强制性调整。

针对前述问题，《公司法》(2024)第52条看似给予了剩余股东一定的自治空间，允许各股东在6个月之内通过自主受让的方式或者减资的方式完成处置，但如果公司剩余股东为两个以上，两个主体之间往往无法就各自的受让比例达成一致，最终依然会回转至被强制调整的轨道上，而这种情况显然不符合公司法的立法宗旨和运转机制。故笔者认为，《公司法》(2024)之后的司法解释针对第52条项下的空置股权可做弹性规定，即允许公司章程针对此种情况另行规定，引导股东对此种情况提前作出预判，并许可章程赋予股东按照不同比例缴纳相应出资的权利。

(六)催缴失权制度是否适用于出资瑕疵的股东？

案例1　最高人民法院(2022)最高法民再215号　威海汤泊温泉度假有限公司、烟台虹口大酒店有限公司等公司决议效力确认纠纷

▶ 案情摘要

2010年11月17日，威海汤泊温泉度假有限公司(以下简称"汤泊公司")章程记载，注册资本变更为9000万元，其中烟台虹口大酒店有限公司(以下简称"虹口大酒店")出资5940万元，出资比例占66%。

在2016年6月27日作出的(2015)威商初字第117号民事判决书中，法院确认虹口大酒店抽逃了对汤泊公司的出资5420.2万元。

2016年8月27日，在虹口大酒店已经出资后又抽逃出资，经法院判决后仍未能及时补足的情况下，汤泊公司召开股东会会议，就减少虹口大酒店的出资额 5420.2 万元进行审议。当日，股东会以黑豹公司 150 万元、王 × 京 2910 万元、虹口大酒店 519.8 万元出资额确定有效表决权总额为 3579.8 万元，并因王 × 京、黑豹公司对会议议题投赞成票、占有效表决权比例的 85.48%，通过了减少虹口大酒店在汤泊公司的出资额 5420.2 万元的决议。

其后，虹口大酒店与汤泊公司、王 × 京、黑豹公司发生公司决议效力确认纠纷。

裁判要旨

法院认为，首先，法律虽然认可了公司对股东资格的解除，但该规定的适用场合应限定在股东未履行出资义务或者抽逃全部出资的情形，而未全面履行出资义务或者抽逃部分出资的股东不适用该种规则，虹口大酒店属于抽逃部分出资的情形。其次，在虹口大酒店对汤泊公司还存在直接或间接的债权情形下，汤泊公司通过抵销权实现其对虹口大酒店的出资债权，亦未实质损害汤泊公司、汤泊公司的股东及其债权人的利益。最后，王 × 京、黑豹公司已通过诉请虹口大酒店返还抽逃出资的方式进行了权利救济，并在威海中院 1492 号判决中得到支持，若本案认可其通过解除股东资格的方式再行权利救济，对虹口大酒店而言属于双重惩罚，亦会产生两份生效判决相互矛盾的后果。因此，对王 × 京、黑豹公司诉请确认解除虹口大酒店股东资格的股东会决议合法效力的主张，本院不予支持。

案例2 甘肃省高级人民法院（2018）甘民申 814 号 定西金帆现代物流有限公司与张 × 东、肖 × 勇等公司决议效力确认纠纷

▶ 案情摘要

2013 年 5 月 9 日，王 × 照与冯 × 设立定西金帆现代物流有限公司（以下简称“金帆公司”），公司注册资金为 1000 万元。2013 年 5 月 6 日，王 × 照与冯 × 出资 600 万元，2013 年 6 月 7 日、8 日出资 400 万元。

2014 年 5 月 18 日，王 × 照将本人持有的 90% 股权中的 60% 以 3000 万元转让给张 × 东，转让后公司的股权结构为张 × 东持股 70%，王 × 照持股 30%。

2015 年 4 月 17 日，金帆公司新增注册资本 4000 万元，王 × 照认缴 500 万元。

2016 年 4 月 19 日，金帆公司召开临时股东会决议，以王 × 照抽逃金帆公司出资 1000 万元，未缴纳出资 500 万元，经公司催告后，在合理期限内仍未履行为由，解

除了王 × 照的股东资格。

2016 年 6 月 28 日，金帆公司作出《章程修正案》后在工商局办理了变更登记，遂酿成本案纠纷。

裁判要旨

法院认为，解除股东资格这种严厉的惩罚措施只适用于股东严重违反出资义务的情形，即“未出资”和“抽逃全部出资”，未完全履行出资义务和抽逃部分出资的情形不应包括在内。同时，公司以股东会决议解除未履行出资义务或者抽逃全部出资股东的股东资格，应当符合一定的程序，即公司先行催告未履行出资义务或者抽逃全部出资的股东在合理期限内缴纳或返还出资，该股东在合理期间内仍未缴纳或返还的，方可适用该条解除其股东资格。根据查明的事实，王 × 照并非未出资或抽逃全部出资的情形，因此，金帆公司 2016 年 4 月 19 日的《临时股东会决议》解除王 × 照的股东资格违反法律规定。

总结及延展

司法裁判认为，《公司法司法解释（三）》（2020）第 17 条虽然认可了公司对股东资格的解除，但由于这种解除股东资格的方式相较于其他救济方式更为严厉，也更具有终局性，所以该规定的适用场合应限定在股东未履行出资义务或者抽逃全部出资的情形，而未全面履行出资义务或者抽逃部分出资的股东不适用该种规则。

（七）催缴失权制度是否适用于增资阶段？

案例 1 最高人民法院（2015）民申字第 2204 号　上海高金股权投资合伙企业、许 × 荣等与谢 × 楠等损害公司利益责任纠纷

▶ 案情摘要

上海高金股权投资合伙企业（有限合伙）（以下简称“上海高金合伙企业”）原名苏州华东有色股权投资合伙企业（有限合伙）（以下简称“苏州合伙企业”）。

2013 年 1 月 17 日，《江苏华东有色投资控股有限公司（以下简称“华东有色公司”）增资协议》（以下简称“增资协议”）约定：华东有色公司增资至 12 亿元，云峰公司、中静公司和苏州合伙企业有意对华东有色公司进行增资并成为该公司新股东，本次增资款分三期进行缴纳。

增资协议签订后，苏州合伙企业未按协议缴纳 20,500 万元第三期增资款，并于 2013 年 11 月 29 日、2014 年 1 月 13 日两次函告其决定中止对华东有色公司进行第三期出资。

其后，华东有色公司股东会根据增资协议约定，在苏州合伙企业未按增资协议约定缴纳第三期增资款，经过两次函告仍未缴纳的情况下，于 2014 年 5 月 28 日召开股东会年度会议并作出决议，以减少注册资本的形式解除了苏州合伙企业的股东资格。

裁判要旨

法院认为，依据增资协议、股东会年度会议决议，上海高金合伙企业未能依约履行增资协议确定的第三期增资款的缴纳义务，已不具备华东有色公司的股东资格。华东有色公司股东会年度会议关于解除上诉人股东资格的决议已经生效，然而，截至一审裁定作出时，上海高金合伙企业并没有依法提起申请撤销股东会决议诉讼或申请确认股东会决议无效诉讼。上海高金合伙企业已不具备华东有色公司的股东资格，无权提起股东代表诉讼，应驳回起诉。

案例 2 最高人民法院（2021）最高法民申 4298 号 潍坊古韵投资有限公司、山东大众报业（集团）有限公司等请求变更公司登记纠纷

▶ 案情摘要

青岛半岛书院文化发展有限公司（以下简称“半岛书院公司”）设立，注册资本为 1000 万元，股东为山东大众报业（集团）有限公司（以下简称“山东大众报业”），认缴出资 510 万元，占股 51%；潍坊古韵投资有限公司（以下简称“潍坊古韵公司”），认缴出资 490 万元，占股 49%。

2015 年 3 月 6 日，半岛书院公司形成增加注册资本 9000 万元的股东会决议，其中山东大众报业增资 4590 万元，潍坊古韵公司增资 4410 万元。并通过了章程修正案，约定股东于 2015 年 6 月 30 日之前缴足注册资本。山东大众报业向半岛书院公司缴纳了增资款。但潍坊古韵公司迟迟未履行增资义务。为此，山东大众报业通过 EMS 邮寄、短信送达、在山东法制报刊上刊登半岛书院公司《催缴注册资本金通知函》等多种方式，要求潍坊古韵公司于 2019 年 5 月 27 日之前将认缴的增资款实缴出资到位。

2019 年 7 月 3 日上午，半岛书院公司举行临时股东会，会议通过两个议题：

1. 解除潍坊古韵公司认缴增资的股东出资资格；2. 由山东大众报业向半岛书院公司追加实缴出资 4410 万元。山东大众报业向半岛书院公司追加实缴出资 4410 万元后，起诉至法院，要求变更公司的工商登记。

一审法院经审理后支持了山东大众报业的诉讼请求。潍坊古韵公司不服一审判决，提起上诉。二审法院审理后判决维持原判，驳回上诉。潍坊古韵公司不服二审判决，向最高人民法院申请再审，再审法院裁定驳回潍坊古韵公司的再审申请。

裁判要旨

二审法院认为，公司以股东会决议方式解除股东资格，除了需要符合《最高人民法院关于适用〈中华人民共和国公司法〉若干问题的规定（三）》第 17 条第 1 款规定外，还需要符合公司法和公司章程有关股东会决议程序的要求。因该股东会决议中解除潍坊古韵公司认缴增资的股东资格和由山东大众报业追加出资，均涉及修改公司章程，根据《公司法》(2018) 第 43 条第 2 款的规定，该决议须经过代表 2/3 有表决权的股东通过；而根据半岛书院公司章程约定，修改公司章程所作出的决议，应由股东一致表决通过。对此，本院认为：一方面，股权源于出资，在潍坊古韵公司未如期履行增资义务且经公司和公司其他股东多次催缴仍不履行的情况下，其不应享有该增资部分对应的股权，自然也不享有相应的表决权。潍坊古韵公司关于应按照其认缴的出资享有并行使表决权的前提是出资未届履行期限。山东大众报业虽在其认缴增资的履行期限届满前也未完全履行增资义务，但嗣后已经补足，是否放弃期限利益的问题是山东大众报业对自身权利的处分，并未影响公司利益。另一方面，因解除潍坊古韵公司认缴增资股东资格，与潍坊古韵公司存在利害冲突，故完全按照半岛书院公司章程约定的“应由股东一致表决通过”履行，将使《最高人民法院关于适用〈中华人民共和国公司法〉若干问题的规定（三）》第 17 条第 1 款的立法意图形同虚设。故一审法院认定“山东大众报业与潍坊古韵公司实际出资分别为 5100 万元、490 万元，实际出资比例为 91.23% 及 8.77%，对诉争股东会决议实际上已经半岛书院公司代表 2/3 以上表决权的股东通过，合法有效”并无不当。

总结及延展

首先，增资与设立出资本质并无区别，二者均为出资股东与其他股东以及公司之间就公司资本构成所形成的“契约”，其目的均是以履行充实公司资本义务为前提而获取相应股权。无论是增资阶段还是设立出资阶段，未缴纳全部出资或是完全未缴纳出资均会损害公司和其他股东利益，而“失权制度”作为维护资本充实制度，遏制股东逃避出资义务违法行为的有效工具，应同等适用于公司新设出资阶段以及增资阶段。①

其次，在《公司法》(2024)出台之前，实践中已经出现了大量增资阶段股东未缴纳全部或部分出资的案例，法院的裁判结果会根据具体情况予以区分：如出资人系通过增资方式成为公司股东，且未缴纳任何出资款项，则法院通常会根据《公司法司法解释(三)》(2020)第17条的规定确认公司可解除未缴纳出资股东的股东资格；如出资人在增资前已经是公司股东，在增资阶段认缴出资后未能按期缴纳，经公司催告缴纳后仍不履行的，则法院通常会根据公平原则判定公司有权根据股东实际出资情况限制其股东权利的行使。正如(2022)最高法民再215号威海汤泊温泉度假有限公司、烟台虹口大酒店有限公司等公司决议效力确认纠纷民事再审民事判决书中所述，“股东在没有履行出资义务的情况下行使股东全部权利，明显有违公平的原则，亦损害其他股东利益，因而瑕疵股东对限制其股东权利的股东会决议不应享有表决权”。所以，虽然《公司法》(2024)第52条未明确“失权制度”的具体适用范围，但根据法理以及既往判例亦可推知其适用范围包含公司增资。

最后，《公司法》(2024)第51条规定的董事会催缴义务所涉情形为“有限责任公司成立后……股东未按期足额缴纳公司章程规定的出资”，该表述并未将催缴情形限定在设立出资阶段，增资阶段理应包含在内。而且，《公司法》(2024)第228条第1款规定：“有限责任公司增加注册资本时，股东认缴新增资本的出资，依照本法设立有限责任公司缴纳出资的有关规定执行。”据此，股东在增资时如未实缴到位，董事会也应当履行催缴义务。

(八)催缴失权制度是否适用于抽逃出资情形？

案例1 **最高人民法院(2016)最高法民申237号 尹×庆、王×等与日照君泰房地产(集团)有限公司股东资格确认纠纷**

▶ 案情摘要

2003年10月15日，王×艺从新疆君泰房地产开发有限公司(以下简称“新疆君泰公司”)处购得日照君泰房地产(集团)有限公司(以下简称“君泰公司”)，并将

① 参见王东光：《股东失权制度研究》，载《法治研究》2023年第4期。

其中150.7万元股权处分给尹×庆代持，119.65万元处分给徐×芹代持。

2004年5月，君泰公司增资2190万元，其中尹×庆增资1300万元，徐×芹增资760万元，王×出资130万元成为新股东。尹×庆增资款在验资后抽逃。

2010年10月13日，君泰公司召开股东会，会议决议要求尹×庆将所抽逃增资款于2010年10月18日前补足。2011年11月29日，君泰公司再次召开股东会，决议解除尹×庆相对应1300万元的股东资格；由徐×芹、王×各补缴650万元出资。2013年5月20日、21日，徐×芹、王×各向公司缴纳650万元出资。

其后，徐×芹、王×向法院起诉，请求判令君泰公司就徐×芹、王×各自支付的650万元人民币出资款签发出资证明，并将该出资额及对应股权记载于公司股东名册；判令君泰公司根据股权及股东变更情况修改公司章程，并在公司登记机关办理变更登记手续。

裁判要旨

法院认为，根据《公司法司法解释（三）》（2014）第17条第1款的规定，有限责任公司的股东未履行出资义务或者抽逃全部出资，经公司催告缴纳或者返还，其在合理期间内仍未缴纳或者返还出资，公司以股东会决议解除该股东的股东资格，该股东请求确认该解除行为无效的，人民法院不予支持。本案中，尹×庆抽逃增资款事实存在，在公司催讨后并未补足，公司股东会可以解除其相应股权。公司股东会决议的效力应予认可。

案例2 最高人民法院（2018）最高法民再328号 张×萍、臧×存公司决议纠纷

▶ 案情摘要

青岛凯发置业有限公司（以下简称“凯发公司”）设立时注册资本为1000万元。2007年12月27日，公司注册资本增加至6500万元，新增股东李×国。

2008年1月3日，凯发公司召开股东会并作出决议：公司注册资本由6500万元增至10,000万元，增加的3500万元由新增股东张×萍出资。2008年1月4日，会计师事务所出具验资报告载明：截至2008年1月4日，凯发公司收到股东张×萍出资3500万元。

2008年1月7日，凯发公司通过银行汇款1700万元和1800万元给建国公司和

福日公司，共计3500万元。

2015年11月6日，凯发公司召开董事会，董事会决议于2015年11月27日召开临时股东会，审议关于解除张×萍的公司股东资格、解除李×国的公司股东资格以及解除股东资格后公司增资、减资等事项。

2015年11月27日，凯发公司召开股东会，股东臧×存等到会，参加会议的股东持股比例共计30%，会议通过决议：解除张×萍公司股东资格。

凯发公司股东之一臧×存向人民法院起诉，请求：1. 确认凯发公司于2015年11月27日股东会决议中关于解除张×萍公司股东资格的决议有效；2. 确认张×萍在增资凯发公司3500万元后存在抽逃出资的情形；3. 确认张×萍对于解除其股东资格的股东会决议不享有表决权。

裁判要旨

法院认为，本案中，张×萍的出资额与其转走的数额完全一致（均为3500万元），尽管该笔款项在公司账簿表现为“应收款”，但张×萍于2008年1月7日将款项转走后，在长达十几年的时间内仍未归还，且本案中无任何有关利息的约定。因此，可以认定张×萍的行为系抽逃全部出资。根据《公司法司法解释（三）》（2014）第17条及《公司法》（2013）、凯发公司章程规定，该决议只有经2/3以上有表决权的股东通过才合法有效。被除名的股东不享有表决权，主要理由为：一是股权来自出资，在拟被除名股东没有任何出资或者抽逃全部出资的情况下，其不应享有股权，自然也不享有表决权；二是除名权是形成权，在符合一定条件下，公司即享有单方面解除未履行出资义务或抽逃全部出资股东的股东资格的权利。

案例3 上海市高级人民法院（2017）沪民申816号 张×与上海东银投资有限公司、李×银公司决议效力确认纠纷

▶ 案情摘要

依据上海东银投资有限公司（以下简称“东银公司”）2004年3月12日的公司章程，张×为设立时的股东，出资额为900万元，占注册资本的30%。

上海新汇会计师事务所有限公司于2004年3月18日出具的验资报告载明，该日有3000万元款项分别以张×等5人名义汇入东银公司验资账户，其中900万元为以张×名义汇入。

但该3000万元款项实由案外人上海C有限公司（以下简称“C公司”）以银行本票的方式，分5笔直接付至东银公司验资账户。次日，东银公司设立。2004年3月25日，有3000万元自东银公司验资账户划款至C公司账户。同日，上述验资账户销户。

2015年12月3日，东银公司致函张×，要求其于同年12月7日前履行对公司的全部出资义务，并赔偿公司相应的经济损失915万元。同年12月7日，张×回函称其已履行出资义务。

同年12月31日，东银公司形成《股东会决议》解除了张×在东银公司的股东资格。

裁判要旨

法院认为，首先，现有证据足以证明张×抽逃了其全部出资，东银公司亦依法履行了催缴出资的前置程序。其次，东银公司通过召开临时股东会的方式解除张×的股东资格，符合《公司法司法解释（三）》（2014）的相关规定，且系争股东会的召集程序、表决方式等均符合法律规定。最后，李×银提交的证据已初步证明了其出资情况。因此，系争股东会决议解除张×的股东资格，符合法律规定的条件和程序，股东会决议具有法律效力。

总结及延展

首先，正如前文所述，无论是“失权制度”还是“除名制度”，其目的均是维护公司资本充实，遏制股东逃避出资义务的不当行为，而股东抽逃出资的行为相较于未按期缴纳出资的行为，其手段更具有隐蔽性，主观恶意也愈加明显，相应的危害后果也会更加严重。举轻以明重，适用于未及时缴纳出资股东的惩处措施，必然也应当适用于抽逃出资的股东。

其次，《公司法司法解释（三）》（2020）第17条亦规定“除名制度”适用于股东抽逃全部出资的情形，而除名制度的内容基本能够被失权制度所包含，二者之间类似于特殊规则与一般规则的关系，失权针对股东出资瑕疵情形，而除名则对应股东完全未出资情形。故股东抽逃部分出资时，公司可令其失权；股东抽逃全部出资时，公司可令其除名。另外，由于法律规定股东除名规则有严格的适用范围，司法实践中，公司以股东会决议方式解除股东资格的，除了需要具备《公司法司法解释（三）》（2020）第17条规定的特别条件外，还需要符合公司法以及公司章程有关股东会决议程序的要求。当股东出现抽逃全部出资行为时，公司启动催缴程序，且股东在合理期限内仍不返还的，公司作出的失权决议方能生效。

专题八

股权代持法律关系

一、法律规定对比解析

（一）《公司法》（2018）与《公司法》（2024）相关条文对比

《公司法》（2018）	《公司法》（2024）
	第 140 条 上市公司应当依法披露股东、实际控制人的信息，相关信息应当真实、准确、完整。 禁止违反法律、行政法规的规定代持上市公司股票。

（二）相关规范索引

相关规范	条款
《民法典》	第 153 条
《公司法司法解释（三）》（2020）	第 24 条、第 25 条、第 26 条
《民法典合同编通则司法解释》	第 13 条、第 16 条、第 17 条、第 18 条、第 24 条、第 25 条
《九民纪要》	第 28 条、第 30 条、第 31 条、第 32 条
《关于当前形势下审理民商事合同纠纷案件若干问题的指导意见》	第 15 条、第 16 条
《私募投资基金监督管理条例》	第 12 条、第 20 条
《关于加强私募投资基金监管的若干规定》	第 5 条
《最高人民法院关于审理外商投资企业纠纷案件若干问题的规定（一）》	第 15 条
《商业银行股权管理暂行办法》	第 10 条、第 12 条
《保险公司股权管理办法》	第 49 条

（三）新旧公司法变化解读

股权代持相关问题在《公司法》（2018）中并无规定，仅在《公司法司法解释（三）》（2020）和《九民纪要》中有相应的规定。《公司法司法解释（三）》（2020）第 24

条规定了有限责任公司股权代持效力认定的基本规则，确立了股权代持的效力以有效为原则，无效为例外的司法规则；第25条规定了名义股东处分股权的，参照物权法的善意取得规则；第26条规定了名义股东与实际股东和公司债权人之间的关系。

《九民纪要》第28条规定了实际出资人显名的条件。在证券业、银行业、保险业等涉及金融秩序的领域中，相应的部门规章及规范性文件对于股权代持做出了特殊的规定。

《公司法》(2024)回应实务需求，新设第140条第2款："禁止违反法律、行政法规的规定代持上市公司股票。"这是公司法首次以法律的形式提及代持问题，为司法实践中法院判定股权代持行为的效力提供了明确的依据。但前述条款为转致性质，具体应由法律、行政法规对代持上市公司股票的行为进行限制，而目前在法律、行政法规层级较少出现相应内容，类似情况多出现在部门规章的内容中，故《公司法》(2024)第140条第2款应如何理解与适用仍有待于司法解释的进一步明确。

二、争议问题及司法裁判实务梳理

(一)股权代持协议在何种情况下是有效的?

案例1 最高人民法院(2023)最高法民申1748号　北京中广房地产有限公司、朱×刚等确认合同无效纠纷

▶ 案情摘要

北京中广房地产有限公司(以下简称"北广公司")设立时，中国广顺房地产业开发公司(以下简称"广顺公司")职工杜×义代广顺公司持有北广公司42%的股权。

2011年11月，经广顺公司研究决定，将杜×义所持的42%股权转让给周×，该股权变更虽经广顺公司集体研究，签署了代持股说明，并办理了股权转让的有关手续，但未上报广顺公司上级主管单位中房投资管理公司批准，程序存在瑕疵。

其后，北广公司及其法定代表人朱×刚认为杜×义与广顺公司的股权代持协议既违反了国有资产作为企业出资必须经国有资产管理部门办理产权登记并进行审批的强制性规定，也违反了"国有股持股单位不得委托任何自然人作为国有股股东并以个人名义行使国有股权"的强制性规定。依据《全国法院民商事审判工作会议纪要》第30条、第31条的规定，前述条款属于事关市场秩序、国家宏观政策等公序良俗的强制性规定，向法院申请认定案涉股权代持协议无效。

裁判要旨

法院认为，其一，杜 × 义与广顺公司之间存在事实上的股权代持协议关系。其二，根据最高人民法院相关规定，涉及金融安全、市场秩序、国家宏观政策等公序良俗的强制性规定应当认定为“效力性强制性规定”，违反规章一般情况下不影响合同效力，但该规章的内容涉及金融安全、市场秩序、国家宏观政策等公序良俗的，应当认定合同无效。北广公司、朱 × 刚主张的规定均明显属于对相关审批、登记、持股等事项的管理性规定，为旨在对市场主体进行规范管理以及对违反规定的行为进行处罚的管理性规定，并未否定相关民商事行为在法律上的效力。即使案涉股权代持协议适用北广公司、朱 × 刚主张的规定，公司股权代持问题也不足以达到影响市场秩序、国家宏观政策等公序良俗的高度，不能据此认为涉案股权代持协议无效。而且，不予确认杜 × 义与广顺公司之间的股权代持协议关系无效，更有利于保护民事主体合法权益、维护市场主体的交易秩序、弘扬社会主义核心价值观，避免国有资产被侵害或者流失。

案例2 山东省高级人民法院（2020）鲁民申 10986 号 翁 × 刚、张 × 股东资格确认纠纷

▶ 案情摘要

翁 × 刚与山东欣冠置业有限公司（以下简称“欣冠置业”）及其法定代表人张 × 产生股东资格确认纠纷。

翁 × 刚与张 × 于 2008 年 12 月 10 日签订了协议书（以下简称“1210 协议”），此外，张 × 设立欣冠置业时已实际出资。

2010 年 4 月 15 日，翁 × 刚与张 × 签订协议（以下简称“415 协议”），确认了欣冠置业、金冠大酒店的股权全部归为翁 × 刚所有，其中张 × 所有的欣冠置业 20% 的股权无偿返还至翁 × 刚名下。此时，翁 × 刚系欣冠置业的唯一股东。

同日，张 ×、翁 × 刚双方依据协议规定对欣冠置业的公章、证照、账册等资料办理了移交手续，翁 × 刚再次实际控制了欣冠置业。

2010 年 4 月 20 日，翁 × 刚与张 × 之间签订了《有限公司股权转让协议书》，张 × 以股权转让的形式将欣冠置业的全部股权返还给翁 × 刚所有。

裁判要旨

法院认为，在公司章程中被记载为公司股东、签署公司章程、在工商行政管理机关的登记文件中登记为公司股东、在公司股东名册中被记载为股东、实际向公司出资、取得公司颁发的出资证明以及实际享有股东权利，均是对是否具备股东资格的判断依据。本案中，张 × 与翁 × 刚于 2008 年 12 月 10 日签订的协议书合法有效，张 × 完全具备隐名股东即实际出资人的条件，张 × 设立欣冠置业时实际出资，对此，翁 × 刚知悉并认可，且该协议书明确说明了翁 × 刚没有成为欣冠置业股东的真实意思表示，张 × 实际出资、行使股东权利，具备了公司股东的实质特征。原判决确认原登记在翁 × 刚名下的在欣冠置业 85% 的股权的实际所有人为张 ×，翁 × 刚不是公司股东，认定事实及适用法律并无不当。

总结及延展

《公司法司法解释（三）》(2020）第 24 条第 1 款规定："有限责任公司的实际出资人与名义出资人订立合同，约定由实际出资人出资并享有投资权益，以名义出资人为名义股东，实际出资人与名义股东对该合同效力发生争议的，如无法律规定的无效情形，人民法院应当认定该合同有效。"《民法典》出台之后，第 153 条规定："违反法律、行政法规的强制性规定的民事法律行为无效。但是，该强制性规定不导致该民事法律行为无效的除外。违背公序良俗的民事法律行为无效。"从该规定可知，违反公序良俗系合同无效的充分条件，而违反法律、行政法规既非合同无效的充分条件，也非必要条件。总体而言，合同无效的情形被限定在尽可能小的限度和范围内，即使合同内容违反法律、行政法规，但只要情节轻微或具有一定正当性则依然可以发生效力。而根据《九民纪要》第 30 条的规定，内容涉及金融安全、市场秩序、国家宏观政策的属于强制性规定，故股权代持行为如不涉及金融安全、市场秩序、国家宏观政策，则相应代持协议应视为有效。

（二）股权代持协议在何种情况下是无效的？

案例 1　最高人民法院（2017）最高法民终 529 号　福建伟杰投资有限公司、福州天策实业有限公司营业信托纠纷

▶ 案情摘要

2011 年 11 月 3 日，福州天策实业有限公司（以下简称"天策公司"）与福建伟

杰投资有限公司(以下简称"伟杰公司")签订《信托持股协议》,将其拥有的2亿股(占20%)君康人寿保险股份有限公司(以下简称"君康人寿公司")股份通过信托的方式委托福建伟杰投资有限公司(以下简称"伟杰公司")持有。

在伟杰公司与君康人寿公司公司决议纠纷一案中,一审法院认为,案涉《信托持股协议》系当事人的真实意思表示,也未违反法律法规的禁止性规定,应为有效合同。

其后,伟杰公司认为案涉《信托持股协议》因违反了《中华人民共和国信托法》(以下简称《信托法》)的禁止性规定而自始归于无效,向最高人民法院提起上诉,要求撤销一审判决。

伟杰公司指出,该公司于《信托持股协议》签订时并不知道天策公司并非君康人寿公司"2亿股20%"股份的出资人,天策公司股东、监事及前法定代表人王丹涉嫌伪造伟杰公司印章一案案发(于2015年1月19日立案)后,伟杰公司才得知《信托持股协议》所指向的信托股份并非天策公司所有,实际出资人为君康人寿公司。

裁判要旨

法院认为,《保险公司股权管理办法》(以下简称"管理办法")第8条规定,"任何单位或者个人不得委托他人或者接受他人委托持有保险公司的股权",该规定具有实质上的正当性与合法性。从代持保险公司股权的危害后果来看,允许隐名持有保险公司股权,将使真正的保险公司投资人游离于国家有关职能部门的监管之外,如此势必加大保险公司的经营风险,妨害保险行业的健康有序发展。违反管理办法有关禁止代持保险公司股权规定的行为,在一定程度上具有与直接违反《保险法》等法律、行政法规一样的法律后果,同时还将出现破坏国家金融管理秩序、损害包括众多保险法律关系主体在内的社会公共利益的危害后果。因此,本案天策公司、伟杰公司之间签订的《信托持股协议》应认定为无效。

案例2 最高人民法院(2013)民四终字第20号 博智资本基金公司与鸿元控股集团有限公司其他合同纠纷

▶ 案情摘要

博智资本基金公司(以下简称"博智公司")系2005年2月15日在英属开曼群岛注册成立的公司,截至2010年11月,作为外资股东持有新华人寿保险股份有限公司(以下简称“新华人寿”)4.5%的股份。

2006年8月22日,博智公司与亚创公司签订《协议书》,约定:“1.根据博智公司的要求并代表博智公司,鸿元公司于2005年11月17日与新产业公司签署了《有关新华人寿保险股份有限公司股份转让之协议》,已代为受让新产业公司持有新华人寿的10800万股股份(占新华人寿总股本的9%)……3.2005年12月1日,鸿元公司与博智公司签订了一份《委托投资及托管协议》,以明确鸿元公司受博智公司委托代为持有新华人寿9%的股份、股份托管以及双方的权利义务……”

上述一系列合同签订后,博智公司于2006年6月27日、7月3日、8月3日、8月5日共计向新产业公司支付股权转让款56,698,582.54美元并办理了股权变更手续,亚创公司代博智公司成为名义持有新华人寿9%股份的股东。后博智公司依约向鸿元公司支付服务费(公关费)、顾问费、年费共计153万美元。自2009年11月起,鸿元公司就代持股关系与博智公司协商,要求结束代持股关系,双方协商未果。

其后,博智公司与鸿元公司就《委托投资及托管协议》《协议书》的效力及本案所涉股权的归属发生争议。

裁判要旨

法院认为,尽管我国法律并未禁止境外企业持有境内保险公司股权,但中国保监会根据监管的需要对于外资股东的持股比例作了限制性的规定,即对于境内非上市保险公司,全部境外股东的投资比例不能超过保险公司股份总额的25%,否则即应适用外资保险公司管理的规定。本案中,博智公司委托鸿元公司投资新华人寿,正是由于外资股东投资境内保险公司受到上述投资比例的限制,博智公司委托鸿元公司以鸿元公司的名义投资新华人寿,与保监会的上述规章并无抵触,不能作为“以合法形式掩盖非法目的”的情况而否定双方之间委托投资协议的效力。双方之间应认定为委托投资合同关系而非股权代持关系,中国保监会的规章仅是对外资股东持股比例所作的限制,而非对当事人之间的委托合同关系进行规制,因此,博智公司作为实际出资人不能以存在合法的委托投资关系为由主张股东地位,鸿元公司作为受托人也不能以存在持股比例限制为由否定委托投资协议的效力。虽然,博智公司与鸿元公司签订的《委托投资及托管协议》《协议书》均系双方当事人真实意思表示,但由于股权归属关系应根据合法的投资行为依法律确定,不能由当事人自由约定,因此,尽管当事人约定双方之间的关系是股权代持关系,也不能据此认定双方之间的关系属股权代持关系,而应认定双方之间系委托投资合同关系。

总结及延展

虽然《公司法》(2024)第 140 条只针对上市公司的特定代持行为作出了禁止性规定，但结合《民法典》第 153 条规定以及《民法典合同编通则司法解释》中第 16 条、第 17 条规定可知，若股权代持行为损害了金融安全、市场秩序、国家宏观政策、公序良俗，且不属于例外情形的，应被认定为无效。

在保险业、银行业、证券业等金融领域中，股权代持行为恐将影响国家正常的金融管理秩序以及经济安全。因此，虽然针对特殊行业、特殊领域的代持禁止性规定多出现在部门规章之中，法律以及行政法规尚未对除上市公司代持之外的股权代持行为作出禁止性规定，但从法理逻辑上看，只要代持行为严重损害了国家的金融安全或特定领域的管理秩序，且相应的部门规章及规范性文件对该代持行为予以否认，法院在判决时也倾向于认定代持行为无效。

(三)上市公司股权代持协议是否有效?

案例1 最高人民法院(2017)最高法民申 2454 号 杨 × 国、林 × 坤股权转让纠纷

▶ 案情摘要

2010 年 10 月 19 日，杨 × 国与林 × 坤签订了一份《协议书》，约定：杨 × 国受让林 × 坤合法持有的目标公司总股本 1%(1200 万股)的股权，作为对价，杨 × 国应向林 × 坤支付受让款人民币 1200 万元。

2010 年 10 月 25 日，杨 × 国与林 × 坤签订了《委托投资协议书》一份，约定：1. 林 × 坤受杨 × 国委托，将杨 × 国以现金方式出资的人民币 1200 万元，以林 × 坤名义投资收购亚玛顿公司的股权，以谋求在亚玛顿公司投资所实现的资本增值；2. 林 × 坤承诺以杨 × 国的出资额代为杨 × 国投资并持有亚玛顿公司总股本 1%(1200 万股)的股权。

2011 年 10 月，亚玛顿公司正式在 A 股市场公开发行股票。林 × 坤为公司实际控制人之一，承诺自公司股票上市之日起 36 个月内，不转让或者委托他人管理其已直接和间接持有的发行人股份。

其后，杨 × 国和林 × 坤就二人签订的《委托投资协议书》是否成立，性质及效力如何认定发生争议。

裁判要旨

法院认为，上市公司股权不得隐名代持。在亚玛顿公司上市前，林 × 坤代杨 × 国持有股份，以林 × 坤名义参与公司上市发行，实际隐瞒了真实股东或投资人身份，违反了发行人如实披露义务。林 × 坤与杨 × 国签订的《委托投资协议书》与《协议书》，违反公司上市系列监管规定，而这些规定有些属于法律明确应予遵循之规定，有些虽属于部门规章性质，但因经法律授权且与法律并不冲突，并属于证券行业监管基本要求与业内共识，并对广大非特定投资人利益构成重要保障，对社会公共利益亦为必要保障所在，故依据《合同法》第 52 条第 4 项等规定，本案上述诉争协议应认定为无效。

案例2 最高人民法院（2018）最高法民再 33 号　港澳国际海南投资有限公司、海南大东海旅游中心股份有限公司对外追收债权纠纷

▶ 案情摘要

2001 年 6 月 8 日，海南港澳国际贸易发展有限公司（以下简称“贸易公司”）向港澳国际海南投资有限公司（以下简称“投资公司”）出具《承诺书》，确认投资公司于 1993 年 2 月 20 日以贸易公司名义购买了上市公司海南大东海旅游中心股份有限公司（以下简称“大东海公司”）法人股 120 万股，投资公司系该股权的真实所有者，贸易公司只是名义持有者。

同日，海南中银五矿贸易有限公司（以下简称“中银公司”）也向投资公司出具《承诺书》，表示贸易公司名义上持有大东海公司法人股 132 万股，该股权的真实持有人为投资公司。中银公司收购贸易公司前后，其实际资产不包含上述股权。

经法院审理查明，大东海公司于 1997 年进行“10 送 1 股”股权分置改革，港澳公司持有的 120 万股变为 132 万股。

根据中国证券登记结算有限责任公司深圳分公司提供的《限售股份明细数据表》显示，贸易公司持有的大东海公司的首发前机构类限售股股数为 92.4 万股。在投资公司进入破产清算程序以后，该公司管理人委托海南振华会计师事务所出具了审计报告，确认投资公司实际持有大东海公司股份 92.4 万股，贸易公司只是名义持有人。

投资公司向法院提出诉讼请求：1. 确认投资公司为贸易公司持有的大东海公司

92.4 万股股票的实际出资人，为大东海公司的股东；2. 贸易公司、大东海公司协助投资公司办理股票证券登记手续。

一审法院经审理后驳回了港澳投资公司的诉讼请求，港澳投资公司不服，提起上诉。二审法院审理后维持原判，驳回上诉。港澳投资公司不服二审判决，向最高人民法院申请再审。再审法院经审理后撤销一审、二审判决，确认港澳投资公司是案涉股票的实际出资人，并要求贸易公司、大东海公司协助投资公司办理股票证券登记手续。

裁判要旨

法院认为：(1)首先，作为案涉股票登记人的贸易公司以及贸易公司的现控股公司均确认，投资公司是案涉股票的实际持有人。其次，投资公司持有案涉股票的证券存单，而证券存单是表征权利的凭证，进一步印证投资公司是贸易公司持有的大东海公司 92.4 万股股票的实际出资人。(2)根据《证券登记结算管理办法》(2017)第 26 条、第 27 条的规定，大东海公司作为上市公司，其股东名单应根据证券登记结算机构登记的证券持有人名册来认定。虽然本案可以认定投资公司为案涉股票实际出资人，但在完成对投资公司进行股东登记这一形式要件之前，不宜直接认定投资公司为大东海公司的股东。根据前述分析，投资公司作为案涉股票的实际出资人，要求替代贸易公司登记为名义上的股票持有人，不违反法律规定，应予支持。在投资公司要求变更股东登记手续的过程中，大东海公司作为证券发行人，贸易公司作为股票持有人，应履行必要的协助义务。

案例 3 上海市高级人民法院（2019）沪民终 295 号 陈 ×、沈 × 俊与上海明匠智能系统有限公司、河南黄河旋风股份有限公司等股权转让纠纷

▶ 案情摘要

2015 年 2 月 28 日，陆 × 林与陈 × 签订了一份《股权代持协议书》，约定：陆 × 林委托陈 × 作为其对上海明匠智能系统有限公司（以下简称“明匠公司”）2000 万元出资的名义持有人，并代为行使相关股东权利，该 2000 万元出资用于认购陈 × 在明匠公司 9.1% 的股权，支付股款的对价为明匠公司的股权。陆 × 林作为代持股份的实际出资者，对明匠公司享有实际的股权权利并有权获得相应的投资收益，陈 × 仅以自身名义代陆 × 林持有该股份形成的股东权益。

后明匠公司被河南黄河旋风股份有限公司（以下简称“黄河旋风公司”）以股票置换方式全资收购，陈 × 因此获得黄河旋风（证券代码 600172）2625 万股股票。

2015 年 10 月 19 日，陆 × 林、陈 ×、沈 × 俊、明匠公司四方签订了《协议》，约定陈 × 应在证监会关于兼并重组正式核准批复下发后的 10 个工作日内完成陆 × 林在明匠公司 9.1% 股份的工商实名确认工作以及黄河旋风公司相应股权确认事宜。

在本案诉讼过程中，各方就《股权代持协议书》及《协议》的法律关系性质及效力产生争议。

裁判要旨

法院认为，系争《股权代持协议书》合法有效，但《协议》无效，理由是：系争《股权代持协议书》签订时明匠公司尚未被黄河旋风公司兼并重组，不涉及上市公司股权代持争议，故该协议合法有效。但明匠公司被上市公司兼并重组前，陈 × 代陆 × 林持有股份，以自身名义参与黄河旋风公司通过发行股份并募集配套资金的方式收购明匠公司股权，成为上市公司前十大股东，隐瞒了实际投资人的真实身份。陆 × 林和陈 × 双方的行为构成了上市公司定向增发股份的隐名代持，违反了证券市场的公共秩序，损害了证券市场的公共利益，故依据《民法总则》第 143 条、第 153 条第 2 款和《合同法》第 52 条第 4 项的规定，系争《协议》应无效。

案例 4　北京市第三中级人民法院（2021）京 03 民终 6293 号　王 × 与杨 × 强合同纠纷

▶ 案情摘要

2017 年 2 月 18 日，杨 × 强与王 × 签订的《委托持股协议》中明确记载 2016 年 10 月昆山中科研发中心有限公司（以下简称“中科公司”）有意将其持有的恒铭达公司 1.1701% 的股权转让给杨 × 强，杨 × 强委托王 × 持有该部分股权，且杨 × 强已经以现金方式全额支付给王 ×1,974,376 元。

2019 年 5 月 13 日，恒铭达公司分红 168,490.08 元，但王 × 并未支付给杨 × 强，并否认代杨 × 强持股之事，经协商未果，杨 × 强向一审法院起诉，请求解除案涉《委托持股协议》，判令王 × 返还代其持有的恒铭达（证券代码 002947）936,056 股股票，如无法返还，则赔偿其损失 60,796,837.20 元。同时请求判令王 × 给付

杨 × 强股票分红款 673,960.32 元及利息，并赔偿保全费、保险费及律师费。

裁判要旨

法院认为，《委托持股协议》中有杨 × 强和王 × 的签字，杨 × 强亦于一审中提交了存款凭条并对其出资情况进行了合理说明，协议中亦明确约定股权转让款杨 × 强已经以现金方式全额支付给王 ×。因此，协议系双方真实意思表示，杨 × 强已经履行完毕其主要义务，该合同依法成立。

在效力问题上，首先，案涉协议并不存在违反法律、行政法规强制性规定的情形；其次，协议约定代持的股份比例较小，尚不属于法律规定必须披露或纳入监管的情形，亦不会对公司治理及对公众投资者产生不利影响，故该代持行为无涉金融安全、市场秩序等公序良俗，为合法有效。在协议解除问题上，一审法院依据杨 × 强的诉请，确认《委托持股协议》解除，具有事实与法律依据。协议解除后，王 × 自恒铭达公司取得的分红款亦属杨 × 强享有的财产性权益，应予返还。王 × 未按照《委托持股协议》的约定履行义务，构成违约，根据协议约定，还应赔偿王 × 相应的损失。

总结及延展

在（2017）最高法民申 2454 号案之前，各级法院多数观点认为上市公司股份代持协议有效，但随着金融监管日趋强化，在（2017）最高法民申 2454 号案中，最高院认定上市公司的股份代持协议无效，其裁判理由是：虽然法律、行政法规并未明令禁止上市公司股份代持，但相关部门规章要求发行人如实披露投资人，该等规定虽立法层级不及法律、行政法规，但亦经法律授权制定，且与法律、行政法规并不冲突，属于证券行业监管基本要求与业内共识，并对广大投资者和社会公共利益构成必要保障。前述案件判决之后，各地人民法院对于上市公司股份代持协议的效力判断逐渐转变为“原则无效，例外有效”。

而《公司法》（2024）第 140 条第 2 款中“禁止违反法律、行政法规的规定代持上市公司股票”亦秉持“原则无效，例外有效”的原则，延续贯通了司法实践中的主流观点。

值得注意的是，虽然“原则无效”已然成为上市公司股份代持协议的裁判趋势，但也并非绝对，仍须结合具体案情予以分析。例如：

从前述案例看，部分司法判决认定上市公司股份代持协议有效的情形主要有两类：第一，代持比例较小。代持比例小意味着对证券市场的交易秩序与社会公众利益影响不大；第二，代持行为发生于公司上市准备之前。代持行为发生的时间早于公司作出上市计划的时间表明该代持行为并非基于逃避监管，或者在上市前突击入股以谋求经济利益等非法目的而发生，委托人与代持人之间的代持合意源自合法商业目的。

由此可见，并非所有的上市公司股权代持行为均会损害国家利益、社会利益，从我国法律、司法解释的变革轨迹来看，立法者对于合同效力的认可趋势是越来越明显的，更注重从合同履行后带来的法律效果着眼判断和确认合同的效力，限定民事法律主体的行为必须遵守法律、行政法规的目的在于保护国家以及社会利益，如某些违法行为情节轻微并未带来较大负面影响，则法律仍需尽可能尊重和保护民事法律主体的意思自治以及自由合意。①

总体而言，司法裁判认为在上市公司存在股权代持关系并不直接等同于具有损害公共利益的危害性，尤其在股权代持的建立时间远早于公司上市时间的情况下，构成违规并对公共利益造成损害的最直接行为是上市主体的不实信息披露及代持人的刻意隐瞒行为。上市公司股东信息披露不实，会影响证券监管部门对内幕交易、关联交易审查、高管人员任职回避等的证券市场基本监管要求，关系到以信息披露为基础的证券市场整体法治秩序和广大投资者合法权益。

（四）已订立的股权代持协议是否会因违反新实施的强制性规定而无效？

案例1 上海市第二中级人民法院（2021）沪02民终2446号 陈×文诉上海国正投资管理有限公司其他合同纠纷

▶ 案情摘要

2011年11月，陈×文与上海国正投资管理有限公司（以下简称“国正公司”）签署《股权代持协议》《股权代持补充协议》（以下分别简称“代持协议”“补充协议”），约定国正公司以自己的名义为陈×文认购第三人民生金融租赁股份有限公司（以下简称“民生金租公司”）定向增发的1000万股股份（发行价格为1.30元/股），并为其代持标的股份，陈×文同意代持关系解除时，向国正公司支付股权增值部分的20%作为受托管理费。

其后，陈×文向国正公司支付了投资款1300万元及其先行垫付款项产生的利

① 参见徐佳咏：《上市公司股权代持及其纠纷之处理》，载《中国政法大学学报》2019年第3期。

息 116,700 元。2019 年，国正公司向陈 × 文出具《确认书》，确认双方签署代持协议及补充协议。

陈 × 文经咨询得知金融租赁公司不得由自然人投资入股，案涉协议与涉及金融安全等规章内容相冲突，违背公序良俗，向法院起诉要求确认其与国正公司签订的代持协议及补充协议无效。

裁判要旨

法院认为，案涉协议与签订时的规章中关于出资人不包括自然人的规定相悖，与修订后的规章关于禁止代持股份的规定相悖。修订后的规章系依促进融资租赁业务发展，规范金融租赁公司经营行为之实际需要所制定，其中涉及出资人主体资格的规定与银行业监督管理法立法目的一致，未与法律、行政法规等相冲突，系属加强金融机构的监督管理，防范和化解金融风险，促进金融机构健康发展，维护社会经济秩序与社会公共利益之必要保障。涉案代持协议与补充协议规避了监管部门对民生金租公司定向增资扩股、股权比例等事项的监管，导致民生金租公司作为非银行类金融机构的出资来源与实际不符，股权结构及比例不清晰、不准确，如不予以纠正，任其隐蔽出现并存续，乃至引起行业效仿、泛滥将直接影响金融租赁市场秩序，故本院认为涉案代持协议与补充协议违反了公共秩序，应当认定为无效。

案例2 山东省济南市中级人民法院（2020）鲁 01 民终 11781 号 大连供暖集团有限责任公司与中泰证券股份有限公司及联合创业融资担保集团有限公司股东资格确认纠纷

▶ 案情摘要

2007 年 12 月 6 日，大连供暖集团有限责任公司（以下简称“大连供暖公司”）与联合创业融资担保集团有限公司（以下简称“联创担保公司”）签订《股权代持协议》，主要约定：大连供暖公司委托联创担保公司代其申购和持有中泰证券股份有限公司（以下简称“中泰证券公司”）636 万股股权。

2008 年 4 月 23 日，中泰证券公司作出股东会决议增资 30 亿元，联创担保公司增资 5000 万元成为股东。

其后，大连供暖公司与中泰证券公司、联创担保公司发生股东资格确认纠纷。大连供暖公司向法院起诉请求确认其股东身份。

裁判要旨

法院认为,《证券公司监督管理条例》《证券公司股权管理规定》作为行政法规、部门规章不能在施行后对施行之前的合同效力作出否定评价,涉案股权转让协议应为合法有效,一审法院认定有误。但涉案股权转让协议签订后,前述条例和规章颁布施行,均明确规定未经国务院证券监督管理机构批准,任何单位或者个人不得委托他人或接受他人委托持有或者管理证券公司的股权,故涉案股权代持协议虽然合法有效,但与现行的行政法规、部门规章不符,实际已无法履行,当事人可寻求解除或变更合同以获得救济。大连供暖公司不能以履行股权代持协议为基础进而请求确认其为中泰证券公司的股东。

总结及延展

根据上述案例的裁判结果可知,新实施的强制性规定对施行之前的合同不具有溯及力。但是,新强制性规定施行之前的股权代持协议与现行的强制性规定不符,虽效力不受影响,却实际上无法履行,代持双方应通过解除合同等路径变更行为存续状态。

(五)股权代持协议被认定为无效后本金与投资红利如何分配?

案例1 最高人民法院(2017)最高法民申2454号 杨×国、林×坤股权转让纠纷

▶ 案情摘要

2010年10月19日,杨×国与林×坤签订了一份《协议书》,约定:杨×国受让林×坤合法持有的目标公司总股本1%(1200万股)的股权,作为对价,杨×国应向林×坤支付受让款人民币1200万元。

2010年10月25日,杨×国与林×坤签订了《委托投资协议书》一份,约定:1.林×坤受杨×国委托,将杨×国以现金方式出资的人民币1200万元,以林×坤名义投资收购亚玛顿公司的股权,以谋求在亚玛顿公司投资所实现的资本增值;2.林×坤承诺以杨×国的出资额代为杨×国投资并持有亚玛顿公司总股本1%(1200万股)的股权。

2011年10月,亚玛顿公司正式在A股市场公开发行股票。林×坤为公司实

际控制人之一，承诺自公司股票上市之日起36个月内，不转让或者委托他人管理其已直接和间接持有的发行人股份。

其后，杨×国和林×坤就二人签订的《委托投资协议书》是否成立，性质及效力如何认定发生争议。

裁判要旨

法院认为，本案中双方协议因涉及上市公司隐名持股而无效，但这并不意味着否认杨×国与林×坤之间委托投资关系的效力，更不意味着否认双方之间委托投资的事实；同样，也不意味着否认林×坤依法持有上市公司股权的效力，更不意味着否认林×坤与亚玛顿公司股东之间围绕公司上市及其运行所实施的一系列行为之效力。据此，因本案双方协议虽认定为无效，但属于"不能返还或者没有必要返还的"情形，故杨×国要求将诉争股权过户至其名下的请求难以支持，但杨×国可依进一步查明的事实所对应的股权数量请求公平分割相关委托投资利益。

案例2 上海市高级人民法院（2019）沪民终295号　陈×、沈×俊与上海明匠智能系统有限公司、河南黄河旋风股份有限公司等股权转让纠纷

▶ 案情摘要

2015年2月，陆×林与陈×签订了《股权代持协议书》：陆×林委托陈×作为其对明匠公司2000万元出资的名义持有人，陆×林认购陈×在明匠公司9.1%的股权，成交前陈×拥有明匠公司49%股权。

陈×向陆×林承诺明匠公司在6个月内被上市公司按照估值不低于3.5亿元价格收购，预计公告日期3月23日。上市公司收购后，陆×林可以选择陈×按估值溢价的价格一次性给付本金和收益，可以选择将本金与收益全部折合成股权，也可以选择退出，陈×承诺根据投资款到账期限，按年10%的利息收购。

2015年10月，陆×林、陈×、沈×俊、明匠公司四方签订了《协议》，约定：黄河旋风公司以4.2亿元的价格收购明匠公司100%股权的事项已获证监会批准。陈×在证监会正式核准批复下发后的10个工作日内完成陆×林在明匠公司9.1%股份的工商实名确认以及黄河旋风公司相应股权的确认事宜。陆×林可同时获得黄河旋风（证券代码600172）487.5万股流通股股票，陆×林可要求陈×将自有的黄河旋风流通股股票变更登记至陆×林名下。陆×林也可以选择要求陈×根据

陆 × 林指定的股票交易日，按照当日黄河旋风的收盘价为标准，将 487.5 万股股票价值转化为现金，将该笔款项支付给陆 × 林。本协议由沈 × 俊、明匠公司对陈 × 的上述全部义务承担无限连带保证责任。

2017 年 6 月，陈 × 向陆 × 林出具《付款承诺书》：根据《协议》约定，陈 × 代持享有的黄河旋风 487.5 万股股票，按照每股 21.03 元标准，折价 102,521,250 元现金兑现；同时代持期间该部分股票产生分红派息 487,500 元，可享有定增股票 5,197,300 股（成本价每股 9.63 元）。陈 × 同意向陆 × 林支付补偿款 5000 万元，作为无法实现股权登记的补偿。付款承诺：一、在 2017 年 6 月 30 日前，支付补偿款 1500 万元及股权折价款 500 万元；二、在 2017 年 9 月 30 日前，支付补偿款 3500 万元、股权折价款 97,521,250 元、派息 487,500 元，合计 133,008,750 元。

2015 年 5 月，黄河旋风公司发布关于发行股份购买资产并募集配套资金涉及关联交易的公告：黄河旋风公司拟通过发行股份并募集配套资金的方式收购明匠公司 100% 的股权，同时向陈 × 等 7 名特定对象发行股票募集配套资金。交易各方参考评估价值协商确定标的资产明匠公司的交易价格为 4.2 亿元。2015 年 10 月，黄河旋风公司向陈 × 发行 21,428,571 股股份等。

2018 年 6 月，鼎一会计师事务所鉴定意见：2015 年 11 月至 2017 年 12 月未发现明匠公司与股东黄河旋风公司资产混同情况。

陆 × 林诉请：1. 判令陈 × 支付陆 × 林股权折价款人民币 102,521,250 元；2. 判令沈 × 俊、明匠公司、黄河旋风公司对陈 × 的上述付款义务承担连带责任；3. 判令姜 × 圆对陈 × 的上述付款义务承担共同还款责任。

裁判要旨

法院认为，陆 × 林和陈 × 双方的行为构成了上市公司定向增发股份的隐名代持，系争《协议》应无效。对本案《协议》无效的法律后果，应综合考虑各方当事人责任、投资亏损使股份价值相当的投资款贬损等因素后予以确定。《付款承诺书》是陈 × 对陆 × 林要求按《协议》约定的收益方式进行结算的再次确认，现《协议》无效，陆 × 林按照《协议》约定的收益方式向陈 × 等主张还款义务，不符合法律规定，不予支持。

陆 × 林与陈 × 间的《协议》无效，由于投资亏损使股份价值相当的投资款贬损，根据公平原则，酌定陈 × 承担投资亏损的主要责任，陆 × 林承担次要责任。沈 × 俊、明匠公司各承担陈 × 上述债务不能清偿部分 1/3 的赔偿责任。姜 × 圆无

须承担陈 × 的共同还款责任，黄河旋风公司亦不应对明匠公司的债务承担连带责任。

案例3 北京市高级人民法院（2021）京民终 931 号 北京益富海资产管理有限公司等合同纠纷

▶ 案情摘要

2011 年 7 月 20 日，贾 × 与天津益富海合伙企业（以下简称“益富海企业”）签订《委托投资管理协议》，就贾 × 委托益富海企业在国内进行股权投资并实施投资管理达成协议，明确以捷佳伟创公司上市股改及上市为目的，并由益富海企业代持相应股权，隐瞒贾 × 的实际投资人身份。经法院审理查明，益富海企业代贾 × 持有涉案上市公司捷佳伟创公司股份 104 万股。

《委托投资管理协议》签订后，2011 年 7 月 21 日，贾 × 向益富海企业账号为 ××× 的银行账户汇款 160 万元，华富公司受贾 × 委托向益富海企业该银行账户汇款 340 万元。2011 年 8 月 1 日，益富海企业向贾 × 出具收据，载明：今收到贾 × 交来投资款 500 万元整。

2018 年 1 月 8 日，益富海企业自账号为 ××× 的银行账户向案外人黄 × 灵（贾 × 的母亲）汇款 167,000 元，用途及交易附言为：分红款。2018 年 3 月 28 日，益富海企业自账号为 ××× 的银行账户向贾 × 汇款 26 万元，附言为：往来款。

益富海企业在捷佳伟创公司上市后陆续卖出代贾 × 持有的股份，但未向贾 × 支付相应的收益。

贾 × 向法院起诉请求：（1）益富海企业向贾 × 支付减持捷佳伟创公司 1,042,880 股股份所得税后价款及利息；（2）益富海企业承担贾 × 为维权而支付的合理费用；（3）益富海企业的合伙人北京益富海公司及其法定代表人潘 × 丽对上述债务承担连带责任；（4）益富海企业、北京益富海公司、潘 × 丽承担本案诉讼费。

一审法院经审理后要求益富海企业向贾 × 支付 30,473,000 元，北京益富海公司对此承担连带清偿责任，潘 × 丽在认缴出资额范围内对上述给付义务承担补充赔偿责任，驳回贾 × 的其他诉讼请求。贾 ×、益富海企业不服一审判决，提起上诉。二审法院审理后维持原判，驳回上诉。

裁判要旨

法院认为，鉴于益富海企业将包括代贾 × 持有的 104 万股在内的捷佳伟创公司股票进行交易时，买入和卖出交替进行，无法确切区分并锁定贾 × 投资对应的股票具体卖出时间和成交价格，故一审判决结合贾 × 与潘 × 丽微信聊天记录中关于在价格变动的情况下按每股 50 元折算并记账的共同表示，综合认定益富海企业卖出贾 × 持有的 104 万股股票成交价格为每股 50 元，并无不当。本案系委托投资纠纷，当事人意在通过风险投资获得股价浮动差额的收益，不适用民间借贷相关规定。一审判决从对投资收益的贡献程度和对投资风险的交易安排两个方面，兼顾承担投资成本和投资风险，酌情认定贾 × 与益富海企业按 7∶3 的比例分享投资收益，已经充分将益富海企业在投资中的风险、交易安排中的管理成本予以整体考虑，并无不当。

案例4 北京市第三中级人民法院（2023）京 03 民终 5062 号 阎 × 黎与王 × 股权转让纠纷

▶ 案情摘要

阎 × 黎以 1.5 元 / 股的价格向王 × 转让了 18 万股深圳爱克莱特科技股份有限公司（以下简称“爱克公司”）股份，转让款 27 万元。后因爱克股份公积金转增股本，18 万股原始股份变为 27 万股。

此外，王 × 与阎 × 黎签订了《股份转让协议书》，约定在爱克公司上市前，阎 × 黎代王 × 持有股份，以阎 × 黎的名义参与公司上市发行。协议同时约定：如爱克公司在上市前进行分红等股权增值行为，双方按照比例共享增值，爱克公司上市后，原始股变成股票，王 × 有权要求阎 × 黎按照当日股价价格卖出，并转交全部收益金额。

因涉案股票于 2021 年 9 月 17 日起可上市流通，根据双方微信聊天记录，王 × 曾多次联系阎 × 黎要求其在 2021 年 9 月 17 日将 27 万股予以卖出，但阎 × 黎对此未给予明确回复，亦未积极进行操作。

王 × 向一审法院起诉，请求判令阎 × 黎将王 × 享有的 27 万股爱克股份（股票代码 300889）股票全部收益共计 5,609,250 元（按照 2021 年 9 月 17 日阎 × 黎持有的爱克股份账户解禁当日股份价值平均值 20.775 元计算）支付给王 ×。

经查明，爱克股份（证券代码 300889）在深圳证券交易所创业板 2021 年 9 月 17 日的交易均价为 20.38 元 / 股。

裁判要旨

法院认为，无效合同财产利益的处理旨在恢复原状和平衡利益，亦即优先恢复到合同订立前的财产状态，不能恢复原状的则应按照公平原则在当事人之间进行合理分配。按照以上原则，首先，鉴于《股份转让协议书》无效，且涉案股份属于“不能返还且没有必要返还”的情形，故涉案爱克公司股份应归阎 × 黎所有，阎 × 黎行使爱克公司股东权利的相关行为有效；其次，本案不存在投资亏损使股份价值相当的投资款贬损而应适用过错赔偿的情形，故王 × 向阎 × 黎支付的股权转让款 27 万元应当予以返还；最后，关于涉案股份的投资收益，包括分红和上市发生的大幅增值，并非合同订立前原有的利益，而是合同履行后新增的利益，不属于恢复原状适用情形。其中，对于分红 24,300 元阎 × 黎已经向王 × 支付完毕，双方对此并无争议；对于股份上市增值收益，应适用公平原则合理分配。本案中，涉案股份的最初投资金额源于王 ×，王 × 实际承担长期以来股份投资的机会成本与资金成本，其具备通过支付投资款以换取股份长期回报的投资意图。与此同时，阎 × 黎在股权交易安排中，也起到提供投资信息、转交往期分红、代行股东权利的作用，为投资增值作出一定贡献，因此，阎 × 黎可以分得投资收益的小部分。

综上，涉案股份归阎 × 黎所有，阎 × 黎应分得增值收益的 30%，王 × 应分得增值收益的 70%，并按照双方约定，以 20.38 元 / 股为基准确定涉案股份交易价格。

总结及延展

合同无效的法律后果可分为返还财产、折价补偿、赔偿损失等处理方式。在(2017)最高法民申 2454 号判决中，法院认为“属于不能返还或者没有必要返还的情形，故杨 × 国要求将诉争股权过户至其名下的请求难以支持，但杨 × 国可依进一步查明的事实所对应的股权数量请求公平分割相关委托投资利益”。

在前述判决出具后，司法实践中逐渐开始遵循前述判决内容，确认上市公司股份代持协议无效，但(2017)最高法民申 2454 号判决中以“不能返还或者没有必要返还”作为驳回杨 × 国要求将诉争股权过户至其名下的理由尚有不妥，易让人对代持协议中“恢复原状”的内涵有所误解。因为股权代持协议的核心内容为确认名义持股人的权益实际为实际投资人所有，但由于股权始终在名义股东的名下，一旦前述协议被认定为无效，就意味着协议中的意思表示自始至终未发生过效力，故应恢复原状，确认股权仍属于名义股东，因此不能过户至实际投资人。“恢复原状”指应将法律效力回溯至协议未生效的状态，其方式包括但不限于权利变更、权益确认、权益否认等，如果代持协议有效，则所涉股权将处于形式与实质割裂的状态，而在代持协议无效的情境下，则意味着前述割裂状态并不存在，此处的“恢复原状”特指权益确认，从而实现股权形式归属与实际权益的统一。而“不能返还或者没有必要返还”对应的是应当恢复原状但不方便恢复的情境，故原《合同法》第58条以及《民法典》第157条的表述是“不能返还或者没有必要返还的，应当折价补偿”，而代持协议无效的类案中，并不涉及此类情况，无论是股权权益的确认还是投资款的返还均是可以实现的，所以（2017）最高法民申2454号判决中的相应表述并不准确。

通过上述分析可知，上市公司股权代持协议无效后，股权权益已经判决确认后则已完成恢复原状的目标，无需另行操作，不涉及履行判项，但由于投资款系实际投资人支付，故协议无效后，相应投资款如何返还应予以思考。由于上市公司的股票价格具有实时性以及不确定性，如果判决返还时股价上涨或下跌，对于委托人或者受托人可能形成较大的不公平。考虑于此，人民法院在认定上市公司股份代持协议无效后，除要求受托人返还出资款之外，还会针对投资收益部分在委托人与受托人之间进行分配，分配比例参照委托人、受托人对于投资收益形成的贡献大小酌情确认。在《民法典》生效之前，人民法院一般会依据《九民纪要》第32条第2款“在确定合同不成立、无效或者被撤销后财产返还或者折价补偿范围时，要根据诚实信用原则的要求，在当事人之间合理分配，不能使不诚信的当事人因合同不成立、无效或者被撤销而获益。合同不成立、无效或者被撤销情况下，当事人所承担的缔约过失责任不应超过合同履行利益”，以及《九民纪要》第33条“合同不成立、无效或者被撤销后，在确定财产返还时，要充分考虑财产增值或者贬值的因素。双务合同不成立、无效或者被撤销后，双方因该合同取得财产的，应当相互返还。应予返还的股权、房屋等财产相对于合同约定价款出现增值或者贬值的，人民法院要综合考虑市场因素、受让人的经营或者添附等行为与财产增值或者贬值之间的关联性，在当事人之间合理分配或者分担，避免一方因合同不成立、无效或者被撤销而获益……对获益高于或者低于价款的部分，也应当在当事人之间合理分配或者分担”等相关法规将股份代持的投资分红和增值收益等在委托人与受托人之间进行合理分割。前述规定仅明确了分割原则，对于具体的代持股份价值认定和分割比例，并无操作指引，实务中往往存在不同的做法和争议。《民法典》出台后，最高院发布了《民法典合同编通则司法解释》，其第24条规定：“合同不成立、无效、被撤销或者确定不发生效力……经审查财产不能返还或者没有必要返还的，人民法院应当以认定合同不成立、无效、被撤销或者确定不发生效力之日该财产的市场价值或者以其他合理方式计算的价值为基准判决折价补偿。除前款规定的情形外，当事人还请求赔偿损失的，人民法院应当结合财产返还或者折价补偿的情况，综合考虑财产增值收益和贬值损失、交易成本的支出等事实，按照双方当事人的过错程度及原因力大小，根据诚信原则和公平原则，合理确定损失赔偿额。”前述内容虽在《九民纪要》第33条的基础上针对损失赔偿的确定方式进行了细化，但仍然属于指引性规定，缺少操作细则。

从司法裁判检索结果看，关于代持股份价值认定存在下述几种常见做法：

（1）代持股份已售，按照出售价格确定代持股票价值；

（2）代持股份已售，当事人有约定的，根据约定确定代持股票价值；

（3）代持股票未出售，根据当事人的约定认定代持股份价值。

从前述案例可见，在代持股已出售的情况下，人民法院通常按照实际出售所得或当事人约定确定代持股票价值，相关争议较小；在代持股未出售的情况下，人民法院存在按照当事人约定、股票发行价格、起诉之日股票价格、判决生效之日股票价格、判决执行之日股票价格等多种裁判方式确定代持股份价值，其间或存在计算时点合理性的争议。

从司法裁判检索结果看，关于代持股份价值的分割存在下述几种常见做法：

（1）当事人有约定，按照约定分割代持股价值；

（2）当事人无约定，法院酌情分割代持股价值。

司法实践中，在当事人未有明确约定的情况下，诸多法院根据名义出资人和实际出资人对投资的贡献程度进行分配。其中较为典型的案例是杉浦立身与龚×股权转让纠纷案，案号为（2018）沪74民初585号。在该案中，法院认为龚×在整个投资过程中起到了提供投资信息、交付往期分红，配合公司上市等作用，为投资增值做出了一定贡献，可以适当分得投资收益的小部分。综合上述情况，杉浦立身应当获得投资收益的70%，龚×应当获得投资收益的30%。类似案例有（2023）京03民终5062号、（2021）京民终931号、（2019）沪民终295号等。

从前述案例可见，人民法院在适用公平原则分配投资损益时，一般从投资收益的贡献程度、投资风险的承担、代持无效的过错等角度酌情分割代持的股票价值。考虑到实际出资人在委托投资过程中承担主要的投资风险，其应分割到大部分的代持股票价值。此外，部分司法判例认为因投资的资金和风险均由实际出资人承受，故实际出资人可全额获得代持的股票价值，例如，（2017）京0108民初50908号、

(2019)粤01民终2979号等案件。前述案例在《九民纪要》出台之后较为罕见。笔者认为按照《民法典》第157条规定，并结合法理分析，合同无效后，应当恢复原状，进行财产返还。在股份代持情境下，返还财产涉及两个事项：确认名义股东享有全部股权权益；名义股东返还实际投资人的出资款。故有两个问题需要讨论：第一，股权增值或者贬值，应当如何确认分配或分担规则；第二，返还投资款是否包含孳息。

笔者认为，上市公司股权代持协议因违反强制性规定而无效，故无论股权在此期间增值还是贬值，如仅是一方存在过错，则过错人不应借协议无效之由获取不当利益，如各方均有过错，则应当区分相对过错程度，按照公平原则在各方之间分配股权增值部分或分担股权贬值风险。简言之，“过错不受益”原则应当是在分配增值部分或分担贬值风险时的优先考虑原则，否则有悖于公序良俗，也会助长不诚信的社会风气。在此前提下，笔者认为可按照《九民纪要》第33条的规定逐步考虑各方行为与财产增值、贬值的关联程度以及市场因素等，并酌情确认分配或分担比例。

（六）隐名股东是否可以对抗名义股东债权人的强制执行？

案例1　最高人民法院（2019）最高法民再45号　黄×鸣、李×俊案外人执行异议之诉纠纷

▶ 案情摘要

黄×鸣、李×俊系夫妻关系。黄×鸣原系蜀川公司的股东并兼任公司法定代表人，后黄×鸣将其持有的蜀川公司全部股份转让并退出了公司。

2012年2月13日，蜀川公司与其他17位股东发起设立了新津小贷公司。

2012年5月31日，黄×鸣、李×俊与蜀川公司签订《确认书》，载明：2011年12月19日黄×鸣向蜀川公司转账500万元，2011年12月20日以蜀川公司名义向新津小贷公司出资500万元，占公司5%的股份；现各方确认该股份实际系黄×鸣出资，股份归黄×鸣所有，其股东权利义务由黄×鸣享有和承担；蜀川公司只是名义上的持股人，不实际享有公司股东权利和承担股东义务。

在皮×与蜀川公司民间借贷纠纷一案中，法院于2016年6月21日裁定冻结了蜀川公司持有的新津小贷公司5%的案涉股权。

2016年11月9日，黄×鸣、李×俊向一审法院提出执行异议申请，以二人系夫妻关系、黄×鸣系案涉股权的实际投资人为由，请求确认案涉股权归夫妻二人共同所有。

裁判要旨

法院认为，本案中，李 × 俊、黄 × 鸣与蜀川公司之间的股权代持关系虽真实有效，但其仅在双方之间存在内部效力，对于外部第三人而言，股权登记具有公信力，隐名股东对外不具有公示股东的法律地位，不得以内部股权代持关系有效为由对抗外部债权人对显名股东的正当权利。故皮 × 作为债权人依据工商登记中记载的股权归属，有权向人民法院申请对该股权强制执行。

案例2 最高人民法院（2019）最高法民再 46 号 庹 × 伟、刘 × 案外人执行异议之诉纠纷

▶ **案情摘要**

庹 × 伟与邓 × 军分别于 2010 年 1 月 18 日、2011 年 5 月 15 日签订《代为持股协议》，约定由邓 × 军代庹 × 伟持有龙腾小贷公司 10.5% 的股份，邓 × 军为名义股东。

2013 年 7 月 8 日，刘 ×、李 × 芳、李 × 光与邓 × 军、张 × 萍民间借贷纠纷一案中，法院作出（2013）成民保字第 274 号民事裁定，冻结了被执行人邓 × 军持有的龙腾小贷公司 12% 的股份。

四川省高级人民法院作出的（2014）川民终字第 392 号民事调解书生效后，因被执行人邓 × 军、张 × 萍未履行调解协议约定的还款义务，刘 ×、李 × 芳、李 × 光向一审法院申请执行，执行案号为（2014）成执字第 1328 号。执行过程中，一审法院于 2015 年 6 月 10 日作出（2014）成执字第 1328-1 号执行裁定：续冻结邓 × 军所有的龙腾小贷公司 12% 的股份至 2018 年 7 月 6 日。

其后，庹 × 伟就（2014）成执字第 1328 号执行裁定，向法院提起了执行异议之诉，要求确认邓 × 军所代持的龙腾小贷公司的 2100 股股份（占龙腾小贷公司股份总额的 10.5%）属庹 × 伟所有，停止对案涉股份的强制执行，并判令邓 × 军协助配合办理代持股份的工商登记手续。

裁判要旨

法院认为，庹 × 伟与邓 × 军之间形成了股份代持关系，而对庹 × 伟就案涉股份是否享有足以排除强制执行的民事权益的评判，实际上涉及的是对作为邓 × 军

债权人的刘×、李×芳、李×光的民事权益与作为邓×军所代持股份实际出资人的庹×伟的民事权益在案涉强制执行程序中何者更应优先保护的问题。综合相关法律规范对于股份代持关系的规定以及相关当事人权利的形成时间、股份登记名义人与实际权利人相分离的原因乃至于法律对于市场秩序的价值追求等因素加以考量，庹×伟就案涉股份不享有足以排除强制执行的民事权益。

案例3 最高人民法院（2019）最高法民再99号 河南寿酒集团有限公司、韩×案外人执行异议之诉纠纷

▶ 案情摘要

2011年4月1日，河南金河石墨制品有限公司（以下简称“石墨公司”）分别与河南奥博纸业有限公司（以下简称“奥博公司”）及河南三力公司（以下简称“三力公司”）签订股权转让协议，将其持有的辉县农商行的股权1124万元分别转让给奥博公司及三力公司，其中奥博公司受让500万元，三力公司受让624万元。因当时改制后的股东人数较多，受股东人数限制，奥博公司受让的500万元股权由辉县农商行一并登记在三力公司名下。

2012年8月6日，奥博公司向寿酒公司借款3000万元。2013年4月18日，奥博公司与寿酒公司签订股权转让协议，将其持有的辉县农商行500万元股权转让给河南寿酒公司，以此折抵其借款债务，但未及时办理工商变更登记。

因三力公司未履行判决义务，三力公司的债权人韩×向法院申请对依法冻结的三力公司名下的辉县农商行的1400万元股权进行拍卖、变卖处置。法院于2015年3月31日作出（2014）新中法执字第62-11号执行裁定，裁定将被执行人三力公司在辉县农商行所持未进行质押登记的1400万元股权予以评估拍卖、变卖处置。寿酒公司对此提出异议，请求依法中止该执行裁定，法院于2015年6月1日作出（2015）新中执异字第13号执行裁定，驳回了寿酒公司提出的执行异议。

就此，河南寿酒公司遂提起执行异议之诉，请求：（1）确认（2014）新中执字第62-11号执行裁定所涉及的三力公司工商登记股权中500万元股权归寿酒公司所有；（2）解除对以上500万元股权的冻结，停止对该500万元股权的拍卖或变卖执行。

裁判要旨

法院认为，即使河南寿酒公司可以依据股权代持关系享有股东的权利，但也并

不因此就享有股东的地位，其要取得股东地位仍需符合一定的条件。河南寿酒公司基于股权代持关系对名义股东三力公司和辉县农商行享有的请求确认为股东等权利，在性质上属于请求权范畴，本质上是一种债权，河南寿酒公司的权利并不优先于韩 × 的权利。在执行活动中，河南寿酒公司的债权并不优先于韩 × 的债权，故河南寿酒公司并不能以其与三力公司之间的代持关系来对抗三力公司的债权人韩 ×。

案例4 最高人民法院（2018）最高法民申 5464 号 江 × 权、谢 × 平案外人执行异议之诉纠纷

▶ 案情摘要

2014 年 3 月 10 日，江 × 权因与张 × 良合伙协议纠纷诉至福建省龙岩市中级人民法院（以下简称“龙岩中院”）。在龙岩中院的主持下，江 × 权与张 × 良达成调解协议，龙岩中院以（2014）岩民初字第 75 号民事调解书确认了双方的调解协议。该民事调解书发生法律效力后，根据江 × 权的执行申请，龙岩中院向被执行人张 × 良发出执行通知书，但张 × 良未履行生效法律文书确定的义务。后龙岩中院于 2014 年 9 月 11 日向汇丰公司发出《协助执行通知书》，依法查封冻结了张 × 良妻子钟 × 彤持有的汇丰公司的股权 1049.4 万元（33%）。

谢 × 平以其作为隐名股东，钟 × 彤股权中的 17% 股权系其所有，法院不应对该股份采取强制措施为由，向龙岩中院提出书面异议。

一审法院经审理后驳回了谢 × 平的诉讼请求。谢 × 平不服一审判决，提起上诉。二审法院经审理后撤销一审判决，判决停止对案涉股权的执行。江 × 权不服二审判决，向最高人民法院申请再审。再审法院裁定驳回江 × 权的再审申请。

裁判要旨

法院认为，从权利形成时间上来看，谢 × 平实际出资、作为隐名股东取得案涉股权在查封案涉股权的调解书形成之前，虽然谢 × 平并未登记为名义股东，但其对于案涉股权享有的权利在查封前即取得。从权利性质上来看，江 × 权系基于一般债权而对案涉股权采取查封措施，谢 × 平系基于返还请求权而对案涉股权执行提出异议，江 × 权的权利主张并不能当然优先于谢 × 平的权利主张。此外，江 × 权与钟 × 彤之间并未就案涉股权建立任何信赖法律关系，江 × 权亦不属于因信赖权利外观而需要保护的民事法律行为之善意第三人。因此，谢 × 平对案涉股权提出

执行异议，二审法院判决停止对案涉股权的执行，并无不当。

总结及延展

主流司法裁判观点认为，股权代持关系仅在双方之间存在内部效力，对于外部第三人而言，股权登记具有公信力，隐名股东对外不具有公示股东的法律地位，不得以内部股权代持关系有效为由对抗外部债权人对显名股东的正当权利。

由于在股权代持情况下，股东的实际权属与名义权属相分离，而股权登记具有公示力，第三人因此产生了信赖利益。如果名义股东自身存在债务未清偿，则可能出现名义股东的债权人在诉讼过程中对名义股东的代持股权进行冻结，进而在强制执行过程中要求处置的情况。如此一来，隐名股东（此处隐名股东指代隐名股东或实际投资人，下文不再赘述）的股权权益恐将受到不利影响，故实践中在名义股东的股权被执行时，实际投资人只能通过提出执行异议之诉的方式维护自身权益。针对前述执行异议之诉的处理方式，目前最高人民法院存在两种观点，观点一：名义股东的权利符合商事外观主义的公示力规则，不应当因其与实际投资人的内部安排而排除对其股权的强制执行。观点二：隐名股东虽未登记，但其实际享有股东权益，是股权所有人。隐名股东可以通过执行异议、执行异议之诉披露前述情况，一旦名义股东的债权人知道股权实际归属隐名股东，则法律应当保护实际权利人，停止相应强制执行措施。

而江苏省高级人民法院则融合了最高人民法院的两派观点，江苏省高级人民法院制定的《执行异议及执行异议之诉案件办理工作指引（三）》第 17 条规定：“执行法院对登记在被执行人名下的股权实施强制执行，案外人以其系真实股东或实际出资人为由提出执行异议，请求排除执行或一并提出确认其股东资格的，不予支持。案外人因此提起的执行异议之诉，如其提供的证据能够充分证明申请执行人明知或应知其是隐名股东或实际出资人的，应予以支持；否则，不予支持。”前述规定看似是两种观点相调和的产物，但实际上仅仅是在第一种观点的基础上重申了“善意第三人”的构成要素而已，本质上江苏省高级人民法院的观点与最高人民法院“不支持隐名股东排除强制执行”的观点并无二致。

从目前司法实践的裁判观点看，两种观点平分秋色，各有支持案例。《九民纪要》（征求意见稿）第 119 条规定：“金钱债权执行过程中，人民法院针对登记在被执行人名下的房产或者有限责任公司的股权等实施强制执行，案外人有证据证明其系实际出资人，与被执行人存在借名买房，隐名持股等关系，请求阻却执行的，人民法院应予支持。”但《九民纪要》的正式稿将其删除，由此可见最高人民法院对于类似执行异议之诉的审理存在裁判分歧，也反映出了司法界对于该类问题的纠结和矛盾。

笔者认为，隐名股东究竟能否对抗名义股东债权人对股权的执行其本质是商事外观主义与权利实质主义、效率与公平之间的矛盾与冲突。

商事外观主义是商法中的一项基本原则，起源于德国法，具体是指商事交易行为人的行为意思应以其行为外观为准并适用法律推定规则，即当外观事实与真实事实不一致，且前述不一致与实际权利人的行为有关时，则交易相对人基于对外观事实的合理信赖产生的利益要优先于实际权利人的利益而受到法律的保护[①]。

商事外观主义即指公示力中的公信力（信赖利益），《公司法》（2024）第 34 条第 2 款规定，“公司登记事项未经登记或者未经变更登记，不得对抗善意相对人”；《民法典》第 65 条规定：“法人的实际情况与登记的事项不一致的，不得对抗善意相对人”。

此时，我们再回看一下最高人民法院中的两派不同观点。（2018）最高法民申 5464 号、（2018）最高法民申 3511 号、（2015）最高法民申第 2381 号等案件均认为隐名股东的权益能够排除名义股东的债权人对于股权的强制执行，主要缘由为“商事外观主义原则的适用范围不包括非交易第三人，名义股东与债权人的交易股权无关，不应适用商事外观主义”；而（2020）最高法民终 844 号、（2019）最高法民再申 45 号、（2019）最高法民再申 99 号等案件均认为隐名股东的权益不能够排除名义股东债权人对于股权的强制性质，主要缘由为：根据《公司法》（2018）第 32 条第 3 款的规定，经过工商登记的权利外观，使第三人产生合理信赖，内部股权代持不具有外部对抗效力。

由上可知，两派观点的争议焦点在于“商事外观主义的内涵与外延”，即公示力中的信赖利益保护是否应延及与登记信息相关的第三方交易主体，抑或应缩限适用于以登记信息内容为交易核心（交易标的）的第三方交易主体。

《公司法》（2018）第 32 条第 3 款规定，“公司应当将股东的姓名或者名称向公司登记机关登记；登记事项发生变更的，应当办理变更登记。未经登记或者变更登记的，不得对抗第三人”，而《公司法》（2024）第 34 条第 2 款则将《公司法》（2018）中的“第三人”改为了“善意相对人”。那么，修改后的“善意相对人”应当如何理解，

---

① 参见艾茜：《透明度与显名化：中国股权代持规制理念及制度革新研究》，载《江西财经大学学报》2024 年第 3 期。

是否必然可以理解为前述笔者所说的“以登记信息内容为交易核心(交易标的)”的第三人?笔者认为答案是肯定的,从文意解释的角度看,“第三人”与“善意相对人”并无明显的特质区别,无法凭借此处修改直接判断立法者对于信赖利益保护主体的边界认定。但相较于“第三人”而言,此处修改则能直接体现出立法者的限缩意图。另外需要特别注意的是,《公司法》(2024)第34条对“第三人”的修改在《九民纪要》的第3条内容中已有体现,此次修改无疑是对《九民纪要》第3条内容的回应和认可。

《九民纪要》第3条规定民法总则与公司法的关系是一般法与商事特别法的关系……但应当注意也有例外情况,主要表现在两个方面:一是就同一事项,民法总则制定时有意修正公司法有关条款的,应当适用民法总则的规定。例如,《公司法》(2018)第32条第3款规定:“公司应当将股东的姓名或者名称向公司登记机关登记;登记事项发生变更的,应当办理变更登记。未经登记或者变更登记的,不得对抗第三人。”而原《民法总则》第65条的规定则把“不得对抗第三人”修正为“不得对抗善意相对人”。经查询有关立法理由,可以认为,此种情况应当适用民法总则的规定……二是根据《全国法院民商事审判工作会议纪要理解与适用》一书中对于《九民纪要》第3条的解读可知,民法上的相对人是指合同对方当事人。按照合同相对性原理,一个合同关系(A—B)中,双方当事人互为“相对人”。善意相对人是指:一方(A)有影响合同效力的事由(无处分权、超越代表权、超越代理权、超越经营范围)时,对方(B)对此事由“不知”而进行交易,即属于“善意相对人”。《公司法》(2018)第32条第3款的规定应该被原《民法总则》第65条的规定所取代。基于上述立法背景及过程,《九民纪要》作了如上规定。笔者认为从《九民纪要》第3条内容的解释可知,《公司法》(2024)第34条所涉“善意相对人”应当按照民法中的“善意相对人”进行理解,民法中的善意相对人特指围绕另一方无权处置或者代理、经营的标的进行交易的相对方,如果两方主体虽然建立了债权法律关系,属于相对方,但其交易的内容并不涉及一方当事人无权处分、代理、经营等情形,则不属于“善意相对人”“恶意相对人”的探讨范畴。故综合《公司法》(2024)第34条的变动以及《九民纪要》的相关论述,笔者认为“商事外观主义的内涵与外延”,即公示力中的信赖利益保护,应缩限适用于以登记信息内容为交易核心(交易标的)的第三方交易主体。信赖利益顾名思义,指当事人由于信任相对方某一项信息的真实性而与之进行交易,而判断是否一方当事人系基于对某一项信息的信任作出交易决定,应当适用直接关联规则,即对相应信息的信赖是当事人作出交易决定的必要条件,如此方可产生信赖利益。假设一方当事人存在公示信息的登记不实之况，而双方当事人的交易与该信息并无直接关联，则意味着公示信息并非交易确定的必要条件，无法产生信赖利益。如果仅凭借“有可能影响到交易决策”的抽象理由均可判定信赖利益的产生，则信赖利益的应用场景过于广泛，虽然大大提升了交易效率但势必严重损害公平原则，显然是不合理的。

笔者认为，在股权代持的情境下，第三方与名义股东的交易是否能够产生与代持股权相关的信赖利益，取决于前述交易是否以股权为核心或者代持股权对于交易的形成是否具有重要推动作用。简言之，股权是否系交易形成的必要条件的判断要结合具体交易文本或交易双方意思表示予以确认，如交易文本将股权作为交易标的或者交易担保物，或者将名义股东的持股情况作为交易的前置条件等，均可认定股权系交易形成的必要条件，从而认定信赖利益的产生。

当前，在隐名股东的执行异议之诉中，有大量案件并非前述情况，名义股东与第三人的交易并非以股权为核心，股权也并非前述交易合意形成的必要条件，在此情况下，直接判定隐名股东无法排除债权人的执行，无异于过分保护经济效率而忽略了对公平原则的维护，极大地损害了隐名股东的合法利益，亦会导致股权代持这一经济现象的萎缩，间接损伤了经济多样性的活力。

（七）隐名股东显名需要满足哪些条件？

案例1　最高人民法院（2019）最高法民申2884号　天津虹联创业投资有限公司、天津安捷医院有限公司股东资格确认纠纷

▶ 案情摘要

2011年11月19日，虹联公司与武×强签订《委托持股协议》一份，协议约定：武×强以自然人名义代虹联公司持有安捷医院86%股权。

其后，安捷医院股东经多次变更，现工商登记的股权结构为：股东由武×强、马×芬、唐×珍3名自然人构成，其中武×强持股比例为86%，唐×珍持股比例为13%，马×芬持股比例为1%。

2013年8月7日，武×强因病死亡。马×菊系武×强之母，韩×玉系武×强之妻，武×系武×强之子。

此后，虹联公司提出诉讼，请求法院判令：虹联公司为安捷医院隐名股东，由武×强代持的安捷医院86%的股权属于虹联公司享有；安捷医院及韩×玉、武×、马×菊协助虹联公司办理股东工商变更登记手续。

唐×珍、被告马×芬庭审中均陈述，不同意虹联公司成为公司股东，也不同意办理股权变更手续。

裁判要旨

法院认为，虹联公司与案外人武×强签订的《委托持股协议》，只对虹联公司与武×强产生法律约束力，并不能约束协议双方之外的公司其他股东。虹联公司现以其为安捷医院的实际出资人为由，在武×强去世后要求确认股东资格并办理登记手续，仍需履行法定程序。在安捷医院其他股东事先对武×强代持股事实不知情，事后又均反对虹联公司显名的情况下，自然谈不上其他股东过半数以上同意的问题，虹联公司的诉讼请求缺乏法律依据，原审判决驳回虹联公司的诉讼请求，适用法律并无不当。

案例2 最高人民法院（2021）最高法民申7126号 吉林省楷亚种植有限公司、姜×峰等股东资格确认纠纷

▶ 案情摘要

为开发经营土地并欲在未来通过被拆迁获益，吉林省铜亚建筑材料有限公司（以下简称“铜亚公司”）法定代表人李×同指派张×以姜×峰、王×梅为名义股东设立吉林省楷亚种植有限公司（以下简称“楷亚公司”），由二人代持铜亚公司股权，由铜亚公司实际出资。铜亚公司同时将其自有资产和委托姜×峰代持的耕地资产无偿交予楷亚公司使用。楷亚公司设立后，李×同负责该公司经营管理及审批财务报销。姜×峰、王×梅在楷亚公司成立初期未参与经营管理，仍作为铜亚公司员工领取工资并申请报销日常开销。

此外，铜亚公司与姜×峰签署了《养殖场开办及经营协议》，约定铜亚公司以姜×峰的名义使用小城子村四组1.652公顷耕地开办养殖场（即楷亚公司），该土地登记于姜×峰名下，但实际由铜亚公司购买，养殖场的投资、经营由铜亚公司决定，全部收益及权利归铜亚公司。

铜亚公司向法院请求确认姜×峰与王×梅名下楷亚公司的股权归其所有。

铜亚公司认为，王×梅、姜×峰未对楷亚公司履行出资义务，王×梅、姜×峰均为名义股东，均系代持楷亚公司股权。

裁判要旨

法院认为，铜亚公司主张对姜×峰与王×梅名下的磨亚公司股权享有实际出资人权利，需证明其已对磨亚公司合法出资，并与姜×峰、王×梅订立了合法有效的代持协议。本案中，铜亚公司提供了与姜×峰签订的《养殖场开办及经营协议》、银行转账凭证、财务记账凭证、相关资产评估报告及公司注册手续经办人的证人证言等证据，可以证明其为规避集体土地使用法律规定而以姜×峰名义取得养殖场土地及经营手续、铜亚公司以姜×峰和王×梅为名义股东办理磨亚公司登记申请、公司成立初期李×同作为铜亚公司法定代表人管理并控制磨亚公司等事实。

因此，铜亚公司设立磨亚公司且已实际出资、姜×峰和王×梅系磨亚公司名义股东，铜亚公司为磨亚公司100%股权实际出资人，是磨亚公司100%股权的股东。

案例3 最高人民法院（2016）最高法民终701号 刘×兰、卢×生、施×服、邓×珍、郭×生、滕×明、廖×伟、江西鑫诚建生投资有限公司、赣州中盛房地产开发有限公司、徐×忠、颜×才、谢×春案外人执行异议之诉纠纷

▶ 案情摘要

中盛公司成立于2010年11月9日，注册资本2000万元，股东为颜×才、滕×明、郭×生、徐×忠4人，其中郭×生认缴资本490万元（持股比例为24.5%），并于2010年11月5日向中盛公司账户实际缴纳出资490万元。2013年12月25日，中盛公司修正章程，对公司注册资本增资，由2000万元变更为3000万元，其中郭×生认缴资本不变（仍为490万元，持股比例调整为16.33%），滕×明、徐×忠、颜×才3人均完成了新增出资额的实际缴纳。

谢×春按照《协议书》《补充协议书》的约定，于2011年1月12日至1月14日，以谢×红、谢×辉名义分15笔将1198万元投资股金款付给郭×生。2011年1月14日，郭×生向谢×春出具《出资证明书》，写明收到该1198万元投资款。

2013年1月24日，卢×生、施×服、邓×珍与郭×生、刘×兰、鑫诚公司民间借贷纠纷一案中，法院对此作出（2014）赣执字第1—1号执行裁定书，评估、拍卖郭×生持有的中盛公司24.5%的股权。谢×春提起执行异议，后被法院作出（2015）赣执异字第3号执行裁定书驳回申请。

就此，谢 × 春向一审法院起诉请求：(1)撤销江西省高级人民法院(2015)赣执异字第 3 号执行裁定书，停止对郭 × 生持有的中盛公司 4.5% 股权的拍卖执行；(2)判决确认其持有中盛公司 4.5% 的股权(价值 1198 万元)，由中盛公司向其签发出资证明书、记载于股东名册、记载于公司章程并办理股东变更工商登记。

庭审过程中，谢 × 春提交了 2010 年 11 月 9 日其与郭 × 生、徐 × 忠、黄承永签订的《协议书》、2011 年 1 月 2 日其与郭 × 生、徐 × 忠签订的《补充协议书》、银行转账单、郭 × 生向其出具的《出资证明书》等证据。

裁判要旨

法院认为，首先，现有证据不足以认定谢 × 春系中盛公司的实际出资人。谢 × 春提交的证据不足以确认其享有中盛公司的股东资格。郭 × 生于 2010 年 11 月 5 日已完成了对中盛公司的出资，而 2011 年 1 月 14 日，谢 × 春才将 1198 万元投资款支付给郭 × 生。郭 × 生虽然向谢 × 春出具了《出资证明书》，认可谢 × 春通过郭 × 生向中盛公司出资，但是并没有证据表明该笔投资款实际缴纳给中盛公司或用于中盛公司经营。谢 × 春缺乏充分的证据证实中盛公司认可收到谢 × 春的投资款或承认谢 × 春系中盛公司实际出资人的身份。其次，谢 × 春不具备确认股东资格的法定要件。中盛公司章程和工商登记资料显示，中盛公司的股东除郭 × 生外，还有颜 × 才、滕 × 明、徐 × 忠 3 人，按照上述规定，确认谢 × 春的股东资格，需要至少这 3 人中 2 名股东同意。而谢 × 春没有举证证明其满足公司其他股东半数以上同意这一要件，故不能确认其具有股东资格。谢 × 春主张持有中盛公司 4.5% 的股权，由中盛公司向其签发出资证明书、记载于股东名册、记载于公司章程并办理股东变更工商登记的上诉请求，因缺乏事实和法律依据，不予支持。

总结及延展

《公司法司法解释(三)》(2020)第 24 条对隐名股东的显名路径进行了初步规定，如仅是内部确认权属，需要有效的股权代持协议或代持的事实以及实际履行出资义务；如隐名股东请求公司变更股东并办理公司登记机关登记的，不仅需要证明代持事实，还应有公司其他股东半数以上同意。

《九民纪要》第 28 条规定："实际出资人能够提供证据证明有限责任公司过半数的其他股东知道其实际出资的事实，且对其实际行使股东权利未曾提出异议的，对实际出资人提出的登记为公司股东的请求，人民法院依法予以支持。公司以实际出资人的请求不符合公司法司法解释(三)第24条的规定为由抗辩的，人民法院不予支持。”

结合(2021)最高法民申1456号、(2021)最高法民申7126号、(2016)最高法民终701号案例的裁判说理可知，隐名股东显名的认定规则如下：

第一，隐名股东与名义股东之间具有股权代持协议，且隐名股东具有成为股东的真实意思表示；

第二，隐名股东认缴出资或实际出资；

第三，经过公司其他股东半数以上同意隐名股东显名或公司过半数的其他股东明知其实际出资，且对其行使股东权利无异议的。

需要注意的是，在《公司法》(2024)出台之前，第一个以及第三个条件均系隐名股东显名的必要条件，仅凭第二个条件是无法完成显名化路径的。从既往司法判例中可知：实际出资人均提交了实际出资的相关凭证，证明其履行了股东出资的基本义务；法院在审判时不会仅凭出资证明即认定双方存在代持股合意，在(2015)民二终字第96号判决中，法院认为在仅能证明存在资金往来的情况下，由于资金往来的实质性质存在过多可能性，因而难以证成存在股权代持。代持股关系所依托的前提条件委托关系属于双方法律行为，需当事人之间存在共同意思表示，并以此来确定双方权利义务。因此出资证明是确认实际出资人股东资格的必要不充分条件，出资证明加合意是确认实际出资人股东资格的实质要件。如果当事人缺乏书面股权代持协议，则实际出资人必须证明自己实际行使了股东权利，参与了公司管理、程序表决或其他行使股东权的行为。

但实践中会出现一种问题：半数以上其他股东可否在默示同意实际出资人行使股东权利后，再明示提出异议？实际出资人行使股东权利是一种持续状态，实务中存在这样一种情形：即半数以上其他股东在相当长的一段时间内均保持沉默，但到了实际出资人主张将自己登记为公司股东的时刻或前夕，则明确提出异议，反对实际出资人行使股东权利，亦反对将其登记为股东。《九民纪要》以及《公司法司法解释(三)》(2020)第24条均未能解决这一问题。

《公司法》(2024)第84条第2款删除了《公司法》(2018)有关对外转让股权需其他股东过半数同意的条款。在此情形下，实际出资人显名是否需要征得公司其他股东半数以上同意可能会引发争议。笔者认为，《公司法》(2024)第84条第2款删除了《公司法》(2018)第71条有关对外转让股权需其他股东过半数同意的条款，而转为其他股东同等条件下优先购买权的规定，但关于实际出资人的显名条件和显名路径是《公司法司法解释（三）》(2020）及《九民纪要》规定的内容，而且根据《公司法司法解释（三）》(2020）及《九民纪要》的规定，实际出资人显名，其他股东并不享有优先购买权，故实际出资人通过诉讼方式显名与股权转让还是不一样的。当然实际出资人也可以通过股权转让的方式进行显名，虽然通过此方式不需要其他股东过半数同意，但是通过此方式显名存在被其他股东优先购买的风险。

专题九

股权回购

一、法律规定对比解析

(一)《公司法》(2018)与《公司法》(2024)相关条文对比

《公司法》(2018)	《公司法》(2024)
第 74 条 有下列情形之一的，对股东会该项决议投反对票的股东可以请求公司按照合理的价格收购其股权： (一)公司连续五年不向股东分配利润，而公司该五年连续盈利，并且符合本法规定的分配利润条件的； (二)公司合并、分立、转让主要财产的； (三)公司章程规定的营业期限届满或者章程规定的其他解散事由出现，股东会会议通过决议修改章程使公司存续的。 自股东会会议决议通过之日起六十日内，股东与公司不能达成股权收购协议的，股东可以自股东会会议决议通过之日起九十日内向人民法院提起诉讼。	**第 89 条** 有下列情形之一的，对股东会该项决议投反对票的股东可以请求公司按照合理的价格收购其股权： (一)公司连续五年不向股东分配利润，而公司该五年连续盈利，并且符合本法规定的分配利润条件； (二)公司合并、分立、转让主要财产； (三)公司章程规定的营业期限届满或者章程规定的其他解散事由出现，股东会通过决议修改章程使公司存续。 自股东会决议作出之日起六十日内，股东与公司不能达成股权收购协议的，股东可以自股东会决议作出之日起九十日内向人民法院提起诉讼。 公司的控股股东滥用股东权利，严重损害公司或者其他股东利益的，其他股东有权请求公司按照合理的价格收购其股权。 公司因本条第一款、第三款规定的情形收购的本公司股权，应当在六个月内依法转让或者注销。
—	**第 161 条** 有下列情形之一的，对股东会该项决议投反对票的股东可以请求公司按照合理的价格收购其股份，公开发行股份的公司除外： (一)公司连续五年不向股东分配利润，而公司该五年连续盈利，并且符合本法规定的分配利润条件； (二)公司转让主要财产； (三)公司章程规定的营业期限届满或者章程规定的其他解散事由出现，股东会通过决议修改章程使公司存续。

续表

《公司法》(2018)	《公司法》(2024)
—	自股东会决议作出之日起六十日内,股东与公司不能达成股份收购协议的,股东可以自股东会决议作出之日起九十日内向人民法院提起诉讼。 公司因本条第一款规定的情形收购的本公司股份,应当在六个月内依法转让或者注销。
第142条 公司不得收购本公司股份。但是,有下列情形之一的除外: (一)减少公司注册资本; (二)与持有本公司股份的其他公司合并; (三)将股份用于员工持股计划或者股权激励; (四)股东因对股东大会作出的公司合并、分立决议持异议,要求公司收购其股份; (五)将股份用于转换上市公司发行的可转换为股票的公司债券; (六)上市公司为维护公司价值及股东权益所必需。 公司因前款第(一)项、第(二)项规定的情形收购本公司股份的,应当经股东大会决议;公司因前款第(三)项、第(五)项、第(六)项规定的情形收购本公司股份的,可以依照公司章程的规定或者股东大会的授权,经三分之二以上董事出席的董事会会议决议。 公司依照本条第一款规定收购本公司股份后,属于第(一)项情形的,应当自收购之日起十日内注销;属于第(二)项、第(四)项情形的,应当在六个月内转让或者注销;属于第(三)项、第(五)项、第(六)项情形的,公司合计持有的本公司股份数不得超过本公司已发行股份总额的百分之十,并应当在三年内转让或者注销。 上市公司收购本公司股份的,应当依照《中华人民共和国证券法》的规定履行信息披露义务。上市公司因本条第一款第(三)项、第(五)项、第(六)项规定的情形收购本公司股份的,应当通过公开的集中交易方式进行。 公司不得接受本公司的股票作为质押权的标的。	**第162条** 公司不得收购本公司股份。但是,有下列情形之一的除外: (一)减少公司注册资本; (二)与持有本公司股份的其他公司合并; (三)将股份用于员工持股计划或者股权激励; (四)股东因对股东会作出的公司合并、分立决议持异议,要求公司收购其股份; (五)将股份用于转换公司发行的可转换为股票的公司债券; (六)上市公司为维护公司价值及股东权益所必需。 公司因前款第一项、第二项规定的情形收购本公司股份的,应当经股东会决议;公司因前款第三项、第五项、第六项规定的情形收购本公司股份的,可以按照公司章程或者股东会的授权,经三分之二以上董事出席的董事会会议决议。 公司依照本条第一款规定收购本公司股份后,属于第一项情形的,应当自收购之日起十日内注销;属于第二项、第四项情形的,应当在六个月内转让或者注销;属于第三项、第五项、第六项情形的,公司合计持有的本公司股份数不得超过本公司已发行股份总数的百分之十,并应当在三年内转让或者注销。 上市公司收购本公司股份的,应当依照《中华人民共和国证券法》的规定履行信息披露义务。上市公司因本条第一款第三项、第五项、第六项规定的情形收购本公司股份的,应当通过公开的集中交易方式进行。 公司不得接受本公司的股份作为质权的标的。

续表

《公司法》(2018)	《公司法》(2024)
—	**第 219 条** 公司与其持股百分之九十以上的公司合并，被合并的公司不需经股东会决议，但应当通知其他股东，其他股东有权请求公司按照合理的价格收购其股权或者股份。 公司合并支付的价款不超过本公司净资产百分之十的，可以不经股东会决议；但是，公司章程另有规定的除外。 公司依照前两款规定合并不经股东会决议的，应当经董事会决议。

（二）相关规范索引

相关规范	条款
《公司法司法解释（一）》(2014)	第 3 条
《公司法司法解释（二）》(2020)	第 5 条
《公司法司法解释（五）》(2020)	第 5 条
《九民纪要》	第 5 条
《上市公司股份回购规则》(2023)	第 2 条

（三）新旧公司法变化解读

与《公司法》(2018)相比，《公司法》(2024)吸收了司法实务中的经验，扩大了异议股东回购权的适用情形，延续了“原则禁止，例外允许”的股权回购模式，同时与公司简易合并制度相衔接，进一步完善了股权回购的配套减资程序，增强了公司资本运作的灵活性。

第一，《公司法》(2024)扩展了异议股东回购请求权的适用情形，并对库存股的资本处理作出了明确的指引。

《公司法》(2018)第 74 条中规定了有限责任公司异议股东回购请求权的适用情形。《公司法》(2024)第 89 条在此基础上加入了有限责任公司控股股东滥用股东权利情况下其他股东的股权回购权。鉴于我国大部分有限公司股权集中度较高，实践中大股东滥用权利、侵害中小股东及公司利益的现象屡见不鲜，特别是在有限责任公司中，因缺乏公开股权交易市场，中小股东退出机制受限。为深化对中小股东的保护，《公司法》(2024)第 89 条明确了大股东滥权情形下中小股东的回购请求权。此举有助于缓和公司解散制度的适用，为处理公司僵局提供了更为多元和灵活的解决方案。不过，前述条款在表述上尚显宽泛，未来仍需通过司法解释作出进一步具体指引。

第二，《公司法》(2024)增加了异议股东请求公司回购股权的适用公司类型。

《公司法》(2018)第 74 条仅规定了有限责任公司的异议股东要求公司回购股权的情形。而《公司法》(2024)新增第 161 条内容，规定股份有限公司(公开发行股份的公司除外)异议股东股份回购请求权。这意味着除有限责任公司外，非上市股份有限公司的异议股东同样享有依法要求公司回购股权的权利。上市公司的股票具有强流动性，股东在公开市场进行股票交易便能以相对公允合理的价格获得退出公司的渠道，无须以异议股东股份回购请求权进行救济。[①] 但是，我国同时还存在大量封闭性强的非上市股份有限公司，该类公司中小股东同样面临控股股东压制问题及权利救济的困境。鉴于此，引入股份公司的异议股东回购请求权，是对于既往股份公司中小股东救济制度供给不足的回应。[②]

第三，《公司法》(2024)第 161 条股份有限公司异议股东回购请求权的适用情形与有限责任公司异议股东回购请求权的适用情形相比，删除了“公司合并、分立”的情形。

第四，相较于《公司法》(2018)，《公司法》(2024)增设了异议股东行使股权(股份)回购请求权所致库存股的处理方式。

《公司法》(2024)第 89 条及第 161 条均明确规定，即公司应当在 6 个月内依法转让或者注销收购的股权，为回购股份后的资本处理提供了明确的指引。

第五，《公司法》(2024)针对股份有限公司主动回购本公司股份以及例外的被动回购股份的规定并未进行实质性修改。《公司法》(2024)第 162 条承袭了《公司法》(2018)第 142 条的规定，延续了“原则禁止，例外允许”的股权回购模式。

第六，《公司法》(2024)第 219 条将股权回购制度与公司简易合并制度相衔接。

简易合并制度是《公司法》(2024)中的新增制度。《公司法》(2024)第 219 条第 1 款规定：“公司与其持股百分之九十以上的公司合并，被合并的公司不需经股东会决议，但应当通知其他股东，其他股东有权请求公司按照合理的价格收购其股权或者股份。”该制度下，公司合并无须被合并的子公司股东会决议，此时，子公司股东在形式上无法满足《公司法》(2024)第 89 条、第 161 条规定的“对股东会该项决议投反对票”要件，从而难以适用异议股东回购请求权条款。但是，子公司少数股东

---

① 参见李建伟：《公司法评注》，法律出版社 2024 年版，第 649 页。

② 参见李建伟：《公司法评注》，法律出版社 2024 年版，第 648 页。

所面临的困境与普通合并时并无二致。因此，简易合并制度中额外设置了股东回购请求权的相应规定，以保障少数股东的合法权益，《公司法》(2024)第219条与第89条、第161条及第162条共同组成了较为完善的股东回购请求权规则体系。[①]

二、争议问题及司法裁判实务梳理

(一)《公司法》(2024)第89条中，自股东会决议作出之日起60日内与公司协商股份收购协议是否为异议股东回购请求权的前置程序?

案例1 重庆市高级人民法院(2018)渝民初146号 中国华融资产管理股份有限公司与重庆南桐矿业有限责任公司请求公司收购股份纠纷

▶ 案情摘要

重庆南桐矿业有限责任公司(以下简称"南桐公司")成立于1980年7月24日，其股东现为重庆市能源投资集团公司(以下简称"能投集团")和中国华融资产管理股份有限公司(以下简称"华融公司")。其中，能投集团持股95.34%，华融公司持股4.66%。

2018年5月24日，南桐公司形成《股东会决议》，审议并通过了《关于转让南桐煤矿等单位资产的议案》，其中，能投集团赞成，华融公司反对。

同年6月14日，曾×与其上级的往来邮件中提到"李×鹏对南桐矿业情况进行了介绍，对我方提出退出南桐进行了回复，一是南桐矿业潜亏巨大……南桐矿业股权价值可能归零"。

同年7月12日，能投集团员工黎×成通过微信向曾×发送了《重庆能投渝新能源有限公司组建及增资扩股方案》，该方案就渝新公司组建思路、方式、工作目标、组织架构、重组范围、资产重组方式、引入战略投资者以及上市等内容进行了安排。

华融公司于2018年8月1日向南桐公司发送《关于要求回购股权的函》，要求南桐公司以1.44亿元回购华融公司持有南桐公司的全部股权，但未能达成股权收购协议。

2018年8月22日，华融公司向法院起诉，请求判令南桐公司以1.44亿元的价格回购华融公司持有的南桐公司4.66%的股权，并向华融公司支付利息4136万元，同时承担本案诉讼费。

---

① 参见李建伟:《公司法评注》，法律出版社2024年版，第871页。

裁判要旨

法院认为，异议股东在股东会决议形成后的60日内，应当首先在公司内部寻求救济，如果没有向公司申请，视为放弃权利，不能与公司达成股权收购协议是股东提起收购诉讼的前提。如果股东未在60日内向公司提出收购申请，即丧失向法院提出诉讼的权利。根据本案查明事实，华融公司在股东会会议决议通过之日起60日内与南桐公司控股股东能投集团协商了退出南桐公司事宜。南桐公司仅有2名股东，能投集团持有南桐公司95.34%的股权，是南桐公司的控股股东，华融公司提出股权收购是公司内部治理关系问题，其与能投集团协商股权收购事宜，能够产生华融公司向南桐公司要求收购股权的实际效果，因此，华融公司提起本案诉讼符合要求公司收购股权的法定程序的规定。

案例2 湖北省黄石市中级人民法院（2020）鄂02民终298号 陈×华、湖北德克特种异型高强螺栓有限公司与公司有关的纠纷

▶ 案情摘要

2019年2月14日，湖北德克特种异型高强螺栓有限公司（以下简称“德克螺栓公司”）召开股东会，该股东会应到股东人数14人，实到6人（含股东明×元、周×华、袁×林、周×宏、欧×、石×鹏），出席本次会议的股东持有本公司87.88%的股权，经出席会议股东平等协商后一致同意作出决议，同意将公司经营期限变更为长期。同年2月22日，完成了变更登记。

公司股东和销售部部长陈×华向法院起诉，请求判令德克螺栓公司以26万元的价格收购其在德克螺栓公司全部股权（按照合理的价格以1300万元估值为参考标准），并承担本案诉讼费。

一审法院经审理后驳回了陈×华的诉讼请求。陈×华不服一审判决提起上诉，二审法院经审理后维持原判，驳回其上诉请求。

裁判要旨

法院认为，根据《公司法》（2018）第74条的规定，异议股东的股权收购请求权的行使条件：一是享有股权收购请求权的股东在股东会上对该条规定的三种情形投反对票；二是异议股东需先在股东会会议决议通过之日起60日内与公司进行协商；

三是异议股东与公司协商不成的，须在股东会会议决议通过之日起 90 日内向法院提起诉讼。本案中，陈 × 华作为公司股东和销售部部长，其对公司经营期限应是明知的，即使陈 × 华未参加股东会无法投反对票，其也应在公司经营期限届满后即可知道公司延长了经营期限，如其不同意应立即向公司明确表示反对。但陈 × 华并未提供证据证明其在起诉前向德克螺栓公司提出反对意见。另外，陈 × 华应在法定期限内先与公司协商，协商不成才可向法院提起诉讼。异议股东回购之诉的起算日应为公司经营期限届满之日的次日，本案中，陈 × 华应在 2019 年 3 月 1 日起 60 日内向德克螺栓公司明确表明反对延长经营期限，并与公司协商收购其股权，如在 60 日内协商不成，其在 90 日内可向法院提起诉讼。但是，陈 × 华并未提供证据证明其已与公司进行协商，履行起诉前置程序。故陈 × 华要求德克螺栓公司以 26 万元的价格收购其持有的该公司全部股权，不符合法律规定，不予支持。

案例3　山东省烟台市中级人民法院（2020）鲁 06 民终 142 号　烟台市三站果品批发市场有限责任公司、柳 × 玲合同纠纷

▶ 案情摘要

柳 × 玲为烟台市三站果品批发市场有限责任公司（以下简称“果品公司”）登记股东，认缴出资额为 18 万元，认缴出资比例为 11.48%。

2016 年 5 月 18 日，果品公司在未通知柳 × 玲的情况下召开股东大会，并形成股东大会决议，将营业期限变更为长期，并办理了工商变更登记，柳 × 玲亦未在股东会决议中签字。

2018 年 2 月 7 日，柳 × 玲至工商部门查阅档案才得知 2016 年 5 月 18 日股东会决议内容。据此，柳 × 玲诉至法院，请求判令果品公司以 1012.84 万元回购所持股份。

一审法院经审理后判令果品公司支付给柳 × 玲股份回购款人民币 987.84 万元。果品公司不服一审判决，提起上诉。二审法院经审理后维持原判，驳回上诉。

裁判要旨

法院认为，《公司法》第 74 条适用的主体是“对股东会该项决议投反对票的股东”。本案中，果品公司并未通知柳 × 玲参加 2016 年 5 月 18 日的股东会，导致柳 × 玲未依法行使表决权，更未对该股东会决议投反对票，不属于“对股东会决议

投反对票”的股东，因此，上述除斥期间的规定对柳 × 玲不适用。在柳 × 玲未参加股东会的情况下，应以柳 × 玲知晓其权利被侵害时起计算除斥期间。柳 × 玲于 2018 年 2 月 7 日到工商部门查阅档案后得知 2016 年 5 月 18 日股东会决议内容，且不同意决议内容，其于 2018 年 3 月 27 日起诉主张权利并未超过 90 日除斥期间的规定。《公司法》第 74 条规定了协议回购和诉讼回购两种模式，但并未明确协议回购是诉讼回购的前置程序。果品公司既不通知柳 × 玲参加股东会，又不告知柳 × 玲股东会决议内容，主观恶意明显，双方缺乏协商的条件。《公司法》第 74 条的本意是允许双方通过协商手段解决争议，如果双方能够通过协商在 2 个月内达成一致意见，则纠纷解决；如果 2 个月内双方协商不成，或者根本无法协商，则并不影响一方通过诉讼解决纠纷。

果品公司一方面不依据公司法的规定履行通知义务，另一方面却要求柳 × 玲“依法”进行维权，其行为缺乏诚信。综上，果品公司主张协议回购是诉讼回购的前置程序，应当驳回柳 × 玲的起诉没有法律依据，不予支持。

案例 4 上海市第二中级人民法院（2021）沪 02 民终 2457 号 上海前航投资有限公司与张 × 强请求公司收购股份纠纷

▶ 案情摘要

2008 年 9 月 8 日，上海前航投资有限公司（以下简称“前航公司”）经公司登记机关核准设立。现前航公司注册资金为 615 万元，由 38 名自然人股东共同出资，其中张 × 强认缴出资 20 万元，占出资比例的 3.25%。

2016 年 7 月 12 日，修订后的前航公司章程载明，公司的营业期限为长期，从公司营业执照签发之日起计算。

2017 年 6 月 26 日，前航公司召开股东会并形成决议，载明：“2. 公司的营业期限为不约定期限，从公司营业执照签发之日起计算；3. 通过公司章程修正案”。其中，包括张 × 强在内的 9 名股东在上述决议上签字表示不同意，占公司有表决权股份总数的 15.45%。

2017 年 8 月 8 日，张 × 强诉至法院，请求判令前航公司以截至 2017 年 9 月底的公司净资产为基础回购其持有的 3.25% 股份，并向其偿付自 2017 年 9 月 30 日起至实际清偿之日止的利息。

一审法院经审理后判令前航公司以 16,538,589.66 元收购张 × 强所持有的该公司 3.25%的股份，并向其支付利息。前航公司不服一审判决，提起上诉。二审法院经审理后改判令前航公司以 7,124,984.07 元收购张 × 强所持有的该公司 3.25%的股份，并向其支付利息。

裁判要旨

法院认为：(1)前航公司是否就同意收购股权形成股东会决议以及是否完成减资程序，均不构成张 × 强行使异议股东回购请求权的前提条件或履行障碍。在此种情形下，为保障公司资本维持原则及公司债权人利益，可以参照《公司法》(2018)第 142 条的规定，在公司收购异议股东股权后，于合理期间内自行转让或者注销。(2)与公司就达成股权收购协议进行协商并非法定强制性前置程序。股东与公司就股权收购进行协商，目的在于确定收购的合理价格，此属于双方契约自由而非异议股东的法定义务。若司法强制要求股东须与公司协商后，方可至法院诉讼，无疑构成对当事人合同自由的干涉，以及对异议股东行使法定权利的阻碍。本案双方至今未能就合理价格达成协议，甚至在股东是否有权请求前航公司收购股权问题上仍存在重大分歧，此亦表明双方在 60 日内达成股权收购协议的现实可能性微小。综上，张 × 强未能提供证据证明其曾与前航公司协商收购不影响其通过诉讼方式请求收购的合法性。

总结及延展

自《公司法》(2005)至《公司法》(2024)，异议股东回购请求权条款中“自股东会决议作出之日起六十日内，股东与公司不能达成股份收购协议的，股东可以自股东会决议作出之日起九十日内向人民法院提起诉讼”内容未曾变动。关于异议股东与公司之间的协商是否为相应股东提起诉讼行使回购请求权的前置程序一直存在争议。

从既往司法判例来看，法院之间存在不同观点：

其一，协商应是起诉的前置程序，未经协商，则异议股东丧失向法院提起诉讼的权利。在(2020)鄂 02 民终 298 号陈 × 华、湖北德克特种异型高强螺栓有限公司与公司有关的纠纷二审案中，湖北省黄石市中级人民法院认为，异议股东应在法定期限内先与公司协商，协商不成才可向法院提起诉讼。重庆市高级人民法院则在(2018)渝民初 146 号中国华融资产管理股份有限公司与重庆南桐矿业有限责任公司请求公司收购股份纠纷案中同样坚持这一观点：异议股东在股东会决议形成后的 60

日内，应当首先在公司内部寻求救济，如果没有先行向公司提出申请，视为放弃向法院提出诉讼的权利，不能与公司达成股权收购协议是股东提起收购诉讼的前提；法律规定 60 日，是为了促使异议股东尽快行使权利，避免不确定状态持续存在。如果股东未在 60 日内向公司提出收购申请，即丧失向法院提出诉讼的权利。

其二，与公司协商不是起诉的法定前置程序，而是与提起回购诉讼并行的另一种股权回购方式。在（2021）沪 02 民终 2457 号上海前航投资有限公司与张 × 强请求公司收购股份纠纷民事二审案件中，上海二中院认为，公司负有的收购异议股东股权的义务系法定义务，而股东与公司就股权收购进行协商，目的在于确定收购的合理价格，强行要求股东与公司先协商，是对当事人合同自由的干涉，以及对异议股东行使法定权利的阻碍。在（2020）鲁 06 民终 142 号烟台市三站果品批发市场有限责任公司、柳 × 玲合同纠纷二审案中，山东省烟台市中级人民法院同样支持这一观点。

笔者认为，与公司协商应为起诉的法定前置程序。

第一，从公司法及相应制度的立法本意来看，将“与公司协商”作为行使诉讼权的法定前置条件符合尊重公司自治的理念。

从《公司法》（2024）第 89 条内容的构成要件来看，异议股东请求公司回购的适用情形是固定的，唯有“合理价格”是未确定事项，而异议股东与公司之间的回购应以何种方式估价，系商业事宜，同时也属于公司内部自治事宜，只要公司与股东之间无任何异议，协商一致达成的价格均应被视为“合理范畴”，法律亦不应予以干涉。法院作为裁判机构，其在异议股东请求回购股权的案件中，也仅仅是根据证据表露出来的事实进行定价，法院既非专业的治理机构，亦不了解公司经营细节，其选择的定价方式较股东与公司协商一致的价格来讲，一定是次优结果。协商程序的设置有利于快速实现异议股东的回购目标，不仅可以降低双方的费用和成本，亦能最大限度遵循市场交易的经济运行规律，贴近商业的本质。故《公司法》（2024）第 89 条要求股东在诉讼之前通过与公司沟通协商的方式确认回购价格，符合商业自治原则。

第二，将“与公司协商”作为行使诉讼权的法定前置条件符合商事主体的争议解决习惯。

诉讼并非解决当事人之间纠纷最有效且成本最低的手段，诉讼的优势在于具有定分止争的法律强制力，是各方当事人维护自身权益的最后武器。但诉讼启动同时意味着原被告关系恶化，形成僵局，暂时丧失了协商谈判的基础。所以，绝大部分诉讼在正式启动之前，原被告之间必然经历过沟通与协商的过程，诉前协商是任何一个理性经济人在诉讼之前的必经阶段，区别在于沟通方式以及协商时间长短而已，完全不进行任何形式的沟通直接启动诉讼程序是非常罕见的，或只在恶意诉讼中得以见闻。商事主体在与交易对手发生争议时依然会以利益最大化作为导向，其不仅会考量本次争议解决的成本，同时也会考虑用何种方式处理纠纷能够最大限度降低对未来商业发展、商业合作的负面影响。故，无论面对何种类型的案件，商事主体首选通过效率高且不伤和气的沟通方式予以处理。因此，通过法律规定的形式将协商沟通作为异议股东请求公司回购的诉讼前置要件符合商事主体的利益期待和行为逻辑。

第三，从文意解释的角度考量，《公司法》(2024)第 89 条"自股东会决议作出之日起六十日内，股东与公司不能达成股权收购协议的"应理解为异议股东诉讼公司的前置条件。

如果法律并无设立前置条件的本意，仅是倡导性规定双方自行协商，则无需在条文中将协商程序框定为"六十日内"。而可以表述为"异议股东与公司协商不成的，在股东会决议通过之日起九十日内提起诉讼"。"六十日内"意味着，在此期限届满前，异议股东不得向法院提起诉讼，除非能够证明双方的谈判确已破裂或者公司明确拒绝了异议股东的回购请求。也就是说，公司法通过对于期限的设定明确表达了诉讼之前双方协商的必要性。《公司法司法解释(一)》和《公司法司法解释(二)》中亦明确，认定股东在向人民法院提出请求公司收购股权的诉讼之前需要经过两个步骤。首先，股东应当对股东会通过的《公司法》(2018)第 74 条第 1 款的决议投了反对票。其次，投反对票的股东应当请求公司按照合理的价格收购其股权，但不能在股东会决议通过之日起 60 日内与公司达成股权收购协议，此时才可以提起诉讼，寻求司法途径予以救济，即提起请求公司收购股权之诉的法定要件除股东应当对公司的重大决议持有异议外，还包括股东与公司的协商程序。①

第四，实践中持反对意见的主要观点可归置为两种：一种观点认为，强制要求异议股东与公司先行协商，不利于保护中小股东利益；另一种观点认为，强制要求股东与公司先协商，是对当事人合同自由的干涉。事实上，《公司法》(2024)第 89 条添加先行协商的诉讼前置程序，并不会构成对中小股东行使诉讼权利的任何阻碍，相反前置程序为小股东提供了一种节省成本、效率更高的解决途径。对于小股东来说，在股东会决议通过后立即启动诉讼与股东会决议通过后协商一段时间(最长期限为 60 日)后提起诉讼并无本质区别。小股东的诉讼利益也不会因最长期限为 2 个月的

① 最高人民法院民事审判第二庭：《最高人民法院关于公司法司法解释(一)、(二)理解与适用》，人民法院出版社 2015 年版，第 68 页。

协商过程而遭受负面影响。此外，强制要求股东与公司协商，与商事主体的纠纷解决习惯并无冲突，回购协议成立的基础是双方意思一致，将协商程序前置也完全符合合同形成的法定程序。

然而，《公司法》(2024)并未针对一直以来该条款所涉争议作出任何回应，前述争议的解决仍有赖于后续司法解释予以回应。

(二)公司未召开股东会，异议股东是否能够行使回购权？

案例1 上海市第二中级人民法院(2020)沪02民终2746号 上海兴盛实业发展(集团)有限公司诉上海新梅房地产开发有限公司等请求公司收购股份纠纷

▶ 案情摘要

上海新梅房地产开发有限公司(以下简称“新梅房产公司”)原股东情况为上海兴盛实业发展(集团)有限公司(以下简称“兴盛公司”)持股10%，第三人上海新梅置业股份有限公司(以下简称“新梅股份公司”)持股90%。兴盛公司于2016年10月前为第三人新梅股份公司的控股股东，之后转让了持有的全部股份。2018年8月，第三人新梅股份公司将持有的新梅房产公司90%的股权转让给了其新设的全资子公司即第三人卓邦公司，兴盛公司持股10%不变。新梅房产公司章程明确股东会行使下列职权：决定公司的经营方针和投资计划等。

2018年9月21日，第三人新梅股份公司召开股东大会，审议通过决议并发布公告：出售新梅房产公司所有的本市天目中路585号新梅大厦房产，建筑面积为7118.15平方米，并于2018年9月在资产负债表中将上述房产由投资性房产调整记载为存货，在未召开公司股东会的情况下，于2018年9月28日转让了上述房产，转让价共计132,397,589.63元(含税)。第三人新梅股份公司于2018年11月14日公告，出售房产的款项已于2018年11月12日履行完毕。

2016年9月，在兴盛公司作为新梅股份公司和新梅房产公司的实际控制人期间，新梅房产公司未经股东会决议出售了新梅大厦部分房产。

2017年，公司主要收入来源为租金。2018年，公司因房产出售营业收入显著增加。2018年9月，新梅房产公司委托资产评估，确认公司资产与负债情况。2019年上半年，公司营业收入大幅下降，但账上资金充足。

2019年3月6日，兴盛公司向新梅房产公司经营地寄送要求被告收购股权的函，由前台签收。

兴盛公司对新梅房产公司的股权收购请求未果后，向法院提起诉讼，请求判令新梅房产公司以人民币26,555,400元（以下币种均为人民币）的价格收购兴盛公司持有的新梅房产公司10%的股权。

一审法院经审理后驳回了兴盛公司的诉讼请求。兴盛公司不服一审判决，提起上诉。二审法院经审理后维持原判，驳回上诉。

裁判要旨

一审法院认为，新梅房产公司转让公司案涉房产的事项符合新梅房产公司关于股东会职权的相关规定，应当提交股东会讨论表决。根据《公司法》（2018）第74条第2款的规定，异议股东可以自股东会会议决议通过之日起90日内提起诉讼。该条规定应以异议股东参加股东会并提出异议为前提，在公司应召开而未召开股东会进行表决的情况下，则应以异议股东知道或者应当知道异议事项时起算主张期间。就本案来看，应以新梅房产公司通知兴盛公司转让房产的事实这一时间点作为判断兴盛公司主张期间起算的时点。鉴于新梅房产公司始终未正式通知原告，而兴盛公司自认于2019年2月28日知悉该事实，故应以该时点起算主张期间。但是新梅房产公司转让房产的行为并不足以被认定为公司法意义上的转让公司主要财产，兴盛公司不能据此获得要求公司收购股权的权利。

案例2 江苏省常州市中级人民法院（2018）苏04民终1563号 李×骏与常州市创联生活用品有限公司、常州联成日用五金制造有限公司等请求公司收购股份纠纷

▶ 案情摘要

创联公司于2001年11月30日成立，原经营期限至2011年11月29日，注册资本110万元。李×骏持股30%，凌×持股25%，蒋×雄持股45%，后两者为夫妻。联成公司于2002年11月14日设立，创联公司持股75%。奥灊公司于2007年2月5日设立，联成公司占股70%。

2011年7月18日，联成公司与金广顺公司签订股权转让协议一份，约定联成公司将其持有的澳灊公司的35%股权转让给金广顺公司；2012年3月18日，联成公司与鼎涛公司签订了一份股权转让协议，约定联成公司将持有的澳灊公司35%的股权转让给鼎涛公司，并办理了股权变更登记手续。

2016年2月，李×骏以侵害权益和连续5年未分配利润为由，要求创联公司以500万元收购其持有的30%股权。法院驳回原告起诉，认为其请求不符合法律规定。后李×骏上诉，常州市中级人民法院维持原裁定。

2017年4月，李×骏提议召开临时股东会，讨论股权转让和利润分配问题。创联公司回应称提议时间仓促，但会合理安排。后续，李×骏自行召集股东会，但创联公司认为其无权召集。

2017年6月，李×骏诉至法院，要求创联公司以600万元（暂定价）收购其持有的30%股权（股权价格最终以审计、评估为准）。

裁判要旨

法院认为，《公司法》（2018）第74条的规定在于保护异议股东的合法权益，之所以对投反对票作出规定，意在要求异议股东将所投反对意见向其他股东明示。股东请求收购权是其最后的救济措施，在各方陷入僵局的状态下，局面并不能由小股东来掌控，不能回避存在其他股东阻碍小股东行使权利之目的，因此，法院审查的主要内容应侧重于是否有召开股东会之程序，而不能局限于非要形成股东会决议之形式要件。本案中，李×骏已经按照《公司法》（2018）第39条的规定提议创联公司召开临时股东会，且创联公司的股东之间、股东与公司之间就此进行了多次交涉，李×骏确已用尽股东权利。李×骏知晓联成公司将其持有的奥澌公司全部股份分批转让他人后已明确表示反对，并且，李×骏自2011年起已提起多次诉讼，创联公司的人合性已经不复存在，通过让李×骏退出公司的方式，有利于尽快解决公司股东之间的矛盾和冲突，也有利于保护小股东的权益。综上，李×骏提起本案公司回购股权之诉的条件已经具备。

总结及延展

根据《公司法》（2024）第89条、第161条的规定，有限责任公司与非上市股份公司的异议股东“自股东会决议作出之日起六十日内，股东与公司不能达成股权收购协议的，股东可以自股东会决议作出之日起九十日内向人民法院提起诉讼”。严格按照文义解释，公司召开股东会并就争议事项作出决议系异议股东启动回购程序的前提。然而，如对法条作出如此解释无异于默许公司的控股股东通过拒绝召开股东会或者排挤股东参会的方式侵害小股东的投票表决权，则《公司法》（2024）第89条、第161条赋予异议股东的回购请求权也就形同虚设，显然与立法原意相悖。

正如前文（2018）苏 04 民终 1563 号案件所述，设立异议股东股权回购制度的目的在于保护异议股东的合法权益。在资本多数决的机制下，大股东乃至控股股东在对决议进行表决时其表决权往往会一边倒地压过中小股东，中小股东对于公司的决策也很难有话语权，大股东或控股股东往往会借此损害中小股东利益。基于前述实务现状，异议股东股权回购请求权是弱势股东最后的救济措施。然而，实践中控股股东为了规避异议股东回购请求权对于公司以及自身的约束，往往可以利用其对公司的掌控力，钻营法条表述中的文字游戏，可以规避股东会的召开，试图让小股东丧失“投反对票”的机会，借以阻碍小股东行权。

因此，笔者认为，异议股东回购请求权的行使不应拘泥于召开股东会及形成股东会决议之形式，在公司应召开而未召开股东会进行表决的情况下，则需看股东是否有权召开股东会，并积极地行使了相应权利。异议股东回购制度意在赋予无法左右公司意志的小股东平等保护自己利益的机会。法律支持异议股东回购请求权的前提是股东确实对与股东利益密切相关的决议事项存在不同意见，且其业已向其他股东明确表态，但未得到支持。如果股东有条件表达异议态度，但是并未促成条件的成就，导致股东的异议态度未能被其他股东知晓，则应当视为股东放弃了提出异议的机会，不属于异议股东回购请求权的理涉范围。

根据《公司法》（2024）第 62 条、第 63 条的规定，代表 1/10 以上表决权的股东有权提议召开临时股东会，在一定情况下亦有权自行召集和主持股东会。因此，在公司出现决议事项，应召开股东会却未召开的情况下，占股 10% 以上的异议股东应当及时行使召开股东会的权利，在会议期间作出不同意见的表态。否则，由于异议股东怠于行权导致其未能在股东会上发表反对意见，法院将不予支持其回购请求。对于占股比例少于 10% 无权自行召开股东会的小股东，法律并未赋予其召开股东会的权利，因此，除非公司章程存在相关赋权，占股比例少于 10% 的股东无权提议召开临时股东会，亦无权自行召集和主持股东会。

在这种情况下，小股东如果发现公司存在《公司法》（2024）第 89 条、第 161 条规定所涉的应当召开股东会的情形但未召开，为了向其他股东表明自身态度，促成异议股东回购请求权的行权条件，小股东应当向股东会或董事会提出召开临时股东会、讨论相关事宜的建议。但考虑到实践中，尤其是公司股东长期存在矛盾的情况下，即使小股东试图召开股东会，申请程序也通常会遭受重重阻碍，因此，若股东会或董事会不予以回应，小股东亦应明确告知股东会或董事会其自身对相关事项的否定态度，以向法院证明自己已明示了自己的反对意见。在既往判例中，大多法院认为，法定回购权的基本立法精神在于保护异议股东的合法权益，小股东已将反对意见向其他股东明示，故有权主张回购。对于持股比例少于10%的股东，虽不具备召开股东会的法定资格，但若已穷尽公司内部的救济手段，已明确申请召开股东会，并通过发函等方式明示了反对意见，法院将认定无法形成股东会决议不可归责于小股东，在缺少股东会决议的情况下，小股东的回购请求权的条件已经成就。

（三）转让主要财产中"主要财产"应当如何理解？

案例1 上海市第二中级人民法院（2020）沪02民终2746号 上海兴盛实业发展（集团）有限公司诉上海新梅房地产开发有限公司等请求公司收购股份纠纷

▶ 案情摘要

上海新梅房地产开发有限公司（以下简称"新梅房产公司"）原股东情况为上海兴盛实业发展（集团）有限公司（以下简称"兴盛公司"）持股10%，第三人上海新梅置业股份有限公司（以下简称"新梅股份公司"）持股90%。兴盛公司于2016年10月前为第三人新梅股份公司的控股股东，之后转让了持有的全部股份。2018年8月，第三人新梅股份公司将持有的新梅房产公司90%的股权转让给了其新设的全资子公司即第三人卓邦公司，兴盛公司持股10%不变。新梅房产公司章程明确股东会行使下列职权：决定公司的经营方针和投资计划等。

2018年9月21日，第三人新梅股份公司召开股东大会，审议通过决议并发布公告：出售新梅房产公司所有的本市天目中路585号新梅大厦房产，建筑面积为7118.15平方米，并于2018年9月在资产负债表中将上述房产由投资性房产调整记载为存货，在未召开公司股东会的情况下，于2018年9月28日转让了上述房产，转让价共计132,397,589.63元（含税）。第三人新梅股份公司于2018年11月14日公告，出售房产的款项已于2018年11月12日履行完毕。

2016年9月，在兴盛公司作为新梅股份公司和新梅房产公司的实际控制人期间，新梅房产公司未经股东会决议出售了新梅大厦部分房产。2017年，公司主要收入来源为租金。2018年，公司因房产出售营业收入显著增加。2018年9月，新梅房产公司委托资产评估，确认公司资产与负债情况。2019年上半年，公司营业收入大幅下降，但账上资金充足。

2019年3月6日，兴盛公司向新梅房产公司经营地寄送要求被告收购股权的函，由前台签收。

兴盛公司对新梅房产公司的股权收购请求未果后，向法院提起诉讼，请求判令新梅房产公司以人民币26,555,400元（以下币种均为人民币）的价格收购兴盛公司持有的新梅房产公司10%的股权。

一审法院经审理后驳回了兴盛公司的诉讼请求。兴盛公司不服一审判决，提起上诉。二审法院经审理后维持原判，驳回上诉。

裁判要旨

法院认为：对于判断是否属于公司法意义上的公司主要财产，应当以转让财产是否导致公司发生根本性变化，即对公司的设立目的、存续等产生实质性影响，作为判断的主要标准，以转让财产价值占公司资产的比重、转让的财产对公司正常经营和盈利的影响作为辅助性判断依据。从本案来看，被告转让房产尚未达到造成公司产生根本性变化的程度：首先，从转让房产价值占比角度来看，被告转让的房产价值占被告公司实有资产价值的比重尚未达到50%，故认定其为公司法意义上的公司主要财产，依据尚不够充分。其次，从公司是否正常经营角度来看，被告公司转让房产实际上是一次性兑现收益还是分期实现收益的商业判断问题，被告公司仍可以转让房产所得收益用于投资经营。原告对房产转让价格也未提出异议，因此，不能就此认为公司利益受损、经营不可持续。最后，从被告公司设立目的来看，被告公司章程从未将公司经营业务范围限定为从事自有房产的出租业务这一项，且原告公司在作为被告公司实际控制人期间也曾出售房产获取大量资金，因此，被告公司此次转让房产的行为不能被认定为违背公司设立的目的。被告公司因此次房产出售发生的变化都谈不上是根本性的变化。

案例2 北京市第二中级人民法院（2012）二中民终字第02333号 薛×与京卫医药科技集团有限公司请求公司收购股份纠纷

▶ 案情摘要

京卫医药科技集团有限公司（以下简称“京卫公司”）由11位股东共同出资设立，其中包括薛×。公司经营范围广泛，涉及医疗材料销售及进出口业务等。2010年12月13日，京卫公司召开股东会，会议讨论了变更二级公司股权投资的决议，即转让京卫公司持有的北京京卫国康医药有限公司（以下简称“国康公司”）51%的股权。薛×对此决议表示反对，其代理人在股东会决议上签字表示不同意。

在股东会会议中，京卫公司向全体股东送达了《关于认购北京京卫国康医药有限公司股权事宜的函》。

薛 × 在股东会决议通过后 60 日内，通过特快专递向京卫公司法定代表人扈 × 山发出股权回购请求函，要求公司按照合理价格收购其股权。该特快专递由宏峰物业管理有限公司代收，后因个人邮件无法转交而遗失。

薛 × 诉至法院，请求依法判令京卫公司以人民币 23,158,287.72 元的价格收购薛 × 持有的京卫公司 9% 的股权，并承担本案的诉讼费用。

裁判要旨

法院认为，公司转让的财产是否为主要财产，取决于公司转让该财产是否影响了公司的正常经营和盈利，导致公司发生了根本性变化。薛 × 主张国康公司 51% 的股权属于京卫公司主要财产，但并未提交充分证据加以证明，薛 × 亦不能证明其股东权益在转让后将受到损害，且转让国康公司 51% 的股权后，京卫公司的正常经营亦未发生根本性变化，故对其该项上诉主张，本院不予支持。

案例 3 上海市第二中级人民法院（2021）沪 02 民终 7883 号 杨 × 逸与上海磐缔投资管理有限公司请求公司收购股份纠纷

▶ 案情摘要

上海磐缔投资管理有限公司（以下简称“磐缔公司”）成立于 2015 年 9 月 9 日，最初由顾 × 和杨 × 逸持股，后经历股权变更，至 2016 年 7 月 12 日，股权结构调整为王 ×42%，杨 × 逸 28%，北京 B 公司 20%，A 集团公司 10%。公司章程规定，在特定情况下，投反对票的股东有权请求公司以合理价格回购其股权。

2019 年 8 月 13 日，磐缔公司召开临时股东会，讨论并通过了五项议案，包括转让深圳 A 有限公司（A 公司）1% 股权给北京 B 公司，以及磐缔公司股权的回购和重新分配。杨 × 逸对所有议案均投反对票，但议案因得到 72% 赞成票而通过。议案内容包括以 1000 万元转让 A 公司 1% 股权给北京 B 公司，以及磐缔公司支付 1300 万元和 650 万元分别回购北京 B 公司和 A 集团公司所持有的磐缔公司股权。

A 公司是一家有限责任公司，2019 年 12 月 16 日，磐缔公司将其持有的 1% 股权转让给北京 B 公司，并完成了工商变更登记。

2019 年 9 月 2 日，杨 × 逸向磐缔公司法定代表人王 × 发送回购函，要求磐缔公司以不低于1820万元的价格回购杨×逸持有的磐缔公司28%的股权。因杨×逸与磐缔公司对回购股权意见不一，杨×逸遂诉至法院。

因杨×逸申请对磐缔公司净资产进行审计，一审法院委托××事务所进行审计。2020年12月28日，××事务所出具审计报告，磐缔公司2019年9月30日净资产为12,982,254.08元，其中长期股权投资中A公司投资成本为80万元。

一审法院经审理判决驳回了杨×逸的全部诉讼请求。杨×逸不服一审判决，提起上诉。二审法院经审理后维持原判，驳回上诉。

裁判要旨

法院认为，公司转让主要财产，涉及公司存在和发展的主要物质基础是否继续存在的问题。公司转让主要财产，会使公司的存在与发展发生重大转折，股东的权利也会发生根本性的改变。因此，公司转让主要财产，股东会作出有关决议，持有异议的股东可以请求公司按照合理的价格收购其股权，以退出公司，避免异议股东的权益受到控股股东的侵害。本案中，判断异议股东是否已享有回购请求权，应当审查临时股东会决议确定的资产转让是否构成转让主要财产。按照文义解释，"主要财产"应当指公司"起决定作用的"或者"影响公司存续基础的"财产。"主要财产"的认定标准可以从量和质两方面进行判断：在量上，以转让财产的价值占公司资产总额的比例为标准。在质上，以该财产转让对公司生产经营是否产生重大影响为标准，如公司因财产转让而无法维持营业或者不得不大幅度地减小营业规模等。

总结及延展

根据《公司法》(2024)第89条第1款第2项及第161条第1款第2项的规定，有限责任公司及非上市股份有限公司的异议股东回购请求权适用的情形均包括"公司转让主要财产"。但法律并未对"主要财产"进行具体定义。笔者认为，公司主要财产，系指公司现有的赖以开展生产经营活动的，能够对公司经营目标、经营状况产生实质性影响的财产，应当结合"财产性质"和"财产体量"两个方面予以判断。

针对"财产性质"而言，拟转让的财产应属于对公司的设立目的及存续基础造成实质性影响的、可能导致公司无法继续经营或不得不大幅缩小经营规模的情形；针对"财产体量"方面，则可参照《公司法》(2024)第135条界定上市公司重大资产的具体比例标准，即拟转让的财产占公司总资产的比例或者拟转让财产的营业收入占公司营业总收入的比例等达到30%的，可认定为其属于公司的主要财产。前述

(2020)沪 02 民终 2746 号判决、(2021)沪 02 民终 7883 号判决中法院的裁判思路亦均是从质和量两方面出发,综合认定案涉财产的属性。

(四)“对赌协议”中,目标公司若未完成减资程序,股东能否主张回购?

案例1 最高人民法院(2020)最高法民申 6234 号 广东南方广播影视传媒集团有限公司、广东南方领航影视传播有限公司公司增资纠纷

▶ **案情摘要**

2014 年 11 月 28 日,甲方目标公司广东南方领航影视传播有限公司(以下简称“领航公司”)与乙方北京润信鼎泰投资中心(有限合伙)(以下简称“润信鼎泰”)、北京润信鼎泰资本管理有限公司(以下简称“鼎泰资本”)、北京美锦投资有限公司(以下简称“美锦公司”)、广州西维尔计算机系统有限公司(以下简称“西维尔公司”)、国台投资基金管理(北京)有限公司(以下简称“国台公司”)及丙方广东南方广播影视传媒集团有限公司(以下简称“传媒集团”)共同签署了《增资扩股协议》(以下简称《增资协议》),约定乙方通过认购甲方新增股份的方式对甲方进行投资。同日,各方共同签署了《补充协议》,约定丙方为目标公司原股东,原股东对甲方在本协议中的义务承担连带责任,如目标公司未能在 2018 年 6 月 30 日前实现《增资协议》约定的目标或丙方违反《增资协议》中关于解决同业竞争问题中的任何一项或数项等,乙方有权要求目标公司在 2 个月内回购其持有目标公司的全部或部分股权,丙方应协助目标公司予以执行等内容。之后,领航公司开展了上市工作。

2015 年 8 月之后,有关领航公司上市计划停止。2018 年,润信鼎泰、鼎泰资本、美锦公司以传媒集团未处理集团内同业竞争问题,公司财务指标未达到申报 IPO 的要求等要求领航公司履行回购义务,并向法院提起诉讼。

一审法院审理后驳回了润信鼎泰、鼎泰资本、美锦公司的诉讼请求。润信鼎泰、鼎泰资本、美锦公司不服一审判决,提起上诉。二审法院审理后撤销了一审判决,判令领航公司、传媒集团支付违约金,并判令传媒集团支付投资款本金 48,000,000 元及相应费用和违约金。传媒集团、领航公司不服,向最高人民法院申请再审。再审法院裁定驳回传媒集团、领航公司再审申请。

裁判要旨

法院认为,按照《公司法》(2018)第 35 条的规定,公司成立后,股东不得抽逃出

资。领航公司回购公司自身的股份，应先履行法定减资程序。润信鼎泰、鼎泰资本、美锦公司未提供证据证明领航公司已依法履行了法定的减资程序，原审法院据此认定润信鼎泰、鼎泰资本、美锦公司在本案中无权直接要求领航公司收购自己公司的股份，但这并不代表领航公司不用承担义务，而是领航公司履行不能。根据案涉《补充协议》约定，丙方（即传媒集团）为目标公司（领航公司）原股东，原股东对甲方（领航公司）在本协议中的义务承担连带责任。因此，虽然《补充协议》约定的股权回购主体为领航公司，但在领航公司无法承担回购股份义务时，由传媒集团承担回购股份义务，符合上述合同约定。二审法院认定传媒集团应承担回购股份责任，并据此判决传媒集团应赔偿润信鼎泰、鼎泰资本、美锦公司回购可得利益损失及该项违约金损失的诉讼请求，并无不当。传媒集团、领航公司提出传媒集团未参与对赌，且原审法院已认定润信鼎泰、鼎泰资本、美锦公司不能向领航公司主张股权回购的情况下，传媒集团无须承担股权回购责任的主张，理据不足，本院不予支持。

案例2 北京市高级人民法院（2021）京民终495号 张×驹等与南京钢研创业投资合伙企业（有限合伙）股权转让纠纷

▶ 案情摘要

2013年12月，甲方南京钢研创业投资合伙企业（有限合伙）（以下简称“南京钢研合伙企业”）与乙方即目标公司北京中投视讯文化传媒股份有限公司（以下简称“北京中投公司”）签订了《投资协议》，南京钢研合伙企业以3000万元人民币向北京中投公司投资，其中125万元作为注册资本，其余2875万元作为资本公积金。投资完成后，南京钢研合伙企业持有北京中投公司2.027%的股权。

同日，甲方南京钢研合伙企业、乙方北京中投公司，与丙方姜×、王×、苗×林、石×焕、张×欣、闫×英、张×驹（作为北京中投公司的管理层股东）签订了《补充协议》，载明：北京中投公司对2014年、2015年、2016年的经营业绩进行承诺，净利润分别不低于8000万元、10,000万元、13,000万元。若北京中投公司未在36个月内完成合格IPO或未达到业绩承诺，南京钢研合伙企业有权要求北京中投公司回购其股权，赎回价款为投资款加上每年15%的内部回报率。若南京钢研合伙企业在发出赎回通知后90日内未全额收回投资款项及回报，南京钢研合伙企业有权要求北京中投公司的管理层股东（姜×、王×、苗×林、石×焕、张×欣、闫×英、张×驹）回购其股权。

后北京中投公司未在约定的时间内完成合格IPO，且在2014年、2015年、2016年实现的净利润未达到约定的业绩标准。因此，南京钢研合伙企业向一审法院提起诉讼，请求判令北京中投公司及管理层股东姜×等人回购其持有的北京中投公司182.4324万股股份，股权回购价款为3000万元加上每年15%的回报，并支付违约金。

一审法院经审理后支持了南京钢研合伙企业的诉讼请求。北京中投公司与姜×等人均不服一审判决，提起上诉。二审法院经审理后，驳回要求北京中投公司回购涉案股权的诉讼请求，其余维持原判。

裁判要旨

法院认为，现北京中投公司未在约定的时间内完成合格IPO，且北京中投公司在2014年、2015年、2016年实现的净利润未达到约定的业绩标准，案涉《补充协议》约定的南京钢研合伙企业行使股权回购的情形之一已经满足，故南京钢研合伙企业有权按照协议约定要求北京中投公司履行股权回购义务。

关于北京中投公司是否应当履行股权回购义务，本院认为，北京中投公司未履行公司法规定的“减少注册资本”等程序，因其不能违反资本维持原则而不能向南京钢研合伙企业履行股权回购债务，构成法律上的一时履行不能。

《补充协议》系南京钢研合伙企业作为甲方，与乙方北京中投公司、丙方姜×等人签订的三方协议，约定了多项合同标的，南京钢研合伙企业有权要求北京中投公司或者姜×等人，各方或任一方部分或全部履行回购义务。本院认为，北京中投公司对履行股权回购债务一时（自始）履行不能仅产生一个法定宽限期，北京中投公司在符合资本维持情形的条件成就之前，暂无须履行债务，但第三人即股东已经确认应当承担全部股权回购义务后，该一时（自始）履行不能转化为嗣后履行不能，故本院对南京钢研合伙企业要求北京中投公司回购南京钢研合伙企业持有股份的主张不予支持。

总结及延展

实践中所称“对赌协议”，又称估值调整协议，是投资方与融资方共同设定业绩目标，为解决交易双方对目标公司未来发展的不确定性，以业绩目标实现与否调整企业估值的一种协议，实践中大多以股权回购或现金补偿作为对赌失败的后果。对于有限公司的股权回购，《公司法》（2024）第89条规定了异议股东回购权，除此之外，法律并未规定其他股权回购的情形，但也并未限制公司与股东之间约定其他回购情形。对于股份公司的股权回购，我国公司法实施“原则禁止，例外允许”的模式，但《公司法》（2024）第162条规定的股权回购的事由“（一）减少公司注册资本”

与对赌失败后公司回购股权的情形相关。故实践中，无论有限责任公司抑或股份有限公司，相应财务投资人几乎都会通过意定回购的方式与目标公司或者目标公司股东签署对赌协议。在实务中，投资者与目标公司之间签订的对赌协议常常包含股权回购的条款。一旦满足特定条件，投资者可能会请求目标公司执行股权回购，这种情况通常被视为一种基于协议的约定回购权利，与传统的异议股东法定回购权利有所区别。通常情况下，要求股东个人履行回购义务不会遇到太多困难，但若要让目标公司回购股份，则可能会因为减资程序的复杂性而面临障碍。

但在目标公司对赌失败的情况下，目标公司究竟应该先回购，还是先减资，之前在实务中存在观点分歧，后《九民纪要》第 5 条给予了明确回应。《九民纪要》第 5 条规定："投资方请求目标公司回购股权的，人民法院应当依据《公司法》第 35 条关于'股东不得抽逃出资'或者第 142 条关于股份回购的强制性规定进行审查。经审查，目标公司未完成减资程序的，人民法院应当驳回其诉讼请求。"

而实际上，根据《公司法》(2024) 第 224 条的规定，公司需要在通过减资决议后通知债权人，债权人可以提出清偿债务或者提供担保的请求，一旦公司的现有资产无法满足债权人的请求，则减资程序将无法顺利推进。因此，是否能够完成减资程序并非目标公司能够决定。

如果公司未能履行减资程序，法院往往会认为减资属于公司内部的自主决策范畴，不应由法院强制执行，因此，投资者的回购请求往往会被法院驳回。

但即便公司未能完成减资程序，导致投资者不能直接要求公司回购股份，这并不代表公司可以完全逃避责任。在这种情况下，多数法院倾向于支持投资者要求公司承担因无法履行回购义务而产生的违约责任。此外，如果协议中有其他股东提供担保的条款，前述股东也应根据协议约定承担相应的连带责任。

（五）法定回购情形下，如何确定股权回购的合理价格？

案例1　最高人民法院（2016）最高法民终 34 号　中国信达资产管理股份有限公司与太西集团有限责任公司请求公司收购股份纠纷

▶ 案情摘要

2000 年 5 月 29 日，中国信达资产管理股份有限公司（以下简称"信达公司"）与中国华融资产管理公司（以下简称"华融公司"）、石炭井矿务局签订了《石炭井矿务局债权转股权协议》（以下简称《债权转股权协议》）及《补充协议》，共同设立太西集团有限责任公司(以下简称"太西集团"),并约定信达公司和华融公司持有的太西集团股权可通过新公司回购等方式在7年内退出。截至2002年6月,信达公司持有太西集团4.65%的股份。

2002年11月22日,宁夏回族自治区人民政府下发文件,决定成立宁夏煤业集团,性质为国有独资公司。在宁夏煤业集团的组建过程中,太西集团的资产和股权经过评估和整合,成为宁夏煤业集团资产的一部分。其后,在宁夏煤业集团与神华集团有限责任公司(以下简称"神华集团")的合作中,成立了神华宁煤集团,宁夏煤业集团以经评估的全部净资产出资,占注册资本的49%。

信达公司向一审法院起诉,请求判令太西集团以合理价格回购其持有的4.65%股份。

一审法院经审理后要求太西集团应按原协议约定的6158万元向信达公司支付股份退出款,并承担相应利息。信达公司和太西集团均不服一审判决,上诉至最高人民法院。最高人民法院经审理后维持原判,驳回上诉。

裁判要旨

法院认为,对于本案股权收购款项的计算方式,在股东之间对股权回购有明确约定的情况下,《公司法》(2013)第74条有关股东请求公司以合理的价格收购其股权的规定,并非能够完全脱离原出资协议约定而另行确定。太西集团章程规定资产管理公司所持股权按《债权转股权协议》和《补充协议》实施。信达公司与石炭井矿务局及华融公司三方签订的《债权转股权协议》和《补充协议》,对各股东股权的退出及收购方式作了特别约定,对当事人具有法律约束力。不能以股权回购时企业财产的实际状况已经发生减少,约定的股权收购价值就必须相应减少,当事人对此亦没有明确约定。因此,原审判决太西集团按原协议约定的6158万元向信达公司支付股份退出款是正确的。最高人民法院维持了原审判决,认为太西集团应按照《债权转股权协议》及《补充协议》的约定,以6158万元的价格回购信达公司持有的股份,并支付相应的利息。

案例2 辽宁省大连市中级人民法院(2014)大民三终字第497号 邹×玲与大连麦花食品集团有限公司请求公司收购股份纠纷

▶ 案情摘要

邹×玲于2001年9月调入大连麦花食品集团有限公司(以下简称"麦花公

司”)，2005 年退休后被返聘，2006 年至 2009 年间担任公司董事、副总经理。邹 × 玲通过股权转让形式从其夫唐 × 处受让了麦花公司 200,000 元的股权，并在 2006 年 12 月 30 日从公司股东潘 × 深处受让 20,000 元股权，总计持有 220,000 元股权。

邹 × 玲向一审法院起诉：(1) 请求麦花公司按合理价格收购其持有的 220,000 元股权，以提出收购要求之日为基准日，通过审计评估确定股权实际价值。(2) 若麦花公司不配合，导致审计评估无法确定股权价值，请求按 1∶12 比例收购其股权。(3) 请求麦花公司支付 2011 年红利 22,000 元。

麦花公司主张，唐 × 的股权转让行为无效，邹 × 玲实际持股应为 20,000 元。股权收购的合理价格应以邹 × 玲离职前公司上年度会计审计报告来确认，无须进行额外评估。

一审法院经审理后确认邹 × 玲持有麦花公司 220,000 元股权，驳回邹 × 玲提出的按 1∶12 比例收购股权的请求，认为需要在执行程序中启动审计评估程序确定合理价格。麦花公司不服一审判决，提起上诉。二审法院经审理后维持原判，驳回上诉。

裁判要旨

法院认为，股权收购的价格，应当由股东和公司协商确定，在双方不能达成一致意见时，应由专业的评估机构评估确定。因麦花公司的资产负债表、利润表、现金流量表、财务报表附注等均系其单方作出，虽经专业的会计师事务所进行了审计，但该会计报表的各项数据仅能体现公司各项资产的账面价值，其资产的实际市场价值无从确定，麦花公司提出以邹 × 玲离职前公司上年度的审计报告来确认被上诉人股权合理价格的意见，不予采纳。综上，麦花公司的上诉理由无事实及法律依据，不予支持。

案例 3　江苏省苏州市中级人民法院（2020）苏 05 民终 7917 号　张 × 惠与苏州通博电子器材有限公司请求公司收购股份纠纷

▶ 案情摘要

苏州通博电子器材有限公司（以下简称“通博公司”）前身为苏州市无线电元件十二厂，后改制为自然人控股的有限责任公司。通博公司章程约定的经营期限为 20 年，即从 1999 年 7 月 1 日起至 2019 年 6 月 30 日止。张 × 惠为通博公司的股东，持有 22 万元的注册资本权益，持股比例为 0.4862%。

2019 年 6 月 26 日，通博公司召开临时股东会，审议通过延长公司经营期限的议案，将经营期限延长至 2029 年 6 月 30 日。张 × 惠等 7 名股东投了反对票。

经通博公司委托，天健评估公司出具了评估报告，评估基准日为 2019 年 6 月 30 日，评估结论为每 1 万元注册资本权益的价格为 16.5 万元左右。同年 6 月底至 7 月初，28 名通博公司股东向公司大股东吴 × 博转让股权，转让价格为每 1 万元注册资本权益的价格为 16.7 万元左右（税前）。

同年 8 月 5 日，张 × 惠等异议股东向通博公司发函，要求以合理价格收购其股权，并提出希望以 9,230,674.53 元的价格进行回购。8 月 9 日，通博公司召开临时股东会，通过《关于回购异议股东股权的议案》，同意回购价格为每 1 万元注册资本权益的回购价格不高于 16 万元（税前）。

2020 年 5 月 24 日，经张 × 惠委托，江苏苏信房地产评估咨询有限公司出具咨询报告，评估结论为通博公司股东全部权益价值的估算价值为 142,161.37 万元，张 × 惠等 7 名自然人拟转让持有的通博公司 4.62% 的股权公允价值为 6567.86 万元。

张 × 惠向一审法院起诉，请求判令通博公司向其支付股权回购款 6,911,886 元（按照 1 : 30.79 计算）。

一审法院经审理后认为 28 份股权转让协议的价格可以认定为通博公司收购张 × 惠所持股权的合理价格，判决通博公司以 3,674,000 元收购张 × 惠所持有的公司股权。张 × 惠不服一审判决，提起上诉。二审法院经审理后维持原判，驳回上诉。

裁判要旨

法院认为，28 名股东与吴 × 博之间的股权转让协议已生效，且转让价格为双方协商确定，反映了市场交易中的真实股权价值。尽管张 × 惠提出股东与吴 × 博之间存在特殊关系可能影响价格公正性，但未发现导致合同无效或可撤销的情形。经确认，双方委托的评估机构均采用资产基础法进行股权价值评估，考虑到通博公司作为持股平台不直接生产经营，无法使用收益法或市场法，资产基础法是合适的评估方法。天健评估公司在评估报告中考虑了通博公司实际出售股票时可能产生的税费，合理评估了股权回购对交易各环节的影响，考虑到涉案股权的流动性与上市公司股权存在差异，天健评估公司在评估中考虑流动性折扣亦是适当的。一审法院认定本案中不需要对通博公司进行再次审计评估，28 份股权转让协议的价格即税前每 1 万元注册资本权益对应 16.7 万元的收购价格即为通博公司收购张 × 惠所持股权的合理价格并无不当，本院予以确认。

总结及延展

《公司法》(2024)第89条、第161条、第162条涉及有限责任公司、股份有限公司、上市公司的股权(股份)法定回购情形,但前述条款并未针对回购价格作出具体指引。在法定回购的情形下,回购价款如何认定需要分情况处理。

如果是上市公司股份回购,回购价格应当参考证监会颁布的部门规章《上市公司股份回购规则》(2023),以及《上海证券交易所上市公司自律监管指引第7号——回购股份》《深圳证券交易所上市公司自律监管指引第9号——回购股份》。

而针对有限责任公司以及股份有限公司的异议股东回购请求权,《公司法》(2024)第89条、第161条仅规定回购价格需合理,但"合理价格"之计算方式,法律并无明文规定,实务中亦无统一标准。在前述情况下,法院一般会先行判断股东是否已与公司就回购价款沟通达成一致,如股东与公司之间在诉前协商过程中已针对回购价格形成一致意见,则法院一般会按照双方达成的股权回购方案予以确认;如双方对于回购价款无法协商一致,则法院将进一步查阅公司章程,如果章程中针对公司回购异议股东的价款有规定,则按照章程规定处理。在公司与股东之间未协商一致,且章程亦无规定的情况下,法院通常会按照一方的司法审计申请,委托专业机构对股权价格予以评估。在此过程中,如公司怠于提供财务数据,不配合专业机构的材料收集,则法院一般将直接依据股东主张的价格予以定价。

值得注意的是,我国法律尚未针对合理价格的评估方法出具具体指引,实践中评估机构一般根据中国资产评估协会颁布的《资产评估职业准则——企业价值》以及证监会颁布的《非上市公司股权估值指引》。根据评估目的、评估对象、价值类型、资料收集等情况,在分析收益法、市场法、成本法(资产基础法)三种基本方法中选定一种评估方式。

笔者认为,公司股权价值评估是一项牵涉诸多因素的复杂系统工程。在公司回购股权的诉讼审理过程中,合理的股权价值评估是关键,关系到异议股东的核心利益,但该类案件所面临的现实困境是:由于审理法官并不具备或仅具备较少的金融经济、资产评估专业知识,难以依靠自身完成股权估价的合理与公平判断,所以法院往往完全依赖于第三方的评估结果。诸多案例显现,法律几乎未介入"合理价格"的评定过程,在股权评估过程中处于缺位状态,导致类似案件的审理过程看起来似乎是借由法律的权威性给第三方机构的评估做了一个背书而已。

笔者认为,股权回购案件中的股权评估涉及少数股东与公司利益之间的博弈平衡，且该种博弈并非产生于市场交易行为，而是产生于法律对于股东权益的主动保护，所以当异议股东行使法律所赋予的权利时，法院应适当干预，确认及保障第三方专业机构股权估价的合理性、公允性。股权回购请求权的行使通常充斥着利益冲突，在合并、分立、转让主要财产等公司重大事项发生时，控股股东具备利用对方处于危困状态、缺乏判断能力的优势，在股权估价过程中刻意隐瞒、藏匿真实数据和材料，借由这种方式间接引导第三方机构的评估朝向对己方有利的方向。

故法院应当根据各方在司法评估过程中的配合程度，以及各方的举证能力动态分配举证责任，如控股股东怠于提交材料或提交材料不真实，则法院亦可酌情针对股权评估结果予以调整。同时，法院也应当综合审查案件情况，合理确定股权评估基准日。实务判决中，在确定评估基准日时，各法院存在股东会决议表决日、请求回购日、变更登记日、起诉日等多种选择。笔者认为，如股权价值受到异议股东所反对的决议事项的负面影响，出现了重大波动，则可考虑将公平价格的计算基准提前到可能遭受不利影响的时间节点前，排除公司重大变动及股东压迫对相关股权价格的影响，进而有效保护少数股东的利益不受侵害。

（六）资本公积金是否能够作为股权回购的合法资金来源？

案例1 **最高人民法院（2018）最高法民终393号　银基烯碳新材料集团股份有限公司、连云港市丽港稀土实业有限公司公司增资纠纷**

▶ 案情摘要

丽港公司于1997年1月16日成立，注册资本3000万元，成立时股东为李×沛、李×、狄×廷，3人分别持有丽港公司40%、39%、21%的股权。案件起因于双方签订的《增资合同》，银基公司承诺向丽港公司增资2亿元，其中2000万元作为注册资本，1.8亿元作为资本公积金。

2012年11月，银基公司与丽港公司原股东签订合同，约定增资条款。银基公司在合同签订后，于2012年12月11日支付了2000万元注册资本金。后续，银基公司在2013年间分多次向丽港公司转入资金，涉及金额达1.5亿元，但这些资金在转入后不久即被转回银基公司或其关联公司，丽港公司认为此行为构成抽逃出资。

2013年10月9日，双方工作人员办理了银行账户U盾交接手续。同年12月，江苏省连云港市工商行政管理局批准了丽港公司注册资本的变更。

2014年12月24日，丽港公司原股东委托律师向银基公司发送律师函，要求交付1.5亿元增资款。2015年3月12日，再次发送履约催促函。

2015年5月6日，丽港公司因银基公司未按约交付增资款，向一审法院提起诉讼。

一审法院经审理后认定银基公司无合法正当理由取回1.5亿元，构成抽逃出资行为，应返还给丽港公司，并支付相应利息。银基公司不服一审判决，提起上诉。二审法院经审理后判决维持原判，驳回上诉。

裁判要旨

法院认为，资本公积金不仅是企业所有者权益的组成部分，亦是公司资产的重要构成，而公司资产在很大程度上代表着公司的资信能力、偿债能力、发展能力，在保障债权人利益、保证公司正常发展、维护交易安全方面起着重要作用。公司作为企业法人，具有独立人格和独立财产，而独立财产又是独立人格的物质基础。出资股东可以按照章程规定或协议约定主张所有者权益，但其无正当理由不得随意取回出资侵害公司财产权益。根据《公司法》(2018)第168条关于公积金用途的规定也可得出相应结论，即公司的公积金用于弥补公司的亏损、扩大公司生产经营或者转为增加公司资本，但资本公积金不得用于弥补公司的亏损。据此，资本公积金除用于扩大公司生产经营或者转为增加公司资本外，不得用于其他用途。

案例2 最高人民法院（2013）民提字第226号 江门市江建建筑有限公司与江门市金华物业投资管理有限公司、江门市金华投资有限公司执行异议之诉纠纷

▶ 案情摘要

金华投资公司成立时，注册资本100万元，由三方股东组成：林×培出资40万元占40%，佛山三角洲发展公司出资35万元占35%，江门市外经贸易进出口公司出资25万元占25%。董事会成员包括林×培、陈×湛、李×金。林×培通过香港科埠有限公司向金华投资公司投入及借款本金37,203,231.38元，连同利息60,073,060.96元，总计97,276,292.34元。其他两股东也有类似投入。

2000年3月13日，董事会通过决议，确认了股权比例和对《借贷协议书》的调整，决定将股东超出注册资本的投入视为借款。

2002年5月31日，金华投资公司与江建公司签订协议书，确认金华投资公司欠江建公司本息26,739,745.51元，并同意以金华商业中心三楼和五楼物业作为抵押。如果金华投资公司未能在2003年3月31日前付清款项，则物业归江建公司所有。

2003 年 5 月 14 日，金华投资公司通过董事会决议，决定将金华商业中心部分物业转让给林 × 培，用以抵顶其多投入的资金。随后，林 × 培委托金华投资公司将相关物业过户至金华物业公司名下。5 月 26 日，金华投资公司与金华物业公司签订了《购买房屋协议书》，约定以物抵债，并在 2004 年办理了部分房屋的《房地产权证》。

2003 年 11 月 6 日及 2004 年 1 月 12 日，江建公司发函给金华投资公司，要求归还已收取的租金。2004 年 1 月 13 日，金华投资公司复函称未能如期还款的责任不在公司。2003 年 12 月 22 日，双方再次签订协议，金华投资公司同意通过贷款偿还部分工程款并解除五楼物业的抵押登记。

2005 年 1 月 31 日，因金华投资公司拖欠江建公司工程款，一审法院查封了金华商业中心四层部分商铺和停车场等物业。2 月 2 日，保安办公室等物业也被查封。2008 年 11 月 3 日，金华物业公司提出执行异议，要求解除查封。一审法院经审查，于 2009 年 11 月 12 日中止了对这些房产的查封。

江建公司不满此裁定，提起诉讼，请求确认金华物业公司对争议物业不拥有所有权，并主张江建公司有优先权拍卖这些房屋清偿债务。

裁判要旨

法院认为，股东对公司的实际出资大于应缴注册资本部分的，应属于公司的资本公积金。资本公积金属于公司的后备资金，股东可以按出资比例向公司主张所有者权益，但股东出资后不能抽回，也不得转变为公司的债务计算利息，变相抽逃。2003 年 5 月 14 日，金华投资公司董事会决议用本案的房产抵顶林 × 培多投入的出资本息，实质是将林 × 培本属于资本公积金的出资转变为公司对林 × 培的借款，并采用以物抵债的形式予以返还，导致林 × 培变相抽逃出资，违反了公司资本充实原则，与《公司法》和《国务院关于固定资产投资项目试行资本金制度的通知》(国发〔1996〕35 号)的规定相抵触，故董事会决议对林 × 培借款债权的确认及以物抵债决定均应认定为无效。

案例3 江西省高级人民法院（2019）赣民终 178 号 新余甄投云联成长投资管理中心、广东运货柜信息技术有限公司新增资本认购纠纷、买卖合同纠纷

▶ 案情摘要

2016 年 4 月 28 日，新余甄投云联成长投资管理中心(有限合伙)(以下简称“甄

投中心”）与广东运货柜信息技术有限公司（以下简称“运货柜公司”）及其他相关方签订了《增资协议》，约定甄投中心向运货柜公司增资 1050 万元。

同日，各方还签订了《增资协议的补充协议》（以下简称“《补充协议》”），其中包含了股权回购条款。《补充协议》第 2.1.1 条约定：若运货柜公司未在规定时间内达到承诺的业绩指标或完成上市，公司需按特定公式回购甄投中心所持股份。合同中明确约定，回购价格应保证甄投中心本次投资的年投资收益率不得低于 15%。回购款的计算公式为：回购款总额 = 甄投中心的实际投资款 ×（1+ 持股天数 /365 天 ×15%）－ 回购日之前甄投中心已获得的股息、红利。

2016 年 5 月 27 日，甄投中心向运货柜公司实际转款 1050 万元。2017 年 3 月 24 日，甄投中心向运货柜公司发出回购函，但运货柜公司未履行回购义务，表示无法实现合同承诺的业绩和上市目标。

甄投中心向法院起诉，请求判令运货柜公司和龙 × 连带支付股权回购款，包括至 2018 年 1 月 28 日的款项及后续按年 15% 的收益率计算的款项；判令龙 × 个人回购甄投中心所持运货柜公司 0.75% 的股权，并支付相应的款项；判令运货柜公司和龙 × 承担诉讼费用。

裁判要旨

法院认为，本案中《补充协议》第 2.1.1 条约定的回购款计算方式，使甄投中心的投资可以取得相对固定的收益，该收益脱离了运货柜公司的经营业绩，损害了公司利益和公司债权人利益，其中有关运货柜公司回购股权的内容应属无效。关于甄投中心认为其要求货运柜公司支付的该部分股权不是注册资本，是资本公积金部分，不存在减少注册资本的情形。此外，股东向公司已交纳的出资，无论是计入注册资本还是计入资本公积金，都已属于公司所有，是公司资产的构成部分，同样基于公司资本维持原则的要求，如果将资本公积金返还股东，将导致公司资本规模的减少，损害公司的财产和信用基础，损害公司债权人的利益，故股东不得任意要求公司予以返还，甄投中心要求运货柜公司支付列入公司资本公积金部分的股权回购款不能成立。关于龙 × 应否承担股权回购责任的问题。现有证据证实《增资协议》及《补充协议》中均没有龙 × 须承担回购责任的相关约定，故甄投中心的该请求缺乏事实和法律依据，不予支持。

总结及延展

《公司法》（2024）并未明确股权回购的资金来源。根据既往司法判例可知，法院通常认可盈余公积金、可分配利润、公司将股权转让后所得资金、履行减资程序后所释放的资金作为支付股权回购款的合法性，因为前述资金的使用均不会损害到公司债权人的利益。

值得关注的是，《公司法》(2024)对资本公积金制度作出了修改，这是否意味着公司能够用资本公积金回购异议股东股权？在《公司法》(2024)出台之前，资本公积金用于弥补亏损被《公司法》(2018)第168条明文禁止。《公司法》(2018)第168条旨在避免公司资产流失以及管理层通过弥补亏损方式减少公司资产。[①] 实务界普遍认为，资本公积金系公司资产的构成部分，如因股东行使回购权而要求公司予以返还，将违反资本维持原则，导致公司资本规模减小，不仅损害公司的财产和信用基础，亦会损害公司债权人利益。笔者认为，虽然《公司法》(2024)已放开了资本公积金弥补亏损的限制，但这仍不意味着资本公积金可以作为股权回购的合法资金来源，而这是由资本公积金之性质决定的。《公司法》(2024)第213条规定："公司以超过股票票面金额的发行价格发行股份所得的溢价款、发行无面额股所得股款未计入注册资本的金额以及国务院财政部门规定列入资本公积金的其他项目，应当列为公司资本公积金。"前述条款将资本公积金分为两类：一类是股票溢价，另一类是财政部规定的其他资本公积，但并未明确界定"资本公积金"的概念。资本公积金实质上是"会计概念"，根据《企业会计准则——应用指南》(财会〔2006〕18号)附录"会计科目和主要账务处理"中相关解释，资本公积金是指企业收到投资者的超出其在企业注册资本(或股本)中所占份额的投资，下设的两个明细科目为资本溢价(股本溢价)和其他资本公积金。可知，资本公积金并非来源于公司的经营，而是公司的资本产生了溢价，属于股东投资款，即公司注册资本的孳息，应归公司所有，股东不能直接要求公司返还公积金或将公积金用于满足股东私利。因此，用于回购异议股东的股权的款项应从公司经营利润中进行划拨，如果公司在未产生利润的情况下，使用资本公积金回购股东股权，则损伤了公司的经营根基，更是侵害了债权人的利益。

《公司法》(2024)第214条允许资本公积金弥补亏损的前提是股东不得损害公司利益和债权人利益，这一点从第214条第2款中即可得知。《公司法》(2024)第214条第2款明确指出：只有使用任意公积金和法定公积金仍不能弥补亏损的，才可以按照规定使用资本公积金。也就是说，只有在股东无利可分的前提下，法律才允许公司使用资本公积金弥补亏损。如此一来，不仅能够优化公司的财务状况，提升

① 参见李建伟：《公司法学》(第4版)，中国人民大学出版社2018年版，第204页。

投资人对公司信心，助力公司回归良性发展轨道，也能充分保障债权人的利益。所以，虽然《公司法》(2024)针对资本公积金能否弥补公司亏损的问题作出了修订，但该修订并未改变资本公积金的性质，亦未改变公司法以及司法实务中所认可的资本公积金使用原则。基于此，笔者认为，资本公积金系公司资产而非公司经营收益，若允许以资本公积金支付股权回购款，等同于允许变相抽回股东资金，这与一直以来公司法对于资本公积金的立法原意背道而驰。因此，公司不应使用资本公积金支付异议股东的股权回购款。

专题十

股权转让及优先购买权

一、法律规定对比解析

(一)《公司法》(2018)与《公司法》(2024)相关条文对比

《公司法》(2018)	《公司法》(2024)
第32条 有限责任公司应当置备股东名册，记载下列事项： (一)股东的姓名或者名称及住所； (二)股东的出资额； (三)出资证明书编号。 记载于股东名册的股东，可以依股东名册主张行使股东权利。 公司应当将股东的姓名或者名称向公司登记机关登记；登记事项发生变更的，应当办理变更登记。未经登记或者变更登记的，不得对抗第三人。	**第34条** 公司登记事项发生变更的，应当依法办理变更登记。 公司登记事项未经登记或者未经变更登记，不得对抗善意相对人。
第71条 有限责任公司的股东之间可以相互转让其全部或者部分股权。 股东向股东以外的人转让股权，应当经其他股东过半数同意。股东应就其股权转让事项书面通知其他股东征求同意，其他股东自接到书面通知之日起满三十日未答复的，视为同意转让。其他股东半数以上不同意转让的，不同意的股东应当购买该转让的股权；不购买的，视为同意转让。 经股东同意转让的股权，在同等条件下，其他股东有优先购买权。两个以上股东主张行使优先购买权的，协商确定各自的购买比例；协商不成的，按照转让时各自的出资比例行使优先购买权。 公司章程对股权转让另有规定的，从其规定。	**第84条** 有限责任公司的股东之间可以相互转让其全部或者部分股权。 股东向股东以外的人转让股权的，应当将股权转让的数量、价格、支付方式和期限等事项书面通知其他股东，其他股东在同等条件下有优先购买权。股东自接到书面通知之日起三十日内未答复的，视为放弃优先购买权。两个以上股东行使优先购买权的，协商确定各自的购买比例；协商不成的，按照转让时各自的出资比例行使优先购买权。 公司章程对股权转让另有规定的，从其规定。

续表

《公司法》(2018)	《公司法》(2024)
第72条 人民法院依照法律规定的强制执行程序转让股东的股权时,应当通知公司及全体股东,其他股东在同等条件下有优先购买权。其他股东自人民法院通知之日起满二十日不行使优先购买权的,视为放弃优先购买权。	**第85条** 人民法院依照法律规定的强制执行程序转让股东的股权时,应当通知公司及全体股东,其他股东在同等条件下有优先购买权。其他股东自人民法院通知之日起满二十日不行使优先购买权的,视为放弃优先购买权。
—	**第86条** 股东转让股权的,应当书面通知公司,请求变更股东名册;需要办理变更登记的,并请求公司向公司登记机关办理变更登记。公司拒绝或者在合理期限内不予答复的,转让人、受让人可以依法向人民法院提起诉讼。 股权转让的,受让人自记载于股东名册时起可以向公司主张行使股东权利。
第73条 依照本法第71条、第72条转让股权后,公司应当注销原股东的出资证明书,向新股东签发出资证明书,并相应修改公司章程和股东名册中有关股东及其出资额的记载。对公司章程的该项修改不需再由股东会表决。	**第87条** 依照本法转让股权后,公司应当及时注销原股东的出资证明书,向新股东签发出资证明书,并相应修改公司章程和股东名册中有关股东及其出资额的记载。对公司章程的该项修改不需再由股东会表决。
—	**第88条** 股东转让已认缴出资但未届出资期限的股权的,由受让人承担缴纳该出资的义务;受让人未按期足额缴纳出资的,转让人对受让人未按期缴纳的出资承担补充责任。 未按照公司章程规定的出资日期缴纳出资或者作为出资的非货币财产的实际价额显著低于所认缴的出资额的股东转让股权的,转让人与受让人在出资不足的范围内承担连带责任;受让人不知道且不应当知道存在上述情形的,由转让人承担责任。
第74条 有下列情形之一的,对股东会该项决议投反对票的股东可以请求公司按照合理的价格收购其股权: (一)公司连续五年不向股东分配利润,而公司该五年连续盈利,并且符合本法规定的分配利润条件的; (二)公司合并、分立、转让主要财产的; (三)公司章程规定的营业期限届满或者章程规定的其他解散事由出现,股东会会议通过决议修改章程使公司存续的。	**第89条** 有下列情形之一的,对股东会该项决议投反对票的股东可以请求公司按照合理的价格收购其股权: (一)公司连续五年不向股东分配利润,而公司该五年连续盈利,并且符合本法规定的分配利润条件; (二)公司合并、分立、转让主要财产; (三)公司章程规定的营业期限届满或者章程规定的其他解散事由出现,股东会通过决议修改章程使公司存续。

续表

《公司法》(2018)	《公司法》(2024)
自股东会会议决议通过之日起六十日内,股东与公司不能达成股权收购协议的,股东可以自股东会会议决议通过之日起九十日内向人民法院提起诉讼。	自股东会决议作出之日起六十日内,股东与公司不能达成股权收购协议的,股东可以自股东会决议作出之日起九十日内向人民法院提起诉讼。 公司的控股股东滥用股东权利,严重损害公司或者其他股东利益的,其他股东有权请求公司按照合理的价格收购其股权。 公司因本条第一款、第三款规定的情形收购的本公司股权,应当在六个月内依法转让或者注销。
第75条 自然人股东死亡后,其合法继承人可以继承股东资格;但是,公司章程另有规定的除外。	**第90条** 自然人股东死亡后,其合法继承人可以继承股东资格;但是,公司章程另有规定的除外。
第137条 股东持有的股份可以依法转让。	**第157条** 股份有限公司的股东持有的股份可以向其他股东转让,也可以向股东以外的人转让;公司章程对股份转让有限制的,其转让按照公司章程的规定进行。
第138条 股东转让其股份,应当在依法设立的证券交易场所进行或者按照国务院规定的其他方式进行。	**第158条** 股东转让其股份,应当在依法设立的证券交易场所进行或者按照国务院规定的其他方式进行。
第139条 记名股票,由股东以背书方式或者法律、行政法规规定的其他方式转让;转让后由公司将受让人的姓名或者名称及住所记载于股东名册。 股东大会召开前二十日内或者公司决定分配股利的基准日前五日内,不得进行前款规定的股东名册的变更登记。但是,法律对上市公司股东名册变更登记另有规定的,从其规定。	**第159条** 股票的转让,由股东以背书方式或者法律、行政法规规定的其他方式进行;转让后由公司将受让人的姓名或者名称及住所记载于股东名册。 股东会会议召开前二十日内或者公司决定分配股利的基准日前五日内,不得变更股东名册。法律、行政法规或者国务院证券监督管理机构对上市公司股东名册变更另有规定的,从其规定。
第140条 无记名股票的转让,由股东将该股票交付给受让人后即发生转让的效力。	—
第141条 发起人持有的本公司股份,自公司成立之日起一年内不得转让。公司公开发行股份前已发行的股份,自公司股票在证券交易所上市交易之日起一年内不得转让。	**第160条** 公司公开发行股份前已发行的股份,自公司股票在证券交易所上市交易之日起一年内不得转让。法律、行政法规或者国务院证券监督管理机构对上市公司的股东、实际控制人转让其所持有的本公司股份另有规定的,从其规定。

续表

《公司法》(2018)	《公司法》(2024)
公司董事、监事、高级管理人员应当向公司申报所持有的本公司的股份及其变动情况，在任职期间每年转让的股份不得超过其所持有本公司股份总数的百分之二十五；所持本公司股份自公司股票上市交易之日起一年内不得转让。上述人员离职后半年内，不得转让其所持有的本公司股份。公司章程可以对公司董事、监事、高级管理人员转让其所持有的本公司股份作出其他限制性规定。	公司董事、监事、高级管理人员应当向公司申报所持有的本公司的股份及其变动情况，在就任时确定的任职期间每年转让的股份不得超过其所持有本公司股份总数的百分之二十五；所持本公司股份自公司股票上市交易之日起一年内不得转让。上述人员离职后半年内，不得转让其所持有的本公司股份。公司章程可以对公司董事、监事、高级管理人员转让其所持有的本公司股份作出其他限制性规定。 股份在法律、行政法规规定的限制转让期限内出质的，质权人不得在限制转让期限内行使质权。
第74条 有下列情形之一的，对股东会该项决议投反对票的股东可以请求公司按照合理的价格收购其股权： (一)公司连续五年不向股东分配利润，而公司该五年连续盈利，并且符合本法规定的分配利润条件的； (二)公司合并、分立、转让主要财产的； (三)公司章程规定的营业期限届满或者章程规定的其他解散事由出现，股东会会议通过决议修改章程使公司存续的。 自股东会会议决议通过之日起六十日内，股东与公司不能达成股权收购协议的，股东可以自股东会会议决议通过之日起九十日内向人民法院提起诉讼。	**第161条** 有下列情形之一的，对股东会该项决议投反对票的股东可以请求公司按照合理的价格收购其股份，公开发行股份的公司除外： (一)公司连续五年不向股东分配利润，而公司该五年连续盈利，并且符合本法规定的分配利润条件； (二)公司转让主要财产； (三)公司章程规定的营业期限届满或者章程规定的其他解散事由出现，股东会通过决议修改章程使公司存续。 自股东会决议作出之日起六十日内，股东与公司不能达成股份收购协议的，股东可以自股东会决议作出之日起九十日内向人民法院提起诉讼。 公司因本条第一款规定的情形收购的本公司股份，应当在六个月内依法转让或者注销。
第142条 公司不得收购本公司股份。但是，有下列情形之一的除外： (一)减少公司注册资本； (二)与持有本公司股份的其他公司合并； (三)将股份用于员工持股计划或者股权激励； (四)股东因对股东大会作出的公司合并、分立决议持异议，要求公司收购其股份； (五)将股份用于转换上市公司发行的可转换为股票的公司债券； (六)上市公司为维护公司价值及股东权益所必需。	**第162条** 公司不得收购本公司股份。但是，有下列情形之一的除外： (一)减少公司注册资本； (二)与持有本公司股份的其他公司合并； (三)将股份用于员工持股计划或者股权激励； (四)股东因对股东会作出的公司合并、分立决议持异议，要求公司收购其股份； (五)将股份用于转换公司发行的可转换为股票的公司债券； (六)上市公司为维护公司价值及股东权益所必需。

续表

《公司法》(2018)	《公司法》(2024)
公司因前款第(一)项、第(二)项规定的情形收购本公司股份的，应当经股东大会决议；公司因前款第(三)项、第(五)项、第(六)项规定的情形收购本公司股份的，可以依照公司章程的规定或者股东大会的授权，经三分之二以上董事出席的董事会会议决议。 公司依照本条第一款规定收购本公司股份后，属于第(一)项情形的，应当自收购之日起十日内注销；属于第(二)项、第(四)项情形的，应当在六个月内转让或者注销；属于第(三)项、第(五)项、第(六)项情形的，公司合计持有的本公司股份数不得超过本公司已发行股份总额的百分之十，并应当在三年内转让或者注销。 上市公司收购本公司股份的，应当依照《中华人民共和国证券法》的规定履行信息披露义务。上市公司因本条第一款第(三)项、第(五)项、第(六)项规定的情形收购本公司股份的，应当通过公开的集中交易方式进行。 公司不得接受本公司的股票作为质押权的标的。	公司因前款第一项、第二项规定的情形收购本公司股份的，应当经股东会决议；公司因前款第三项、第五项、第六项规定的情形收购本公司股份的，可以按照公司章程或者股东会的授权，经三分之二以上董事出席的董事会会议决议。 公司依照本条第一款规定收购本公司股份后，属于第一项情形的，应当自收购之日起十日内注销；属于第二项、第四项情形的，应当在六个月内转让或者注销；属于第三项、第五项、第六项情形的，公司合计持有的本公司股份数不得超过本公司已发行股份总数的百分之十，并应当在三年内转让或者注销。 上市公司收购本公司股份的，应当依照《中华人民共和国证券法》的规定履行信息披露义务。上市公司因本条第一款第三项、第五项、第六项规定的情形收购本公司股份的，应当通过公开的集中交易方式进行。 公司不得接受本公司的股份作为质权的标的。

(二)相关规范索引

相关规范	条款
《民法典》	第 311 条
《公司法司法解释(三)》(2020)	第 18 条、第 25 条、第 27 条
《公司法司法解释(四)》(2020)	第 16 条、第 17 条、第 18 条、第 19 条、第 20 条、第 21 条、第 22 条、第 23 条
《九民纪要》	第 8 条、第 9 条

(三)新旧公司法变化解读

第一，《公司法》(2024)新增第 86 条第 2 款，明确了股东资格的确认依据。

关于股权转让时股权变动效力发生的时点，《公司法》(2018)并未作出明确规定，在理论和实践中形成意思主义和形式主义的分歧[①]。

① 参见刘俊海：《论股权转让时的股权变动规则：契约自由、公司确认与登记公示的三重维度》，载《上海政法学院学报(法治论丛)》2022 年第 5 期。

对于股权变动的时间究竟是股权转让合同生效之时，还是记载于股东名册之时，抑或是公司工商登记之时，对内对外发生效力是否有差别等问题，在实务中颇有争议。此次，《公司法》(2024)立足于《公司法》(2018)第32条的规定，吸收了《九民纪要》第8条相关内容，新增第86条第2款："股权转让的，受让人自记载于股东名册时起可以向公司主张行使股东权利"，通过前述规定明确了对内而言以股东名册作为股东资格的确认依据，很大程度上解决了长期以来实务中关于股权变动时间节点及效力之争议，有利于提升股权转让的规范性。

第二，《公司法》(2024)第84条改变了股权对外转让的前置程序规则。

针对有限公司股权转让，《公司法》(2024)第84条删去股权转让"应当经其他股东过半数同意"的规定，将同意程序改为通知程序，并将其他股东30日内不回复通知的后果从"视为同意转让"改为"视为放弃优先购买权"。《公司法》(2024)第84条明确规定了对外转让股权不需要其他股东同意，仅需通知其他股东即可，并且缩短了股权转让的内部流程，此项修订充分简化了股东对外转让股权的程序规则，强调了股东的转股自由，更好地体现了意思自治原则。

第三，《公司法》(2024)第84条明确了"通知事项及同等条件"的具体内容。

《公司法》(2018)并未明确其他股东行使优先购买权时"同等条件"的具体内容，《公司法》(2024)第84条借鉴了《公司法司法解释(四)》(2020)第18条关于有限公司股权转让同等条件的规定，明确了股东对外转让股权时书面通知的具体事项，包括股权转让的数量、价格、支付方式和期限等，明确了所谓"同等条件"亦应考虑上述因素。通过立法的形式将司法解释要素吸收进了新公司法，使股东对外股权转让的规范体系更为清晰、严谨。

第四，《公司法》(2024)第86条明确了股权转让人及受让人的程序性权利义务。

《公司法》(2024)对于股权转让中的受让股东通知公司的义务和请求公司进行变更登记的权利进行了规定，并赋予了转让人和受让人寻求司法救济的权利。此处修订便于解决实践中股权转让之后变更登记困难的问题，有助于提升股权转让交易的稳定性。与《公司法司法解释(三)》(2020)第23条相对应，《公司法》(2024)第86条第1款明确了股东请求变更登记的权利，并赋予股东在公司不配合时寻求司法救济的权利。鉴于并非所有股权转让都需要向公司登记机关办理变更登记，例如，股份有限公司非发起人的股权转让无须办理变更登记，《公司法》(2024)明确界定只有需要办理变更登记的，方可请求公司配合办理，提高了规定的准确性。

第五，《公司法》（2024）新增第 88 条，明确了已届出资期限瑕疵股权转让的责任承担。

针对瑕疵出资股权转让人、受让人的责任承担问题，虽然《公司法司法解释（三）》（2020）第 18 条进行了规定，但并未涉及未届出资期限股权转让的责任承担事宜，《公司法》（2024）第 88 条内容在吸收《公司法司法解释（三）》（2020）第 18 条规定的基础上，进一步规定了转让未届出资期限股权的，应由受让人承担出资义务，转让人需对受让人未按期缴纳出资的部分承担补充责任。

《公司法》（2024）第 88 条第 2 款将《公司法司法解释（三）》（2020）第 18 条中“未履行或者未全面履行”的表述明确为“未按照公司章程规定的出资日期缴纳出资”或“作为出资的非货币财产的实际价额显著低于所认缴的出资额”。同时，《公司法司法解释（三）》（2020）将“受让人对此知道或者应当知道”作为受让人与转让人承担连带责任的条件，而《公司法》（2024）则改为将“受让人不知道且不应当知道存在上述情形”作为受让人免责的条件，减轻了债权人的举证责任。

第六，《公司法》（2024）第 89 条进一步完善了异议股东回购请求权的相关规定。

《公司法》（2024）增加了异议股东回购请求权的适用情形，即控股股东滥用股东权利，严重损害公司或者其他股东利益的，其他股东有权请求公司按照合理的价格收购其股权。实务中，控股股东凭借其控制权，操纵股东会、董事会的事件屡见不鲜。《公司法》（2024）第 89 条第 3 款以概括式、开放式的条款设计方式，为中小股东提供了救济渠道与退出路径。另，《公司法》（2024）第 89 条设置了回购股权的处置方式，要求公司对于回购的股权在 6 个月内转让或注销。

第七，《公司法》（2024）第 157 条明确了股份有限公司的股份转让原则。

在《公司法》（2018）第 137 条的基础上，《公司法》（2024）第 157 条针对股份有限公司转让原则进行了细化，规定相应股权不仅可以对内转让，也可以对外转让。同时，《公司法》（2024）第 157 条还明确公司章程可针对股份转让设定限制。

第八，《公司法》（2024）第 160 条调整了特殊人员股份转让的限制性规则。

《公司法》（2024）第 160 条删除了《公司法》（2018）第 141 条中“发起人持有的本公司股份，自公司成立之日起一年内不得转让”的规定，取消了对发起人转让股份的限制，不再对股份有限公司的发起人区别对待，拓宽了公司资本运作的范围，回应了实践需求。本条第 2 款对公司董事、监事、高级管理人员的股票锁定期进行了修改，明确为“就任时确定的任职期间”而非实际的任职期间，与现行上市公司的监管规则保持一致。此外,《公司法》(2024)第160条增加了对限制转让期限内出质押股份的规定,明确股票质权的行使受到限售期的约束,防止股份权属发生转移,有利于证券市场交易秩序的稳定。

二、争议问题及司法裁判实务梳理

(一)股权转让行为的生效应以登记为准,还是以股东名册记载为准?

案例1 最高人民法院(2022)最高法民再117号 云南能投新能源投资开发有限公司、中航光合(上海)新能源有限公司等执行异议之诉纠纷

▶ 案情摘要

2014年1月9日,甲方内蒙古山路能源集团有限责任公司(以下简称"山路集团")与乙方云南能投新能源投资开发有限公司(以下简称"云南能投公司")签订了《股权转让协议》,将其持有的石林云南能投新能源开发有限公司(以下简称"石新公司")24%的股权以2400万元的价格转让给云南能投公司。协议签订后,云南能投公司按约支付了股权的相应对价。

2014年5月10日,石新公司修改公司章程,注册资本5亿元,云南能投公司作为公司的唯一股东以货币方式全额出资。

此后,因山路集团的债权人中航光合公司系基于其对山路集团享有的债权申请执行并冻结涉案股权,云南能投公司提出执行异议,并提交昆明中院(2015)昆民五初字第12号民事判决等证据,以证明其系涉案股权实际权利人。

经法院审理查明,(2015)昆民五初字第12号民事判决支持了云南能投公司要求确认其与山路集团签订的《股权转让协议》有效、确认其享有涉案股权、要求山路集团将涉案股权变更登记在自己名下的全部三项诉讼请求。

裁判要旨

法院认为,股权转让是股权继受取得的方式之一,作为一种法律行为,通过当事人之间达成合法有效的转让协议后履行即可取得相应股权。股权转让导致的股东及股权结构变化并非法律规定的工商登记事项。向公司登记机关进行股权变更登记是公司履行股权转让协议的行为,仅发生对抗交易第三人的法律效力,而非股权取得的法定要件。股权受让方是否实际取得股权,应当以公司是否修改章程或将受让方

登记于股东名册，股权受让方是否实际行使股东权利为判断依据。石新公司虽未及时办理股权变更登记，但云南能投公司自该公司章程修改之日起，实际已经成为石新公司唯一股东，享有包括涉案24%的股权在内的石新公司的全部股权。

案例2 公报案例 上海市高级人民法院 申银万国证券股份有限公司诉上海国宏置业有限公司财产权属纠纷

▶ 案情摘要

上海宝鼎投资股份有限公司（以下简称“宝鼎公司”）系申银万国证券股份有限公司（以下简称“申银万国”）股东，同时，宝鼎公司投资成立了上海万国企业发展有限公司（以下简称“万国公司”），万国公司系上海国宏置业有限公司（以下简称“国宏公司”）股东。

申银万国于1994年购入上市公司上海九百股份有限公司（以下简称“上海九百”）的法人股，2000年10月10日，申银万国与国宏公司签订了法人股转让协议书一份，主要约定：申银万国同意将所持上海九百法人股400万股转让给国宏公司，转让金额合计640万元；国宏公司在协议生效之日起15日内，将上述转让款项划入申银万国指定账户。签约后，双方于同年10月13日至中登公司办理了相关过户手续。后该400万股法人股经送股增至600万股。

2002年1月24日，申银万国与国宏公司签订了一份还款质押协议，约定：鉴于国宏公司并未履行划款义务，现国宏公司确认对申银万国负有640万元未履行的债务，并以其名下600万股上海九百法人股作为质押；本协议生效后，国宏公司负责办理上述股权质押登记手续。同年4月26日，双方办理了相关的质押登记手续。

2002年10月、11月，法院作出两份判决，国宏公司对案外人所欠福民支行借款本金及利息承担连带保证的还款责任。法院在执行上述两起案件中，轮候冻结了本案系争600万股的上海九百法人股。

2007年3月21日，系争法人股上市流通。

2007年8月，申银万国向原审法院提起诉讼，提出：其于2000年10月前系上海九百的前五大股东，由于当时规定前五位股东不得成为公司的配股承销商，其为了避嫌而能承接上海九百配股承销业务，遂将400万股上海九百股份挂靠在国宏公司名下并办理了过户手续。后因中国证券监督管理委员会（以下简称“证监会”）加强了上市公司非流通股协议转让的管理，系争股权无法转回。国宏公司曾承诺将系争股权归还申银万国，但至今未归还，故请求判令确认系争600万股法人股归申银万国所有。

对此，国宏公司不持异议。

第三人福民支行申请参加诉讼并提出，申银万国所称代持法人股没有事实依据，目的是与国宏公司串通以规避法院执行，要求法院驳回申银万国诉请。

裁判要旨

法院认为，申银万国与国宏公司签订股权转让协议后已在中登公司办理了股权转让的变更登记手续，故系争股权已移转于受让人国宏公司名下，即股权变动已发生法律效力。上海九百作为上市公司，其股东持有股权和变动的情形必须以具有公示效力的登记为据。申银万国称其为了规避证监会有关规定而通过关联企业国宏公司隐名持有股权，并要求确认已登记在国宏公司名下的股权实际为其所有，显然不符合《公司法》(2005)和《证券法》(2005)的规定，也有违《公司法》所规定的诚实信用原则。

总结及延展

关于有限责任公司股权转让何时生效的问题，之前在理论界与实务界颇有争议，主要有三种观点：第一种观点认为，股权转让生效与股权转让合同生效系同一时点；第二种观点认为，股东名册变更是股权转让生效的标志；第三种观点认为，登记机关作出变更核准是股权转让生效的标志。针对上述观点，笔者认为需要从以下两个角度厘清分析。

首先，股权转让合同生效与股权转让生效存在区别。股权转让合同生效的本质系合同约定对各方当事人产生约束力的问题，根据《民法典》第502条的规定，除法律另有规定或者合同另有约定外，合同自成立时生效。而股权转让则是股权权属在转让人与受让人之间转移，系股权交付行为。股权转让生效的本质系转让人、受让人在实际履行过程中以哪个行为或者节点作为股权交付依据的问题。故股权转让合同生效与股权转让生效并非同一维度，二者生效时间的评判要素亦并不相同。

其次，股权变更分为两个环节，内部变更及登记机关变更，且股东信息按照《公司法》(2024)的规定属于必要登记事项，故股东信息在登记机关的变更登记具有向社会不特定公众进行公示的效力，所以股权变更的效力并非仅涉及股东与公司，还会涉及第三人。因此，在评判股权变更何时生效这一问题时应遵循“内外区分”

原则。

笔者认为，此次《公司法》(2024)第86条吸收了《公司法司法解释(三)》(2020)第23条关于“当事人依法履行出资义务或者依法继受取得股权后，公司未根据公司法第三十一条、第三十二条的规定签发出资证明书、记载于股东名册并办理公司登记机关登记，当事人请求公司履行上述义务的，人民法院应予支持”的内容，并在第86条第2款规定了“股权转让的，受让人自记载于股东名册时起可以向公司主张行使股东权利”，根据该规定内容，记载于股东名册的行为具有设权性质，是股权受让人向公司主张股东权利的充分条件，股东名册的变更是受让人成为股东的标志。同时，《公司法》(2024)第34条第2款规定，公司登记事项未经登记或者未经变更登记，不得对抗善意相对人。根据该款规定，股东信息登记具有公示效力，虽然股东名册的变更已经足以证明股东资格，但前述股东资格在未经登记之前无法对抗善意相对人，无法产生对抗效力。综上，股权变更行为的效力相对于内外不同主体而言分为生效效力以及对抗效力，生效效力的发生以股东名册的记载为准，而对抗效力的发生则以登记公示为准。在《公司法》(2024)出台之前，既往司法实践中很多判例已然持有这种观点。

如(2022)最高法民再117号云南能投新能源投资开发有限公司、中航光合(上海)新能源有限公司等执行异议之诉民事再审民事判决书所述：股权转让是股权继受取得的方式之一，作为一种法律行为，在当事人之间达成合法有效的转让协议后履行即可取得相应股权。股权转让导致的股东及股权结构变化并非法律规定的工商登记事项。向公司登记机关进行股权变更登记是公司履行股权转让协议的行为，仅发生对抗交易第三人的法律效力，而非股权取得的法定要件。股权受让方是否实际取得股权，应当以公司是否修改章程或是否将受让方登记于股东名册、股权受让方是否实际行使股东权利为判断依据。

(二)有限责任公司未置备股东名册，应如何判定股权变动效力?

案例1 **浙江省高级人民法院(2020)浙民申4447号 王×英、浙江煌盛铂业有限公司股东知情权纠纷**

▶ 案情摘要

2015年1月，干×良、王×、王×英、上海京再瑞投资合伙企业(有限合伙)(以下简称“京再瑞合伙企业”)签订了《煌盛公司股权转让协议》，约定：标的公司浙江煌盛铂业有限公司（以下简称“煌盛公司”）注册资本为3580万元，千×良出资1969万元，占55%，王×出资895万元，占25%，王×英出资716万元，占20%。协议还约定若标的公司2015年经审计的扣除非经常性损益后净利润为负数，转让方应将标的公司全部股权（标的公司100%股权）无偿赠送给受让方。转让方应在2015年度审计报告出具之日起30个工作日内向受让方履行上述补偿约定。

股权转让协议签订后，2015年4月1日，千×良、王×、王×英签署股东会决议、董事会决议及股权转让协议，对上述股权转让协议约定的股权转让予以确认，并产生煌盛公司新一届董事会，同时办理了王×英出让9%的股权、王×出让11.25%的股权、千×良出让24.75%的股权给京再瑞合伙企业的工商变更登记。

“对赌协议”条件成就后，京再瑞合伙企业起诉王×英要求履行《煌盛公司股权转让协议》，法院判决支持了京再瑞合伙企业依据对赌条款要求王×英无偿转让剩余股权的诉求，判令王×英于判决生效后10日内将其持有的煌盛公司11%的股权过户给京再瑞合伙企业。

股权纠纷案件审理过程中，王×英向法院提出股东知情权纠纷。

裁判要旨

法院认为，《股权转让协议》系引起股权变更的原因行为，股权移转是导致股东资格丧失的法律后果，二者存在区分，但就本案而言，王×英股权的移转应自股权转让协议约定条件成就之日确定，理由如下：其一，王×英提起本案股东知情权诉讼，处理的是股东与公司内部的关系，并不涉及不特定第三方主体，其是否具有股东资格，应当根据查明的实际权属情况予以确认，而不应仅以公司股东名册或者工商登记为准；且根据煌盛公司陈述，公司未置备股东名册，王×英以其未被公司股东名册除名、公司仍通知其参加股东会为由主张其具有股东资格不能成立。其二，民事法律行为是导致民事法律关系变更的主要方式，王×英股东身份变更的原因行为系为“对赌协议”所约定的股权移转条件所成就，王×英与京再瑞合伙企业股权转让纠纷生效判决仅是对股权移转条件是否成就进行实体裁判，确认双方约定的对赌条件成就且王×英应当履行股权过户义务，该生效判决并非引起股权变更的原因法律行为，故王×英主张以判决生效之日作为股权移转之日于法无据。其三，王×英与京再瑞合伙企业之间签订的《股权转让协议》，涉及的是公司股东之间的股权对赌和转让行为，股权移转并不存在法律障碍和限制，不侵害其他股东优先购买权或者存在需要办理许可、登记方能生效之情形，在该种情形之下，股权转让合同生效且转让条件成就就应对各方产生约束力，就导致股权移转的后果。其四，因王 × 英违反《股权转让协议》的约定未及时移交股权导致诉讼，其名下股权实际变更登记时间晚于《股权转让协议》约定的股权移转时间，若认定上述迟延期间王 × 英仍具有股东资格，意味着其可获取包括该期间公司利润在内的各项权益，违反诚实和公平原则。综上，法院认为王 × 英起诉时已不具备股东资格，又无法举证证明其持股期间其合法权益造成了损害，并无不当，因此不予支持其诉讼请求。

案例2 安徽省合肥市中级人民法院（2019）皖01民终2868号 中静实业（集团）有限公司、安徽皖信典当有限责任公司与公司有关的民事纠纷

▶ 案情摘要

2009年3月16日，安徽皖信典当有限责任公司（以下简称“皖信典当公司”）登记设立，注册资本为5200万元，股东为：安徽省皖投信用担保有限责任公司，出资2496万元，占注册资本金48%；安徽华鑫拍卖有限公司，出资416万元，占注册资本金8%；中静实业（集团）有限公司（以下简称“中静实业公司”），出资2288万元，占注册资本金44%。

2012年6月14日，浙江省绍兴市中级人民法院作出（2011）浙绍执民字第48号执行裁定，将中静实业公司在皖信典当公司26%的股权作价1848万元抵偿给绍兴市金昌投资发展有限公司（以下简称“金昌投资公司”）。同年10月18日，皖信典当公司作出章程修正案，主要内容为将公司股东、出资情况及董事会组成中的中静实业公司修正为金昌投资公司。2013年5月21日，浙江省绍兴市中级人民法院作出（2011）浙绍执民字第271号执行裁定，裁定金昌投资公司应向中静实业公司返还已取得的皖信典当公司26%的股权。2017年4月7日，中静实业公司在工商登记中恢复为皖信典当公司股东。同年8月15日，中静实业公司向皖信典当公司发出“关于提议召开临时股东会的函”，要求召开临时股东会，修改公司章程恢复股东身份、选举新一届董事会并恢复董事席位、分取税后利润等。皖信典当公司对此置之不理，故中静实业公司诉至法院，请求判令在公司章程中恢复记载其股东身份，并将上述章程进行工商登记备案。

裁判要旨

法院认为，皖信典当公司应当对公司章程中涉及中静实业公司股东身份部分

的内容予以修正。理由如下:(1)从股东事项记载的法定性看。公司章程为公司股东意思自治的产物,设立公司必须依法制定公司章程,公司章程应当依据《公司法》(2018)第25条第1款的规定记载公司事项,其中,股东事项为公司章程中应当记载的内容。(2)从皖信典当公司股东事项记载形式看。依据《公司法》(2018)第32条的规定,公司应当置备股东名册,记载股东姓名、出资额等,如发生变更应进行相应的变更登记。本案中,中静实业公司陈述皖信典当公司未置备股东名册,皖信典当公司未予以否定,亦未提出其已置备股东名册的证据,且在庭审中陈述应以公司章程记载的股东事项来认定公司股东身份,故可以认定,皖信典当公司并未置备股东名册,而以公司章程中记载的股东事项替代股东名册的记载。(3)从《公司法司法解释(三)》第23条的规定看。本条款规定,当事人履行出资义务或者继受取得股权后,公司应办理相应的股东名册记载,用以证明其股东身份。虽本条款列明的为公司未签发出资证明书、未记载于股东名册,当事人可以请求人民法院判令公司履行记载义务,但其前提应为公司以签发出资证明书、置备股东名册等方式实现公司股东身份的确认。具体到本案而言,皖信典当公司并未置备股东名册,而是以公司章程记载股东的方式予以替代;同时,虽然依据公司法规定,经股东会决议或股东协商一致后,可以对公司章程进行修改,也即公司章程的修改为股东会的职权,但应该明确的是,该决议的事项应为股东会可以自行协商决定的事项,本案中,中静实业公司的股东身份已因浙江省绍兴市中级人民法院的执行回转,并完成工商变更登记予以确定,此时,公司内部股东名册的记载应作出相应的变更,因此,在皖信典当公司未置备股东名册的情况下,修正该公司章程中有关中静实业公司股东事项内容为皖信典当公司的法定义务,非公司股东会协商决定可以排除。据此,中静实业公司要求皖信典当公司在公司章程中记载其股东身份,并予以备案的上诉理由成立,本院予以支持。

总结及延展

实践中,很多公司由于管理不规范,并未置备股东名册,而《公司法》(2024)第86条明确规定,股东名册的记载是确认是否取得股东资格或者股权变动生效与否的标志性文件。但若公司未置备股东名册时,应当如何确定股东资格或者股权变动的生效情况?笔者认为,股东名册的记载可被视为股东资格确认的充分条件,但并非必要条件。股东资格的生效属于公司内部事宜,只有在经过公司承认后,受让人方能享有股东权利,因此,公司法需要确定股东对内享有权利的依据和时间节点。而按照公司经营的标准范式操作流程，股东名册是必备文件，同时也是证明公司认可股东身份的显性、直接依据。故从规范性角度而言，《公司法》(2024)第86条将股东名册的记载视为股东身份的确认要件，但该条款的核心内涵在于公司借由股东名册表达了对于股东加入公司行为的认可，公司的相关意思表示才是股东对内享有权利的本质要素。所以，在公司未置备股东名册时，如何对公司的相关意思表示进行判断是司法实践中需要综合考量的。

事实上，股权变动过程中涉及多个流程，并非只有股东名册的记载才能证明公司对于股权变更行为的认可，更不宜因公司缺少股东名册的置备即否认股权转让行为的效力。股东会决议、董事会决议，公司章程、出资证明等文件均能体现公司意志，法院可结合前述证据来确认股权变动的真实性和合法性。

从相关裁判案例可知，如果相关事实综合在一起能够较为明显地体现出特定主体享有股东权利、履行了股东义务，即可视为公司对其股东身份的认可，在不具备股东名册的情况下，其股东资格仍可得到确认；但前提是相应证据需达到高度盖然性，否则仍然难以获得支持，如(2020)最高法民终1178号案件的说理部分即从反向维度体现了这一观点。

(三)股权转让款未支付完结，但在股东名册和工商变更登记已完成的情况下，股权转让行为是否生效？出让人能否主张解除股权转让合同？

案例1 最高人民法院(2025)民申字第2532号　汤×龙诉周×海股权转让纠纷

▶ 案情摘要

汤×龙与周×海于2013年4月3日签订了《股权转让协议》及《股权转让资金分期付款协议》(以下简称"分期付款协议")。双方约定：周×海将其持有的青岛变压器集团成都双星电器有限公司(以下简称"双星公司")6.35%的股权转让给汤×龙。股权合计710万元，分四期付清，并在协议上明确约定"此协议一式两份，双方签字生效，永不反悔"。

协议签订后，汤×龙于2013年4月3日依约向周×海支付第一期股权转让款150万元。因汤×龙逾期未支付约定的第二期股权转让款，周×海于同年10月11日，以公证方式向汤×龙送达了《关于解除协议的通知》，以汤×龙根本违约为由，提出解除双方签订的分期付款协议。

次日，汤 × 龙即向周 × 海转账支付了第二期股权转让款，并按照约定的时间和数额履行了后续第三、四期股权转让款的支付义务。周 × 海以其已经解除合同为由，如数退回汤 × 龙支付的 4 笔股权转让款。汤 × 龙遂向人民法院提起诉讼，要求确认周 × 海发出的解除协议通知无效，并责令其继续履行合同。

另查明，2013 年 11 月 7 日，双星公司的变更（备案）登记中，周 × 海所持有的 6.35% 的股权已经变更登记至汤 × 龙名下。

裁判要旨

法院认为，首先，尽管案涉股权的转让形式也是分期付款，但由于标的物是股权，与以消费为目的的一般买卖有所区别，不宜简单适用《合同法》第 167 条。其次，双方订立案涉协议的合同目的能够实现，6.35% 的股权也已变更登记至汤 × 龙名下。最后，从诚实信用和维护交易安全的角度出发，双方明确约定“双方签字生效，永不反悔”，周 × 海应首先要求汤 × 龙支付全部价款而非解除协议。本案中，汤 × 龙受让股权后已实际参与公司经营管理，股权也已过户登记至其名下，除非汤 × 龙根本违约，否则动辄解除协议亦不利于公司经营管理的稳定。

案例 2 最高人民法院（2017）最高法民申 1513 号 斯 × 西、宁 × 损害股东利益责任纠纷

▶ **案情摘要**

2008 年 5 月，宁 ×、李 × 宝等 4 名贵溪市龙虎山啤酒有限公司（以下简称“龙虎山公司”）股东将其持有的该公司 100% 的股权转让给朱 ×，协议约定了股权转让价款以及支付方式、支付期限，同时约定全部股权转让价款付清后办理工商变更登记。

协议签订后，宁 ×、李 × 宝按照协议约定将龙虎山公司公章、营业执照等经营资料移交给朱 ×，并办理交接手续。朱 × 陆续支付了 60% 的股权转让价款后开始违约，未能如期支付全部股权转让价款。

2013 年 5 月，龙虎山公司与贵溪市土地储备中心签订了《国有土地使用权收购合同》，合同签署时朱 × 作为见证人签字，法定代表人处签字的为李 × 宝（股权出让方之一）。

2015 年，斯 × 西、宁 ×、斯 × 成以朱 ×、李 × 宝擅自签署《国有土地使用权

收购合同》侵犯其股东权益为由提起诉讼。诉讼中，朱 × 提交了署期 2008 年 5 月、龙虎山公司盖章的股东名册，其上记载朱 × 持有龙虎山公司 100% 的股权。

法院一审、二审均认为宁 × 已经将股权转让给朱 ×，其仅凭工商登记材料不足以证明其股东身份，因此，裁定驳回了斯 × 西、宁 ×、斯 × 成的起诉。斯 × 西、宁 ×、斯 × 成不服二审判决，向最高人民法院申请再审。再审法院裁定驳回其再审申请。

裁判要旨

法院认为，股权转让合同当事人之间的股权变动，应以股权的交付作为股权变动的认定标准，而非以股权转让款是否全部支付来认定。股东名册作为公司置备的记载股东个人信息和股权信息的法定簿册，具有权利推定效力。股权转让合同中，在证明权利归属的股东名册上进行记载的行为应视为股权交付行为。本案中，并不存在相反证据推翻案涉股东名册记载事项，故在双方达成股权转让合意的前提下，股东名册对朱 × 持股 100% 的股权事项的记载足以证明龙虎山公司的股东不再是宁 ×、李 × 宝等四人。

案例3 最高人民法院（2017）最高法民申 686 号 周口市财政局与北京天成伟业投资担保有限公司、河南裕周铁路发展有限公司股权转让纠纷

▶ 案情摘要

河南裕周铁路发展有限公司（以下简称“铁路公司”）是周口市财政局（以下简称“财政局”）下设的国有独资公司。

2005 年 7 月 21 日，财政局与北京天成伟业投资担保有限公司（以下简称“伟业公司”）签订了《股权转让协议》，将铁路公司 95% 的股权转让给伟业公司，伟业公司出资 4750 万元认购该 95% 股权，款项用于购买铁路客车 46 辆，铁路公司剩余的 5% 股权（250 万元）仍由财政局持有。

在《股权转让协议》签订前，铁路公司作为国有独资公司已为该协议的履行向有关部门作出了请示，相关主管部门也均同意转让财政局所有的 95% 的股权给伟业公司。协议签订以后，财政局为股权转让办理了国有资产变动产权的登记及产权交易成交鉴证书，并在工商部门办理了股权变更登记。

根据河南省监察厅 2010 年 1 月 26 日作出的“（2010）豫监建字第 1 号监察建议

书"、周口市审计局2010年2月8日作出的"周审报(2010)1号审计报告"、周口市纪律检查委员会2010年3月3日作出的"河南裕周铁路公司股权变更情况说明"等证据,伟业公司2005年7月21日受让股权后,未支付股权转让价款4750万元,也未用4750万元股权转让价款购买列车。

2011年11月2日,财政局向一审法院起诉,请求:(1)判令伟业公司不享有铁路公司95%的股权;(2)铁路公司100%的股权归财政局所有;(3)解除财政局与伟业公司之间的《股权转让协议》;(4)将铁路公司100%的股权登记至财政局名下并发放股权证明;(5)由伟业公司与铁路公司赔偿财政局经济损失。

伟业公司在一审中提供《情况汇报》,称其在掌控铁路公司期间投入647.5万元。

一审法院经审理后判决解除了案涉《股权转让协议》,并判令财政局返还伟业公司647.5万元投资款。财政局与伟业公司不服一审判决,均提起上诉。二审法院判决解除了案涉《股权转让协议》,并撤销了一审判决有关财政局返还伟业公司647.5万元投资款的决定。伟业公司不服二审判决,向最高人民法院申请再审,再审法院裁定驳回其再审申请。

裁判要旨

法院认为,伟业公司主张本案双方签订协议的目的是引进资本,代铁路公司偿还债务,获得客运资质,开通进京列车,并非其支付4750万元股权转让款,但双方在《股权转让协议》中并未将此作为股权转让的交易对价,前述行为实际上是伟业公司成为大股东后对铁路公司的经营管理行为,而非其受让股权所应支付的对价。根据本案查明的事实,伟业公司既未支付4750万元股权转让款,也未用4750万元股权转让款购买铁路客车,现有证据并不能确定伟业公司偿还了60余万元债务、投入了巨大的前期费用,这也并非股权转让协议的主要合同义务,不影响根本违约事实的认定。本案中,伟业公司在签订《股权转让协议》后,未履行支付股权转让交易对价的合同义务,致使财政局不能实现合同目的,二审法院判决解除案涉《股权转让协议》适用法律正确。由于伟业公司及财政局均没有对合同解除后的财产返还和损失赔偿问题提出明确的诉讼请求,二审判决为伟业公司的该项权利保留了救济途径,伟业公司可另行主张解决。

总结及延展

随着"物债二分"原则的确立并被吸纳于《民法典》第215条,区分股权转让合同的行为效果与股权权属变更的行为效果已经成为司法实践中普遍认可的观点。

笔者认为，股权款项的支付系股权转让合同所涉双方的权利义务，股权转让合同是否依约履行与股权转让行为的生效并无直接关联，股权转让合同的效力与股权转让行为的效力彼此具有独立性，应区分看待。股权转让合同系原因行为，当且仅当原因行为失效（合同无效或解除）的情况下，股权转让行为作为结果行为才会受到影响。而股权转让款未完全支付属于股权转让合同项下的履约瑕疵，既不属于合同无效情形，也不必然导致股权转让合同被解除。即使受让人尚未依约支付任何股权转让款，也不意味着出让人可直接主张合同解除。股权兼具财产权与人身权双重属性，股权的转让除涉及转让与受让各方之外，还涉及公司、债权人、其他股东的利益，故在合同中未约定解除情形的情况下，法院考虑到交易稳定性的维持，一般不会轻易支持出让方适用法定解除，除非出让方能够证明该违约行为已严重到无法实现合同目的时，方能主张行使法定解除权。如在（2015）豫法民二终字第27号案例中，河南省高级人民法院认为“北京天成伟业公司延迟履行债务的行为，结合河南裕周铁路公司目前经营状况已造成周口市财政局不能实现合同目的且也无再继续履行的必要和可能，双方签订的《股权转让协议》在事实上符合法定解除条件”。

（四）在“一股二卖”的情况下，股权归谁所有？

案例1　安徽省高级人民法院（2019）皖民申495号　邹×虎、柏×磊股权转让纠纷

▶ 案情摘要

2013年1月28日，李×树与柏×磊签订了一份《股权转让协议》，将其持有的泗县德世宇房地产开发有限公司（以下简称“德世宇公司”）12.5%的股份以500万元的转让价格进行转让。

同年12月16日，李×树又与邹×虎签订了《股权转让协议》，将前述12.5%的股权以550万元的价格转让。2013年12月15日，李×树向柏×磊发出《关于终止履行股权转让意向书的通知》。

2015年12月4日，柏×磊诉至法院要求继续履行《股权转让意向书》。

裁判要旨

法院认为，案涉股份存在“一股二卖”的情形。本案中，案涉两份转让协议，合同相对方的意思表示真实、亦不违反法律法规的强制性规定，均应有效。李 × 树与柏 × 磊之间的股权转让协议成立在先，支付价款在先，现柏 × 磊要求履行李 × 树与其之间的《股权转让意向书》，应予支持。

案例2 北京市丰台区人民法院（2022）京0106民初12431号 郑 × 红与马 × 请求变更公司登记纠纷

▶ 案情摘要

赵 × 萍与马 × 为北京众艺之家教育科技有限责任公司（以下简称“众艺公司”）股东，赵 × 萍持股49%，马 × 持股51%。

2020年7月20日，赵 × 萍向马 × 发出《股权转让通知书》，载明其拟将持有的49%的众艺之家股份对外转让，意向购买人为其母郑 × 红，同时载明了转让条件，回复期间为收到通知之日起30日内。

2020年8月17日，马 × 回函称同意受让股权，但改变了转让条件。其后，赵 × 萍书面回复马 ×，称其并非以同等条件收购目标公司股权，故依法不享有优先购买权，并于2020年9月4日与郑 × 红签订了《股权转让协议》，但众艺公司未为赵 × 萍和郑 × 红办理股东变更的登记手续。

2022年1月25日，赵 × 萍又与马 × 签订了《股权转让协议》，将其持有的49%众艺公司股权以0元价格转让。此后，众艺公司开始办理股权变更登记手续，但因赵 × 萍个人税务问题，尚未办理完毕。

此后，郑 × 红提起本案诉讼，要求马 × 将赵 × 萍持有的49%股权变更登记至其名下。

裁判要旨

法院认为，赵 × 萍先后与郑 × 红和马 × 签订的两份《股权转让协议》均为有效。本案中，其一，赵 × 萍转让股权的目的为退出公司，赵 × 萍与郑 × 红系近亲属关系，对赵 × 萍此后转让股权给马 × 理当知情，故对其不存在实质损害；其二，赵 × 萍将股权转让给马 × 系其真实意愿，马 × 在签订该份股权转让协议时为善意，且股权在办理变更程序中，马 × 的合同权利应当优先获得保护；其三，马 × 为公司股东，赵 × 萍向其转让股权，有利于公司人合性，亦符合股东优先购买权的立法目的，有利于公司后续经营。因此，赵 × 萍应当履行其与马 × 之间签订的股权转让协议，向马 × 转让案涉股权。郑 × 红如认为权利受到侵害，应当通过违约责任承担方式向赵 × 萍提出，对其要求变更公司股东登记的主张，法院不予支持。

总结及延展

所谓“一股二卖”，即股权转让后尚未进行变更登记之时，出让人又将仍登记于其名下的股权转让给第三人，在此类交易中，往往会出现多份股权转让协议，其中涉及两个问题：第一，多份股权转让协议是否均有法律效力，第二，如何确认最终有权获取股权的主体。

笔者认为，股权转让法律行为类似于物权转让的法律关系，其中包括两种行为：一是股权转让的债权行为，二是股权转让的权利变动行为。前述两个行为在法律效力层面可以拆分来看：针对股权转让协议的效力而言，只要股权转让协议主体合格、意思表示真实，亦不违反法律、行政法规的强制性规定，均属合法有效；在股权转让合同范围内，其法律后果仅产生债权法律效力，即受让人仅享有请求出让人继续履行合同（交付股权）或承担违约责任的请求权。

关于“一股二卖”引发的股权归属问题，应当从股权所有权是否移转以及是否构成善意取得两个方面进行考量。《公司法》（2024）第 86 条规定，“股权转让的，受让人自记载于股东名册时起可以向公司主张行使股东权利”。股东名册对于股东变更情况的记载意味着股权的交付，前述规定与《九民纪要》第 8 条一脉相承。《九民纪要》第 8 条规定，“当事人之间转让有限责任公司股权，受让人以其姓名或者名称已记载于股东名册为由主张其已经取得股权的，人民法院依法予以支持，但法律、行政法规规定应当办理批准手续生效的股权转让除外。未向公司登记机关办理股权变更登记的，不得对抗善意相对人”。因此，股权受让人的名称被记载于公司股东名册的，或者公司已为新股东出具出资证明书，并相应修改公司章程和股东名册中有关股东及其出资额的记载的，应当认定受让人已实际享有股权所有权，此时股权已由原股东进行了交付。

但由于公司系对外经营主体，其自身情况的变化具有外部性，股权信息涉及社会不特定公众，所以股权的变更不仅仅需要交付，也须基于对社会公众的公示责任进行变更登记。但实践中，股权的实质交付与股权变更登记往往并非同步进行，经常出现股权已经登记但仍未变更股东名册，或者股东名册变更后未进行登记变更的情况，前述情形会导致股权交付完成的情况与社会公众获知的股权权属情况不一致，进而可能导致第三方基于已经公示的股权信息与“看似正确但实质错误”的持股主体进行交易和股权变更登记。而实质上，进行股权交易的主体并非法律意义上的权利主体，也无权处分该股权，此时股东对己方权益的处置权与交易第三方的信赖利益产生了冲突，因此，需要通过“善意取得”制度予以取舍平衡。《民法典》第311条规定了善意取得的条件：第一，受让人需是善意的，不知出让人是无处分权人。第二，受让人支付了合理的价款。第三，转让的财产应当登记的，已经登记；不需要登记的，已经交付给受让人。这三项条件必须同时具备，否则不构成善意取得。《公司法司法解释（三）》（2020）第27条第1款规定：“股权转让后尚未向公司登记机关办理变更登记，原股东将仍登记于其名下的股权转让、质押或者以其他方式处分，受让股东以其对于股权享有实际权利为由，请求认定处分股权行为无效的，人民法院可以参照民法典第三百一十一条的规定处理。”

实践中，“一股二卖”甚至“一股多卖”一般会出现以下几种情形：第一，原股东与A和B分别先后签署了《股权转让协议》，但原股东仅协助A进行了工商变更登记，在此情况下，原股东与A和B签署的《股权转让协议》除非涉及《民法典合同编通则司法解释》第16条、第17条规定的情形，原则上应认定为有效，由于A先行进行了股权变更登记，故股权变更登记的公示信息可以对抗受让人B的善意取得。第二，原股东先后与受让人A、B签订《股权转让协议》，但均未进行股权变更登记手续，此时需要看哪一个受让方先行完成了股权交付，先行完成股权交付的一方获取股权及股东资格。第三，原股东先后与受让人A、B签订《股权转让协议》，但均未完成股权交付，在此情形下，不存在善意取得的问题，因此，不适用《民法典》第311条的规定。应根据合同成立生效的先后顺序进行判断。受让人A的合同成立生效在先，因此，可要求原股东协助办理股权变更登记手续。

（五）公司章程针对自然人股东股权继承作出的限制性规定，是否有效？

案例1 最高人民法院（2018）最高法民终88号　启东市建都房地产开发有限公司、周×股东资格确认纠纷

▶ 案情摘要

1997年至2016年，周×的父亲周×新在启东市建都房地产开发有限公司（以下简称“建都公司”）担任法定代表人。因公司改制，在2014年，周父成为建都公司的自然人股东，实缴注册资本2100万元人民币，股权占比42%。

2007年时，建都公司在公司章程中约定：“自然人股东死亡后，其合法继承人可以继承股东资格。”但在2009年和2012年对公司章程的三次修改中，删除了允许合

法继承人继承股东资格的条款，同时增加了规定：“股东不得向股东以外的人转让股权”“股本金实行动态持股管理办法”“对免职、调离、终止合同、退休等人员及时办理股权转让手续。”在2015年年初，修订后的建都公司章程规定：“对正常到龄退休、长病、长休、死亡的股东，应及时办理股权转让手续，股东退股时，公司累计有盈余的，持股期间按本人持股额每年享受20%以内的回报。”

2015年年末，周×新患重症，离世前订立遗嘱。遗嘱内容为：其所持有建都公司的全部42%的股权由女儿周×继承（股权估值约3.25亿元人民币），与以上股权相对应的股东权利均由周×享有并承受。

2016年7月2日，建都公司做出股东会决议，载明周×新因病去世，其持有的2100万元股权按公司章程规定办理股权转让或退股手续。

因建都公司拒绝周×继承其父股东资格，周×遂起诉至法院。

一审法院经审理后支持了周×的诉请，确认了其股东资格。建都公司不服一审判决，提起上诉。二审法院经审理后撤销一审判决，驳回周×的诉讼请求。

裁判要旨

法院认为，建都公司自2007年以来先后经历五次章程修订。首先，自2009年起章程中删除了继承人可以继承股东资格的条款，且明确规定股东不得向股东以外的人转让股权，可以反映出建都公司具有高度的人合性和封闭性特征。其次，周×新去世前，2015年1月10日的公司章程第7条第3款对死亡股东股权的处理已经作出了规定，虽然未明确死亡股东的股东资格不能继承，但结合该条所反映的建都公司高度人合性和封闭性的特征，以及死亡股东应及时办理股权转让手续的表述，可以认定排除股东资格继承是章程的真实意思表示。本案中，周×虽无权继承股东资格，但其财产权利可以得到保障，根据2015年1月10日公司章程第7条的相关规定，其依然能取得退还的股本金和按照持股额每年计算一定比例的回报款。

案例2 广西壮族自治区高级人民法院（2019）桂民申3490号 蒙×东、杨×英股权转让纠纷

▶ 案情摘要

2016年3月26日姚×敏、蒙×东与何×订立了一份《股权转让合同》，将其持有的南宁鸿基水泥制品有限责任公司（以下简称“鸿基公司”）股权转让给何×，同时约定：姚×敏取得第一期股权转让款后，合同项下的表决权及相关全部权益属

于何 ×。此后，何 × 完成了全部股权款的支付义务。

鸿基公司章程第 61 条第 2 项明确规定："股东的出资可由其合法继承人继承，但其股东资格不能自动继承，如其有成为本公司股东的意愿，需经本人提出书面申请，经董事会研究同意，公司股东会批准。"

因发生股权转让纠纷，何 × 诉至法院，请求判令姚 × 敏、蒙 × 东共同配合其办理股权转让变更登记手续并支付违约金。

一审法院判决股权出让方姚 × 敏、蒙 × 东承担协助何 × 相关变更登记的义务。

后何 × 与蒙 × 东均提起上诉，二审过程中，何 × 去世，其配偶杨 × 英成为何 × 的财产继承人，二审法院判决将姚 × 敏、蒙 × 东的协助义务对象变更为了杨 × 英。此后，蒙 × 东向广西壮族自治区高级人民法院提起再审申请。

蒙 × 东认为，何 × 死亡后，其继承人杨 × 英有权取得涉案股权的投资收益权，但根据鸿基公司章程第 61 条第 2 项规定，杨 × 英并不自动继承股东资格，杨 × 英也没有证据证明其向鸿基公司申请成为股东并获得董事会同意、股东会批准。

再审法院经审理后驳回其再审申请。

裁判要旨

法院认为，何 × 完成了全部股权款的支付义务，在其去世之前股权已在合同双方之间完成权利变动，其已实际成为案涉股权的所有者。股权转让目标公司鸿基公司的章程第 61 条第 2 项涉及的是出资法律关系，利害关系当事人是该公司与股东及其继承人。依据该公司章程，杨 × 英作为继承人要完整行使股东权利，应书面申请董事会同意，并经股东会批准。但无论杨 × 英的申请是否能够获得同意和批准，无论杨 × 英在今后与鸿基公司之间如何处理何 × 名下股权的财产权益，均属于股东继承人与公司之间的法律关系，与姚 × 敏、蒙 × 东、何 × 之间的股权转让法律关系无关。姚 × 敏、蒙 × 东不再是出资法律关系的利害关系人，其二人无权就此提出异议。

案例3 上海市第二中级人民法院（2006）沪二中民三（商）终字第 243 号 上海良代有线电视有限公司与陶 × 股东名册记载纠纷

▶ 案情摘要

良代公司由陶 × 平等 44 名股东共同出资设立。2005 年 1 月 17 日，被继承人

陶 × 平因病去世，法定继承人陶 × 为此向良代公司发函，要求良代公司将陶 × 平的股权变更至其名下。同年 8 月 29 日，良代公司召开股东大会，形成公司章程修改（草案）的决议。明确规定股东死亡后，继承人可以依法获得其股份财产权益，但不当然获得股东身份权等。

裁判要旨

法院认为，良代公司于 2005 年 8 月 29 日召开股东大会形成的“上海良代有线电视有限公司章程修改（草案）”，是在发生陶 × 平股权继承纠纷之后才完成的，并不能适用于该股权的继承，而继承发生时适用的公司章程对股东资格继承的问题并没有加以限制。陶 × 平死亡后，其继承人已取得包括股东资格在内的股权。故良代公司于 2005 年 8 月 29 日形成的章程修改草案并不影响陶 × 对股权的继承，亦不能制约陶 × 权利的行使。而且股东会表决时，本案系争的陶 × 平生前持有的 43.36% 的股份无人代表行使，而原公司章程载明：对“修改公司章程作出决议，必须经代表三分之二以上表决权的股东通过”，故该修改后的章程不产生约束力，不属于《公司法》(2018)第 75 条规定的“公司章程另有规定的除外”的情形。

案例 4　洛阳高新技术产业开发区人民法院（2014）洛开民初字第 313 号　韩 × 娣、程 ×、程 × 娟、程 × 瑜与洛阳富地辉煌置业有限公司法定继承纠纷

▶ 案情摘要

程 × 远于 2012 年 6 月 19 日去世，其生前出资 5 万元成为洛阳富地辉煌置业有限公司（以下简称“置业公司”）的股东，韩 × 娣系程 × 远之妻，程 ×、程 × 娟、程 × 瑜均系程 × 远之女。

2011 年 8 月 20 日，置业公司召开股东会通过了关于股权转让及修改公司章程的决议，决定“股东因故、因事不能履行股东责任、义务时，如判刑、死亡、丧失思维能力等，其股权不得继承，其股权由公司等值收购”。2012 年 10 月 9 日，置业公司向程 × 瑜汇款 10 万元，韩 × 娣于同年 11 月 1 日向程 × 瑜出具委托书，委托其办理程 × 远在洛阳有关企业、股份转售事宜。

韩 × 娣、程 ×、程 × 娟、程 × 瑜 4 名原告诉至法院，请求依法判令：1.4 名原告继承被继承人程 × 远在置业公司的股东资格，继承份额为 4 名原告各继承出资额 1.25 万元；2. 置业公司为原告办理股东登记；3. 置业公司承担本案各项诉讼费用。

裁判要旨

法院认为,《公司法》(2013)第 76 条在肯定股东资格可以由其继承人继承的同时,也对股东资格继承作出限制。对其可以依法作出限制的即为被告的股东会。股东会在公司章程的范围内有权对股权和转让的条件、方式进行明确、具体约定,这是法律赋予股东会对公司内部的运营机制、治理机制行使自治权力的体现。本案中,置业公司的股东会已于 2011 年 8 月 20 日在关于股权转让及修改公司章程的决议中明确了股东去世后继承人不得继承其股份,该股东会的决议内容、表决方式、表决比例均不违反国家法律、行政法规,其决议内容应属有效。已据此决议修改后的章程虽未备案,但备案并非章程修改的生效要件,故股东的权利义务应当依此决议内容而定。4 名原告作为程 × 远的合法继承人,对程 × 远的财产有继承权。但置业公司股东会上述决议已经明确公司股东死亡后其股东资格不能被继承,故 4 名原告要求继承程 × 远在置业公司股东资格以及要求置业公司向工商部门为其办理股东登记的主张,不能成立。

总结及延展

《公司法》(2024)第 90 条规定:"自然人股东死亡后,其合法继承人可以继承股东资格;但是,公司章程另有规定的除外。"为了保障公司的人合性和封闭性,部分公司会在公司章程中规定,股东死亡后,股东资格不能被继承,此类公司章程中限制股东资格继承的条款一般均能得到法院的认可。因为公司章程是由全体股东共同作出的决议,股东自愿将部分自益权转给公司后即应遵守承诺,且基于维持有限责任公司人合性及现有股东信任关系的目的,公司章程对股东资格的继承作出限制性规定亦合乎情理。

实践中,即使章程中相关规定并不明确,只要公司能够证明限制股东资格的继承是公司股东决议后的意思表示,亦存在被裁判机关所认可的可能性。

比如,最高人民法院(2018)最高法民终 88 号案件,法院在判决书中指出,"公司章程另有规定"并不意味着章程一定会明确规定股东资格不得继承。在这种情形下,基于尊重公司的意思自治、保护公司人合性考量,不应拘泥于文义解释,而是应综合考虑公司章程的修订背景和实践操作情况等,认定公司章程是否排除股东资格的继承。值得注意的是,公司章程对股权继承的限制只能及于对股权中的人身性权利即股东资格,而不能及于股权中的财产性利益。继承人的财产收益通常可通过公司回购股权或其他股东受让股权等方式实现。

此外,公司章程中关于限制股东资格继承的限制性条款应是在继承条件成就之前,即股东死亡之前业已存在于章程中。具体而言,在自然人股东死亡之前,公司章程并未设置限制股东资格继承的规定,但在股东死亡后,公司召开股东会修改章程,并对股东资格的继承进行排除或予以限制。在此种情况下,继承人在自然人股东死亡时即继受取得股东资格,修改后的公司章程并不会对继承人产生约束力。如(2006)沪二中民三(商)终字第243号案件中,法院在判决书中亦表达了上述观点。

(六)"股权让与担保"中"名义股东"是何属性?

案例1 最高人民法院(2022)最高法民申1021号 邓×华、周×平等股东资格确认纠纷

▶ 案情摘要

邓×华用所持浙商联盟公司100%的股权为启钧投资中心对其的主债权提供股权让与担保,并约定:邓×华违约的,启钧投资中心有权撤销其回购权;因邓×华未按约定履行主债权还款义务,启钧投资中心认为邓×华根本违约丧失了回购权,己方已实际受让了案涉股权。

邓×华认为上述"有权撤销其回购权"的条款系流质条款应属无效,故诉至法院请求确认自身对浙商联盟公司100%股权的股东资格。

江西高院二审认为,邓×华未按约定履行还款义务构成根本违约丧失了回购权,并判决案涉100%的股权归债权人启钧投资中心所有。

邓×华不服,向最高人民法院申请再审。最高人民法院认为二审判决适用法律部分错误,即未确认"有权撤销其回购权"的条款属于流质条款无效。但以邓×华未履行还款义务仅诉请确认股东资格的行为违背了诚信原则为由,仍裁定驳回了其再审申请。

裁判要旨

法院认为,首先,如无法定无效事由的,股权让与担保合同有效。但合同中如果约定债务人到期没有清偿债务,财产归债权人所有的,人民法院应当认定该部分约定属于流质条款,应属无效,但流质条款的无效并不当然影响合同其他部分的效力。

其次,让与担保作为一种权利转移性担保,以转让标的物权利的方式达成债权

担保的目的。也就是说，债权人仅在形式上享有股权，债务人仍然是该股权的真实权利人。

最后，股权让与担保中，债务人既不主动清偿债务，又不主张将案涉股权拍卖、变卖来清偿债务，而仅诉请确认自身股东资格的，目的在于在尚未履行还款义务的情况下确认对已经转让抵押物的权利，有违诚实信用原则，不予支持。

案例2 最高人民法院（2020）最高法民申3880号 余×平、徐×等股东资格确认纠纷

▶ 案情摘要

景德镇市鸿荣房地产开发有限公司（以下简称“鸿荣公司”）由昆明哦客商贸有限公司（以下简称“哦客公司”）和熊×民共同出资设立，哦客公司持股51%，熊×民持股49%。

2011年11月3日至2015年8月14日，熊×民向李×友借款7329.4万元用于鸿荣公司“创想天地”房地产项目的开发建设，由李×友安排徐×、余×平等人向其汇款。

2014年12月2日，熊×民与余×平签订了《股权转让协议》，将其持有的49%的鸿荣公司股份以490万元转让给熊×民。同日，哦客公司将其持有的鸿荣公司51%的股权以510万元转让给徐×。

2014年12月23日，办理了鸿荣公司股东变更登记，法定代表人变更为徐×。同时鸿荣公司将公章移交给了徐×、余×平。

熊×民、哦客公司主张，将股权转让给徐×、余×平，系对7329.4万元借款的担保，并非股权转让，徐×、余×平应当将股权归还。

徐×、余×平、李×友则提出，双方从未有过借款担保的约定，未签订书面形式的股权让与担保合同，熊×民、哦客公司将股权转让给徐×、余×平，徐×、余×平按照合同约定支付了对价，双方也已经办理了股权转让登记，股权转让合同履行完毕，以上款项7329.4万元，包含1000万元股权转让款、前期投资款的补偿、“创想天地”工程项目的投资款等。

一审法院经审理后驳回了熊×民、哦客公司的诉讼请求。熊×民、哦客公司不服一审判决，提起上诉。二审法院经审理后撤销一审判决，改判确认熊×民享有鸿荣公司49%的股权，哦客公司享有鸿荣公司51%的股权，驳回其他诉讼请求。

徐×、余×平、李×友不服二审判决，向最高人民法院提起再审申请，再审法院裁定驳回其再审申请。

裁判要旨

法院认为，余×平、徐×、李×友与熊×民、哦客公司之间虽然没有签订书面的股权让与担保合同，但结合双方的沟通情况及《股权转让协议》的实际履行情况，双方之间签订的书面《股权转让协议》不具有股权转让的真实意思表示，而是以债务担保为目的，应认定为股权让与担保。余×平、徐×、李×友以双方未签订书面形式的股权让与担保合同为由，主张案涉担保不具有法律效力，不能成立。鸿荣公司由熊×民及哦客公司共同出资设立，并无其他股东，熊×民、哦客公司与余×平、徐×签订了《股权转让协议》，对案涉股权转让真实意思为股权让与担保均系明知。余×平、徐×受让鸿荣公司股权虽已办理工商变更登记，但实质上享有的仅为担保物权，并不享有股东权利。

案例3 北京市第三中级人民法院（2020）京03民终5136号 吴×诉北京和祥恒房地产公司公司决议纠纷

▶ 案情摘要

吴×曾系北京和祥恒房地产开发有限公司（以下简称“和祥恒公司”）法定代表人。北京仲宇天勤国际贸易有限公司（以下简称“仲宇天勤公司”）向世铎担保有限公司借款9000万元，代和祥恒公司偿还给中交公司，回购了剩余45套房屋。

2010年1月8日，和祥恒公司、嘉华东方控股（集团）有限公司（以下简称“嘉华公司”）、吴×等签订《框架协议》，约定由嘉华公司指定的北京嘉彩华塑科技有限责任公司（以下简称“嘉彩公司”）代仲宇天勤公司偿还世铎担保有限公司债务9000万元并承接该债权。

为保障嘉华公司实现债权，吴×同意将其持有的和祥恒公司股权无偿转让给嘉华公司指定的公司，待债权全部清偿或嘉华公司认为适当时机，上述股权应当无条件返还给吴×。

2010年5月14日，各方签订《出资转让协议书》并办理了股东及出资变更登记，嘉华公司指定的嘉彩公司持股70%。

2019年7月22日，和祥恒公司作出股东会决议，选举了新一届董事会及监事。随后，董事会作出决议，决定吴×不再担任法定代表人、董事长，并责成吴×向新当选的董事长马某移交该公司所有营业执照、印鉴、财务账册及凭证、公司签订的所有合同、协议等法律文件和档案以及其他属于公司的所有财产，并立即停止对外代表公司实施任何法律行为。

吴×起诉，请求法院判决2019年7月22日的和祥恒公司股东会决议不成立。一审法院经审理后支持其诉讼请求。和祥恒公司、嘉华公司、嘉彩公司提起上诉，二审法院经审理后维持原判，驳回上诉。

裁判要旨

法院认为，股权让与担保更具有特殊性，因为股权为兼具财产权和成员权属性的复合型权利。公司股东既可就其享有的股权参与公司分红，亦可通过其股东表决权参与公司的经营管理。而股权让与担保的债权人以受让或增资的方式取得股权，是期待以股权价值担保其债权未来可以实现，侧重于防范债务人通过行使股东权利对公司资产进行不当处置，从而导致其债权无法实现；债权人并非以成为公司股东参与管理、获取分红为直接目的。因此，债权人虽在形式上为公司名义股东，但其仅在担保范围内享有优先受偿的权利，并不享有公司法规定的股东所享有的参与决策、获得股东红利等实质性权利。

总结及延展

股权让与担保系指让与担保人将股权从形式上转让至债权人名下，当债务未依约清偿时，债权人可就该股权优先受偿的担保形式。如果让与担保人未履行还款义务，债权人未主张拍卖股权，而仅诉请确认自身股东资格的，能否得到法律支持在实践中有一定争议。主流司法裁判观点认为：股权让与担保的实质并非转让股权，因此，债权人实际上仅为名义上的股东，一般不能享有该股权承载的表决权、分红权等股东权利。

股权让与担保与不动产、动产的让与担保虽同为非典型担保，但特征差异较大。一方面，不动产、动产让与担保仅涉及财产权利，而股权因兼具财产权和身份权的双重属性，既包含自益权，也包含共益权。另一方面，股东对于公司和债权人均应承担法定义务，比如，在破产程序中，股东的权利在特定情况下会劣后一般债权人。故笔者认为，股东资格的认定分为对内和对外两个角度。

对内而言，让与担保模式下的股权受让方并不具有股东资格。让与担保作为一种权利转移性担保，以转让标的物权利的方式达成债权担保的目的。在股权让与担保中，债务人实质为案涉股权真实权利人，债权人形式上享有股权，实质享有担保物权。对内而言，原则上股权让与担保的受让人原则上无权对股权进行使用和收益，不能享有《公司法》(2024)规定的股东所享有的参与决策、选任管理者、分取红利等权利，并不具有股东资格。但由于股权让与担保涉及过户登记，进而涉及其他股东的优先购买权的问题。如果公司及其他股东知晓让与担保的情况，则受让人仅是名义股东，不具有股东资格，不享有股东权利。反之，如果转让人并未将真实情况告知其他股东，则法律也要保护此种信赖。

对外而言，根据目前的法律规定，让与担保模式下的股权受让方亦不具有股东资格。《民法典担保制度司法解释》第69条规定："股东以将其股权转移至债权人名下的方式为债务履行提供担保，公司或者公司的债权人以股东未履行或者未全面履行出资义务、抽逃出资等为由，请求作为名义股东的债权人与股东承担连带责任的，人民法院不予支持。"据此可知，股权受让人虽然被登记为股东，但其可以突破登记信息的公信力，在债权人请求其承担股东责任时将其并非股东的事实披露给债权人，并因此而获得对抗效力。

（七）股东可否穿透行使优先购买权？

案例1 上海市第一中级人民法院（2013）沪高民二（商）终字第27号　上海长烨投资管理咨询有限公司、上海长昇投资管理咨询有限公司等与浙江复星商业发展有限公司、浙江嘉和实业有限公司等股权转让纠纷

▶ 案情摘要

上海海之门房地产投资管理有限公司（以下简称"海之门公司"）实际由浙江复星商业发展有限公司（以下简称"复星公司"）、上海证大五道口房地产开发有限公司（以下简称"证大五道口公司"）、杭州绿城合升投资有限公司（以下简称"绿城公司"）控制持有，持股比例分别为50%、40%、10%；其中海之门公司名下持有上海外滩8-1地块的所有权和开发经营权。

其中，上海证大置业有限公司（以下简称"证大置业公司"）持有证大五道口公司100%的股权，浙江嘉和实业有限公司（以下简称"嘉和公司"）持有绿城公司100%的股权，也即证大置业公司与嘉和公司共间接持有海之门公司50%的股权。

此后，证大五道口公司与绿城公司因资金等问题欲出售其各自持有的海之门公司的全部股权，共计占比50%，二者向复星公司发出转让通知后，因各种原因三者未能达成股权转让协议。

此后，证大置业公司和嘉和公司分别与上海长昇投资管理咨询有限公司（以下简称“长昇公司”）签订股权转让协议，约定二者分别将其持有的证大五道口公司与绿城公司的100%股权出让给长昇公司。至此，长昇公司通过直接控股证大五道口公司与绿城公司间接取得海之门公司50%的股权。

复星公司认为，长昇公司分别与证大置业公司和嘉和公司签订股权转让协议，间接取得海之门公司50%股权的行为，旨在规避《公司法》(2005)第72条关于股东优先购买权的规定，属于恶意串通，损害其合法权益的行为，应为无效，并将协议各方诉至上海第一中级人民法院。

一审法院经审理后支持了复星公司的诉讼请求，确认各被告之间签订的股权转让协议无效，并要求长昇公司返还证大置业公司和嘉和公司原分别持有的证大五道口公司与绿城公司100%的股权。长烨公司、长昇公司、绿城公司、证大五道口公司不服一审判决，提起上诉，因原审原告复星公司放弃其在一审中提出的全部诉讼请求，当事人之间在本案中的争议已经不复存在，二审法院判决撤销了原审判决。

裁判要旨

一审法院认为，绿城公司、证大五道口公司系海之门公司的直接股东，嘉和公司、证大置业公司又系绿城公司、证大五道口公司的唯一出资人，嘉和公司、证大置业公司与长昇公司之间实际实施的关于嘉和公司、证大置业公司持有的绿城公司、证大五道口公司股权的转让行为，旨在实现一个直接的、共同的商业目的，即通过上述股权收购的模式，完成了对绿城公司、证大五道口公司的间接控股，从而实现对海之门公司享有的50%权益，最终实现对项目公司享有的50%权益。综上所述，系争股权交易的实质，属于明显规避了《公司法》(2005)第72条之规定，符合合同无效情形，应当依法确认为无效。因复星公司放弃其在一审中提出的全部诉讼请求，当事人之间在本案中的争议已经不复存在，二审法院判决撤销了原审判决。

案例2 上海市静安区人民法院（2018）沪0106民初30720号 上海科技创业投资股份有限公司与上海华嘉超市有限公司、中国诚通东方资产经营管理有限公司股权转让纠纷

▶ 案情摘要

上海科技创业投资股份有限公司（以下简称“科创公司”）与上海东凌投资顾

问有限公司(以下简称“东凌公司”)同为上海中企人力资源咨询有限公司(以下简称“中企公司”)的股东。东凌公司持股比例为40%,科创公司持股比例为22%。上海华嘉超市有限公司(以下简称“华嘉超市”)原系东凌公司股东,持股比例90%。2012年10月24日,华嘉超市与中国诚通东方资产经营管理有限公司(以下简称“诚通公司”)签订《股权转让协议》,将其在东凌公司90%的股权以1元的价格转让给诚通公司。科创公司认为华嘉超市的该转让行为变相以母公司收购股权的行为实现并取得了中企公司的36%的权益(40%×90%=36%),直接侵害了科创公司作为中企公司的优先购买权,故科创公司向法院提起诉讼,请求判令华嘉超市与诚通公司签订的《股权转让协议》无效。

裁判要旨

法院认为,本案涉及的股权转让的标的公司为东凌公司,并非中企公司。现科创公司作为中企公司股东,而非东凌公司股东,主张优先购买权,主体资格并不适格,与系争股权转让没有直接的利害关系,因此,裁定驳回了科创公司的起诉。

总结及延展

《公司法》(2024)规定股东向股东以外的人转让股权的,其他股东在同等条件下有优先购买权,优先购买权的规定有利于公司保持人合性的特性。通常情况下,优先购买权是其他股东在转让股东拟对外转让其股权时所行使的权利。而当转让股东未直接对外转让股权,而是通过转让其股东股权的方式达到标的公司股权的间接转让,在这种情形下,标的公司能否行使优先购买权,以实现对标的公司的持续控制?

关于该问题,笔者能够查询到的早期案例是(2013)沪高民二(商)终字第27号上海长烨投资管理咨询有限公司、上海长昇投资管理咨询有限公司等与浙江复星商业发展有限公司、浙江嘉和实业有限公司等股权转让纠纷。上海市第一中级人民法院在前述案件的审理中认为:通过对标的公司股东的股权收购,实现标的公司的股权间接转让,属于恶意规避标的公司其他股东的优先购买权,应该归于无效。但该案后续进入二审阶段,被上诉人(一审原告)复星公司在二审过程中放弃了全部的诉讼请求,故上海市第一中级人民法院的判决并未生效。

前述案件发生时,《公司法司法解释(四)》尚未出台。2017年最高人民法院发布《公司法司法解释(四)》,其中第21条明确规定有限责任公司股东行使优先购买权的系列规则。《公司法司法解释(四)》第21条规定:“有限责任公司的股东向股东以外的人转让股权，未就其股权转让事项征求其他股东意见，或者以欺诈、恶意串通等手段，损害其他股东优先购买权，其他股东主张按照同等条件购买该转让股权的，人民法院应当予以支持，但其他股东自知道或者应当知道行使优先购买权的同等条件之日起三十个日内没有主张，或者自股权变更登记之日起超过一年的除外。前款规定的其他股东仅提出确认股权转让合同及股权变动效力等请求，未同时主张按照同等条件购买转让股权的，人民法院不予支持，但其他股东非因自身原因导致无法行使优先购买权，请求损害赔偿的除外。”前述规定明确提出如转让股东通过不正当手段损害其他股东的优先购买权，则法律将会予以保护，但是前述规定并未径直认定转让股东与受让方签署的相关合同无效，并且已通过第 2 款内容表达出了认可相关合同效力的倾向性。

《公司法司法解释（四）》出台之后，实践中亦出现了一些案例支持股东优先购买权的“穿透适用”，比如（2021）沪 0101 民初 2585 号，但大多数裁判观点则不支持股权转让的限制性规定穿透至上层股东。笔者认为股东的优先购买权能否穿透至间接转让股权的情形，应当从两个维度进行分析：其一，按照《公司法司法解释（四）》第 21 条的规定，如转让方采取不正当手段规避其他股东优先购买权的行使，转让股东与受让股东签署的相关合同是否无效；其二，“间接收购”是否属于股东优先购买权的适用范围。

根据《九民纪要》第 9 条的规定，转让方股东与受让方签署的股权转让合同，如无其他影响合同效力的事由，应当认定有效。这意味着，除非转让方与受让方订立合同的行为涉及其他民事法律行为无效的情形，否则合同应为有效。笔者认为，违反优先购买权法定规则与第三人前述股权转让合同的行为，在原理上类似于“无权处分”，应当适用“物债二分”原则将负担行为和处分行为予以区分，股东优先购买权的行使将影响转让方与第三人之间转让合同的实际履行，但合同无法履行并不应影响合同的效力。此外，股东可在法定期限内通过主张优先购买权阻却转让方与第三人之间合同的履行，即股东的优先购买权并不会受到实质侵害，所以，也并不能认为转让方与第三人之间的合同因损害了股东的利益而归于无效。因此，在“间接收购”的情境下所形成的股权转让合同有效。

关于“间接收购”是否属于股东优先购买权的适用范围的问题，笔者认为司法实践应谨慎对优先购买权的扩张性适用。

第一，从权属性质上看，股东优先购买权并非如上海一中院在（2013）沪高民二（商）终字第 27 号案件中所言是一种形成权，而是股东基于其作为公司成员而享有的社员权基础上的一种期待权。基于对股东作为公司成员所享有的社员权的尊重和保护，才是股东优先购买权之所以被法律创设的基础所在，这同时也决定了股东优先购买权在本质上应仅适用于作为公司成员的直接股东，而不包括并非公司成员的间接股东。

第二，基于有限责任公司"资合为主、人合为辅"的组织特征，有限责任公司的股东将财产投资于公司的目的并不是单纯地培养与其他股东之间的信赖和亲密关系，而仍是试图追逐其投资利益的最大化。因此，在有限责任公司股权转让问题上，即便是基于"人合性"的保护，公司法亦需要在"便于股东收回投资和保护股东之间信任关系"中找到平衡点，即不能不合理地限制或者禁止股东对股份的自由转让权利。[①] 若任意扩大股东优先购买权的射程，允许其他股东对间接转让股权的情形予以干涉，属于过于保护存续股东的利益，而不合理地限制了实际控制人对股权的自由转让。

第三，股东优先购买权所保护的法益——"有限公司的人合性"并非《公司法》(2024)突出的保护对象。一味地突出保护股东优先购买权，会极大地增加企业并购的交易成本，损害公司持股平台作为一种独立法人形态本身所具有的便利企业资产转让的特别价值。因此，在股东优先购买权和间接收购的利益衡量中，应当倾向于间接收购而非股东优先购买权。

第四，在法定优先购买权之外，股东可以通过特别约定的方式将股东优先购买权适用于股东实际控制人之变动，该种约定属于"私法自治"与"意思表示"的反映，合法有效。但是，当股东之间在公司设立初始并未通过契约或公司章程对法定优先购买权以外的优先购买权进行特别约定或者限定时，司法机关不应简单地援引股东可享有的法定优先购买权，以"合法形式规避非法目的"的理由轻易否定当事人对于股权转让交易结构的安排与设计。

诚然，并非在任何情况下，股东的优先购买权均无法穿透适用至"间接收购模式"，如果间接收购确实会导致目标公司的人合性受到破坏，股东之间的信任合作关系会因此受到较大影响，则"两害相权取其轻"，适度对优先购买权制度予以扩张适用反而有助于保障公司的发展以及各方主体利益，贴合了立法者的初衷本意。此外，考量是否穿透适用优先购买权时亦应当判断转让方与受让方是否具有恶意。比如，转让方、受让方以直接股权转让的方式与公司股东进行谈判，但在其他股东主张

① 参见郑彧:《股东优先购买权"穿透效力"的适用与限制》，载《中国法学》2015年第5期。

优先购买权后转为间接股权转让等情形。总体而言，如股东之间并未通过公司章程针对“间接收购”模式下的股东优先购买权进行特别约定时，裁判机关应尽量避免将目标公司股东层面的股权变动纳入优先购买权的范畴，以防止因法律的过度保护而阻碍经济效率的提升。

（八）股权转让协议生效后，在未付股权转让款和办理变更登记情形下，受让方死亡的，继承人可否获得股东资格？

案例1 广西壮族自治区柳州市中级人民法院（2018）桂02民初107号 郑×义与广西永鼎投资有限公司股东资格确认纠纷

▶ **案情摘要**

广西永鼎投资有限公司（以下简称“永鼎公司”）登记股东为叶×纯和蒋×夏。郑×义于2004年年底开始参与到永鼎公司的经营中，与叶×纯一起经营公司，并陆续在公司发展需要资金的时候投入了一定的资金。

2011年5月6日，叶×纯、蒋×夏、郑×义签订了永鼎公司《股东会决议》（以下简称“56决议”），载明：“经全体股东一致通过，同意增加郑×义为法定合伙人”，并以列表的方式记载了3人的认缴出资比例以及认缴出资额。据决议记载，郑×义的认缴出资额为1430.1万元，认缴出资额比例为35%。

因叶×纯于2013年8月6日被他人故意杀害，股东工商变更登记事宜也因此搁置，郑×义所持有的永鼎公司股权分布在叶×纯各继承人名下，因此，郑×义提起本案诉讼，请求确认其股东资格。

裁判要旨

法院认为，2011年5月6日形成的《股东会决议》实际并非对郑×义的股东出资额和永鼎公司股东资格的确认，其中所列表格性质上不属于股东名册，实质是对股权受让人和股权转让对价以及股权转让发生后各方持有股权比例变化的描述，未产生确认股东身份及认可出资数额的效力。另外，因叶×纯的继承人与郑×义之间对于受让股权的付款义务是否完成仍存在争议，股权出让方与受让人之间的股权归属问题尚未解决，郑×义直接要求永鼎公司确认其就受让股权享有股东资格及相应持股比例的行为，缺乏事实和法律依据。

案例2 北京市第一中级人民法院(2020)京01民终7363号 北京天骄影视有限公司与何×等股东名册记载纠纷

▶ 案情摘要

北京天骄影视有限公司(以下简称“天骄公司”)成立于1998年6月26日,根据工商登记信息显示,天骄公司注册资本100万元,其中何×华出资10万元,持股比例10%。

何×华于2006年9月7日死亡,赵×、何×系其合法继承人。何×华去世后,赵×、何×向一审法院提起诉讼,天骄公司向二人出具了《出资证明书》、将其个人信息记载于股东名册,并为二人申请办理股东变更登记。

对此,天骄公司辩称,何×华于2000年向王×国借款10万元用于认购天骄公司10%的股权,双方约定,如果到期不能返还,则以天骄公司10%的股权折抵借款。借款到期后,何×华向王×国出具《协议书》及《证明》,同意将天骄公司10%股权无偿转让给王×国,并委托王×国办理工商变更登记。因此,何×华生前已经丧失股东资格。

另查明,天骄公司内部未设立股东名册。

裁判要旨

法院认为,因何×华已经死亡,对于《协议书》及《证明》的真实性暂时无法确认,即使这两份证据真实,也仅为债权行为,仅产生债权效力而不发生股权变动的效果,何×华仍然享有天骄公司股东资格。依据相关法律规定,自然人股东死亡后,其合法继承人可以继承股东资格,公司章程另有规定的除外。本案中,未有证据证明天骄公司章程中存在对于股东继承人可以继承股东资格的相反约定,故一审法院判决天骄公司向赵×、何×签发出资证明书并将二人的个人信息记载于公司股东名册,同时,协助二人办理股权变更登记手续,将何×华名下公司股权进行变更,并无不妥。

总结及延展

原股东死亡后所涉及的股东资格继承系公司内部关系,而根据《公司法》(2024)第86条规定,股权内部变动有效性的判断标准为股东名册的变更,至于股权转让款是否完成支付,有无办理变更登记等并不会对股东资格的变更产生负面影响。所以,只要原股东在死亡前已经被记载于股东名册之中,则意味着其已具备股东资格，按照《公司法》(2024)第90条的规定，除非章程存在限制性规定，否则原股东的继承人有权继承股东资格。

诚然，如果原股东尚未完成股权转让款项的支付，则继承人需要承担相应债务的清偿。

(九)侵犯股东优先购买权的合同是否有效？

案例1 最高人民法院(2015)民申字第1593号 马×玉与郭×胜、广东富广联兴经济发展有限公司等确认合同无效纠纷

▶ 案情摘要

广东富广联兴经济发展有限公司(持股40%，以下简称“富广联兴公司”)和郭×胜(持股60%)分别为道县粤龙高岭土工业有限公司(以下简称“粤龙公司”)股东。

2010年12月15日，富广联兴公司与马×玉签订《道县粤龙公司股东股权转让合同》(以下简称“合同1”)，约定将其持有的粤龙公司400万元的股权以400万元的价格转让给马×玉。

同日，富广联兴公司与林健、马×玉签订了一份《合同补充条款》，将股权转让价款改为200万元，同时约定，双方已清楚了解公司法规定，有限责任公司股东股权转让，公司原股东有优先购买权，在同等条件下若发生原股东行使优先购买权，则无条件由原股东优先购买，双方免责。

同年12月20日，富广联兴公司与马×玉发布股权转让声明，并在2011年1月14日的《永州日报》予以公告。

2012年5月19日，郭×胜收到富广联兴公司发出的“股权转让通知书”，并于次日复函表示不同意富广联兴公司将所持股权转让给马×玉，并表示愿意以同等价格受让案涉股权。据此，富广联兴公司与马×玉之间的股权转让没有进行工商变更登记。

2012年6月8日，富广联兴公司与郭×胜就案涉股权签订了《股东股权转让协议》(以下简称“合同2”)，并于同年6月19日办理了变更登记。

此前，2011年12月17日，郭×胜与何×辉、潘×棠、何×权、何×山4人签订了《股权转让合同书(意向性)》(以下简称“合同3”)，约定：何×辉等4人支付300万元合同履约金，郭×胜在180日内成功收购富广联兴公司40%的股权后，双方办理工商变更登记。

此后，马 × 玉诉至法院，请求确认合同2、合同3无效。

裁判要旨

法院认为，郭 × 胜在法律规定的期限内复函表示不同意富广联兴公司将股权转让给马 × 玉，并愿以同等价格受让股权，属于行使股权优先购买权的行为，虽然马 × 玉已支付200万元股权转让金并登报发布声明，但该通知方式不符合公司法规定，因此，合同2有效。郭 × 胜取得富广联兴公司在粤龙公司的股权，有权将其股权转让给其他第三人，故合同3亦有效。鉴于富广联兴公司无法履行合同承诺，马 × 玉可就其与该公司签订的合同另行提起诉讼，主张该公司对其损失承担相应的赔偿责任。

案例2 广东省高级人民法院（2018）粤民再14号 陈 × 春、黄 × 股权转让纠纷

▶ 案情摘要

湛江天利海参新技术开发有限公司（以下简称“天利公司”）股东为湛江新利科技实业有限公司（以下简称“新利公司”）和广州飞禧特水产科技有限公司（以下简称“飞禧特公司”），占股比例和实缴出资额分别为66.5%、66.5万元和33.5%、33.5万元，公司法定代表人、董事长为陈 × 春。

2012年12月9日，陈 × 春、天利公司作为甲方，与乙方黄 × 签订了《股权转让合同》（以下简称“转让合同”），约定甲方以60万元的价格向乙方出售和转让天利公司4%的股权，陈 × 春和黄 × 在其上签字。同日，陈 × 春及天利公司向黄 × 出具收据，载明“收到黄 × 股权转让费60万元”。在一审庭审中，陈 × 春称其并非转让合同的主体，而是作为天利公司的法定代表人签字。

黄 × 诉称，案涉转让合同的实际股权转让人为陈 × 春，因向陈 × 春支付股权转让费60万元后，陈 × 春未能将天利公司的4%股权转让给他，故请求法院判决解除转让合同，由陈 × 春返还60万元股权转让费。

黄 × 及新利公司均称该60万元应由陈 × 春偿还；陈 × 春则否认收到60万元，该转让金全部用于天利公司的生产和科研，故不应由其承担责任；天利公司称收到该60万元，但黄 × 并未要求天利公司偿还。

一审法院经审理后以陈 × 春不是公司股东，不具备股东资格为由，认定其与

黄 × 签订的转让合同无效，判定陈 × 春返还 60 万元转让款。陈 × 春不服一审判决，提起上诉。二审法院经审理后维持原判。陈 × 春不服二审判决，向广东省高级人民法院申请再审。再审法院经审理后解除陈 × 春与黄 × 签订的《股权转让合同》，判定陈 × 春返还 60 万元转让款。

裁判要旨

法院认为，案涉股权转让虽并未书面通知其他股东征求意见，有违公司法及天利公司章程规定，但上述规定是针对股东向股东以外的人转让股权时所应履行的程序，主要保障股东的知情权及优先购买权，不属于效力性规定的内涵。本案陈 × 春与黄 × 签订的转让合同是双方达成转让股权的合意，所约定的股权转让事项能否完成，与转让合同本身是否有效并无必然关联。本案中，转让合同系陈 × 春与黄 × 的真实意思表示，且不存在合同无效的情形，应为有效；因陈 × 春的迟延履行行为致使黄 × 在支付股权转让款后难以合法有效地行使股东权利并获得股东权益，其合同目的无法实现，黄 × 有权解除转让合同，请求陈 × 春返还 60 万元股权转让款。

总结及延展

《公司法司法解释（四）》（2020）第 21 条第 1 款规定：“有限责任公司的股东向股东以外的人转让股权，未就其股权转让事项征求其他股东意见，或者以欺诈、恶意串通等手段，损害其他股东优先购买权，其他股东主张按照同等条件购买该转让股权的，人民法院应当予以支持，但其他股东自知道或者应当知道行使优先购买权的同等条件之日起三十日内没有主张，或者自股权变更登记之日起超过一年的除外。”因此，在前述情形下其他股东可以主张优先购买权，但股东与第三人签署的股权转让合同具有何种效力实践中颇有争议，部分裁判观点认为合同有效，部分认为合同可撤销，部分认为效力待定。笔者认为是有效的，具体原因如下：

第一，从立法目的上看，股东优先购买权的设置目的是要维系有限责任公司的人合性，以免未经其他股东同意的新股东加入后破坏股东之间的信任与合作。而要实现这一目的，只要阻止股东以外的股权受让人成为新股东即为已足，即只要股权权利不予变动，而无须否定股东与股东以外的人之间的股权转让合同的效力。

第二，从法律性质上看，股东的优先购买权是在股权转让过程中，老股东拥有第一顺位的购买权，该顺位的购买权，其他股东可以放弃，也可以行使。老股东优先购买权的行使或者放弃，不排除后一顺位购买权的存在和有效性。对老股东优先购买权的保护，支持老股东第一顺位权利的实现，无需取消下一顺位权利关系。

第三，合同有效并不意味着合同就能够得到履行，我们应将合同有效和合同履行区分来看，虽然转让股东与第三人签订的股权转让合同有效，但是在其他老股东主张行使优先购买权的情形下，第三人要求继续履行的请求遭遇了"法律"上的履行不能，该处的"法律"就是《公司法》(2024)第71条赋予其他老股东的第一顺位优先购买权。

第四，即使转让股东与第三人之间的股权转让合同发生了法律上不能履行的情形，也不代表股权转让合同对于双方没有任何的约束力。根据《公司法司法解释(四)》(2020)第21条第3款规定："股东以外的股权受让人，因股东行使优先购买权而不能实现合同目的的，可以依法请求转让股东承担相应民事责任。"因此，第三人可以基于双方之间签订的股权转让合同，行使除继续履行之外的请求权，例如，请求解除合同、返还已支付的价款、赔偿损失、承担违约责任等。

《九民纪要》第9条中最高人民法院同样保持了上述观点，即："股权转让合同如无其他影响合同效力的事由，应当认定有效。其他股东行使优先购买权的，虽然股东以外的股权受让人关于继续履行股权转让合同的请求不能得到支持，但不影响其依约请求转让股东承担相应的违约责任。"

另外，值得注意的是，在实践中颇有争议的一种观点是："如股东与第三人恶意串通损害老股东的优先购买权"，其所订立合同是否应属无效？根据《民法典》第154条的规定："行为人与相对人恶意串通，损害他人合法权益的民事法律行为无效"，行为无效的前提是他人合法权益受损，而按照《公司法司法解释(四)》(2020)第21条的规定，即使股权转让方与第三方恶意串通损害老股东优先购买权，老股东仍然可以通过诉讼途径进行主张并获得法院支持。也就是说，在股东违反法定规则与第三人签署转让合同的情况下，老股东的优先购买权并未丧失，仍可以行使，其法定权益并未受到实质侵害，不属于《民法典》第154条法律行为无效的情形。

(十)行使优先购买权的"同等条件"如何确认?

案例1 最高人民法院(2011)民提字第113号 楼×君与方×荣等股权转让与优先购买权纠纷

▶ 案情摘要

湖南株洲天山房地产开发有限公司(以下简称"天山公司")共有9名股东，

楼 × 君的持股比例为 6.91%，方 × 荣等其他 8 名股东持股比例总计为 93.09%。

2009 年 4 月 16 日、29 日，方 × 荣等 8 名股东与伍 × 红等 3 人签订《资产转让协议》和《资产转让补充协议》，内容涉及转让天山公司全部资产及股权，但楼 × 君未在上述两份合同上签字同意。

2009 年 5 月 25 日，方 × 荣等 8 名股东与伍 × 红等 3 人又签订了《天山公司股份转让补充协议》，约定了办理楼 × 君不同意转让股份的手续问题，同时约定方 × 荣等 8 名股东将其持有的天山公司全部股权转让给伍 × 红等 3 人，转让价格为 8824 万元，支付方式为先交付 1000 万元定金、交付 4000 万元股权转款后办理股权过户、过户完毕后再交付余款等。

2009 年 6 月 3 日，天山公司在《株洲日报》上发布召开股东会通知及所议股权转让的事项。楼 × 君采取向方 × 荣寄信、在报纸上刊登《通知》的方式明确表示要按同等条件行使优先购买权，并于同年 7 月 1 日诉至法院，请求确认其依法行使股东优先购买权，以《股权转让协议》中的权利和义务为同等履行条件，就此形成本案。

7 月 6 日，天山公司召开股东会，方 × 荣等 8 名股东将股权转让条件确认为转让价格 8824 万元，付款方式为一次性付清。楼 × 君主张购买，但不同意一次性付清，要求按方 × 荣等 8 名股东与伍 × 红等 3 人签订的《股权转让协议》约定的支付方式支付。各方未达成一致意见。

同年 9 月 11 日再次召开股东会，方 × 荣等 8 名股东同意其所持该公司 93.09%的股份不再对外转让，楼 × 君弃权。

2009 年 7 月 1 日，楼 × 君向金华中院提起诉讼，请求判令撤销方 × 荣等 8 名股东与伍 × 红等 3 人签订的《股权转让协议》；确认楼 × 君依法行使股东优先购买权，以同等条件与方 × 荣等 8 名股东的股权转让协议成立并生效。

一审法院经审理后确认楼 × 君依法行使股东优先购买权，以同等条件与方 × 荣等 8 名股东的股权转让协议成立并生效的诉讼请求，驳回其他诉讼请求。方 × 荣等 8 名股东不服一审判决，提起上诉。二审法院经审理后驳回上诉、维持原判。方 × 荣等 8 名股东不服二审判决，向最高人民法院申请再审。再审法院经审理后维持二审判决。

裁判要旨

法院认为，在 2009 年 7 月 6 日召开的股东会中，方 × 荣等 8 名股东在履行征求其他股东是否同意转让及是否行使优先购买权时，隐瞒了对外转让的条件，仅保留了转让价格，对合同约定的履行方式及转让股权后公司债务的承担等予以变更。该8名股东在股东会中提出的股权转让条件与其对伍 × 红等3人签订股权转让合同约定的条件相比，虽然价格一致，但增加了股权受让方的合同义务和责任。方 × 荣等8人未如实向公司其他股东通报股权转让的真实条件，采取内外有别的方式提高股权转让条件的行为，不符合《公司法》(2005)的相关规定，有违诚实信用原则。

案例2 上海市第二中级人民法院(2012)沪二中民四(商)终字第16号 杨 ×、梁 × 与上海气门厂有限公司、徐 ×、郝 × 股权转让纠纷

▶ 案情摘要

气门厂成立于1989年11月4日，现公司股东为梁 ×、徐 ×、郝 ×，持股比例分别约为30.51%、43.54%、25.95%。

2011年4月8日，杨 × 与梁 × 签订了《股权转让协议》，约定：梁 × 将气门厂0.1%的股权以1万元的价格转让给杨 ×，杨 × 保证完成转让后10日内完成以下两项附加条件中的一项：1. 杨 × 承诺借款300万元给气门厂，利息为年息6%，期限为1年，无须抵押担保；2. 若2011年5月15日前气门厂未能同意向杨 × 借款的决定，则杨 × 承诺愿意提供150万元给梁 ×，期限为1年，无须利息及抵押担保，借款不能用于炒股。杨 × 应于合同生效后3天内付清1万元。

同日，梁 × 向徐 × 及郝 × 寄送了召集股东会通知及《股权转让协议》复印件，告知两人可在同等条件下行使优先购买权。2011年5月3日，徐 × 回复称：对梁 × 出让0.1%股权的价格及履行方式均表示同意，但对所附条件不认可，主张行使优先购买权。

同年5月9日，气门厂召开股东会，签到册载有梁 ×、徐 × 及郝 × 的签名，股东会形成临时股东会会议纪要，载明：公司同意向杨 × 借款300万元，但对于0.1%的股权转让，徐 × 表示行使优先购买权，但不同意借款300万元给公司。临时股东会结论为无股东以借款300万元给公司和支付1万元的同等条件行使优先权购买本次转让的股权。该会议纪要仅有梁 × 及郝 × 的签字。2011年5月10日，梁 × 将会议纪要寄送徐 ×。同日，梁 × 收到杨 ×1万元股权转让款。

因气门厂三位股东及负责人未配合办理股权转让工商备案登记，杨 × 遂向原审法院起诉，要求判令气门厂向工商行政管理部门办理股权变更登记手续，将梁 ×

名下 0.1% 的气门厂股权变更登记至杨 × 名下；要求梁 × 及徐 ×、郝 × 协助办理该股权变更登记手续。

裁判要旨

法院认为，优先购买权的同等条件，是指出让股东与股东以外的第三人之间合同确定的主要转让条件，如出让股东与受让人约定的投资、业务合作、债务承担等条件，也应认定为主要条件。本案中，其一，杨 × 承诺向气门厂借款 300 万元，相当于是杨 × 对气门厂的一种投资方式，是股权转让的条件之一，可视为是一种“同等条件”，徐 × 等气门厂股东应按此条件行使优先购买权。其二，杨 × 与梁 × 签订的股权转让协议还约定，若气门厂不同意借款，则杨 × 承诺借款给梁 ×150 万元，该借贷是梁 × 与杨 × 之间的借贷关系，并牵涉对个人信用的评价，且与气门厂无关，不应视为股权转让的“同等条件”。其三，从本案事实来看，梁 × 将气门厂股权转让给杨 ×，并设置“同等条件”，有不尽合理之处。气门厂的股权争议由来已久，股东之间矛盾较大；而本次股权转让系以 1 万元价格转让梁 × 所持气门厂 0.1% 的股权，在股权价格和数量上与一般股权转让行为相悖，显然杨 × 与梁 × 设定该“同等条件”的目的在于让杨 × 取得梁 × 的股权，而非其他人。综上，法院认为，对并非完全出于公平、合理目的的股权转让行为难以认可，对杨 × 的诉讼请求不予支持。

案例 3　浙江省宁波市中级人民法院（2017）浙 02 民终 1283 号　浙江环益资源利用有限公司与被上诉人陈 × 君股权转让纠纷

▶ 案情摘要

浙江环益资源利用有限公司（以下简称“环益公司”）、陈 × 君均系宁波大地化工环保有限公司（以下简称“大地公司”）的股东，环益公司持股 44%，陈 × 君与章 × 华等 8 名自然人股东持股 56%，其中陈 × 君持股 1.50%。

章 × 华等 8 名大地公司自然人股东欲将包括陈 × 君股权在内的合计 51% 的股权以 9588 万元的价格一并转让给公司股东以外的高能公司，并书面致函环益公司并附上了达成的《股权转让协议》（以下简称“协议”），将整体转让事宜告知该公司并征求其意见。

环益公司回函要求按同等条件受让陈 × 君持有的 1.50% 大地公司股权。章 × 华等人表示，受让方一次性受让大地公司 51% 的股权是构成本次交易的价格、交割等其他要素的核心条件，无法分割出售，如不按照协议中列明的全部交易条件购买拟出让股权的，视作同意转让。

2016年4月11日，大地公司召开股东会并形成决议：8名自然人股东一致意见将持有的51%股权整体转让给高能公司。环益公司表示不同意。

此后，环益公司诉至法院，请求确认环益公司对陈×君持有的大地公司1.50%的股权享有优先购买权，并判令陈×君将其持有的股权全部转让给环益公司、配合办理相关转让手续。

裁判要旨

法院认为，陈×君与大地公司其他7名自然人股东已依法将整体转让事宜通知环益公司并征求环益公司意见，环益公司完全可以按9588万元的价格优先受让包括陈×君在内大地公司8名自然人股东的51%股权。而环益公司仅要求对陈×君持有的大地公司1.50%的股权行使优先购买权，与高能公司拟以9588万元的价格整体受让大地公司8名自然人股东的51%股权不属于同等条件，不符合法律规定，难以支持。

总结及延展

《公司法》(2024)第84条第2款规定："股东向股东以外的人转让股权的，应当将股权转让的数量、价格、支付方式和期限等事项书面通知其他股东，其他股东在同等条件下有优先购买权。"《公司法司法解释(四)》(2020)第18条规定："人民法院在判断是否符合公司法第七十一条第三款及本规定所称的'同等条件'时，应当考虑转让股权的数量、价格、支付方式及期限等因素"，而法律将数量、价格、支付方式、期限等要素计入考量是具有必要性的，因为数量不一致也会导致转让价格出现波动，转让股东整体转让股权的价值可能远高于部分转让股权的价值；支付期限、支付方式也关系到转让股东最终获取的经济利益。实践中，有些股东和第三人刻意约定了较短期限，法院也会根据其他要素综合判断支付期限是否合理，是否属于同等条件范畴。对于其他因素，一般不作为衡量同等条件的因素。但笔者认为对于公司经营发展所必需的技术秘密、销售渠道、经营款项的投入等合同条件，亦可作为同等条件予以考量，是否属于同等条件的考量范畴应以该条件是否对公司经营发展有所助益作为前提。

正如上海市第二中级人民法院在(2012)沪二中民四(商)终字第16号杨×与

上海气门厂有限公司股权转让纠纷一案二审民事判决书中认为：第三人除股权转让款之外的借款相当于对公司的一种投资方式，可视为是一种“同等条件”。《公司法司法解释（四）》(2020) 第 18 条以“等”字为其他因素的综合适用留足了空间。该处的“等”因素，根据司法实践经验，主要是：向公司增资扩股、提供无息或低息贷款促进经营或者提供公司经营发展所必需的技术秘密、销售渠道等有助于维护公司和其他全体股东整体利益的因素。其他股东在不能够提供同等条件时，应当不允许其行使优先购买权。该案中法院认为，“杨 × 与梁 × 签订的股权转让协议还约定，若气门厂不同意借款，则杨 × 承诺借款给梁 ×150 万元，该借贷是梁 × 与杨 × 之间的借贷关系，并牵涉到对个人信用的评价，且与气门厂无关，不应视为股权转让的‘同等条件’”。

（十一）老股东行使优先购买权后，转让股东可否反悔？

案例1 四川省高级人民法院（2019）川民再 418 号　钟 × 全、杨 × 淮股权转让纠纷

▶ 案情摘要

杨 × 淮、钟 × 全、陈 × 兵为成都同昭实业有限公司（以下简称“同昭公司”）股东，持股比例分别为 60%、34%、6%，同时，杨 × 淮为公司法定代表人。

同昭公司章程第 14 条第 2 款约定：“股东向股东以外的人转让其出资时，必须经其他股东过半数同意。股东应就其股权转让事宜书面通知其他股东征求意见，其他股东自接到书面通知之日起满三十日未答复的，视为同意转让。其他股东半数以上不同意的，不同意转让的股东应当购买该转让的出资，如果不购买该转让的出资，视为同意转让。经股东同意转让的出资，在同等条件下其他股东对该转让的出资有优先购买权。”

2017 年 2 月 27 日及 3 月 13 日，钟 × 全作为甲方分别与乙方朱 × 刚等人及丙方佳兴教育公司签订了 2 份股权转让协议，约定将其持有的同昭公司 34% 的股权全部转让。

同年 4 月 14 日，钟 × 全向杨 × 淮邮寄了前述 2 份协议以及《关于限期办理工商变更登记的通知》，要求杨 × 淮和同昭公司在接到通知后 15 日内依法办理股权转让工商登记。8 月 11 日，朱 × 刚诉至法院，要求杨 × 淮与同昭公司配合办理工商变更登记。

同年8月18日，钟 × 全与朱 × 刚另行签订了《股权转让补充协议》(以下简称"协议3")，载明朱 × 刚除此前支付的0.8万元股本金外，还需支付4万元股权溢价款。

同年8月31日，杨 × 淮签收了朱 × 刚的民事起诉状副本，并于9月19日将钟 × 全、朱 × 刚诉至法院，就此提起本案诉讼，请求确认钟 × 全与朱 × 刚等人签订的3份股权转让协议无效，并判令其以同等条件优先购买钟 × 全拟转让的股权。

同年9月30日，法院就朱 × 刚请求变更公司登记纠纷一案，以钟 × 全并未就股权转让"同等条件"通知过杨 × 淮，损害了杨 × 淮作为股东的优先购买权为由，驳回了朱 × 刚的诉讼请求。

2018年1月19日，钟 × 全与朱 × 刚等人签订了协议书，解除了此前签订的3份协议，并返还了已收股权转让款。

钟 × 全辩称，其有权行使反悔权，其已与朱 × 刚解除股权转让协议，故杨 × 淮无权主张行使优先购买权。

一审法院支持了杨 × 淮请求确认3份股权转让协议无效，并判令其以同等条件优先购买钟 × 全拟转让股权的诉讼请求。钟 × 全不服一审判决，提起上诉。二审法院经审理后维持杨 × 淮以同等条件优先购买钟 × 全拟转让股权，撤销确认2017年2月27日及3月13日签订的股权转让协议无效的判决。钟 × 全不服二审判决，向四川省高级人民法院申请再审。再审法院经审理后，撤销一审、二审判决，驳回杨 × 淮的全部诉讼请求。

裁判要旨

法院认为，对于转让股东在其他股东主张优先购买后又放弃转让应如何处理，同昭公司章程没有规定，全体股东也没有约定。在杨 × 淮主张优先购买后，钟 × 全与朱 × 刚解除了所签的3份协议，并返还了收取的股权转让款，根据《公司法司法解释(四)》第20条的规定，钟 × 全关于其已经放弃转让股权，杨 × 淮主张优先购买权不应支持的再审理由成立。此外，钟 × 全转让股权时未依法履行通知义务是引起本案纠纷的根本原因，但在杨 × 淮起诉主张优先购买权的情况下，钟 × 全没有在一审中表示放弃转让股权，而是在一审判决支持杨 × 淮优先购买的请求后，才放弃转让股权，其行为违反了诚实信用原则，因此一审、二审诉讼费均应由钟 × 全负担。法院同时指出，《公司法司法解释(四)》第20条规定的"不同意转让"应理解为放弃本次转让，而非永久放弃转让，也非无条件的放弃转让。如果以后转让股东再次转让股权，其他股东在同等条件下仍享有优先购买权。

案例2 广东省高级人民法院(2019)粤民申12862号 深圳市新通宝运输有限公司、深圳市安道运输集团有限公司股权转让纠纷

▶ 案情摘要

深圳市新通宝运输有限公司(以下简称“新通宝公司”)与深圳市安道运输集团有限公司(以下简称“安道公司”)均系深圳市西部公共汽车有限公司(以下简称“西部公汽”)的股东,分别持有股权比例7.5%和19%。

2015年8月28日,安道公司与深圳市中南运输投资有限公司(以下简称“中南投资公司”)签订了《股权转让协议》,约定以500万元的价格转让其所持西部公汽1%的股权。

2015年8月31日,安道公司向新通宝公司等其他股东致函,告知行使优先购买权事宜。收到通知后,新通宝公司分别多次复函表示不同意安道公司对外转让股权并就通知的具体内容提出异议。

为此,新通宝公司向法院提起诉讼请求确认涉案《股权转让协议》无效,新通宝公司按照涉案协议约定的价格受让购买安道公司拟转让的股权,并要求安道公司、中南投资公司赔偿新通宝公司损失10万元。

一审法院经审理后驳回了新通宝公司的诉讼请求。新通宝公司不服一审判决,提起上诉。二审法院经审理后撤销一审判决,确认了涉案《股权转让协议》无效,同时判决新通宝公司就安道公司转让给中南投资公司的西部公汽1%的股权享有按500万元受让的优先购买权。新通宝公司不服二审判决向广东省高级人民法院申请再审,再审法院裁定驳回其再审申请。

裁判要旨

法院认为,《公司法司法解释(四)》(2020)第20条规定:“有限责任公司的转让股东,在其他股东主张优先购买后又不同意转让股权的,对其他股东优先购买的主张,人民法院不予支持,但公司章程另有规定或者全体股东另有约定的除外。其他股东主张转让股东赔偿其损失合理的,人民法院应当予以支持。”根据上述规定,有意转让股权的股东在其他股东主张优先购买后,有权不同意转让股权。因此,二审法院未判令新通宝公司按照500万元的价格直接受让安道公司拟转让的涉案股权,具有法律依据,新通宝公司申请再审的理由不成立。

案例3 江苏省南京市中级人民法院(2013)宁商申字第7号 周×勇与张×、阎×华股权转让纠纷

▶ 案情摘要

周×勇在2009年4月21日南京地下工程建筑设计院有限公司(以下简称"设计院公司")股东大会上,不同意股东张×向第三人阎×华转让公司股权,并主张在同等条件下的优先购买权。此后,张×与阎×华协商解除了《股权转让协议》,并明确表示放弃转让股权。

在周×勇与张×、阎×华股权转让纠纷案中,原审法院作出(2011)宁商终字第619号民事判决,认定张×作为股权持有人享有自由处分其股权的权利,周×勇无权主张优先购买权。

周×勇对该判决不服,向江苏省南京市中级人民法院申请再审。再审法院裁定驳回周×勇的再审申请。

裁判要旨

法院认为,因设计院公司是有限责任公司,根据有限责任公司的人合性特征,以及股东意思自治和股权转让自由的原则,张×解除股权转让协议是其作为转让股东的自由意志,张×作为股权持有人享有自由处分其股权的权利。根据法律规定,其他股东行使优先购买权的前提是股东同意转让股权,如果转让股东解除与第三人的股权转让协议,其他股东行使优先购买权的基础便不存在。鉴于张×明确表示放弃转让股权,周×勇主张优先购买权的前提已经丧失,其诉讼主张缺乏事实和法律依据,应予驳回。

总结及延展

《公司法司法解释(四)》(2020)第20条规定:"有限责任公司的转让股东,在其他股东主张优先购买后又不同意转让股权的,对其他股东优先购买的主张,人民法院不予支持,但公司章程另有规定或者全体股东另有约定的除外。其他股东主张转让股东赔偿其损失合理的,人民法院应当予以支持。"

根据前述规定,转让股东原则上可以反悔,选择不继续转让股权。司法解释之所以如此规定主要是基于几个原因:第一,平衡转让股东自由处分权与其他股东的优先购买权之间的利益。股权系股东个人财产,转让股权系股东的自益权,股东可

以按照其自由意志进行处分；而人合性系有限责任公司稳定经营的基础，如股权流转至外部主体名下有可能为公司的正常经营带来负面影响，为避免前述不利情境，法律赋予了其他股东同等条件下的优先购买权。但前述权利并不等同于强制缔约权，否则将极大损害股东个人对名下财产的自由处分权。第二，避免法律的过度干预，维护公司既有人合基础。在股东已经放弃转让股权的情形下，外部主体则无法通过受让股权的方式成为公司股东，公司原有人合基础未受到任何影响，优先购买权制度的设立初衷已然实现，公司股权结构未发生变化，并且其他股东优先购买权仍然存在，如后期股东再次转让股权，其他股东仍可行使优先购买权。因此在这种情况下，强制推动优先购买权转变为股权交易已无必要，刻意为之反而会损伤股东之间的信任基础。第三，充分尊重和保障转让股东交易目标的实现。实践中，很多股东转让股权的目标并不仅仅是获取经济利益，优先购买权条款中的"同等条件"仅可以保证转让人的经济收益，却无法兼顾股东拟向外部主体转让股权的特殊原因，这些特殊原因虽然不具有市场交易下的统一交换价值，但对于转让股东来讲很可能具有较高价值以及不可替代性。

当然，如果转让股东可以任意使用反悔权而不受限制，则反悔权制度将直接影响股东优先购买权的实现，扰乱股权转让交易市场。毕竟其他股东可能已为此进行了相应资产处置、资金准备等工作。因此，《公司法司法解释（四）》（2020）第 20 条亦规定，如果公司章程另有规定或者全体股东另有约定，则转让股东不得行使反悔权。此外，转让股东反悔的，其他股东可以要求赔偿合理损失。在司法实践中，法院亦可根据股东行使反悔权的具体事实综合判断反悔权的效力。如果股东存在超越股东会决议或章程规定的范围行使反悔权、行使反悔权超越合理期限、违反诚实信用原则行使反悔权、滥用反悔权等情况，法院往往不支持转让股东的主张。

（十二）转让"被冻结股权"的合同是否有效？

案例1 最高人民法院（2020）最高法民申 4186 号　滕州市杏花村置业有限责任公司诉连云港顺天木业有限公司、石 × 勇及第三人连云港巨龙花园房地产开发有限公司案外人执行异议之诉纠纷

▶ 案情摘要

关于滕州市杏花村置业有限责任公司（以下简称"杏花村公司"）与连云港顺天木业有限公司（以下简称"木业公司"）在温哥华小区建设合作事宜，两公司于 2010

年2月28日签订了《股权转让协议》，又分别于2010年3月26日和2011年5月12日签订了两份《股权转让补充协议》，将木业公司持有的100%连云港巨龙花园房地产开发有限公司（以下简称“巨龙公司”）股权转让给杏花村公司，巨龙公司承担32,000万元债务后，杏花村公司不再另行支付木业公司股权转让余款。

2010年2月28日，杏花村公司到工商管理部门办理涉案股权的变更登记，但未办理成功。同年3月4日，杏花村公司再进行办理时，发现涉案股权已被木业公司其他债权人申请法院查封。

2017年4月8日，因杏花村公司接受巨龙公司工程建设后于2014年单方撤出该工程，致使项目停工，木业公司向杏花村公司送达了解除合同通知书。

2012年4月23日，在石 × 勇与木业公司、巨龙公司民间借贷纠纷一案中，法院查封了木业公司在巨龙公司持有的100%股权，又于2017年11月14日作出了（2013）枣执字第97号之二执行裁定，评估、拍卖被执行人木业公司所持有的案涉股权。杏花村公司对执行标的提出书面异议后被法院驳回。

经法院审理查明，木业公司曾于2009年7月13日将其所持有的巨龙公司1000万元股权质押给了案外人王 × 洪，并办理了相关登记，记载于股东名册中。

杏花村公司向法院起诉，请求确认案涉《股权转让协议》及两份补充协议合法有效；判决中止对木业公司在巨龙公司100%股权的执行措施；判决木业公司及巨龙公司协助杏花村公司办理股权转让登记手续。

木业公司主张，其于2009年7月13日将在巨龙公司的股权1000万元质押给案外人王 × 洪，根据《物权法》（现已失效）第226条的规定，本案《股权转让协议》无效；其公司已经向杏花村公司送达解除合同通知书，因此，上述三份协议已经解除。

裁判要旨

法院认为，关于木业公司称转让的是已经冻结或出质的股权，股权转让合同无效的主张，最高人民法院认为，已经冻结或出质的股权转让依法受到相应限制，但是所订立的转让合同本身如果不存在其他无效情节，则并不影响股权转让合同本身的效力。本案中，双方签订的《股权转让补充协议书》约定，巨龙公司承担32,000万元债务后，杏花村公司不再另行支付木业公司股权转让余款，而杏花村公司提交的证据足以证明在其控制管理巨龙公司期间已承担了木业公司以及巨龙公司32,000万元的债务。木业公司与杏花村公司签订的三份股权转让协议系双方真实意思的表示，且不违反法律法规的强制性规定，合法有效。

案例2 最高人民法院（2020）最高法民终1253号 河南中州铁路控股有限公司、山东海盾投资管理有限公司等股权转让纠纷

▶ **案情摘要**

河南中州铁路控股有限公司（以下简称“中州控股公司”）和山东高速轨道交通集团有限公司（以下简称“轨道公司”）为中州铁路有限责任公司（以下简称“中州铁路公司”）股东，持股比例分别为19.7381%、69.9769%。

2018年12月18日，轨道公司与山东海盾投资管理有限公司（以下简称“海盾公司”）、中州铁路公司签订了《产权交易合同》，将其持有的中州铁路公司69.9769%的股权转让给海盾公司，转让价格共计30,925.08万元。

此前，在中州控股公司另案与轨道公司联营合同纠纷中，经中州控股公司申请，法院于2018年12月12日作出裁定冻结了轨道公司持有的中州铁路公司价值1900万元的股权，冻结期限为2018年12月12日至2021年12月11日。2019年6月24日，法院裁定解除了对前述股权的冻结。

因案涉股权被冻结，海盾公司自感《产权交易合同》的履行面临危险，故向一审法院提起本案诉讼，请求确认其与轨道公司及中州铁路公司签订的《产权交易合同》合法有效，轨道公司将股权变更至其名下。

裁判要旨

法院认为，人民法院对相关股权予以冻结，属于一定期间内限制该股权变动的保全措施，其法律后果是被冻结的股权在办理股权变更登记时受到限制，即影响双方当事人合同的履行，但并不应据此否定合同的效力。本案中，在《产权交易合同》签订之前，涉案股权被冻结，后又解除冻结，直至本案依法查封，均不影响股权转让合同的效力，并且从证据情况看，涉案产权交易合同亦不存在违反法律强制性规定导致无效的情形。

案例3 四川省高级人民法院（2019）川民终1132号 牟×贵、曹×、曾×福股权转让纠纷

▶ **案情摘要**

牟×贵、曹×、曾×福系宜宾市裕祥百货有限公司（以下简称“裕祥公司”）的

登记股东，分别持有该公司 87.54%、7.01%、5.45% 的股权。

2017 年 11 月 8 日，牟 × 贵、曹 ×、曾 × 福与吴 × 燕就转让裕祥公司 100% 股权签订了《股权转让协议》及《补充协议》。2017 年 11 月 10 日，吴 × 燕通过中信银行向牟 × 贵、曹 ×、曾 × 福支付股权转让款 200 万元。

2017 年 11 月 3 日，隆昌法院作出（2017）川 1028 执 972 号之十一执行裁定，该裁定书载明：夏 × 龙与裕祥公司的法定代表人牟 × 贵于 2013 年 4 月 21 日签订了《合作协议书》，协议约定夏 × 龙与牟 × 贵合作共同出资收购裕祥公司的股权，夏 × 龙出资 54,781,968 元，占裕祥公司 70% 的股份。因夏 × 龙的出资属于赃款，依法应当予以追缴，故需对裕祥公司名下的资产进行查封、扣押、冻结。

吴 × 燕诉至法院，请求确认案涉《股权转让协议》及《补充协议》有效，牟 × 贵、曹 ×、曾 × 福继续履行协议，并协助其办理股权变更登记手续。

裁判要旨

法院认为，法院对裕祥公司的相关股权予以冻结，属于一定期间内限制该股权变动的保全措施，其法律后果是被冻结的股权在办理股权变更登记时受到限制，即影响双方当事人合同的履行，但不应据此否定案涉合同的效力。2017 年 11 月 8 日签订的两份协议系双方当事人的真实意思表示，内容不违反法律法规的强制性规定，合法有效。

总结及延展

商业实践中，股东转让股权通常都要签订股权转让协议，在股权转让协议是双方当事人真实意思表示且不违反相关法律、行政法规的强制性规定的情形下，协议当然有效。但如果转让人签订协议时隐瞒了股权被冻结的事实，或者协议签订后股权被冻结的，股权转让协议的效力又如何认定？

人民法院冻结股权的目的是限制股东处分（包括买卖）股权，股权被司法冻结期间，股东并不具有对股权的处分权，亦无法将股权过户至其他主体名下。如在司法冻结期间，股东通过签署买卖合同的方式出让已经丧失处分权的标的股权，其本质属于无权处分行为，但是该无权处分行为包含合同订立以及合同履行两个阶段，同时亦涵盖原因行为和处分行为两种具体的法律行为。转让方与受让方订立以转移股权所有权为目的的合同行为系负担行为（原因行为），该行为发生在合同订立阶段，而股权权属变更发生于合同履行阶段。而合同成立阶段仅涉及双方权利义务设定的问题，股权转让方有无处分权，其法律后果体现在合同履行阶段，而非合同订立阶段。故股权转让方是否能够切实转让标的股权具并不会影响转让方相应义务承担的有效性，即使合同履行阶段转让方无权处分标的股权，亦不能影响合同订立阶段的法律效果。

我国自《物权法》时代起即采纳了物债二分原则，后《民法典》第 215 条承继了这一原则。根据《民法典合同编通则司法解释》第 19 条的规定可知，以转让或者设定财产权为目的订立的合同，当事人仅以让与人在订立合同时对标的物没有所有权或者处分权为由主张合同无效的，人民法院不予支持，但因前述情况导致合同不能履行，受让人可主张解除合同并请求让与人承担赔偿责任。

因此，即使被转让的股权处于冻结状态，若双方系自愿签订股权转让协议，且协议内容不违反相关法律、行政法规的强制性规定的情形下，仍应被认定为有效。股权变动的保全措施将导致被冻结的股权在办理股权变更登记时受到限制，即影响双方当事人合同的履行，但并不应据此否定股权转让合同的效力，即股权转让合同依然有效，受让方亦可根据合同约定请求无权处分的股权转让方承担违约责任，充分保障自身利益。

专题十一

公司治理与公司组织机构

一、法律规定对比解析

(一)《公司法》(2018)与《公司法》(2024)相关条文对比

《公司法》(2018)	《公司法》(2024)
第36条　有限责任公司股东会由全体股东组成。股东会是公司的权力机构,依照本法行使职权。	**第58条**　有限责任公司股东会由全体股东组成。股东会是公司的权力机构,依照本法行使职权。
第37条　股东会行使下列职权: (一)决定公司的经营方针和投资计划; (二)选举和更换非由职工代表担任的董事、监事,决定有关董事、监事的报酬事项; (三)审议批准董事会的报告; (四)审议批准监事会或者监事的报告; (五)审议批准公司的年度财务预算方案、决算方案; (六)审议批准公司的利润分配方案和弥补亏损方案; (七)对公司增加或者减少注册资本作出决议; (八)对发行公司债券作出决议; (九)对公司合并、分立、解散、清算或者变更公司形式作出决议; (十)修改公司章程; (十一)公司章程规定的其他职权。 对前款所列事项股东以书面形式一致表示同意的,可以不召开股东会会议,直接作出决定,并由全体股东在决定文件上签名、盖章。	**第59条**　股东会行使下列职权: (一)选举和更换董事、监事,决定有关董事、监事的报酬事项; (二)审议批准董事会的报告; (三)审议批准监事会的报告; (四)审议批准公司的利润分配方案和弥补亏损方案; (五)对公司增加或者减少注册资本作出决议; (六)对发行公司债券作出决议; (七)对公司合并、分立、解散、清算或者变更公司形式作出决议; (八)修改公司章程; (九)公司章程规定的其他职权。 股东会可以授权董事会对发行公司债券作出决议。 对本条第一款所列事项股东以书面形式一致表示同意的,可以不召开股东会会议,直接作出决定,并由全体股东在决定文件上签名或者盖章。
第61条　一人有限责任公司不设股东会。股东作出本法第三十七条第一款所列决定时,应当采用书面形式,并由股东签名后置备于公司。	**第60条**　只有一个股东的有限责任公司不设股东会。股东作出前条第一款所列事项的决定时,应当采用书面形式,并由股东签名或者盖章后置备于公司。

续表

《公司法》(2018)	《公司法》(2024)
第46条 董事会对股东会负责,行使下列职权: (一)召集股东会会议,并向股东会报告工作; (二)执行股东会的决议; (三)决定公司的经营计划和投资方案; (四)制订公司的年度财务预算方案、决算方案; (五)制订公司的利润分配方案和弥补亏损方案; (六)制订公司增加或者减少注册资本以及发行公司债券的方案; (七)制订公司合并、分立、解散或者变更公司形式的方案; (八)决定公司内部管理机构的设置; (九)决定聘任或者解聘公司经理及其报酬事项,并根据经理的提名决定聘任或者解聘公司副经理、财务负责人及其报酬事项; (十)制定公司的基本管理制度; (十一)公司章程规定的其他职权。	**第67条** 有限责任公司设董事会,本法第七十五条另有规定的除外。 董事会行使下列职权: (一)召集股东会会议,并向股东会报告工作; (二)执行股东会的决议; (三)决定公司的经营计划和投资方案; (四)制订公司的利润分配方案和弥补亏损方案; (五)制订公司增加或者减少注册资本以及发行公司债券的方案; (六)制订公司合并、分立、解散或者变更公司形式的方案; (七)决定公司内部管理机构的设置; (八)决定聘任或者解聘公司经理及其报酬事项,并根据经理的提名决定聘任或者解聘公司副经理、财务负责人及其报酬事项; (九)制定公司的基本管理制度; (十)公司章程规定或者股东会授予的其他职权。 公司章程对董事会职权的限制不得对抗善意相对人。
—	**第69条** 有限责任公司可以按照公司章程的规定在董事会中设置由董事组成的审计委员会,行使本法规定的监事会的职权,不设监事会或者监事。公司董事会成员中的职工代表可以成为审计委员会成员。
第45条 董事任期由公司章程规定,但每届任期不得超过三年。董事任期届满,连选可以连任。 董事任期届满未及时改选,或者董事在任期内辞职导致董事会成员低于法定人数的,在改选出的董事就任前,原董事仍应当依照法律、行政法规和公司章程的规定,履行董事职务。	**第70条** 董事任期由公司章程规定,但每届任期不得超过三年。董事任期届满,连选可以连任。 董事任期届满未及时改选,或者董事在任期内辞任导致董事会成员低于法定人数的,在改选出的董事就任前,原董事仍应当依照法律、行政法规和公司章程的规定,履行董事职务。 董事辞任的,应当以书面形式通知公司,公司收到通知之日辞任生效,但存在前款规定情形的,董事应当继续履行职务。
—	**第71条** 股东会可以决议解任董事,决议作出之日解任生效。 无正当理由,在任期届满前解任董事的,该董事可以要求公司予以赔偿。

续表

《公司法》(2018)	《公司法》(2024)
第 49 条　有限责任公司可以设经理，由董事会决定聘任或者解聘。经理对董事会负责，行使下列职权： (一)主持公司的生产经营管理工作，组织实施董事会决议； (二)组织实施公司年度经营计划和投资方案； (三)拟订公司内部管理机构设置方案； (四)拟订公司的基本管理制度； (五)制定公司的具体规章； (六)提请聘任或者解聘公司副经理、财务负责人； (七)决定聘任或者解聘除应由董事会决定聘任或者解聘以外的负责管理人员； (八)董事会授予的其他职权。 公司章程对经理职权另有规定的，从其规定。 经理列席董事会会议。	**第 74 条**　有限责任公司可以设经理，由董事会决定聘任或者解聘。 经理对董事会负责，根据公司章程的规定或者董事会的授权行使职权。经理列席董事会会议。
第 50 条　股东人数较少或者规模较小的有限责任公司，可以设一名执行董事，不设董事会。执行董事可以兼任公司经理。 执行董事的职权由公司章程规定。	**第 75 条**　规模较小或者股东人数较少的有限责任公司，可以不设董事会，设一名董事，行使本法规定的董事会的职权。该董事可以兼任公司经理。
第 51 条　有限责任公司设监事会，其成员不得少于三人。股东人数较少或者规模较小的有限责任公司，可以设一至二名监事，不设监事会。 监事会应当包括股东代表和适当比例的公司职工代表，其中职工代表的比例不得低于三分之一，具体比例由公司章程规定。监事会中的职工代表由公司职工通过职工代表大会、职工大会或者其他形式民主选举产生。 监事会设主席一人，由全体监事过半数选举产生。监事会主席召集和主持监事会会议；监事会主席不能履行职务或者不履行职务的，由半数以上监事共同推举一名监事召集和主持监事会会议。 董事、高级管理人员不得兼任监事。	**第 76 条**　有限责任公司设监事会，本法第六十九条、第八十三条另有规定的除外。 监事会成员为三人以上。监事会成员应当包括股东代表和适当比例的公司职工代表，其中职工代表的比例不得低于三分之一，具体比例由公司章程规定。监事会中的职工代表由公司职工通过职工代表大会、职工大会或者其他形式民主选举产生。 监事会设主席一人，由全体监事过半数选举产生。监事会主席召集和主持监事会会议；监事会主席不能履行职务或者不履行职务的，由过半数的监事共同推举一名监事召集和主持监事会会议。 董事、高级管理人员不得兼任监事。
第 53 条　监事会、不设监事会的公司的监事行使下列职权： (一)检查公司财务； (二)对董事、高级管理人员执行公司职务的行为进行监督，对违反法律、行政法规、公司章程或者股东会决议的董事、高级管理人员提出罢免的建议；	**第 78 条**　监事会行使下列职权： (一)检查公司财务； (二)对董事、高级管理人员执行职务的行为进行监督，对违反法律、行政法规、公司章程或者股东会决议的董事、高级管理人员提出解任的建议；

续表

《公司法》(2018)	《公司法》(2024)
(三)当董事、高级管理人员的行为损害公司的利益时,要求董事、高级管理人员予以纠正; (四)提议召开临时股东会会议,在董事会不履行本法规定的召集和主持股东会会议职责时召集和主持股东会会议; (五)向股东会会议提出提案; (六)依照本法第一百五十一条的规定,对董事、高级管理人员提起诉讼; (七)公司章程规定的其他职权。	(三)当董事、高级管理人员的行为损害公司的利益时,要求董事、高级管理人员予以纠正; (四)提议召开临时股东会会议,在董事会不履行本法规定的召集和主持股东会会议职责时召集和主持股东会会议; (五)向股东会会议提出提案; (六)依照本法第一百八十九条的规定,对董事、高级管理人员提起诉讼; (七)公司章程规定的其他职权。
第54条 监事可以列席董事会会议,并对董事会决议事项提出质询或者建议。 监事会、不设监事会的公司的监事发现公司经营情况异常,可以进行调查;必要时,可以聘请会计师事务所等协助其工作,费用由公司承担。	**第79条** 监事可以列席董事会会议,并对董事会决议事项提出质询或者建议。 监事会发现公司经营情况异常,可以进行调查;必要时,可以聘请会计师事务所等协助其工作,费用由公司承担。
第150条 股东会或者股东大会要求董事、监事、高级管理人员列席会议的,董事、监事、高级管理人员应当列席并接受股东的质询。 董事、高级管理人员应当如实向监事会或者不设监事会的有限责任公司的监事提供有关情况和资料,不得妨碍监事会或者监事行使职权。	**第80条** 监事会可以要求董事、高级管理人员提交执行职务的报告。 董事、高级管理人员应当如实向监事会提供有关情况和资料,不得妨碍监事会或者监事行使职权。
第56条 监事会、不设监事会的公司的监事行使职权所必需的费用,由公司承担。	**第82条** 监事会行使职权所必需的费用,由公司承担。
第51条 有限责任公司设监事会,其成员不得少于三人。股东人数较少或者规模较小的有限责任公司,可以设一至二名监事,不设监事会。 监事会应当包括股东代表和适当比例的公司职工代表,其中职工代表的比例不得低于三分之一,具体比例由公司章程规定。监事会中的职工代表由公司职工通过职工代表大会、职工大会或者其他形式民主选举产生。 监事会设主席一人,由全体监事过半数选举产生。监事会主席召集和主持监事会会议;监事会主席不能履行职务或者不履行职务的,由半数以上监事共同推举一名监事召集和主持监事会会议。 董事、高级管理人员不得兼任监事。	**第83条** 规模较小或者股东人数较少的有限责任公司,可以不设监事会,设一名监事,行使本法规定的监事会的职权;经全体股东一致同意,也可以不设监事。
第98条 股份有限公司股东大会由全体股东组成。股东大会是公司的权力机构,依照本法行使职权。	**第111条** 股份有限公司股东会由全体股东组成。股东会是公司的权力机构,依照本法行使职权。

《公司法》(2018)	《公司法》(2024)
第 99 条 本法第三十七条第一款关于有限责任公司股东会职权的规定,适用于股份有限公司股东大会。	**第 112 条** 本法第五十九条第一款、第二款关于有限责任公司股东会职权的规定,适用于股份有限公司股东会。 本法第六十条关于只有一个股东的有限责任公司不设股东会的规定,适用于只有一个股东的股份有限公司。
第 108 条 股份有限公司设董事会,其成员为五人至十九人。 董事会成员中可以有公司职工代表。董事会中的职工代表由公司职工通过职工代表大会、职工大会或者其他形式民主选举产生。 本法第四十五条关于有限责任公司董事任期的规定,适用于股份有限公司董事。 本法第四十六条关于有限责任公司董事会职权的规定,适用于股份有限公司董事会。	**第 120 条** 股份有限公司设董事会,本法第一百二十八条另有规定的除外。 本法第六十七条、第六十八条第一款、第七十条、第七十一条的规定,适用于股份有限公司。
—	**第 121 条** 股份有限公司可以按照公司章程的规定在董事会中设置由董事组成的审计委员会,行使本法规定的监事会的职权,不设监事会或者监事。 审计委员会成员为三名以上,过半数成员不得在公司担任除董事以外的其他职务,且不得与公司存在任何可能影响其独立客观判断的关系。公司董事会成员中的职工代表可以成为审计委员会成员。 审计委员会作出决议,应当经审计委员会成员的过半数通过。 审计委员会决议的表决,应当一人一票。 审计委员会的议事方式和表决程序,除本法有规定的外,由公司章程规定。 公司可以按照公司章程的规定在董事会中设置其他委员会。
第 113 条 股份有限公司设经理,由董事会决定聘任或者解聘。 本法第四十九条关于有限责任公司经理职权的规定,适用于股份有限公司经理。	**第 126 条** 股份有限公司设经理,由董事会决定聘任或者解聘。 经理对董事会负责,根据公司章程的规定或者董事会的授权行使职权。经理列席董事会会议。
—	**第 128 条** 规模较小或者股东人数较少的股份有限公司,可以不设董事会,设一名董事,行使本法规定的董事会的职权。该董事可以兼任公司经理。

《公司法》(2018)	《公司法》(2024)
第117条 股份有限公司设监事会,其成员不得少于三人。 监事会应当包括股东代表和适当比例的公司职工代表,其中职工代表的比例不得低于三分之一,具体比例由公司章程规定。监事会中的职工代表由公司职工通过职工代表大会、职工大会或者其他形式民主选举产生。 监事会设主席一人,可以设副主席。监事会主席和副主席由全体监事过半数选举产生。监事会主席召集和主持监事会会议;监事会主席不能履行职务或者不履行职务的,由监事会副主席召集和主持监事会会议;监事会副主席不能履行职务或者不履行职务的,由半数以上监事共同推举一名监事召集和主持监事会会议。 董事、高级管理人员不得兼任监事。 本法第五十二条关于有限责任公司监事任期的规定,适用于股份有限公司监事。	**第130条** 股份有限公司设监事会,本法第一百二十一条第一款、第一百三十三条另有规定的除外。 监事会成员为三人以上。监事会成员应当包括股东代表和适当比例的公司职工代表,其中职工代表的比例不得低于三分之一,具体比例由公司章程规定。监事会中的职工代表由公司职工通过职工代表大会、职工大会或者其他形式民主选举产生。 监事会设主席一人,可以设副主席。监事会主席和副主席由全体监事过半数选举产生。监事会主席召集和主持监事会会议;监事会主席不能履行职务或者不履行职务的,由监事会副主席召集和主持监事会会议;监事会副主席不能履行职务或者不履行职务的,由过半数的监事共同推举一名监事召集和主持监事会会议。 董事、高级管理人员不得兼任监事。 本法第七十七条关于有限责任公司监事任期的规定,适用于股份有限公司监事。
第118条 本法第五十三条、第五十四条关于有限责任公司监事会职权的规定,适用于股份有限公司监事会。 监事会行使职权所必需的费用,由公司承担。	**第131条** 本法第七十八条至第八十条的规定,适用于股份有限公司监事会。 监事会行使职权所必需的费用,由公司承担。
—	**第133条** 规模较小或者股东人数较少的股份有限公司,可以不设监事会,设一名监事,行使本法规定的监事会的职权。
—	**第137条** 上市公司在董事会中设置审计委员会的,董事会对下列事项作出决议前应当经审计委员会全体成员过半数通过: (一)聘用、解聘承办公司审计业务的会计师事务所; (二)聘任、解聘财务负责人; (三)披露财务会计报告; (四)国务院证券监督管理机构规定的其他事项。

(二)相关规范索引

相关规范	条款
《民法典》	第81条、第82条

续表

相关规范	条款
《上市公司独立董事管理办法》	第26条
《公司法司法解释(四)》(2020)	第5条、第6条
《公司法司法解释(五)》(2020)	第3条

(三)新旧公司法变化解读

《公司法》(2024)在《公司法》(2018)的基础上,吸收了部分相关司法解释的规定,对股东会、董事会、监事会、经理的职权、义务、责任进行了调整和完善,具体如下:

第一,《公司法》(2024)第58条和《公司法》(2024)第111条延续了《公司法》(2018)第36条和《公司法》(2018)第98条的规定。值得注意的是,《公司法》(2024)取消了股份有限责任公司"股东大会"这一说法,统一使用"股东会"称谓。

第二,在股东会职权方面,《公司法》(2024)第59条相较于《公司法》(2018)第37条而言,删去了"决定公司的经营方针和投资计划"和"审议批准公司的年度财务预算方案、决算方案"两项内容。《公司法》(2018)规定"公司的经营方针和投资计划"由股东会批准,具体的"经营计划和投资方案"由董事会批准。实际上,经营方针、经营计划、投资方案、投资计划等的含义与区别很难厘清,也没有厘清的意义。因此,《公司法》(2024)将这两项职权删除。同时,《公司法》(2024)第59条中增加了"股东会可以授权董事会对发行公司债券作出决议",体现出董事会在现代公司经营管理中权力的增强以及地位的提升。股份有限公司的相应规定体现在《公司法》(2024)第112条第1款。

第三,《公司法》(2024)第60条和《公司法》(2018)第61条均规定只有一个股东的有限责任公司不设股东会。《公司法》(2024)第112条第2款新增了一个股东的股份有限公司不设股东会的规定。不同的是,《公司法》(2024)中取消了"一人有限责任公司"这一称谓,代之以"一个股东的有限责任公司","一人公司"并非本章重点,不予赘述。

第四,在董事会职权方面,《公司法》(2024)第67条相较于《公司法》(2018)第46条而言,删去了"董事会对股东会负责"的表述,以及"制订公司的年度财务预算方案、决算方案"的内容。同时,《公司法》(2024)第67条增加了"公司章程对董事会职权的限制不得对抗善意相对人"的内容,该内容与《民法典》第61条以及《公司法司法解释（四）》（2020）第 6 条的法理基础一致。此外，《公司法》（2024）将董事会职权的兜底条款由“公司章程规定的其他职权”修改为“公司章程规定或者股东会授予的其他职权”，但是并未规定股东会对董事会的授权边界，留待后续司法解释和司法实践回应这一问题。股份有限公司的相应规定体现在《公司法》（2024）第 120 条。

第五，《公司法》（2024）第 69 条及第 121 条新设审计委员会制度。《公司法》（2024）在延续传统的董事会与监事会并行的双层制治理模式之外，引入单层制治理模式，即公司可以按照公司章程的规定在董事会中设置由董事组成的审计委员会，行使监事会的职权，不设监事会或者监事。在该治理模式下，通过强化审计委员会的监督职权，董事会实际从经营管理机构演变为监督机构。值得注意的是，2017 年公布的《国务院办公厅关于进一步完善国有企业法人治理结构的指导意见》已涉及审计委员会相关内容，《公司法》（2024）以法律规定的形式正式确立了这一制度。

第六，《公司法》（2024）第 70 条在《公司法》（2018）第 45 条的基础上新增了董事辞任应当以书面形式通知公司，完善了相应程序。《公司法》（2024）第 71 条吸收了《公司法司法解释（五）》（2020）第 3 条中的规定，增加了董事解任的条文。

第七，在经理职权方面，《公司法》（2024）与《公司法》（2018）存在显著差别。《公司法》（2018）第 49 条限定了经理的职权范围，而《公司法》（2024）第 74 条取消了对经理职权的法定限制，将其完全下放至董事会和公司章程，体现了法律对公司自治的尊重。股份有限公司的相应规定体现在《公司法》（2024）第 126 条。

第八，《公司法》（2024）第 75 条取消了“执行董事”的概念，将《公司法》（2018）第 50 条中的执行董事替换为“董事”。《公司法》（2018）第 50 条中规定了“执行董事的职权由公司章程规定”，该规定带来的问题是，如果章程未规定执行董事的职权，则只能类推适用关于董事会职权的规定。而《公司法》（2024）第 75 条直接规定了“设一名董事，行使本法规定的董事会的职权”，更为明确。股份有限公司的相应规定体现在《公司法》（2024）第 128 条，该条为《公司法》（2024）的新增条款，将不设立董事会的规定由有限责任公司扩大至股份有限公司。

第九，《公司法》（2024）第 76 条沿用了《公司法》（2018）第 51 条的规定；《公司法》（2024）第 130 条沿用了《公司法》（2018）第 117 条的规定。前述条款系有限责任公司及股份有限公司监事会的机构设置，相应内容未作实质变更。

第十，《公司法》（2024）第 78 条、第 79 条规定了监事会的职权，相较于《公司法》（2018）第 53 条、第 54 条，主要修改的内容为将监事会的第二项职权，“对违反法律、行政法规、公司章程或者股东会决议的董事、高级管理人员提出罢免的建议”改为“提出解任的建议”，其他未作实质性变更。

第十一，《公司法》(2024)第80条相较于《公司法》(2018)第150条增加了“监事会可以要求董事、高级管理人员提交执行职务的报告”的规定，拓展了监事的职权范围。

第十二，《公司法》(2024)第82条规定了监事会行使职权所必需的费用由公司承担，相较于《公司法》(2018)第56条没有实质性变化。股份有限公司的相应规定体现在《公司法》(2024)第131条。

第十三，《公司法》(2024)第83条规定的“经全体股东一致同意，也可以不设监事”，简化了有限责任公司组织机构设置。股份有限公司的相应规定体现在《公司法》(2024)第133条中。综观《公司法》(2024)，目前关于公司监督机构的设置，共有四种选择：一是设立监事会；二是在董事会中设置由董事组成的审计委员会，代替监事会或监事行使监事会职权；三是规模较小或股东人数较少的公司，可不设监事会，设一名监事；四是规模较小或股东人数较少的有限责任公司，经全体股东一致同意可不设监事。

第十四，《公司法》(2024)第137条吸收了《上市公司独立董事管理办法》第26条第1款的规定，新增了审计委员会的决议事项。

二、争议问题及司法裁判实务梳理

(一)公司章程未约定董事长选举办法，董事长如何产生？

案例1 最高人民法院(2017)最高法民再172号 北京中证万融医药投资集团有限公司、曹×君公司决议纠纷

▶ 案情摘要

2009年9月28日，杨×、舒×平、北京中证万融医药投资集团有限公司(以下简称“中证万融公司”)与西安世纪盛康药业有限公司(以下简称“世纪盛康公司”)签订的《增资扩股协议书》第4条第3款约定：“董事长在中证万融公司委派的董事中产生。”第9条第2款约定：“本协议作为解释世纪盛康公司股东之间权利和义务的依据，长期有效，除非各方达成书面协议修改；本协议在不与世纪盛康公司章程明文冲突的情况下，视为对世纪盛康公司股东权利和义务的解释并具有最高法律效力。”

2009年9月29日，增资扩股后的世纪盛康公司法定代表人变更为赵×贤，股东为法人股东中证万融公司、自然人股东为舒×平和杨×。董事长赵×贤、副董事长吴×，董事包括赵×贤、吴×、舒×平、曹×君、金×淑。

2014年3月20日，经吴×签署，世纪盛康公司召开了董事会会议（以下简称“320会议”），并形成董事会决议（以下简称“320决议”）。320决议的主要内容是：免去赵×贤担任的董事长兼法定代表人职务，选举吴×为董事长兼法定代表人等。

此后，中证万融公司向法院起诉，称320会议召集程序和表决程序违反法律、行政法规和公司章程的规定，其决议内容违反公司章程，此次会议作出的决议依法应予撤销。

中证万融公司认为：曹×君、蔡×杰、金×淑在参加320会议时已经不具备董事资格，吴×自行召集和主持董事会严重违反法律和章程的规定。320决议免去赵×贤担任的世纪盛康公司董事长职务，选举吴×为世纪盛康公司董事长兼法定代表人，其决议内容违反《增资及股权转让合作框架协议》《增资扩股协议书》及公司章程的规定。

裁判要旨

法院认为，《增资扩股协议书》的规定由全体股东一致同意，并经世纪盛康公司签署。因此，该文件虽名为协议，但在主体上包括公司和全体股东、内容上属于公司章程的法定记载事项、效力上具有仅次于章程的最高效力，其法律性质应属世纪盛康公司对公司章程相关内容的具体解释。违反该约定应为决议的可撤销事由。由于该协议对董事长选任范围的限制，并不违反公司章程关于董事长经选举产生的规定，应为有效。本案中，320会议召集和举行时，5名参会人员中曹×君、蔡×杰、金×淑已不具有董事资格，故320会议召集程序及表决方式均存在重大瑕疵；320决议内容违反了全体股东及公司对公司章程的解释，应视为违反了公司章程的规定，应当予以撤销。

案例2 上海市第一中级人民法院（2017）沪01民终3466号 沈×华诉唐×宏公司决议纠纷

▶ 案情摘要

上海柯思拓建材有限公司（以下简称“柯思拓公司”）是一家外商合资的有限责

任公司，成立于2014年7月25日，注册资本为人民币1000万元。柯思拓公司董事会由唐 × 宏、沈 × 华、张 × 森3名董事组成，其中唐 × 宏担任董事长兼任总经理。

柯思拓公司章程第10条第1款规定“股东会行使以下职权……(二)选举和更换非由职工代表担任的董事、监事，决定有关董事、监事的报酬事项……”第21条规定：“董事会由3名董事组成，由投资方委派。设董事长一名，董事长是公司的法定代表人。董事任期3年，可以连任。投资方在委派或更换董事人选时，应书面通知董事会。”第24条规定：“董事长应在董事会开会十五天前书面通知各董事，写明会议内容、时间和地点。”

2016年3月11日，沈 × 华、张 × 森在未提前通知唐 × 宏的情况下，召开董事会并形成决议，免去了唐 × 宏的董事长职务，任命沈 × 华为新任董事长。

唐 × 宏向一审法院起诉，请求撤销柯思拓公司2016年3月11日董事会作出的有关董事长任免的决议，并由柯思拓公司承担本案诉讼费用。

一审法院经审理后认为，沈 × 华、张 × 森召开董事会会议未能提前15日通知唐 × 宏，系争董事会会议在召集程序上存在瑕疵，判决撤销了2016年3月11日的董事会决议。沈 × 华、张 × 森不服一审判决，提起上诉。二审法院经审理后维持原判，驳回上诉。

裁判要旨

法院认为，案涉董事会会议在召集程序上存在瑕疵，原审法院判决撤销涉案董事会决议，并无不当。关于沈 × 华、张 × 森所提的原审法院认定“董事会无权作出任免董事长的决议”有误一节，该院认为，柯思拓公司章程第10条仅规定了董事的选举和更换，与董事长无关，由该条规定推导不出董事长的任免是股东会的职权；柯思拓公司章程第21条也并未规定董事长的任免程序。在公司治理之中，除法律、行政法规、公司章程有明确规定的内容，应尊重当事人意思自治，法无禁止即可为，扩大解释公司章程会导致公司治理的僵局，不利于公司的存续发展。柯思拓公司章程对董事长的产生办法并无明确规定，依现行公司法规定和柯思拓公司章程，原审法院认定“董事会无权作出任免董事长的决议”这样的结论，依据不足，应当予以纠正。二审法院判决驳回了沈 × 华、张 × 森的诉讼请求。

总结及延展

《公司法》(2024)第122条规定了股份有限公司董事长、副董事长的产生办法：

由董事会以全体董事的过半数选举产生。《公司法》(2024)第68条规定董事长、副董事长的产生办法由公司章程规定。实务中,许多公司因各方面的原因并未在公司章程中明确规定董事长的产生方式。笔者认为,在公司章程对董事长的产生办法未予以明确规定的情况下,应遵循公司意思自治的基本原则,即股东会或董事会均可通过合法决议的方式对董事长、副董事长进行任免。根据司法判例可知,当公司董事长的产生方式具有合法性且不与其他具有更高效力的文件相冲突时,该董事长产生方式往往会得到法院的支持。

(二)股东会直接任免董事长的决议是否有效?

案例1　北京市第三中级人民法院(2014)三中民终字第11950号　中国技术创新有限公司与深圳世纪星源股份有限公司公司决议撤销纠纷

▶ 案情摘要

中国技术创新有限公司(以下简称"中创公司")是一家有限责任公司,深圳世纪星源股份有限公司(以下简称"世纪星源公司")系中创公司股东。

中创公司章程第15条规定:"股东会是公司的最高权力机构,负责选举和更换非由职工代表担任的董事、监事";第18条规定:"董事会设董事长一人,可以设副董事长。董事长、副董事长的产生办法由公司章程规定。董事会行使包括聘任或解聘公司总经理等职权。"中创公司章程未明确规定董事长的任免程序,但指出董事会由股东会选举产生,董事任期3年,任期期满可以连任。

2013年10月25日,中创公司召开了2013年第一次临时股东会会议,会议中免去了曾×松的副董事长、总经理职务,并选举了新的董事。

世纪星源公司向法院起诉,请求撤销中创公司2013年第一次临时股东会决议。世纪星源公司主张,此次股东会的召集程序、表决方式违反了法律和公司章程,股东会无权直接免除曾×松的副董事长、总经理职务,认为这违反了公司章程规定。

中创公司辩称,股东会是公司的最高权力机构,有权对公司有关问题做出决议,包括解除董事职务。2013年第一次临时股东会是在62.12%的股东提议下,由董事长贾×明签署召集的,因此,应视为董事会同意召开。股东会决议的表决权已经过半数,即使世纪星源公司投了反对票,但因提出程序异议,其投票被认定为未明确投票。案涉股东会决议内容并未违反公司章程,董事会的权力源于股东会,股东会可以做出解聘总经理的决议。

裁判要旨

法院认为，第一，根据公司法及中创公司章程，股东会会议应由董事会召集，董事长主持。中创公司2013年第一次临时股东会系贾×明以中创公司董事长的名义召集，非中创公司董事会召集，董事长不等同于董事会，案涉股东会的召集程序违反了上述规定。第二，中创公司章程规定选举和更换董事是股东会的职权，董事会设董事长一人、常务副董事长一人、副董事长一人，由董事会选举后产生；公司设总经理一名，由董事会聘任或者解聘。本案双方均确认在2013年第一次临时股东会召开之前，曾×松为中创公司副董事长、董事和总经理。副董事长由董事会选举产生，总经理的聘任或解聘都为董事会的职权范围，故中创公司2013年第一次临时股东会决议中免去曾×松副董事长、董事、总经理的内容违反公司章程规定，应予撤销。本案中，法院最终认定2013年中创公司第一次临时股东会的召集程序和决议内容违反了公司章程的规定，因此，决议无效，应予以撤销。法院支持了世纪星源公司的主张，即股东会无权直接任免董事长，相关职权属于董事会。

案例2 湖北省武汉市中级人民法院（2019）鄂01民终7033号 武汉东湖创业股份有限公司、武汉宏宇实业集团有限责任公司公司决议纠纷

► 案情摘要

武汉宏宇实业集团有限责任公司（以下简称“宏宇公司”）为武汉东湖创业股份有限公司（以下简称“东湖创业公司”）持股25%的股东，该公司的法定代表人王×友系东湖创业公司董事。东湖创业公司的章程规定选举和更换董事由股东大会决议，召开股东大会应当由董事会提前30日通知股东。

2017年3月底4月初，东湖创业公司在未实际召开股东会的情况下，找部分股东的代表人签署了一份标题为“武汉东湖创业股份有限公司2017年第一次股东大会会议记录”的决议，载明：2008年修改后的东湖创业公司章程规定公司董事会由7名董事组成，而现任董事会成员为9人，与公司章程不符，现提议免去谢×、王×友董事职务。经股东大会审议，通过了免除谢×、王×友董事职务的议案。

后宏宇公司就上述事宜向东湖创业公司提出异议，双方经协商未果，宏宇公司提起本案诉讼。

裁判要旨

法院认为，依据公司法和公司章程规定，免除董事职务属于股东会职权范围，应当依照法律和章程规定召集召开股东大会并按照法定程序形成决议。东湖创业公司形成的关于免除谢 ×、王 × 友董事职务的股东会决议虽然有部分股东代表签名，但其不仅没有提供召集过程的证据，亦未提供会议实际召开的证据，且虽然决议上注明宏宇公司出席了会议但又无宏宇公司任何代表的签名，该决议不成立。不成立的股东会决议不具有法律效力，不能作为变更登记的依据，故东湖创业公司依据此决议进行的工商备案登记应当撤销。

总结及延展

《公司法》(2024)规定了有限责任公司股东会享有选举董事的权利，但董事长的任免则交由公司章程确定，所以，股东会并不当然享有任免董事长的权利。有限责任公司股东会直接任免董事长的决议是否有效，关键取决于公司章程中对董事长任免权的相应规定以及股东会或董事会决议的合法性。当公司章程明确规定股东会有直接任免董事长之权力且股东会决议的作出符合法定程序的前提下，该决议有效。如果章程规定应当通过董事会决议程序任免董事长，则股东会不能越权代劳，否则股东会决议将因违反公司章程规定而被法院予以撤销。但是，根据《公司法》(2024)的规定，股东会有权任免董事。因此，如公司章程并未将董事长的任免权交由股东会，股东会仍可通过任免、更换董事的方式来间接达到任免董事长的目的。

(三)董事会是否可以将全部职权授权董事长个人行使?

案例1 江苏省镇江市中级人民法院(2020)苏11民终2417号 杨 × 平、江苏天爱集团有限公司公司决议纠纷

▶ 案情摘要

江苏天爱集团有限公司(以下简称“天爱公司”)于1995年设立，公司股东包括杨 × 平和江苏开元众鑫玩具有限公司(以下简称“众鑫公司”)。天爱公司设董事会，由5名董事组成。

2019年9月16日，天爱公司董事会形成决议，决议第2项决定“今后凡公司董

事会召集股东会事宜，董事会授权董事长牛 × 明负责向公司股东发出会议通知，不再就召集股东会事宜专门召开董事会”。

2019 年 9 月 20 日，天爱公司召开股东会并形成股东会决议，决议第 5 项对公司董事会 2019 年 9 月 16 日形成的决议进行了确认。

杨 × 平以股东身份对公司董事会和股东会的部分决议提出异议，向法院起诉请求确认天爱公司于 2019 年 9 月 16 日作出的第 2、7、8 项董事会决议无效，于 2019 年 9 月 20 日作出的第 1、2、3、5、6 项股东会决议无效。

裁判要旨

法院认为，案涉董事会决议第 2 项涉及股东会的召集程序问题，依照我国《公司法》及公司章程规定，该项权利应当由董事会行使。案涉董事会决议第 2 项决议实质上是将股东会的召集权变更由董事长行使，使董事会丧失对相关问题的决议权，该项决议违反了我国《公司法》及公司章程的规定，应属无效。股东会决议第 5 项确认董事会 2019 年 9 月 16 日形成的第 2 项决议，因该项表决事项所涉及的董事会决议第 2 项内容涉及修改公司章程，应当经 2/3 以上有表决权的股东通过。但股东会就该项表决事项的表决并未达到上述比例，故该项表决内容不发生法律效力。

案例 2　广东省广州市中级人民法院（2021）粤 01 民初 902 号　珠海华润银行股份有限公司广州分行、南京红太阳股份有限公司等金融借款合同纠纷

▶ 案情摘要

珠海华润银行股份有限公司广州分行（以下简称“华润银行广州分行”）与南京红太阳股份有限公司（以下简称“南京红太阳公司”）签订了《综合授信合同》，授信额度为 1.9955 亿元，期限为一年。同日，华润银行广州分行与红太阳集团有限公司（以下简称“红太阳集团”）、杨 × 海、杨 × 签订了《最高额保证合同》，为上述授信业务提供连带责任保证。此后，华润银行广州分行按约发放了贷款，但南京红太阳公司未按期偿还贷款本金及利息。

华润银行广州分行向法院起诉，请求判令南京红太阳公司立即偿还贷款本金 1.9955 亿元及相关利息、罚息及复利；红太阳集团、杨 × 海、杨 × 对上述债务承担连带清偿责任。

审理过程中，华润银行广州分行提供了《红太阳集团有限公司章程》(2007年4月28日)、董事会决议、红太阳集团出具的《说明》《红太阳集团有限公司董事长决定》等证据，证明其在与红太阳集团签订案涉《最高额保证合同》时已审查了该公司的股东会决议。

经查，2018年5月22日，红太阳集团董事会通过决议，授权董事长杨×海在2亿元以下(含2亿元)的单笔银行融资和担保事项上代表董事会作出决议并批准。同日，红太阳集团向杨×海出具《授权委托书》，授权内容与董事会决议一致。2020年1月6日，红太阳集团向华润银行广州分行出具《说明》，确认董事会授权给董事长的批准权未变更，且担保合同金额1.9955亿元在授权权限内。同日，红太阳集团出具《红太阳集团有限公司董事长决定》，载明：杨×海决定同意为南京红太阳公司提供1.9955亿元的连带保证担保，担保范围包括债务本金、利息等，且明确知晓担保用途为借新还旧/重组。

红太阳集团主张《最高额保证合同》无效，理由是华润银行广州分行未审查红太阳集团的有效决议，不构成善意，红太阳集团提供的担保无效。同时，红太阳集团认为，华润银行广州分行提交的红太阳集团董事会决议、授权委托书、红太阳集团董事签字样本等仅为关于担保额度的概括性授权，并非针对本案的专项性授权，授权签署时间为2018年5月22日，距离签署案涉合同时间已将近2年，华润银行广州分行应提供股东会决议。

裁判要旨

法院认为，华润银行广州分行为证明其在与红太阳集团签订案涉《最高额保证合同》时已审查了该公司的股东会决议，提供了《红太阳集团有限公司章程》(2007年4月28日)、董事会决议、红太阳集团出具的《说明》《红太阳集团有限公司董事长决定》予以证实。因此，华润银行广州分行作为债权人，已审查了红太阳集团为南京红太阳公司的债务提供连带责任保证是否是其真实意思表示，符合《公司法》(2018)第16条第1款关于公司向其他企业提供担保由董事会或者股东会决议的规定。红太阳集团主张《最高额保证合同》无效，缺乏事实依据及法律根据，不予支持。南京红太阳公司不履行涉案债务的还款义务时，华润银行广州分行有权主张红太阳集团、杨×海、杨×对涉案债务承担连带清偿责任。案涉保证人在承担了保证责任之后，有权向南京红太阳公司追偿。

案例3 浙江省宁波市中级人民法院（2016）浙02民终2764号 华城地产集团有限公司与宁波开元华城置业有限公司等与公司有关的纠纷

▶ 案情摘要

华城地产集团有限公司（以下简称“华城地产公司”）为宁波开元华城置业有限公司（以下简称“宁波置业公司”）股东，持股比例为45%。

华城地产公司认为《宁波开元华城置业有限公司章程》（以下简称“章程”）第17条“股东会会议由董事长召集、主持”、第23条将董事会法定职权偷换为董事长个人职权，并以此为由诉至法院，请求确认章程第17条、第23条中的违法内容无效，并判令宁波置业公司撤销章程中无效条款的工商备案登记。

裁判要旨

法院认为，公司章程属于自治性规则，股东可以根据意思自治原则确定适应本公司实际情况的具体规则，只要公司章程不违反法律行政法规强制性规定，司法应予以尊重。章程第17条、第23条将董事会职权授予董事长，该职权的授予经全体股东共同同意，上述董事会职权的行使主体并不具有法定的排他性，故全体股东同意将董事会的职权授权董事长行使，并不违反法律行政法规强制性规定，章程第17条、第23条内容应为有效。

总结及延展

关于“董事会是否可以把全部职权授权给董事长个人行使”的问题，实践中存在争议，一种裁判观点认为：公司章程属于自治性规则，只要公司章程不违反法律法规规定，董事会内部如何安排权利的行使司法不应予以干涉；另一种裁判观点认为：针对需由董事会行使的权利，公司法有明确规定，且前述条款并不属于授权性规范，公司法也并未授权章程可自行约定，故董事会将权利赋予给董事长行使是无效行为。①

笔者认为，公司虽然享有自由意志，可自行制定章程，但其在自治过程中仍需遵循公司法的立法宗旨，不得损害股东、公司以及债权人的合法利益。董事会是公司

① 参见蒋大兴：《公司董事会的职权再造——基于“夹层代理”及现实主义的逻辑》，载《现代法学》2020年第4期。

的机关,《公司法》(2024)第 67 条设置了董事会的职权,其职权内容可被划分为义务性职权、管理性职权、决策性职权。

所谓义务性职权,是董事会应当对股东会负责的事项,具体如:召开股东会、向股东会汇报工作、执行股东会决议等,前述事项涉及股东会对于董事会的约束与管理,此时董事会属于相应程序或工作的执行者或对接方,比如针对“召开股东会”,无论公司法还是公司章程均会针对股东会召开的时间程序等作出具体规定,董事会仅需遵照前述规定逐步完成即可,即义务性职权并未涉及董事会的主观能动性或者集体决策的必要性,董事会有权指派任何内部人员按照既定程序完成具体事宜的操办。

所谓管理性职权,是董事会按照法律及公司章程的规定,负责公司经营活动的指挥和管控,建立一系列保证公司正常运营的基本体制。比如,设置公司内部管理机构、聘任或者解聘高级管理人员、制定公司的基本管理制度等。管理性职权与义务性职权一样,其具体事务的操办对接可由董事会自行安排,并不属于集体决策的必要范畴。

所谓决策性职权指董事会需要发挥主观能动性,对于相应事项找出具体的策略或办法,前述策略或办法的研究是一个复杂的、系统化的思维过程,包括信息收集、信息评估、总结判断的几个环节。前述决策内容、决策过程能否交由董事长个人,亦应当结合董事会的基本性质以及功能来判定。从基本性质上讲,董事会是公司的机关,公司机关可分为独任制机关以及合议制机关,独任制机关比如经理、执行公司事务的董事等;合议制机关包括股东会、董事会、监事会。由此可知,公司可按照法律规定,根据自身规模、经营情况确定是否设置董事会,如按照《公司法》(2024)第 75 条、第 128 条规定,有限责任公司、股份有限公司可以不设董事会,只设一名董事。但如果公司选择设立合议制机关,意味着公司需要通过合议制机关保障内部的正常运营,故合议制机关的固有功能必须得到发挥,而不能流于形式化,这属于公司治理的基本原则,其他规则的设立不得与其相违背。《公司法》(2024)第 67 条涉及多项“决策性职权”。例如,决定公司内部管理机构的设置,制定公司的基本管理制度,决定公司的经营计划和投资方案、经理等人员的任免等。前述职权均需要依照法律规定召开董事会,并进行集体决策,最大限度地保证决策内容的科学化、民主化,防止部分董事独断专行。故针对董事会的决策性职权,董事会不得将其授权至董事长个人行使。此外,虽然《公司法》(2024)第 67 条未提及,但董事会天然具有监督职权,因为按照法律规定,董事长由董事会选举和罢免,经理由董事会聘任和解聘,则董事会当然有权对董事长和经理进行监督，此种监督包含对业务执行合法性以及妥当性的监督。由于前述监督权与董事长个人相关，相应职权自然不能交由董事长行使，只能保留在董事会层面。

概言之，董事会的权利兼具集体决策的必要性以及概括授权的灵活空间，基于公司治理的效率考量，董事会的所有职权均通过决议的方式来行使难免会与现实需要脱节，但更不能顾此失彼，随意颠覆董事会集体决策机制的功能性运转。故能否授权董事长行权需要根据具体职权性质来确定，基于实践中多角度的不同理解以及多种类的操作方式，笔者亦认为后续的司法解释有必要针对这一问题进行补充规范或指引。

另值得探讨的是，司法实践中有一种观点认为“将股东会会议召集权赋予董事长行使的规定是无效的”，原因在于董事长如不行使召集权，则小股东的经营管理权益就难以得到保证，所以不应当授权董事长行使董事会召集权。笔者认为，召集股东会属于义务性职权项下的程序性职权，董事会行使该职权或授权董事长行使该职权并无本质区别。首先，《公司法》(2018)以及《公司法》(2024)把召集股东会的权利赋予董事会，旨在防止“董事长失灵现象”发生，防止董事长盲目偏向大股东而拒绝召集董事会。但事实上，并不仅仅是董事会享有召集股东会的权利，监事会以及小股东在董事会怠于召集会议时，均享有召集会议的权利。所以，董事会将股东会召集权授权至董事长统一行使并不会导致其他股东利益受损。其次，即使将召开股东会的职权完全交由董事会行使，也无法完全避免因“董事长失灵”引发的怠于履职现象。根据《公司法》(2024)第72条的规定，董事长是召集董事会的第一责任人，也就是“董事长失灵”很可能导致“董事会失灵”，最终导致股东会召集工作无人问津。

从上述分析可知，对于“召集会议”等程序性事项而言，无论将该程序交由哪一方主体具体负责，都可能发生由于怠于履职或疏忽履职而导致的程序启动受阻情况。怠惰和松懈的可能性均存在于任何一个个人或者组织之内，通过更换主体并无法避免此种天然缺陷所带来的弊端。所以，对于“召开股东会”这项程序性职权而言，将前述职权集中于董事会手中并不能有效避免召集主体怠于履职或疏忽履职所带来的风险，同理，董事会将前述权利授权至董事长也不会增加类似的风险。无论董事会或董事长哪一个主体成为召集董事会的第一责任人，履职不当所导致的风险概率均是存在的。对于公司而言，保障相应程序顺利推进的重点不应聚焦于“第一责任主体”的身份上，而是应当通过系统化制度，赋予多个主体启动该项程序的权利及义务，确保当“第一责任主体失灵”时，“其他责任主体”能够有效补位。

相反，决策性职权与程序性职权的性质截然不同，决策的质量高低与决策主体、决策方式有很大关联。决策过程不仅流程繁复，并且需要针对大量的信息进行筛选、分析、甄别、处理，而个人的思考方式以及思考能力均有局限性，相应的决策结果所带来的风险度会更高，并且决策权的集中也容易引发“道德风险”，故笔者在本篇前部分论述中提及决策性职权应当发挥董事会集体决策这一机制的功效和特性，不宜授权董事长个人行权，以防范决策风险，最大限度保护公司利益。

（四）股东会职权能否直接下放给董事会？

案例1 最高人民法院（2017）最高法民申1794号　袁×、潘×等损害公司利益责任纠纷

▶ 案情摘要

雅安珠峰商贸有限责任公司（以下简称“珠峰商贸公司”）章程第27条规定，应由公司股东大会作出决议的重大事项为：(1)对公司资产的全部或者部分(300万元以上)的出让、折价投资、合资开发、抵押贷款等(公司自主对公司资产开发，由董事会决定并向股东大会报告，不受上述金额限制)；(2)对股东向股东以外的人转让出资；(3)由董事会、监事会或者有25%以上表决权的股东提请审议的其他重大事项。

本案诉讼过程中，珠峰商贸公司股东袁×、潘×、彭×、姜×霞认为珠峰商贸公司章程第27条的规定，剥夺了股东大会的职权，违反了我国《公司法》(2013)第37条、第46条关于股东会职权的强制性规定，应属无效。

裁判要旨

法院认为，《公司法》(2013)第37条、第46条分别是有关股东会和董事会职权的相关规定，并不属于效力性强制性规定。而且根据《公司法》(2013)第4条的规定，公司股东依法享有选择管理者的权利。相应地，该管理者的权限也可以由公司股东会自由决定，公司法并未禁止有限责任公司股东会自主地将一部分决定公司经营方针和投资计划的权利赋予董事会。故珠峰商贸公司章程第27条并不存在因违反法律、行政法规的强制性规定而无效的情形，且公司章程系由公司股东共同制定，在未被依法撤销之前，不仅对公司具有约束力，公司股东、董事、监事、高级管理人员也应严格遵守公司章程的规定。二审认定该公司章程依法有效，并无不妥。

案例2 贵州省高级人民法院（2015）黔高民商终字第61号 徐×霞与安顺绿洲报业宾馆有限公司、贵州黔中报业发展有限公司公司决议效力确认纠纷

▶ 案情摘要

2009年10月19日，贵州黔中报业发展有限公司（以下简称“报业公司”）与徐×霞共同设立安顺绿洲报业宾馆有限公司（以下简称“宾馆公司”），注册资本为250万元，报业公司51%（127.5万元），徐×霞49%（122.5万元）。

《安顺绿洲报业宾馆有限公司章程》（以下简称“章程”）第7条规定，宾馆设董事会，行使下列权利：（1）决定宾馆的经营方针和投资计划；（2）决定总经理、副总经理的报酬事项；（3）选择和更换由股东派出的监事；（4）审议批准宾馆总经理的报告；（5）审议批准宾馆监事会的报告；（6）审议批准宾馆的年度财务预算方案、决算方案；（7）审议批准宾馆的利润分配方案和弥补亏损方案；（8）对宾馆增加或者减少注册资本作出决议；（9）对股东向股东以外的人转让出资作出决议；（10）对宾馆合并、分立、变更、解散和清算等事项作出决议；（11）修改宾馆章程；（12）制定宾馆的基本管理制度。第32条规定：宾馆有下列情况之一，可以解散：（1）宾馆章程规定的营业期限届满；（2）董事会决议解散；（3）宾馆合并或者分立需要解散；（4）宾馆违反法律、行政法规被依法责令关闭；（5）因不可抗力事件致使宾馆无法继续经营；（6）宣告破产。

此后，徐×霞认为上述公司章程第7条及第32条将应由股东行使的权利赋予了董事会，违反公司法强制性规定，侵犯了股东合法权益，理应无效，诉至法院。

裁判要旨

法院认为，只要公司章程不违反国家强制性的、禁止性的法律规定，司法一般不应介入公司章程这种公司内部事务，即使司法要介入，也应保持适当的限度，即适度干预。从法律规定来看，董事会、股东会均有法定职权和章程规定职权两类。无论是法定职权还是章程规定职权，强调的都是权利，在没有法律明确禁止的情况下，权利可以行使，可以放弃，也可以委托他人行使。修改公司章程、增加或者减少注册资本的决议，以及公司合并、分立、解散的决议有且只有公司股东会才有决定权，这是股东会的法定权利。章程第7条第8、10、11项，第32条第2项将股东会的法定权利规定由董事会行使，违反了上述强制性法律规定，应属无效。

案例3 四川省高级人民法院(2018)川民再396号 四川林河实业集团有限公司、王×娥等公司决议效力确认纠纷

▶ 案情摘要

四川林河实业集团有限公司(以下简称“林河公司”)章程第10条规定,公司股份的转让或赠与必须经过董事会或董事长的同意;第21条规定,在股东会闭会期间,董事会负责公司的重大决策。

2002年5月4日,林河公司召开第15次董事会,决议将公司集体股218,218.8股和收回新林镇政府的27万股股份,由公司法定代表人余×按0.5元购1元的比例收购。2012年10月19日,林河公司股东会决议追认了2002年5月4日董事会的有关决定,余×持有公司股份337.12万元,包括2002年5月17日出资购买的股份。

王×娥、张×巧向法院起诉,请求确认林河公司2002年第15次董事会决议无效。王×娥、张×巧认为,1999年修正公司法和公司章程未赋予董事会处分公司股份的权利,林河公司2002年第15次董事会决议将公司集体股和收回新林镇政府的股份由余×购买,超越了董事会的职权范围。

林河公司辩称,公司章程第10条和第21条实际赋予董事会在股东会闭会期间对公司股份的处置权,案涉董事会决议根据公司章程在股东会闭会期间行使重大决策权,未超越职权。

一审法院经审理后驳回了王×娥、张×巧的诉讼请求,认为董事会决议并未违反法律、行政法规的强制性规定。王×娥、张×巧不服二审判决,提起上诉。二审法院经审理后认为董事会决议超越董事会职权,违反1999年修正的《公司法》相关规定,判决决议无效。林河公司不服二审判决,向四川省高级人民法院申请再审,再审法院经审理后撤销二审判决,维持一审判决。

裁判要旨

法院认为,董事会决议有效,未超越董事会职权,且符合公司章程和1999年修正的《公司法》的规定,故撤销二审判决,维持一审判决。法院认为,公司持有本公司股份是我国公司法律制度发展过程中的特殊历史现象,对公司股份的处理应当同时尊重合法和公司自治的基本原则。在2002年当时适用的1999年修正的《公司法》第38条、第46条及林河公司章程关于股东会职权、董事会职权的规定中,均没有关于股东会、董事会处置公司股份的职权规定。林河公司章程第21条的规定实

际是公司章程将股东会闭会期间对公司的重大经营决策权赋予董事会，即在股东会闭会期间由董事会代股东会行使本公司的重大经营决策权。林河公司董事会依据公司章程第10条、第21条的规定，对公司股份的转让进行决策，系在股东会闭会期间代为行使重大决策权，并未超越董事会职权，不违反公司章程规定，亦不违反当时1999年修正的《公司法》关于董事会职权的法律规定。

案例4 北京市第一中级人民法院（2016）京01民终6676号 北京恒通冠辉投资有限公司与杜×春等公司决议效力确认纠纷

▶ 案情摘要

2013年9月24日，北京吉祥冠辉酒店管理有限公司（以下简称"吉祥公司"）与徐×强等8人签订《合作协议》，共同出资投资位于北京市石景山区实兴大街5号楼项目（冠辉商务大厦物业项目）。2015年1月31日，吉祥公司与徐×强等9人签署《会议纪要》，约定投资款的返还时间和顺序。2015年12月12日，徐×强等15位自然人投资者签署了《投资人决议》，决定拆分吉祥公司在冠辉商务大厦物业项目的股份，变更为个人股东，设立新公司，股东成员及股份按决议执行。

2015年12月22日，北京恒通冠辉投资有限公司（以下简称"恒通公司"）注册成立，股东包括徐×强、马×、郭×明等16人。恒通公司章程第8条规定："股东会由全体股东组成，是公司的权力机构，行使包括决定公司的经营方针和投资计划在内的职权"；第13条规定："股东会会议作出修改公司章程、增加或者减少注册资本的决议，公司合并、分立、解散或者变更公司形式的决议，以及对外投资、对外担保和对外融资的决议，必须经代表三分之二以上表决权的股东通过。其他事项按照第10条的规定由代表二分之一以上表决权的股东通过"；第15条规定："董事会行使包括执行股东会决议和审定公司的经营方针和投资方案在内的职权。"

2016年6月4日，恒通公司开股东会，作出两项决议：(1)关于投资款返还问题，决定将公司账面上的300万元分给徐×强等10名股东；(2)关于董事会经营中的授权额度问题，决定董事会可以自主决定的对外投资额度为150万元。

杜×春、熊×向一审法院起诉，请求确认恒通公司2016年6月4日作出的股东会决议无效。杜×春、熊×认为，股东会决议第一项实质是部分股东以决议的形式侵占公司资产的行为，损害了其他股东和公司的利益，应为无效；第二项实质是修改公司章程第8条的内容，未经2/3以上股东同意，应为无效。

一审法院判决确认恒通公司2016年6月4日的股东会决议无效。

恒通公司提起上诉，主张:(1)《会议纪要》《投资人决议》是恒通公司设立前股东间的特别约定，属于发起人为设立公司而达成的书面协议，其效力约束后成立的恒通公司。股东会决议事项一实质是履行之前《会议纪要》和《投资人决议》的约定，不违反法律规定。(2)股东会决议事项二仅是授权董事会对150万元以下的投资有决定权，不构成对公司章程的修改。即便该决议内容与公司章程相冲突，亦不是决议无效的法定事由，而是决议被撤销的事由。

裁判要旨

法院认为，恒通公司章程规定，其股东会决定公司的投资计划，董事会执行股东会的决议、审定公司的投资方案。可见，恒通公司对外投资的决定者是其股东会而不是董事会。而股东会决议事项二的通过，将原本属于股东会的职权授权给董事会，无疑是与恒通公司章程第8条的规定不相符的。虽然恒通公司章程条文本身没有进行专门的修改，但股东会决议事项二对恒通公司董事会而言是具有可执行性的，且恒通公司亦可据此修改公司章程的内容，故股东会决议事项二实际上已经构成对恒通公司章程第8条关于股东会职权规定的实质性修改。现恒通公司股东会决议事项二的内容，是以“同意的股东所代表的股权比例超过了半数”为由通过“董事会经营中的授权额度”决议，即董事会可以自主决定的对外投资额度为150万元，在150万元以内的对外投资无需股东会决定。如前所述，此决议通过构成了对恒通公司章程的实质性修改，且同意该决议事项的股东所代表的股权比例并未达到《公司法》(2013)第43条强制规定的2/3。因此，股东会决议事项二的内容违反了《公司法》(2013)的规定，应认定为无效。

总结及延展

公司法并未明确股东会或者董事会的职权规定性质属于强制性规定或是任意性规定，故实践中针对股东会的职权以及董事会的职权能否被章程自行改变存在一些争议。部分观点认为公司法中的相关规定不具有强制性，股东会可以下放职权到董事会，部分观点则持相反意见，认为董事会不可代股东会行使职权。

笔者认为，综合分析股东会的全部职权，股东会不能下放所有职权给董事会。从现有判例来看，股东会的十项法定职权能否授予董事会行使不可一概而论，应区别对待。

第一，《公司法》(2024)第66条规定，股东会作出修改公司章程、增加或者减少注册资本的决议，以及公司合并、分立、解散或者变更公司形式的决议，应当经代表2/3以上表决权的股东通过。该条属于强制性法律规定，也就是说修改公司章程、增加或者减少注册资本的决议以及公司合并、分立、解散或者变更公司形式的职权必须由股东会行使。

第二，《公司法》(2024)第59条之外的其他规定中涉及股东会特殊职权行使的部分应当由股东会行使，不得下放至董事会。例如，《公司法》(2024)第15条第2款规定："公司为公司股东或者实际控制人提供担保的，应当经股东会决议"，相关职权并非日常事项，之所以交给股东会，系考虑我国绝大多数公司股权比较集中，如果将股东会对关联担保事项作出决议的权力转移给董事会行使，则控制股东可以轻松规避关于关联股东表决权回避的规定，置少数股东利益于不利境地。因此，针对除《公司法》(2024)第59条之外的股东会特殊职权，系基于平等保护股东利益、公司利益而设定，不应授权至董事会。

第三，对于选举、更换监事，决定有关监事的报酬以及审议批准监事会或监事报告的职权不宜授权董事会行使。监事会的职能旨在对董事会以及管理层的监督，实现第三只眼对决策权与执行权的制衡，进而提升公司经营的合法性与合规性，促进公司可持续发展。董事会是监事会的重要监督对象，若将监事的选任权、报酬决定权以及报告审批权交由自己的监督对象——董事会行使，其监督作用将难以发挥，形同虚设，有悖于公司治理逻辑。

第四，选举和更换董事、审议批准董事会报告、决定有关董事的报酬的职权亦不宜授权董事会行使。前述职权均与董事自身利益息息相关，如将前述职权下放至董事会，则导致董事会既当裁判员又当运动员，必然引发道德风险，于理不合。

第五，其余经营决策权可授权董事会行使。股东会的职权本质系权利，在法律未禁止的情况下，股东会可自行行权，也可以委托他人行使，故在不违反强制性法律规定的情况下，股东会可视情况将部分经营决策权授予董事会行使。

总而言之，股东会、董事会、经理是现代公司治理结构的"三驾马车"，三个机构相互制衡是完善公司治理、平等保护股东利益以及债权人利益的根本要求。股东会与董事会在公司治理结构中有不同的地位和不同的作用，如果将股东会的所有职权下放至董事会，一方面，导致董事会作为经营者自我决策、自我执行，容易引发经营者监守自盗的风险；另一方面，董事会的大多席位由大股东委派人员占据，故大股东的代表往往在董事会的表决权中具有优势地位，能够控制董事会的决策，如果股东会职权全部授权至董事会，则中小股东，尤其是小股东的权益必然会受到侵害。

（五）监事是否有权以自己的名义以诉讼的方式行使财务检查权？

案例1 湖北省高级人民法院（2017）鄂民申1489号 章×、宜昌全家福餐饮有限公司股东知情权纠纷

▶ **案情摘要**

胡×军、章×、付×秀为宜昌全家福餐饮有限公司（以下简称“全家福公司”）股东，章×为该公司监事。

2014年8月，章×对公司当年经营状况进行财务审查时，发现公司资金缺口达240,000元。章×调查财务具体工作后发现，胡×军存在私设账户、虚构开支项目等违法行为。胡×军拒绝支付章×从2013年5月开始承包经营期间代为公司支付的各项应付账款90余万元的垫付资金，并拒绝章×以公司监事身份聘请第三方注册会计审计部门对公司财务进行审计的维护公司利益、股东利益的合法要求。

2015年7月26日，章×再次以监事身份向全家福公司递送书面函，要求调查公司内部财务等各项工作，未获任何回应。

其后，章×以自己的名义将全家福公司及胡×军诉至法院，要求履行监事职责，行使财务检查权。

一审法院以法律未规定公司监事诉权为由驳回了章×的起诉。章×不服一审裁定，提起上诉。二审法院维持了一审判决，裁定驳回上诉。章×不服二审判决，向湖北省高级人民法院申请再审，再审法院裁定驳回其再审申请。

裁判要旨

法院认为，章×以监事身份提起诉讼的法律依据为《公司法》（2013）第53条和第54条有关监事职权的规定。尽管公司监事可以行使公司法规定的职权，但该法仅在第53条第6项规定了诉权，即针对公司董事、监事、高级管理人员执行公司职务时违反法律、行政法规或者公司章程的规定，给公司造成损失的情况，法律并未赋予监事以诉讼方式检查公司财务的权利。此外，作为公司监督机关的监事（会）与作为公司权力机关的股东（大）会，作为公司执行机关和代表机关的董事会（执行董事）共同构成公司治理的基本机构，监事（会）行使监督职权实际是维护公司利益的公司行为，即使赋予监事（会）相关诉权，也应由监事（会）以公司名义行使，而不应

以监事(会)个体名义行使。因此,章 × 在本案中以个人名义起诉全家福公司没有法律依据,其诉讼请求不成立。

案例2 江苏省高级人民法院(2017)苏民申2428号 苗 × 与徐州宜商万利市场有限公司监事检查权纠纷

▶ 案情摘要

苗 × 为徐州宜商万利市场有限公司(以下简称"宜商公司")的股东、监事。据宜商公司章程规定,监事的职权包括:检查公司财务;对执行董事、经理执行公司职务时违反法律、法规或者公司章程的行为进行监督;当执行董事和经理的行为损害公司的利益时,要求执行董事和经理予以纠正;提议召开临时股东会。

苗 × 以自己的名义向一审法院起诉,请求宜商公司提供自2005年5月至诉讼时的会计账簿、会计凭证、财务会计报告等公司的全部会计资料,给苗 × 及其委托的注册会计师、律师进行检查、查阅、复制。

一审法院裁定驳回了苗 × 的起诉,认为监事以个人身份起诉行使监事检查权,缺乏法律依据。苗 × 不服一审裁定,提起上诉。二审法院裁定维持一审裁定,驳回上诉。苗 × 不服二审裁定,向江苏省高级人民法院申请再审,再审法院裁定驳回其再审申请。

裁判要旨

法院认为,有限责任公司的监事会或不设监事会的公司监事,是依照法律规定和公司章程规定,代表公司股东和职工对公司董事、高级管理人员执行公司职务的行为进行监督的机关。监事会或监事履行相关职权属于公司内部治理的范畴,该权利是否能够得到有效的行使并不涉及监事个人的民事权利,《公司法》(2013)亦未对监事会或监事行使权利受阻规定相应的司法救济程序。当公司不配合监事或者监事会行使职权时,监事或者监事会应当通过提议召开股东会等方式解决。因此,在法无明文规定的情形下,对于公司内部管理事务不宜予以司法干预。苗 × 以监事身份起诉宜商公司,要求行使监事检查权,缺乏法律依据,一审、二审裁定驳回苗 × 的起诉,并无不当。

总结及延展

对于监事是否有权以自己的名义采取诉讼的方式行使财务检查权的问题,实务中有不同的观点。司法实践中的主流观点认为,监事会或不设监事会的有限责任公司的监事，实质上是公司治理结构中的监督机构，并非一个独立的法律主体，不具有以自己名义对外主张权利、独立承担责任的资格，因监事会（监事）行使监督权发生的冲突，属于公司自治的范畴，不具有可诉性。监事履行检查公司财务等职权不涉及具体的民事权益争议，当公司不予配合时，基于股东利益最大化的原则，其应当通过提议召开股东会等方式进行解决。公司法没有赋予监事因行使知情权产生障碍可提起诉讼的权利，如以监事身份提起诉讼，不属于法院民事诉讼受案范围，法院通常会驳回原告的起诉。

但也有部分法院认为，法律已经赋予监事享有检查公司财务的职权，公司不能对此种权利加以限制，如果公司拒绝监事检查公司财务，监事有权以自己的名义提起诉讼。

笔者认为，监事无权以自己的名义采取诉讼的方式行使财务检查权。

第一，尽管公司监事可以行使公司法规定的财务检查权，但《公司法》(2024）在第 78 条第 6 项规定了诉权，即针对公司董事、监事、高级管理人员执行职务时违反法律、行政法规或者公司章程的规定，给公司造成损失的情况，监事可代表公司提起诉讼。除此之外，法律并未赋予监事其他诉讼权利。

上海市高级人民法院发布的《2005 年上海法院民商事审判问答（之四）》（沪高法民二〔2005〕11 号）第七部分对公司监事能否以其知情权受到侵害为由对公司提起知情权诉讼作了明确回答，即“有限责任公司的监事会或不设监事会的公司监事，是依照法律规定和章程规定，代表公司股东和职工对公司董事会、执行董事和经理依法履行职务情况进行监督的机关。监事会或监事依照公司法修正案第五十四条的规定，有权检查公司财务等情况，并在发现公司经营异常时，可依据公司法第五十五条的规定进行调查；必要时可聘请会计师事务所等协助其工作。但监事会或监事履行相关职权属于公司内部治理的范畴，该权利的行使与否并不涉及其民事权益，且公司法并未对监事会或监事行使权利受阻规定相应的司法救济程序。因此，监事会或监事以其知情权受到侵害为由提起的诉讼，不具有可诉性，人民法院不予受理。已经受理的，应当裁定驳回起诉”。

如果不设监事会的公司监事同时具备公司股东身份，法院应当向其释明，若其同意以股东身份提起股东知情权纠纷诉讼，法院可准许其变更诉请。

第二，监事（会）作为公司的职能机关，其行使监督职权目的是维护公司利益，即使赋予监事（会）相关诉权，也应交由监事（会）以公司名义行使，而不应以监事（会）个体名义行使。

第三，监事（会）行使财务检查权的目的是防止公司利益受到不正当侵害，虽然法律并未赋予监事（会）因此启动诉讼的权利，但殊途同归，《公司法》（2024）已经赋予了股东通过诉讼行使知情权，即财务检查权的途径，如果公司确实出现特殊情况，具有检查财务状况的必要性以及紧急性，则除了监事，部分股东也自然而然会因公司或者个体利益受损，具备行使知情权的动机和动力。此时，监事完全可将相关情况汇报至股东会，促使、支持股东通过知情权诉讼查阅公司财务情况，有效防止公司利益受损。笔者认为，《公司法》（2024）之所以未再针对财务检查事宜设定监事（会）的诉讼权利，恰恰是因为考虑到监事（会）、股东会、董事（会）均是公司内部机构，且三个机构之间相互倚仗、相互联动，形成合力从而保障公司正常运行，在三个机构各有所长、各司其职的情况下，法律规定应从宏观层面统筹设定三个机构的职权，每个机构的职权功能应当有所不同，避免权利资源的浪费以及重复设定。因此，在股东已经具备通过诉讼方式检查公司财务状况的职权前提下，监事（会）亦无须另行被赋予相应诉讼权利。

第四，监事（会）的公司财务检查权行使完全可以通过优化公司内部治理规范的方式形成闭环。虽然监事（会）针对公司的财务检查事宜无直接诉权，但却享有间接诉权。笔者认为，实践中，公司财务会计资料、重要账册等文件通常掌握在公司管理层手中，故监事行使财务检查权的阻力也主要来自负责公司运营管理的董事和高级管理人员。笔者认为，若要将监事的财务检查权落到实处，除在公司章程中概括性地规定监事享有检查公司财务的职权外，可进一步细化规定监事行使财务检查权的具体方式、条件、范围、董事和高级管理人员的配合义务以及违反该义务时应承担的责任等。通过章程中的一系列设定，将监事的财务检查权与董事、高级管理人员的勤勉义务相挂钩，如董事、高级管理人员未能配合监事全面行使财务检查权时，即可视为董事、高级管理人员损害公司利益并给公司造成了实际损失，监事有权依照《公司法》（2024）相关规定对其提起损害公司利益之诉，由此起到督促公司董事和高级管理人员全力配合监事行使财务检查权的积极作用。

（六）监事行使职权的必需费用应当由谁承担？监事是否有权自行启动审计？

案例1 重庆市高级人民法院（2019）渝民申970号 陈×与重庆市万州区牌楼停车服务有限公司损害股东利益责任纠纷

▶ 案情摘要

陈×系重庆市万州区牌楼停车服务有限公司（以下简称“牌楼公司”）股东及监事。

2006 年 8 月 22 日，陈 × 以牌楼公司名义对股东投资情况进行审计并支付了审计费 9000 元，此后牌楼公司向会计师事务所发函表明审计行为并非公司的真实意愿，公司不同意进行审计，无论该事务所安排审计与否，公司不承担所发生的一切费用。

2017 年 6 月，陈 × 以牌楼公司监事的名义委托另一会计师事务所对公司 2001 年 1 月 1 日至 2015 年 8 月 31 日的财务收支，以及股东实际出资的情况进行审计，并支付审计费 32,500 元。

2018 年 3 月 2 日，陈 × 向牌楼公司发出书面通知，要求该公司在 5 日内支付监事陈 × 为履行监事职权的审计费 41,500 元及律师费、调查费、复印费等费用，合计 52,190 元。

2018 年 4 月 2 日，因与牌楼公司就前述费用的支付问题发生纠纷，陈 × 提起本案诉讼，主张牌楼公司向其支付履行监事职责的垫付费用 77,042 元。

裁判要旨

法院认为，陈 × 作为牌楼公司的监事，发现公司经营情况异常，可以进行调查，必要时，也可以聘请会计师事务所等协助其工作，但监事行使财务检查权的前提必须是为了公司的利益，即不存在权利滥用的情形。因陈 × 具有牌楼公司股东与监事的双重身份，需判断陈 × 以监事名义委托的此次审计到底是为公司利益还是其自身利益。本案中，陈 × 提起此次审计，系以监事身份实现其个人股东利益而为之，其审计的目的也不是公司和职工的利益，与法律规定的监事职责的本意相悖，该次审计所产生的费用应当由其自行承担。

案例 2 北京市高级人民法院（2020）京民终 696 号 北京煜森股权投资有限公司与刘 × 梅等损害公司利益责任纠纷

▶ 案情摘要

王 × 生为北京煜森股权投资有限公司（以下简称“煜森公司”）监事。李 × 纯系公司执行董事（法定代表人），刘 × 梅为公司第一大股东（持股 61.32%）和实际控制人，在煜森公司合计持股比例为 81.32%。

煜森公司章程规定，公司不设监事会，设监事 1 人，监事有权检查公司财务。

为维护公司及股东的根本利益，王 × 生于 2019 年 8 月 5 日向刘 × 梅及李 ×

纯送达了《关于监事开展监督检查的通知》(以下简称“《通知一》”),要求二人配合监事履行职权。但刘 × 梅、李 × 纯在收到《通知一》后,以各种理由推托并怠于提供监事索要的相关资料,妨碍了公司监事履行职权,并给公司造成了实际损失(聘请的会计师、律师费用)。

此后,煜森公司向法院提起诉讼,认为李 × 纯、刘 × 梅违反对公司的勤勉、忠实义务,违法行使职权且不正常履行职责,严重违反了法律、行政法规、公司章程和公司的规章制度,应承担煜森公司遭受的损失(监事行使职权支付的会计师、律师费用)共计 15 万元,并如实提供监事履行职权所需资料。

一审法院经审理后驳回了煜森公司的全部诉讼请求。煜森公司不服一审判决,提起上诉。二审法院经审理后维持原判,驳回上诉。

裁判要旨

法院认为,本案中,煜森公司主张的损失是监事行使职权支付的聘请会计师、律师的费用 15 万元。对此,第一,根据现有证据,煜森公司主张的 15 万元,仅 3 万元提供了律师事务所的咨询服务费发票,其余费用尚未实际发生。第二,根据法律规定,监事行使职权所必需的费用,由公司承担。故此,王 × 生已付的 3 万元费用如确系履行监事职责所产生,应由公司承担,这属于公司治理的必要成本支出,在无明显反证的情况下,不能认定为公司所遭受的损失。

王 × 生作为煜森公司监事,可以在《公司法》规定的范围内以及公司章程的约定范围内行使职权。而本案王 × 生系应其他股东的书面请求,作为监事以公司名义提起的损害公司利益责任纠纷之诉。在损害公司利益责任纠纷中,公司直接诉讼的,以公司为原告,监事为代表人,其调整他人侵害公司利益给公司造成损失这一法律关系,并不解决监事如何行使监事职责的公司治理问题。对煜森公司提出的李 × 纯、刘 × 梅如实提供监事履行职权所需资料的诉讼请求,法院不予支持。王 × 生可通过其他合法途径另行解决上述争议。

总结及延展

根据《公司法》(2024)第 78 条的规定,公司监事可以检查公司财务。根据《公司法》(2024)第 79 条的规定,监事(会)发现公司经营情况异常时,可以进行调查;必要时,也可以聘请会计师事务所等协助其工作,费用由公司承担。笔者认为,相应费用由公司承担需要满足两个前提条件:第一,监事行使监督权具有正当性,即为了发现经营问题,维护公司利益;第二,该费用必须是监事(会)行使职权“所必需的费用”，行使职权必需费用以外的开支，公司应拒绝承担。从司法实践中看，主流观点认为：监事行使财务检查权应当依照公司的规定进行，在公司拒绝时虽不能诉诸司法强制行使监事职权，但因切实履行监事职责而产生的合理费用，则应由公司承担，但监事需举证证明费用支出的必要性及合理性，因滥用职权而发生的费用支出法院将不予以支持。

值得注意的是，如果公司监事同时具有股东身份，且其并非以监事身份针对公司财务进行调查，而是将股东行使知情权或其他权利等与维护自身股东利益相关联的费用，试图通过监事身份转嫁至公司承担的，类似行为会被法院判定为损害公司或其他股东利益，相关费用亦不会得到司法支持。

除《公司法》(2024)第79条规定了监事行使调查权时的费用承担问题外，第82条也明确规定：“监事会行使职权所必需的费用，由公司承担。”何为监事（会）行使职权“所必需的费用”？《公司法》(2024)并未规定。实践中，可考虑在公司章程中具体规定。如可针对“所必需的费用”的对应职权范畴进行设定，并具体陈列费用名目等。

一般来说，监事（会）履行以下职权时，其费用应由公司承担：

第一，聘请会计师事务所等专业机构对财务会计报告进行审计的费用；

第二，以公司名义起诉董事、高级管理人员支付的诉讼费用和律师咨询、代理费用；

第三，依法召集和主持股东会会议支付的会议经费；

第四，监事（会）履职的报酬和日常费用等，包括资料费、文印费、邮费、餐饮费。

另外，针对设立监事会的公司，如果监事成员未经监事会决议单独行权所产生的费用，是否由公司承担存在一定争议，公司可以在章程中对费用的种类和标准进行规定。

（七）经理越权代理的情况下，如何认定交易相对方为“善意”？

案例1 最高人民法院（2016）最高法民再207号　寿光广潍汽车销售服务有限公司、潍坊广潍汽车销售服务有限公司民间借贷纠纷

► 案情摘要

潍坊广潍汽车销售服务有限公司寿光分公司（以下简称“潍坊广潍寿光分公司”）

为潍坊广潍汽车销售服务有限公司（以下简称“潍坊广潍公司”）组建的分公司。

梁×国为寿光广潍汽车销售服务有限公司（以下简称“寿光广潍公司”）及潍坊广潍寿光分公司聘用的经理（非法定代表人）。

2012年6月19日，王×江与梁×国签订了《借款协议》，约定梁×国向王×江借款1290万元，到期日为2012年9月18日。王×江与梁×国均在该借款协议上签字，寿光广潍公司、潍坊广潍寿光分公司作为担保人在协议上加盖了公章。同日，梁×国给王×江出具借条，并加盖了寿光广潍公司的公章。

在上述借款合同签订前，王×江与梁×国之间曾多次发生借贷关系，金额共计高达1200万元。

2012年10月25日，王×江向法院起诉，请求判令梁×国偿还借款1290万元及利息，寿光广潍公司、潍坊广潍公司、潍坊广潍寿光分公司承担连带保证责任。

经法院审理查明，前述借款协议所盖公司公章系梁×国利用职务便利，违反公司章程相关规定，在寿光广潍公司、潍坊广潍寿光分公司不知情的情况下，盗用公司公章所盖。

裁判要旨

法院认为，本案中，梁×国不是寿光广潍公司的法定代表人，而是公司聘用的经理，其在并未得到授权的情况下在2012年6月19日的《借款协议》担保人处加盖寿光广潍公司公章的行为显系无权代理。本案中，金额巨大的主债务已处于不能清偿状态，且主债务人梁×国恰为公司聘用的经理，更难轻易相信公司会同意该经理以授权代理人的身份在《借款协议》上加盖公司公章为自己的个人债务提供担保。因此，作为相对人的王×江，应当知道梁×国在《借款协议》上加盖寿光广潍公司公章提供担保的行为，是无权代理行为。王×江不属于善意无过失的相对人，不能得到表见代理制度的保护。

案例2 最高人民法院（2020）最高法民申6360号 张×芳、河南辉县农村商业银行股份有限公司民间借贷纠纷

▶ 案情摘要

2012年6月7日，在张×芳未出席的情况下，王×功、石×燕、赵×代表乙方张×芳在河南辉县农村商业银行股份有限公司（以下简称“辉县农商行”）企业客

户管理部办公室与经理张 × 西（代表甲方）签订了一份《借款合同》，由张 × 芳出借1000万元借款，期限自2012年6月7日起至2012年8月6日止，由丙方河南三力炭素制品有限公司（以下简称“三力公司”）提供担保。

借款合同的借款人一栏内，有张 × 西的签名并加盖了辉县农商行企业客户管理部的印章。当天，石 × 燕、赵 × 将《借款合同》带回后，张 × 芳在合同上签名，丙方张 × 峰签名并加盖了三力公司印章。

此后，因发生纠纷，张 × 芳向法院起诉，请求判令辉县农商行、张 × 西共同清偿借款本息，三力公司对此承担连带还款责任。

辉县农商行认为，案涉《借款合同》系张 × 芳与张 × 西所签订，收款人也是张 × 西，该行并未以《借款合同》一方当事人身份接触过合同项下的款项，其不是借款人，不应承担还款责任；张 × 西以个人名义签订《借款合同》的行为不构成表见代理。

裁判要旨

法院认为，张 × 芳作为相对人，签订《借款合同》时未尽到谨慎注意义务，主观上不符合善意且无过失的条件。张 × 芳对外出借巨额款项，在磋商、签订、履行《借款合同》时未到现场，未严格审查合同中“借款人”是否为辉县农商行，未要求张 × 西提供辉县农商行授权张 × 西对外借款的证明，也未要求张 × 西提供辉县农商行的收款账户，在签订合同时未尽到必要的注意义务。案涉《借款合同》约定的月利率高达3.5%，远远超过商业银行向社会公众吸收存款乃至对外放贷的利息，案涉借款亦并未流向辉县农商行的自有账户，而是转入张 × 芳本人在辉县农商行开设的账户。综上，张 × 芳对以上严重背离常理和交易习惯的行为，未尽到谨慎注意义务，并非善意相对人。

总结及延展

经理是公司的高级管理人员，接受公司董事会的管理，属于公司的高级雇员，与公司之间构成了劳动关系。《民法典》第170条规定：“执行法人或者非法人组织工作任务的人员，就其职权范围内的事项，以法人或者非法人组织的名义实施的民事法律行为，对法人或者非法人组织发生效力。法人或者非法人组织对执行其工作任务的人员职权范围的限制，不得对抗善意相对人。”

根据上述规定可知，执行法人或者非法人组织工作任务的人员，就其职权范围内的事项，以法人或者非法人组织的名义实施民事法律行为，对法人或者非法人组织发生效力。经理属于公司工作人员，在处理公司事务时，应当在其职权范围内实施代理行为。

最高人民法院通过《民法典合同编通则司法解释》第 21 条针对职务代理中超越代理权的具体情形进行了分类处理，第一种情况：职务代理人超越了法定职权限制，比如，依法应当由法人、非法人组织的权力机构或决策机构、执行机构决议或决定的事项；依法应当由法定代表人、负责人代表法人、非法人组织实施的事项；不属于通常情形下的可以处理的事项。第二种情况：职务代理人超越了意定职权限制，即超越了法人、非法人组织对工作人员职权范围的限制。

针对第一种情况，最高人民法院认为：法律对代理权所作出的明确限制，一经公布则应视为被社会公众所知悉，在职务代理人违反法定限制的情况下，交易相对方不属于善意相对人。针对第二种情况，最高人民法院认为：法人的权力机构或决策机构等通过章程、董事会决议等方式对职务代理人权限所做的内部限制，不得对抗善意相对人。

问题是在总经理等职务代理人权限受到“意定限制”的情况下，如何确定相对人是否“善意”，是否只要职务代理人超越权限的行为属于意定限制范畴，则交易相对方均可被视为善意，相对人并不负有审查公司章程等文件的义务？笔者认为并不然，所谓善意是指相对人尽了合理审查义务，其不知道也不应当知道公司对于职务代理人的内部限制。而实践中，大部分对于总经理等高管的职务权限的规定均记载于公司章程中，且不同类型的公司章程的公开程度不同。对于上市公司来说，其章程内容是可以通过公开渠道获取的，故相对人的合理审查义务理应包括审查上市公司的章程，未尽审查义务的相对人一般不能认定是善意相对人；对于有限责任公司来说，其章程无须公开，是否意味着交易相对人不负有审查章程的义务？笔者认为，相对人负有合理审查义务，其中当然就包括了审查章程的义务，《民法典担保制度司法解释》第 7 条第 3 款规定：“第一款所称善意，是指相对人在订立担保合同时不知道且不应当知道法定代表人超越权限。相对人有证据证明已对公司决议进行了合理审查，人民法院应当认定其构成善意，但是公司有证据证明相对人知道或者应当知道决议系伪造、变造的除外”，前述规定针对的是法定代表人在签署担保合同时超越意定权限的情况下，善意相对人的认定问题。法定代表人超越职权属于越权代表，总经理等职务人员超越职权属于越权代理，前述行为的本质并无差异，不同之处在于法定代表人的概括授权范围极其广泛，法定代表人的意志与公司意志几乎等同，而总经理等职务代理人的授权范围相对狭窄。“法人之董事或其他代表机关为之，虽类似于代理，然代表之行为，即为法人之行为，与代理人之行为与他人之行为唯其效力归属于本人者不同，而且代表较代理为广，就事实行为及侵权行为亦得成立。”[①]笔者认为，法定代表人与公司之间具有天然深度关联性，故相较于职务代理人的代理权限，法定代表人的代表权限对外而言更具有可信度。应当说，无论是代理人还是代表人，其与委托人之间的关联度越高，第三方的审查动力（审查义务）则越弱。可无论是《民法典担保制度司法解释》还是《九民纪要》，在法定代表人超越意定权限限制时，均赋予了交易相对方一定的审查义务，前述规定均认为，虽然总体来说，公司内部对于法定代表人的意定限制不能对抗善意第三人，但这仅仅是在举证责任分配上针对第三人进行善意推定，降低了第三人的初始举证责任，并不意味第三人无须履行任何审查义务，如果公司能够证明第三人应履行却未履行审查义务，则第三人仍应当承担不利后果。举重以明轻，既然在法定代表人超越意定权限时，第三人仍负有合理审查义务，则在总经理等职务代理人超越意定权限时，第三人能否被认定为“善意”亦取决于第三人是否履行了合理审查义务。

（八）董事会可否无理由解雇总经理？

案例1 上海市第二中级人民法院（2010）沪二中民四（商）终字第436号　李×军诉上海佳动力环保科技有限公司公司决议撤销纠纷

▶ 案情摘要

李×军系上海佳动力环保科技有限公司（以下简称“佳动力公司”）的股东，并担任总经理。佳动力公司股权结构为：葛×乐持股40%，李×军持股46%，王×胜持股14%。3位股东共同组成董事会，由葛×乐担任董事长，另两人为董事。

佳动力公司章程规定：董事会行使包括聘任或者解聘公司经理等职权；董事会须有2/3以上的董事出席方才有效；董事会对所议事项作出的决定应由占全体股东2/3以上的董事表决通过方才有效。

2009年7月18日，佳动力公司董事长葛×乐召集并主持董事会，3位董事均出席，会议形成了“鉴于总经理李×军不经董事会同意私自动用公司资金在二级市场炒股，造成巨大损失，现免去其总经理职务，即日生效”等内容的决议。该决议由

① 参见史尚宽：《民法总论》，中国政法大学出版社2000年版，第475页。

葛 × 乐、王 × 胜及监事签名，李 × 军未在该决议上签名。

此后，李 × 军诉至法院，认为佳动力公司免除其总经理职务的决议所依据的事实和理由不成立，且董事会的召集程序、表决方式及决议内容均违反了《公司法》的规定，请求法院依法撤销该董事会决议。

裁判要旨

法院认为，董事会决议解聘李 × 军总经理职务的原因如果不存在，并不导致董事会决议撤销。首先，《公司法》尊重公司自治，公司内部法律关系原则上由公司自治机制调整，司法机关原则上不介入公司内部事务；其次，佳动力公司的章程中未对董事会解聘公司经理的职权作出限制，并未规定董事会解聘公司经理必须有一定原因，该章程内容未违反《公司法》的强制性规定，应认定有效，因此，佳动力公司董事会可以行使公司章程赋予的权利作出解聘公司经理的决定。

案例2 徐州市中级人民法院发布公司决议效力确认纠纷典型案例之一 高 × 诉汉达公司、第三人杨 × 显公司决议效力确认纠纷

▶ 案情摘要

汉达公司是一家 2009 年设立的民营企业，注册资本 2000 万元，杨 × 显为该公司执行董事。

汉达公司的章程规定：公司设经理，由执行董事决定聘任或解聘。2012 年 11 月 7 日，高 × 与时任汉达公司控股股东的杨 × 显签订了一份协议书，约定：(1)杨 × 显认可高 × 持有汉达公司 10% 股权(该股权现登记在杨 × 显名下)，杨 × 显确保本协议签订后 30 日内将汉达公司 10% 的股权变更登记至高 × 名下……(2)杨 × 显授权高 × 负责汉达公司全面工作并担任总经理职务，任职期限不低于 2 年(自本协议签订之日起计算聘期，聘期内不得无故解聘)……

2012 年 11 月 13 日，高 × 取得汉达公司股东资格。同日，杨 × 显以汉达公司执行董事名义聘任高 × 为公司总经理。

两年后，在公司经营期间，杨 × 显与高 × 因公司经营及利益分配产生纠纷。2015 年 2 月，杨 × 显以执行董事名义作出《汉达公司经理任职文件》，免去高 × 总经理职务。

此后，高 × 诉至法院，请求确认汉达公司作出的免除其总经理职务的文件无效。

裁判要旨

法院认为，聘任和解聘总经理是公司董事会的法定职权。汉达公司章程中执行董事对公司经理任免权的规定未违反法律和行政法规的强制性规定。同时，汉达公司章程未对执行董事解聘公司经理的职权作出限制，也未规定执行董事解聘公司经理必须说明原因。因此，汉达公司执行董事可以行使公司章程赋予的权利，作出解聘公司经理的决定。

总结及延展

司法实践中的主流观点支持董事会无理由聘任和解聘总经理，笔者亦赞同上述观点。公司与总经理之间构成“委托代理关系”，《公司法》(2024)第 67 条以及第 74 条规定，董事会决定聘任或者解聘公司经理及其报酬事项，经理对董事会负责，根据公司章程的规定或者董事会的授权行使职权。根据前述规定内容可知：第一，有限责任公司经理由董事会聘任或者解聘，经理对董事会负责；第二，公司出于对高级管理人员能力、经验、道德素养等方面的信任，委托高级管理人员从事特定事务的处理；高级管理人员须按照董事会的指示，完成自身义务，前述特征符合委任关系之特别委托的构成要素；第三，董事会可代表公司随时解聘高级管理人员；高级管理人员也可随时请辞，符合委任关系中委托方、受托方单方解除权的行为特征。故毫无疑问，高级管理人员与公司之间亦构成委托代理关系。按照《民法典》中关于代理的规定，委托人享有任意解除权，可随时终止代理关系。当然，“无理由”解聘总经理的前提是公司章程未针对相关事宜另行规定。最高人民法院在“湖南康帅房地产开发有限公司诉深圳天鹜投资策划有限公司委托合同纠纷案”中明确：“原《合同法》第四百一十条规定的任意解除权可以基于合同当事人的合意予以排除。当事人通过合同就任意解除权不得行使的约定具有法律约束力，当事人均应按照约定履行自己的义务。”故此，如章程中规定了“经理任期六年，任期届满前董事会不能随意更换”等内容，此时公司章程等同于给予了经理很大的保护，董事会则无法任意解聘总经理，强行解聘总经理的董事会决议恐或因违反公司章程而被撤销。如公司的经理由实际控制人亲自担任或委派极其信任的人担任时，若公司章程中有类似条款，可避免实际管理权因股权被稀释、董事改选等原因而被削弱。

值得注意的是，总经理属于高级管理人员，其身份具有“二元性”，一方面与公司之间构成委托代理关系，另一方面由于总经理任职具体工作岗位，接受董事会的管理，故总经理与公司之间同时构成劳动关系。当公司董事会“无理由”解聘总经理时，仅是解除了公司与总经理之间的委托代理关系，但是总经理作为公司员工，其劳动关系仍然存在，如公司想要解除与总经理的劳动关系，须按照《劳动合同法》的有关规定办理。若公司与总经理经协商一致解除劳动关系，公司可不支付经济补偿金；若公司主动提出解除劳动关系且总经理同意，公司需要支付经济补偿金；若公司单方解除劳动关系，除非公司能够证明总经理严重违纪，否则公司恐将为此支付经济赔偿金。

专题十二

公司董事、监事、高级管理人员的赔偿责任

一、法律规定对比解析

（一）《公司法》（2018）与《公司法》（2024）相关条文对比

《公司法》（2018）	《公司法》（2024）
第 21 条　公司的控股股东、实际控制人、董事、监事、高级管理人员不得利用其关联关系损害公司利益。 违反前款规定，给公司造成损失的，应当承担赔偿责任。	**第 22 条**　公司的控股股东、实际控制人、董事、监事、高级管理人员不得利用关联关系损害公司利益。 违反前款规定，给公司造成损失的，应当承担赔偿责任。
—	**第 51 条**　有限责任公司成立后，董事会应当对股东的出资情况进行核查，发现股东未按期足额缴纳公司章程规定的出资的，应当由公司向该股东发出书面催缴书，催缴出资。 未及时履行前款规定的义务，给公司造成损失的，负有责任的董事应当承担赔偿责任。
第 35 条　公司成立后，股东不得抽逃出资。	**第 53 条**　公司成立后，股东不得抽逃出资。 违反前款规定的，股东应当返还抽逃的出资；给公司造成损失的，负有责任的董事、监事、高级管理人员应当与该股东承担连带赔偿责任。
第 112 条　董事会会议，应由董事本人出席；董事因故不能出席，可以书面委托其他董事代为出席，委托书中应载明授权范围。 董事会应当对会议所议事项的决定作成会议记录，出席会议的董事应当在会议记录上签名。 董事应当对董事会的决议承担责任。董事会的决议违反法律、行政法规或者公司章程、股东大会决议，致使公司遭受严重损失的，参与决议的董事对公司负赔偿责任。但经证明在表决时曾表明异议并记载于会议记录的，该董事可以免除责任。	**第 125 条**　董事会会议，应当由董事本人出席；董事因故不能出席，可以书面委托其他董事代为出席，委托书应当载明授权范围。 董事应当对董事会的决议承担责任。董事会的决议违反法律、行政法规或者公司章程、股东会决议，给公司造成严重损失的，参与决议的董事对公司负赔偿责任；经证明在表决时曾表明异议并记载于会议记录的，该董事可以免除责任。

续表

《公司法》(2018)	《公司法》(2024)
第 124 条 上市公司董事与董事会会议决议事项所涉及的企业有关联关系的，不得对该项决议行使表决权，也不得代理其他董事行使表决权。该董事会会议由过半数的无关联关系董事出席即可举行，董事会会议所作决议须经无关联关系董事过半数通过。出席董事会的无关联关系董事人数不足三人的，应将该事项提交上市公司股东大会审议。	**第 139 条** 上市公司董事与董事会会议决议事项所涉及的企业或者个人有关联关系的，该董事应当及时向董事会书面报告。有关联关系的董事不得对该项决议行使表决权，也不得代理其他董事行使表决权。该董事会会议由过半数的无关联关系董事出席即可举行，董事会会议所作决议须经无关联关系董事过半数通过。出席董事会会议的无关联关系董事人数不足三人的，应当将该事项提交上市公司股东会审议。
—	**第 163 条** 公司不得为他人取得本公司或者其母公司的股份提供赠与、借款、担保以及其他财务资助，公司实施员工持股计划的除外。 为公司利益，经股东会决议，或者董事会按照公司章程或者股东会的授权作出决议，公司可以为他人取得本公司或者其母公司的股份提供财务资助，但财务资助的累计总额不得超过已发行股本总额的百分之十。董事会作出决议应当经全体董事的三分之二以上通过。 违反前两款规定，给公司造成损失的，负有责任的董事、监事、高级管理人员应当承担赔偿责任。
第 147 条 董事、监事、高级管理人员应当遵守法律、行政法规和公司章程，对公司负有忠实义务和勤勉义务。 董事、监事、高级管理人员不得利用职权收受贿赂或者其他非法收入，不得侵占公司的财产。	**第 180 条** 董事、监事、高级管理人员对公司负有忠实义务，应当采取措施避免自身利益与公司利益冲突，不得利用职权牟取不正当利益。 董事、监事、高级管理人员对公司负有勤勉义务，执行职务应当为公司的最大利益尽到管理者通常应有的合理注意。 公司的控股股东、实际控制人不担任公司董事但实际执行公司事务的，适用前两款规定。
第 148 条 董事、高级管理人员不得有下列行为： (一)挪用公司资金； (二)将公司资金以其个人名义或者以其他个人名义开立账户存储； (三)违反公司章程的规定，未经股东会、股东大会或者董事会同意，将公司资金借贷给他人或者以公司财产为他人提供担保； (四)违反公司章程的规定或者未经股东会、股东大会同意，与本公司订立合同或者进行交易；	**第 181 条** 董事、监事、高级管理人员不得有下列行为： (一)侵占公司财产、挪用公司资金； (二)将公司资金以其个人名义或者以其他个人名义开立账户存储； (三)利用职权贿赂或者收受其他非法收入； (四)接受他人与公司交易的佣金归为己有； (五)擅自披露公司秘密； (六)违反对公司忠实义务的其他行为。

续表

《公司法》(2018)	《公司法》(2024)
(五)未经股东会或者股东大会同意，利用职务便利为自己或者他人谋取属于公司的商业机会，自营或者为他人经营与所任职公司同类的业务； (六)接受他人与公司交易的佣金归为己有； (七)擅自披露公司秘密； (八)违反对公司忠实义务的其他行为。 董事、高级管理人员违反前款规定所得的收入应当归公司所有。	**第 182 条**　董事、监事、高级管理人员，直接或者间接与本公司订立合同或者进行交易，应当就与订立合同或者进行交易有关的事项向董事会或者股东会报告，并按照公司章程的规定经董事会或者股东会决议通过。 董事、监事、高级管理人员的近亲属，董事、监事、高级管理人员或者其近亲属直接或者间接控制的企业，以及与董事、监事、高级管理人员有其他关联关系的关联人，与公司订立合同或者进行交易，适用前款规定。
	第 183 条　董事、监事、高级管理人员，不得利用职务便利为自己或者他人谋取属于公司的商业机会。但是，有下列情形之一的除外： (一)向董事会或者股东会报告，并按照公司章程的规定经董事会或者股东会决议通过； (二)根据法律、行政法规或者公司章程的规定，公司不能利用该商业机会。
	第 184 条　董事、监事、高级管理人员未向董事会或者股东会报告，并按照公司章程的规定经董事会或者股东会决议通过，不得自营或者为他人经营与其任职公司同类的业务。
	第 186 条　董事、监事、高级管理人员违反本法第一百八十一条至第一百八十四条规定所得的收入应当归公司所有。
	第 185 条　董事会对本法第一百八十二条至第一百八十四条规定的事项决议时，关联董事不得参与表决，其表决权不计入表决权总数。出席董事会会议的无关联关系董事人数不足三人的，应当将该事项提交股东会审议。
第 149 条　董事、监事、高级管理人员执行公司职务时违反法律、行政法规或者公司章程的规定，给公司造成损失的，应当承担赔偿责任。	**第 188 条**　董事、监事、高级管理人员执行职务违反法律、行政法规或者公司章程的规定，给公司造成损失的，应当承担赔偿责任。
—	**第 191 条**　董事、高级管理人员执行职务，给他人造成损害的，公司应当承担赔偿责任；董事、高级管理人员存在故意或者重大过失的，也应当承担赔偿责任。
—	**第 192 条**　公司的控股股东、实际控制人指示董事、高级管理人员从事损害公司或者股东利益的行为的，与该董事、高级管理人员承担连带责任。

续表

《公司法》(2018)	《公司法》(2024)
—	**第 193 条**　公司可以在董事任职期间为董事因执行公司职务承担的赔偿责任投保责任保险。 公司为董事投保责任保险或者续保后，董事会应当向股东会报告责任保险的投保金额、承保范围及保险费率等内容。
第 166 条　公司分配当年税后利润时，应当提取利润的百分之十列入公司法定公积金。公司法定公积金累计额为公司注册资本的百分之五十以上的，可以不再提取。 公司的法定公积金不足以弥补以前年度亏损的，在依照前款规定提取法定公积金之前，应当先用当年利润弥补亏损。 公司从税后利润中提取法定公积金后，经股东会或者股东大会决议，还可以从税后利润中提取任意公积金。 公司弥补亏损和提取公积金后所余税后利润，有限责任公司依照本法第三十四条的规定分配；股份有限公司按照股东持有的股份比例分配，但股份有限公司章程规定不按持股比例分配的除外。 股东会、股东大会或者董事会违反前款规定，在公司弥补亏损和提取法定公积金之前向股东分配利润的，股东必须将违反规定分配的利润退还公司。 公司持有的本公司股份不得分配利润。	**第 211 条**　公司违反本法规定向股东分配利润的，股东应当将违反规定分配的利润退还公司；给公司造成损失的，股东及负有责任的董事、监事、高级管理人员应当承担赔偿责任。

(二)相关规范索引

相关规范	条款
《民法典》	第 84 条
《证券法》(2019)	第 44 条、第 84 条
《公司法司法解释(三)》(2020)	第 13 条、第 14 条、第 27 条
《公司法司法解释(四)》(2020)	第 12 条
《公司法司法解释(五)》(2020)	第 1 条

(三)新旧公司法变化解读

与《公司法》(2018)相比,《公司法》(2024)就董事、监事、高级管理人员(以下简称“董监高”)的责任承担制定了更为具体的标准和规范。

第一,《公司法》(2024)第22条沿袭了《公司法》(2018)第21条的内容,强调董监高不得利用关联关系损害公司利益,否则须向公司承担赔偿责任。

第二,《公司法》(2018)未规定董监高的出资催缴义务,仅仅是在《公司法司法解释(三)》(2020)第13条中规定了公司增资时,未尽到忠实义务和勤勉义务的董监高需要承担相应责任。《公司法》(2024)确立了限期实缴制度,为配合该制度的落实,《公司法》(2024)第51条规定了董事会的出资催缴义务以及董事的赔偿责任。该条规定承担出资催缴义务、发出书面催缴书的主体为董事会,而承担赔偿责任的主体为负有责任的董事个体,董事是否已及时履行催缴义务的认定将会成为后续司法实践争议内容之一。加之《公司法》(2024)也尚未对董事会的核查、催缴时限作出明确性规定,前述问题均留待司法解释进一步解决。

第三,《公司法》(2018)第35条中规定了股东不得抽逃出资,但未规定董监高的责任,仅在《公司法司法解释(三)》(2020)第14条中规定了协助抽逃的董监高承担连带责任。《公司法》(2024)第53条将董监高的连带责任由司法解释上升到法律高度,将原来的责任主体由协助抽逃的董监高扩大为负有责任的董监高,着重强调了董监高对于公司资本充足的维护义务。《公司法》(2024)与董监高相关的责任承担规定中,只有第53条的责任承担方式系连带赔偿责任。

第四,《公司法》(2024)第125条沿袭了《公司法》(2018)第112条的内容,规定了董事对董事会决议的责任。

第五,相较于《公司法》(2018)第124条的规定,《公司法》(2024)第139条新增了关联董事对关联事项向董事会报告的义务,并将关联关系的主体由企业扩大到个人,旨在避免董事个人利益与公司利益相冲突。

第六,《公司法》(2024)第163条新增了财务资助制度,规定了除实施员工持股计划外,股份有限公司不得为他人取得本公司或其母公司的股份提供赠与、借款、担保及其他财务资助,对于为公司利益而实施的财务资助行为,须经股东会或董事会决议,且有总额限制。违反前述规定给公司造成损失的董监高,需要承担赔偿责任。财务资助制度虽是首次在《公司法》中出现,但相应内容之前已在各类部门规章和规范性文件中有所体现。①

① 参见《上市公司股权激励管理办法》第21条、《上市公司收购管理办法》第8条、《上市公司证券发行注册管理办法》第66条、《非上市公众公司收购管理办法》(2020)第8条、《非上市公众公司监督管理办法》(2023)第16条、《国务院国有资产监督管理委员会、财政部、中国证券监督管理委员会关于印发〈关于国有控股混合所有制企业开展员工持股试点的意见〉的通知》(国资发改革〔2016〕133号)第3条、《关于印发〈中央企业控股上市公司实施股权激励工作指引〉的通知》(国资考分〔2020〕178号)中该指引的第62条和第87条。

第七，董监高的忠实和勤勉义务在《公司法》(2018)第147条和《公司法》(2024)第180条中均有体现。不同的是，《公司法》(2018)第147条对于董监高应如何履行忠实和勤勉义务并未作出规定，而《公司法》(2024)第180条则制定了明确的行为规范。就忠实义务，董监高应当采取措施避免自身利益与公司利益冲突，不得利用职权牟取不正当利益。就勤勉义务，董监高执行职务应当为公司最大利益尽到管理者通常应有的合理注意。同时，《公司法》(2024)第180条规定不担任公司董事但实际执行公司事务的公司的控股股东、实际控制人，即"事实董事"，同样适用忠实、勤勉义务的规定。

第八，《公司法》(2018)第148条规定了董事、高级管理人员的各项禁止行为和归入权，《公司法》(2024)第181条至第184条以及第186条基本与《公司法》(2018)第148条相对应，但《公司法》(2024)在此基础上进行了扩展与完善。其一，《公司法》(2024)第182条在《公司法》(2018)第148条第1款第4项的基础之上明确了关联交易的规制方式，将监事纳入自我交易与关联交易的限制范围，同时将自我交易与关联交易的决策机构调整成董事会或者股东会，即决策机构可以由公司章程自行规定。其二，《公司法》(2024)第183条在《公司法》(2018)第148条第1款第5项的基础之上将监事纳入"谋取公司商业机会"的限制范围，同时针对正当利益公司机会的例外情形进行了规定。其三，《公司法》(2024)第184条在《公司法》(2018)第148条第1款第5项的基础之上将监事纳入同业竞争的限制范围，并增加了同业竞争的报告义务，同时将同业竞争的批准决策机构调整为董事会或者股东会，即批准决策机构可以由公司章程自行规定。其四，《公司法》(2024)第186条在《公司法》(2018)第148条第2款的基础上扩大了归入权的范围，将监事违反忠实义务所得的收入同样归入公司所有。

第九，《公司法》(2024)第185条新设关联董事表决回避规则，该规则借鉴了《公司法》(2018)第124条关于上市公司的关联董事表决回避规则，明确在关联交易、谋取公司商业机会和同业竞争的表决过程中，关联董事需要回避，同时出席董事会的无关联关系董事人数不足3人的，应当将该事项提交股东会审议，切实加强了股东会对关联董事的管控。

第十，《公司法》(2024)第188条沿袭了《公司法》(2018)第149条的内容，规定了董监高执行公司职务时，导致公司损失时的损害赔偿责任。

第十一，《公司法》(2024)第191条新设了董事、高级管理人员执行职务侵害第三人利益的损害赔偿制度。该制度回应了实践中发生的董事侵害第三人利益而第三人难以得到救济的司法需求。需要注意的是，该规定仅针对董事、高级管理人员给他人造成的损害，而不包括监事。

第十二，《公司法》(2024)第192条新增了公司控股股东、实际控制人滥用权利的法律责任，该条款亦被称为“影子董事”规则。《公司法》(2024)第192条采用了民法中共同侵权的责任承担逻辑，有利于规范控股股东、实际控制人的行为，防止其为追求自身利益而损害公司和小股东利益。

第十三，《公司法》(2024)第193条新增了董事责任保险制度。相较于《公司法》(2018)，《公司法》(2024)加强了董事的责任和义务，故配套设立董事责任保险制度，在一定程度上降低了董事任职风险，同时通过费用承担的转嫁以保障公司和第三人的损失得到足额偿付。

第十四，《公司法》(2024)第211条在《公司法》(2018)第166条第5款的基础上新增了违法分配的股东及负有责任的董监高的损失赔偿责任的内容，有利于规制股东违法分配利润的行为。

董监高在公司减资、清算中，也负有相应的责任，本书另有单独的专题对减资、清算进行讨论，本专题中不再赘述。

二、争议问题及司法裁判实务梳理

(一)董事、高级管理人员在何种情况下对第三人承担侵权赔偿责任?

案例1 江苏省高级人民法院(2015)苏知民终字第00179号　樱花卫厨(中国)股份有限公司与苏州樱花科技发展有限公司、中山樱花集成厨卫有限公司等侵害商标权纠纷

▶ 案情摘要

樱花卫厨(中国)股份有限公司(以下简称“樱花卫厨公司”)成立于1994年，营业范围包括热水器、燃气灶、吸油烟机等的生产、销售。

屠×灵曾于2005年5月10日出资设立苏州樱花电器有限公司(以下简称“樱花电器公司”)并担任法定代表人。2008年6月18日及7月29日，樱花卫厨公司以樱花电器公司侵害其商标权及不正当竞争为由，分别提起诉讼，后法院判决认定樱花电器公司的行为构成商标侵权及不正当竞争。

2009 年至 2011 年，屠 × 灵又分别与案外人共同投资成立苏州樱花科技发展有限公司（以下简称“樱花科技公司”）、苏州樱花中山分公司（任负责人）和中山樱花卫厨公司（持股 90%），与余 × 成共同投资设立中山樱花山水净化电器设备有限公司，后该公司 2012 年 10 月被核准注销。

2011 年 12 月 1 日，余 × 成与案外人共同投资设立中山樱花集成厨卫有限公司，其中余 × 成占股 90%。

屠 × 灵、余 × 成成立的上述公司均从事厨房电器、燃气用具等与樱花卫厨公司相近的业务，不规范使用其注册商标，使用与樱花卫厨公司相近似的广告宣传语，导致相关公众的混淆误认。

樱花卫厨公司向法院提起诉讼，称樱花科技公司、苏州樱花中山分公司、中山樱花集成厨卫有限公司、中山樱花卫厨公司、屠 × 灵、余 × 成构成商标侵权及不正当竞争。

裁判要旨

法院认为，从主观故意来看，屠 × 灵作为樱花电器公司的法定代表人，曾经有过侵犯樱花卫厨公司知识产权的历史，理应知晓樱花卫厨公司的“樱花”系列注册商标及“樱花”字号的有关情况；在本院判决樱花电器公司构成侵权的情况下，屠 × 灵又相继成立了樱花科技公司、苏州樱花中山分公司、中山樱花卫厨公司，其主观恶意明显。

从侵权行为看，樱花科技公司、苏州樱花中山分公司、中山樱花集成厨卫有限公司、中山樱花卫厨公司登记注册时故意使用与樱花卫厨公司相同的字号，在实际经营中不规范使用其商标，并使用与樱花卫厨公司相似的广告宣传语，经营与樱花卫厨公司相类似的产品。可以说，樱花科技公司、苏州樱花中山分公司、中山樱花集成厨卫有限公司、中山樱花卫厨公司成立至今系以侵权经营为主业，屠 × 灵与余 × 成应对此承担相应责任。

综合上述分析，足以认定屠 × 灵与余 × 成在明知樱花卫厨公司“樱花”系列注册商标及商誉的情况下，相继成立了樱花科技公司、中山樱花集成厨卫有限公司等公司，通过控制上述公司实施商标侵权及不正当竞争行为，其个人对全案侵权行为起到了重要作用，故与上述公司构成共同侵权，应对上述公司所实施的涉案侵权行为所产生的损害结果承担连带责任。

案例2 广东省广州市中级人民法院（2020）粤01民初2171号 顾×骏、刘×君等11名投资者诉康美药业股份有限公司证券虚假陈述责任纠纷特别代表人诉讼

▶ **案情摘要**

康美药业股份有限公司（以下简称“康美药业”）为上市公司。经中国证券监督管理委员会查明，康美药业公司在2016年至2018年年报中存在虚假记载，其通过财务不记账、虚假记账，伪造、变造大额定期存单或银行对账单，配合营业收入造假伪造销售回款等方式，虚增货币资金。此举导致康美药业公司股价下跌，给投资者造成损失。

后中证中小投资者服务中心有限责任公司代表顾×骏、刘×君等55,326名投资者提起代表人诉讼，要求包括康美药业公司及其董事、监事、高级管理人员在内的多名被告承担赔偿责任。

裁判要旨

法院认为，康美药业公司作出虚假陈述，造成投资者投资损失，康美药业应对案涉投资者损失承担赔偿责任；康美药业实际控制人及董事、监事、高级管理人员和其他直接责任人员应根据过错程度与康美药业承担连带赔偿责任。康美药业公司部分董事、监事、高级管理人员虽未直接参与造假，但签字确认财务报告真实性，应根据过失大小分别在投资者损失的20%、10%及5%的范围内承担连带赔偿责任。

案例3 北京知识产权法院（2020）京73民终463号 胡×忠等与惠州雷士光电科技有限公司侵害商标权纠纷

▶ **案情摘要**

惠州雷士光电科技有限公司（以下简称“雷士光电公司”）系第1412506号商标和第3010353号商标（以下简称“涉案商标”）的注册人，经过多年使用，上述商标在第11类照明器等商品上具有较高的知名度。

雷士光电公司发现，嘉兴市光大雷士电器有限公司（以下简称“光大雷士公司”）在其申请登记注册企业名称时，并未继续沿用其前身光大电器厂的字号“光大”，而是又增加了“雷士”字样。

同时，光大雷士公司在其生产、销售的灯具有照明和排风换气功能的排风灯等商品的外包装等处使用了"雷士全屋吊顶""雷士 Leishi"商标，与涉案商标构成近似。

经调查发现，光大雷士公司是由个体工商户光大电器厂转型而来，胡 × 忠系原光大电器厂的经营者。光大雷士公司成立后，胡 × 忠继续担任该公司股东，持有公司 40% 的股权。

雷士光电公司认为，胡 × 忠作为李 × 伟的股东和实际经营者，应当对其实施的侵犯其商标权及不正当竞争行为承担连带赔偿责任，故诉至法院。

裁判要旨

法院认为，胡 × 忠作为光大雷士公司的实际经营者和股东，滥用股东有限责任地位，将光大雷士公司作为实施涉案侵权和不正当竞争行为的工具，在通过控制公司经营活动牟取违法利益的同时，又试图利用公司法人人格独立制度规避承担侵权责任。为保护公司债权人的利益，应当否认公司法人人格，认定胡 × 忠滥用股东有限责任地位，应对涉案侵权行为和不正当竞争行为给雷士光电公司造成的损失承担连带责任。

总结及延展

《公司法》(2018)并未规定公司董事、高级管理人员等直接对第三人承担赔偿责任的内容。根据过往司法判例可知，如果董事、高级管理人员本身系公司股东，则法院一般会依据《公司法》(2018)第 20 条"滥用股东权利"的规定，判定董事、高级管理人员等与公司承担连带赔偿责任，保护第三人利益；如果董事、高级管理人员不具备股东身份，则法院一般会依据《侵权责任法》或《民法典》侵权责任编中"共同侵权"的规定判定董事、高级管理人员等与公司构成共同侵权行为，对第三人损失承担连带赔偿责任。

笔者认为，董事、高级管理人员对第三人的责任可分为清算过程中的对外赔偿责任以及公司运营过程中的对外赔偿责任。

第一，清算过程中董事、高级管理人员的对外责任承担。

《公司法》(2024)第 232 条第 2 款规定："清算组由董事组成，但是公司章程另有规定或者股东会决议另选他人的除外"，《公司法》(2024)第 238 条第 2 款规定："清算组成员怠于履行清算职责，给公司造成损失的，应当承担赔偿责任；因故意或者重大过失给债权人造成损失的，应当承担赔偿责任”。通过前述规定可知，董事、高级管理人员被选为清算组成员后，在清算期间如有不正当行为且损害了债权人利益的，将为此对外承担责任。笔者认为，在清算期间，公司处于非正常经营的特殊状态，此时偿还债务、保护债权人利益是公司的首位目标。基于此，董事、高级管理人员等在清算期间的履行义务对象除公司之外也应包含债权人，故从法理上看，董事、高级管理人员等作为清算组成员对外承担责任具有合法性以及正当性。

第二，公司运营过程中董事、高级管理人员的对外责任承担。

《公司法》(2024)第191条规定：“董事、高级管理人员执行职务，给他人造成损害的，公司应当承担赔偿责任；董事、高级管理人员存在故意或者重大过失的，也应当承担赔偿责任。”

虽然该条款给予了董事、高级管理人员在公司运营过程中对外承担责任的法律基础，但由于董事、高级管理人员与公司之间的法律关系各有其特点，故董事、高级管理人员在履职过程中因何种情况对外担责仍然需要进一步探讨。

按照我国现行法律以及学理通说，除担任法定代表人的董事之外，其余董事与公司之间构成委托代理关系，根据《民法典》总则编第七章“代理”相关法律规定可知，只有在符合第167条规定的前提下，代理人方有可能对第三人承担责任。《民法典》第167条规定：“代理人知道或者应当知道代理事项违法仍然实施代理行为，或者被代理人知道或者应当知道代理人的代理行为违法未作反对表示的，被代理人和代理人应当承担连带责任。”针对前述规定内容进行分析可知，代理行为违法造成第三人损害的，应视情况承担民事责任：(1)代理事项违法，首先应由被代理人作为对外承担责任的第一主体，如代理人知道或者应当知道却仍然实施了代理行为，此时代理人与被代理人一起对第三人承担连带责任。(2)代理事项合法，但代理人实施了违法的代理行为，此时应由代理人作为对外承担责任的第一主体，即无论被代理人是否知情，代理人均应当对第三人承担责任，而被代理人是否承担连带责任则应根据被代理人是否知情并提出反对意见来进行判断。

概言之，代理人对外承担责任的情况有两种：一种是代理人明知代理事项违法而实施代理行为，另一种是代理人擅自实施违法代理行为。针对董事与公司之间的委托代理关系而言，董事接受公司委托对公司日常事务进行管理，前述代理事项本身不涉及违法情形，除非股东会针对某一违法事项作出决议并交由董事执行，否则董事并不存在因委托事项违法而对外担责的可能性。更为常见的情形是，董事滥用职权、实施违法行为，进而损害了第三人利益。无论前述哪一种情形，根据委托代理的原则性规定，此时董事作为违法行为实施人对外承担责任具有正当性。然而学理中有部分观点认为董事与公司之间系“劳动关系”。根据《民法典》第 1191 条的规定，用人单位需为工作人员的职务行为对外承担无过错的侵权责任，工作人员无须对外担责。笔者认为，董事的身份可能具有“二元性”，董事与公司之间的基础法律关系系委托代理，但实践中由于部分董事任职公司特定岗位，与公司订立了劳动合同，故在委托代理关系的基础上，董事基于其他身份与公司同时建立了劳动关系。笔者认为，即便部分董事兼任公司其他具体事项的操办与公司形成了劳动关系，但单单就董事身份而言，与公司之间仅构成委托代理关系，故董事在违法代理情形下对外担责具有正当性。

高级管理人员与董事的情况不太一样，董事身份的“二元性”是由于其兼任其他职位而形成，但高级管理人员职位本身天然具有“二元性”。根据《公司法》(2024)规定可知，有限责任公司经理由董事会聘任或者解聘，公司出于对高级管理人员能力、经验、道德素养等方面的信任，委托高级管理人员从事特定事务的处理，前述特征符合委任关系之特别委托的构成要素；董事会可代表公司随时解聘高级管理人员；高级管理人员也可随时请辞，符合委任关系中委托方、受托方单方解除权的行为特征。故毫无疑问，高级管理人员与公司之间亦构成委任关系。与此同时，高级管理人员在身份上具有从属性，需要服从董事会或经理的管理，属于公司的高级雇员，故高级管理人员与公司之间亦存在劳动关系。在此情况下，高级管理人员按照《公司法》(2024)第 191 条的规定对外承担连带责任则与《民法典》第 1191 条的规定是否存在矛盾需要进一步探讨。《民法典》第 1191 条第 1 款规定：“用人单位的工作人员因执行工作任务造成他人损害的，由用人单位承担侵权责任。用人单位承担侵权责任后，可以向有故意或者重大过失的工作人员追偿”，按照前述规定，高级管理人员作为工作人员无须对第三人承担侵权责任，然而按照《公司法》(2024)第 191 条的规定，高级管理人员应直接对外承担连带责任。笔者认为，高级管理人员与一般工作人员并不相同。首先，一般工作人员与公司之间存在“被管控”关系，公司是行为决策方，员工是行为执行方，即工作人员无法通过公司体现个人意志，也无法改变公司的决策或者拒绝执行，这也是为何工作人员在执行职务行为时无须担责的原因所在。但高级管理人员不同，其作为公司的管理者属于职能机关，能够通过自身的决策左右公司的行为。换言之，公司是拟制人格，无法主动做出决策，所有公司的对外行为从内在来看均是股东、董事、高级管理人员的行为体现，前述主体通过对公司的控制，试图按照自身意志去实现法人的经营目的。所以确切地说，股东、董事、高级管理人员的过错行为是公司产生错误行为的根本原因。其次，高级管理人员与公司之间的关系既涉及行为法也涉及组织法，从行为法的角度来看，作为职能机关的高级管理人员因过错导致第三人利益受损，该过错行为被公司所吸收，对外呈现出行为同一性及统一性，高级管理人员无须作为责任主体；但从组织法的角度来看，高级管理人员掌握着公司的经营决策权，能够主导公司的行为，改变公司与第三人之间的关系，故高级管理人员不仅对于公司具有忠实勤勉的信义义务，其对第三人同样应当负有一定信义义务，故从信义义务扩张的角度来看，高级管理人员的职务行为不应套用《民法典》第1191条的规定，而是应按照高级管理人员“二元性”中的“受托代理人”身份属性确认其对第三人承担责任的正当性。

值得注意的是，若董事、高级管理人员信义义务的扩张幅度不当同样会降低前述人员的行为积极性。董事、高级管理人员在履职时难免挂一漏万，无法全面保护第三人的权益亦属于情理之中。如果董事、高级管理人员责任过重会造成董事因恐惧责任风险而战战兢兢，难以在公司经营管理方面积极作为，最终将损害公司以及第三方债权人利益。故笔者认为，《公司法》(2024)第191条内容中的董事、高级管理人员对外承担连带责任的适用范围不宜过大，应当严谨把握赔偿责任的构成要件，既然董事、高级管理人员与公司之间均构建了委托代理关系，则司法实践中可按照委托代理的原则性规定，以代理事项或代理行为违法作为代理人对外承担责任的必要条件。具体而言，董事、高级管理人员的故意或重大过失行为应当以行为违法性或结果违法性作为该行为对外担责的前提条件，如董事、高级管理人员的决策事项违法，或董事、高级管理人员履职疏忽大意，导致后续执行过程中出现违法情形，或股东会决议违法，董事、高级管理人员予以具体执行等最终导致公司行为违法，第三人利益受损的情形均属前述情况。至于在合法性之外，第三人在与公司交易过程中面临的商业风险，应交由第三人自行判断与把握，不应因商业风险较大，而反向要求董事、高级管理人员在做出商业决策时充分考虑第三人的利益保护问题。商业主体之间的博弈活动必然会带来风险，前述风险属于经济活动中的必然产物，应交由商业主体各方自行把控，且经济活动中的商业风险难以“一眼看穿”，其本身具有很大的不确定性和偶然性，风险与利益之间的转换瞬息万变，以一博万、“杠杆效应”、“蝴蝶效应”属常见经济学现象，高度的风险与丰厚的经济回报往往相生相伴，如将第三人的交易风险控制转嫁为交易对方公司的董事、高级管理人员的合理注意义务，则各方经济主体的交易效率将大大降低，且将极大限制经济主体的交易范畴、交易方式，最终扼杀了市场创新活力以及拓展突破的可能性。故笔者认为，在认定董事、高级管理人员对外担责的判断要素时，应以违法性作为边界，超越合法性之外的合理性不应计入裁判考量范畴。

（二）董事、监事、高级管理人员未尽到忠实、勤勉义务，导致公司遭受损失的，是否需对公司损失承担赔偿责任？

案例1 最高人民法院（2021）最高法民再181号 西安陕鼓汽轮机有限公司、高×华等公司关联交易损害责任纠纷

▶ **案情摘要**

高×华、程×是西安陕鼓汽轮机有限公司（以下简称“陕鼓汽轮机公司”）董事，杭州钱塘机电有限公司（以下简称“钱塘公司”）是二人的关联公司。

钱塘公司在市场上采购产品后，加价转售给唯一客户陕鼓汽轮机公司。在高×华主持工作期间，关联交易总额及比例均大幅上升，在公司监事会发现并出具报告要求整改后，关联交易急速减少并消失。高×华、程×未向公司披露关联交易，造成利益不当流向钱塘公司。

陕鼓汽轮机公司认为，高×华、程×将本可以通过市场采购的方式购买相关产品转由向钱塘公司进行采购而增加了购买成本，损害了陕鼓汽轮机公司的权益。故诉至法院，请求判令高×华、程×向陕鼓汽轮机公司连带赔偿33,310,000元。

一审法院经审理后认为，案涉采购配件无统一市场定价，不能证明关联交易价格不合理，不构成侵权。驳回陕鼓汽轮机公司的全部诉讼请求。陕鼓汽轮机公司不服一审判决，提起上诉。二审法院经审理后维持原判，驳回上诉。陕鼓汽轮机公司不服二审判决，向最高人民法院申请再审。再审法院经审理后撤销二审判决，改判令高×华、程×向陕鼓汽轮机公司赔偿损失7,064,480.35元。

裁判要旨

法院认为，陕鼓汽轮机公司和钱塘公司之间的交易构成关联交易，案涉交易对价高于市场价且不具备公允性。本案中，高×华、程×作为董事及高级管理人员，未履行披露义务，违反了董事、高级管理人员的忠诚义务。高×华、程×的行为与陕鼓汽轮机公司损害结果的发生有因果关系，其二人共同实施的关联交易行为，损害了陕鼓汽轮机公司的利益，应连带赔偿陕鼓汽轮机公司损失共计7,064,480.35元。

案例2 最高人民法院（2021）最高法民申6621号 陕西某置业公司诉张××、朱××损害公司利益责任纠纷

▶ 案情摘要

陕西某置业公司（以下简称"置业公司"）成立于2002年8月2日。2007年孙××与张××共同收购利某持有的置业公司53.3%的股权，并就孙××代持张××的部分股权及股权对价款支付方式等事项分别进行了约定。2007年11月23日，置业公司股东变更为孙××、张××，法定代表人孙××。

2009年4月16日，张××通过提交虚假资料将另一股东孙××名下的置业公司股权变更至其妻子名下，将公司法定代表人、董事长由孙××变更为自己。

2013年5月31日，经孙××举报，陕西省工商行政管理局撤销了2009年的变更登记，将置业公司的工商登记恢复至变更前的状态（孙××持股53.3%、张××持股46.7%、法定代表人为孙××）。在2009年4月至2013年1月，张××实际控制了置业公司，共实施了如下损害置业公司利益的行为：（1）向其女儿担任法定代表人的公司借款100万元，借款期限2个月，约定利息50万元。（2）以"劳务费""工程款""还款"等名义共计支出款项326万元，其中100万元用于偿还张××担任法定代表人的金澳公司对置业公司的其他应收款。置业公司监事和财务人员朱××经手了前述资金的转出。

置业公司向法院提起诉讼，请求判令张××向置业公司返还756万元，置业公司监事及财务朱××承担连带责任。

裁判要旨

法院认为，朱××作为监事，有权检查公司财务，其作为财务人员，经手了案涉资金的转出，只要稍尽审查义务，就应当发现付款的不合理性。而朱××作为独立主体与张××共同实施了侵害公司利益的行为，无论是否存在领导指示，其作为公司监事均应承担侵害公司利益的责任。本案中，朱××作为置业公司的监事和财务人员，对张××实施的损害公司利益的行为，不仅不予制止，反而对明知属于无任何支付依据的转出款项，仍应张××的要求，分多次转出，其行为严重背离了置业公司的公司章程以及法律要求监事和高级管理人员负有的忠实勤勉义务，应对置业公司的损失承担连带责任。

案例3 最高人民法院（2020）最高法民申4682号 陈×雄、胜利油田胜利泵业有限责任公司损害公司利益责任纠纷

▶ 案情摘要

陈×雄为胜利油田胜利泵业有限责任公司（以下简称“泵业公司”）持有泵业公司41.06%股权的大股东、原董事长。

泵业公司搬离原厂区后从东营市政府获得了土地补偿款301,054,729元，陈×雄在接受刘×毅以东营鹏豪房地产开发有限公司（以下简称“鹏豪公司”）5%的股份向其行贿后，在未经股东会讨论决定或授权的情况下，分两次擅自将该笔土地补偿款提前支付了给鹏豪公司。

泵业公司认为陈×雄的行为损害了公司利益，将其诉至法院。

一审和二审法院判决陈×雄向泵业公司承担民事赔偿责任。陈×雄不服二审判决，向最高人民法院申请再审。再审法院裁定驳回其再审申请。

裁判要旨

法院认为，董事、监事、高管人员的忠实义务的核心在于董事不得利用其董事身份获得个人利益，其应当在法律法规与公序良俗的范围内，忠诚于公司利益，以最大限度实现和保护公司利益作为衡量自己执行职务的标准，否则即应承担赔偿责任。泵业公司作为企业法人享有独立的法人财产权，即使陈×雄按照公司章程的记载确属大股东，也不得滥用股东权利损害公司利益，如果造成公司损失，同样应依法承担赔偿责任。因此，原审法院未因陈×雄的股东身份而免除其赔偿责任，并无不当。

总结及延展

学理上普遍认为，董事、监事、高级管理人员对公司负有信义义务。信义义务的概念起源于英美法系的“信托理论”，前述义务的产生是为了防范和管控代理人的隐蔽行为或道德风险。[①] 而公司基于对董事、高级管理人员能力、素养的信任与之形成了委托代理关系，故董事、监事、高级管理人员作为授权代理人需要对公司的利益负

① 参见林一英：《控制股东制度规范化的法律路径》，载《法律科学（西北政法大学学报）》2024年第5期。

责，应承担忠实、勤勉的信义义务。此次《公司法》(2024)第180条第1、2款详细规定了忠实、勤勉义务的内涵。从既往司法判例来看，忠实义务包含三个要素：第一，受托人应主动避免与公司利益冲突；第二，受托人不得利用公司或者公司的交易牟取不正当利益；第三，勤勉义务主要指受托人在履职时应以公司最大利益为目标，并以此为基础尽到合理注意义务。总体而言，忠实义务是一种消极义务，其要求董事、监事、高级管理人员不得为一己私利作出损害公司利益之事，而勤勉义务是一种积极义务，其要求董事、监事、高级管理人员认真履职，仔细思考、主动管理，通过积极作为的方式争取公司利益最大化，避免公司利益受损。

《公司法》(2024)第181条列举了忠实义务的对应禁止性事项。实践中，关于董事、监事、高级管理人员违反忠实义务的常见情形有如下几种：第一，直接或间接与公司订立合同，进行关联交易；第二，在公司不知情的情况下利用履职机会为自己谋求利益，包括有形利益以及商业机会等无形利益；第三，利用职务便利为自己或他人谋求原属于公司的商业机会；第四，违反竞业禁止义务。关于董事、监事、高级管理人员违反勤勉义务的常见情形有如下几种：第一，以不履行法定义务的方式协助股东抽逃出资；第二，其作出的决议或决策违反了法律法规的强制性规定；第三，商业判断明显不合理；第四，发现损害公司利益的行为未予以制止、纠正。

值得注意的是，董事、监事、高级管理人员违反信义义务究竟是属于违约责任还是侵权责任，《公司法》(2024)对此并未明确规定。既往司法实践中，法院一般会按照侵权案件的审判思路予以处理。笔者认为，董监高违反信义义务可能构成违约与侵权的竞合，从公司与董监高的委托代理关系看，当董监高违反双方约定的具体信义义务时可纳入违约范畴。但信义义务系法律强制性规定，董监高一旦违反信义义务即视为违反法定注意义务，相应责任同时符合侵权责任的特征。另外，当董事、高级管理人员违反竞业限制义务时，法院一般会要求当事人先行明确请求权基础，如公司依据劳动关系中竞业限制的约定要求董监高承担违约责任的，则应当先行进行劳动争议仲裁前置程序。

在实体审理方面，法院普遍会根据董事、监事、高级管理人员的具体职责以及管控事项综合审查确认董事、监事、高级管理人员对应的忠实、勤勉义务范围；董事违反忠实、勤勉义务的主观表现；公司的具体损失结果；公司损失与董事、监事、高级管理人员违反忠实义务及勤勉义务之间的因果关系，以确定董事、监事、高级管理人员的损害赔偿责任。

（三）公司行使归入权需要满足哪些条件？

案例1 最高人民法院（2021）最高法民申1686号 李×、深圳市华佗在线网络有限公司损害公司利益责任纠纷

▶ 案情摘要

美谷佳公司是深圳市华佗在线网络有限公司（以下简称“华佗在线公司”）事实上的全资股东。李×在担任美谷佳公司法定代表人、董事长、总经理及技术团队主要负责人期间，另行实际控制与华佗在线公司具有同类业务的深圳友德医科技有限公司（以下简称“友德医公司”），将华佗在线公司与广东省第二人民医院（以下简称“省二医”）合作创建的网络医院等项目据为友德医公司所有，谋取本属于华佗在线公司的商业机会，取得了宜华地产股份有限公司（以下简称“宜华地产”）的巨额投资。

华佗在线公司、美谷佳公司诉称，李×滥用股东权利，利用关联关系和职务便利，谋取属于华佗在线公司的商业机会，违反了对美谷佳公司、华佗在线公司的忠实和勤勉义务，损害公司利益。

李×则主张，即使其存在华佗在线公司和美谷佳公司所称的损害公司利益的行为，其损害的也仅是华佗在线公司的利益，其系美谷佳公司的股东、法定代表人、董事长、总经理，并非华佗在线公司股东，也未在华佗在线公司任职，其无须对华佗在线公司进行赔偿。

裁判要旨

法院认为，李×将其任职高管的美谷佳公司全资子公司华佗在线公司的业务交由其实际控制的友德医公司经营，谋取了属于华佗在线公司的商业机会，损害了华佗在线公司的利益，违反了对华佗在线公司所负忠实义务和竞业禁止义务。李×由此获得的收入归华佗在线公司所有，以弥补华佗在线公司的实际损失。但在华佗在线公司损失标的系商业机会难以准确认定数额且李×的个人获益和美谷佳公司及其股东的实际损失亦无法认定的情况下，原判决综合考虑友德医等公司的运营成本、网络医院项目的发展前景和技术团队、资本团队对网络医院项目的投入、贡献情况，酌定李×向华佗在线公司赔偿2916万元以弥补华佗在线公司和美谷佳公司及其背后投资人的实际损失及合理期待利益，亦无不当。

案例2 江苏省高级人民法院（2015）苏商终字第00680号 南京南华擎天资讯科技有限公司与辛×梅、汪×刚等损害公司利益责任纠纷

▶ 案情摘要

南京南华擎天资讯科技有限公司（以下简称“南华擎天公司”）成立于2000年3月10日，是晋皓有限公司（以下简称“晋皓公司”）和南京擎天科技有限公司（以下简称“擎天科技公司”）共同成立的中外合作经营企业，经营范围是开发、生产计算机硬、软件，系统集成产品及售后相关综合服务，销售自产产品。

辛×梅、汪×刚、张×系擎天科技公司的原股东和实际控制人，并在南华擎天公司担任董事、经理等高管职务。在南华擎天公司经营期间，辛×梅、汪×刚、张×通过所控制的擎天科技公司，继续经营和南华擎天公司业务相竞争的软件销售等业务，并设立经营范围与南华擎天公司几乎完全相同的南京擎天软件科技有限公司（以下简称“擎天软件公司”）。擎天软件公司后被擎天科技公司吸收合并。

南华擎天公司认为，辛×梅、汪×刚、张×和擎天科技公司经营竞争业务、设立竞争公司等行为，公然违反竞业禁止义务，严重损害南华擎天公司的合法权益，诉至法院请求辛×梅、汪×刚、张×和擎天科技公司返还违反竞业禁止义务所获得的收益。

辛×梅、汪×刚、张×等称中外合作经营企业的董事由合作双方委派，代表股东利益，故不负有竞业禁止义务，同时还主张，竞业禁止的范围应限于实际经营范围，南华擎天公司的经营范围仅为系统集成产品的开发、生产和销售等，本案诉争的软件业不应纳入竞业禁止的范围。

裁判要旨

法院认为，虽然中外合作经营企业法对竞业禁止义务没有作出明确规定，但中外合作经营企业负有管理职责的人也受公司法调整，应负有竞业禁止义务，竞业禁止的业务范围应以营业执照载明为准。从合作合同和南华擎天公司的章程来看，董事均负有部分管理公司事务的职责，其受合作方委派，对公司仍然负有忠实义务，不得从事竞争业务，损害公司利益。本案中，辛×梅、汪×刚、张×违反了竞业禁止义务，擎天科技公司和擎天软件公司作为辛×梅、汪×刚和张×从事竞争业务的平台公司，应对三人收益的返还承担连带责任。

案例3 山东省高级人民法院（2015）鲁商终字第532号 济南东方管道设备有限公司与李×滨、济南东方泰威机械设备有限公司损害公司利益责任纠纷

▶ 案情摘要

2002年12月18日，济南东方管道设备有限公司（以下简称“东方公司”）由李×滨等人出资设立，主要经营无缝钢管、压力容器等业务。其中，李×滨系东方公司的董事并担任东方公司的副总经理，负责销售工作。

2012年6月20日，李×滨出资设立济南东方泰威机械设备有限公司（以下简称“泰威公司”），主营业务也为无缝钢管、压力容器等。同时，李×滨还担任泰威公司的执行董事、经理，系公司的法定代表人。

2012年7月，东方公司与李×滨解除了劳动关系，其不再担任东方公司副总经理职务。但东方公司工商登记显示，李×滨目前仍为东方公司董事。

2012年9月24日，泰威公司股东会决议免去李×滨执行董事兼经理职务，不再担任公司法定代表人，同时选举李×滨担任公司执行董事，聘任孟×浦为公司经理并担任法定代表人。

根据个税缴纳记录显示，自2013年8月31日至2015年5月31日，李×滨在泰威公司的工资薪金所得为71,300元。

此后，东方公司以李×滨未经东方公司同意，擅自设立泰威公司经营具有竞争关系的同类业务，并利用公司客户谋取商业利益为由，诉至法院请求判令李×滨停止担任泰威公司的执行董事并自泰威公司将出资撤回，李×滨、泰威公司停止利用东方公司的客户谋取商业利益。

东方公司同时主张，泰威公司的主营业务收入应为东方公司的损失，东方公司主营业务的减少也应为其公司的损失，李×滨、泰威公司应连带赔偿；李×滨在泰威公司领取了薪金，该薪金属于违反竞业禁止的收入，该部分薪金应属于东方公司所有。

李×滨则以其已在公司离职，不属于侵权主体为由进行抗辩。

裁判要旨

法院认为，李×滨担任泰威公司的执行董事的行为已构成对东方公司竞业禁止义务的违反，东方公司要求将李×滨担任泰威公司执行董事期间的部分薪金归该公司所有，系其对公司归入权的正当行使。

但法院又认为，东方公司未有证据证明泰威公司的主营业收入系泰威公司开展

同业竞争业务所得，而且我国《公司法》规定的赔偿主体仅为侵权的董事、高级管理人员，并不包括侵权的董事、高级管理人员所就任的公司，故东方公司主张泰威公司的主营业务收入应为东方公司的损失，东方公司主营业务的减少也应为其公司的损失，从而要求李 × 滨、泰威公司连带赔偿的诉讼请求于法无据，不应支持。

总结及延展

公司归入权是指针对公司内部特定人员违反忠实义务实施的交易而取得的利益，公司有权主张归公司所有。因董事、监事、高级管理人员作为受托代理人对公司具有信义义务，而信义义务的重要体现是前述人员不得将个人利益置于公司利益之上，不能通过履职行为获取个人利益，以预防相应人员的投机行为。故当董事、监事、高级管理人员利用公司获利，无论公司是否存在实际损失，相应收入均应归入公司。

一般来说，归入权的行使应以董事、监事、高级管理人员的侵权行为成立为前提，其构成要件为：其一，董事、监事、高级管理人员违反了忠实义务；其二，董事、监事、高级管理人员因违反忠实义务而获利；其三，前述获利与违反忠实义务行为之间存在因果关系。根据《公司法》(2024)第 181 条至第 184 条的规定可知，公司可向董监高主张收益归入的情形有如下几种。

第一，侵占公司财产；第二，进行关联交易；第三，篡夺公司商业机会；第四，违反竞业限制。具体而言，当董监高侵占公司财产时，其所侵占的财产及其孳息应当返还至公司；当董监高在未通过法定程序的情况下利用公司进行关联交易，且交易价格高于市场价时，其获利部分应当归入公司；当董监高侵占公司商业机会时，相应收益应归入公司；当董监高违反竞业限制时，相应情况会较为复杂，董监高经营公司的收入利润或者任职工资应归入公司。

实践中，由于侵占商业机会以及违反竞业限制行为导致公司遭受的损失并非直接经济损失，而是公司的合理期待利益，且一旦董监高通过侵占商业机会或突破竞业限制的手段侵害公司利益，其侵权行为往往需要借由其他公司来完成，而其他公司在此过程中产生的收益也往往会和董监高的侵权结果相关联，即与被侵权公司的损失相关联，故难免有人会将其他公司的收益等同于被侵权公司的损失。但前述观点在实践中并不能得到支持，虽然其他公司的收益与董事、监事、高级管理人员的侵权行为具有相关性，但侵权行为仅仅是其他公司最终收益的必要不充分条件，所涉收益往往是多种要素共同促成，侵权行为的实施也仅仅是商业利益形成过程中的一环而已。故面对前述情况，法院往往难以直接确认被侵权公司的实际损失金额，正如（2021）最高法民申1686号中所述，法院一般会结合机会项目 / 竞业项目的运营成本、发展前景、各要素的贡献情况综合酌情判定。

（四）董事、监事、高级管理人员的"合理注意义务"应当如何理解？

案例1　最高人民法院（2020）最高法民申640号　山东海之杰纺织有限公司、艾哈迈德·盖×损害公司利益责任纠纷

▶ 案情摘要

山东海之杰纺织有限公司（以下简称"海之杰公司"）系阿齐兰·宾×兄弟公司投资的独资公司。2011年1月至2014年3月，艾哈迈德·盖×（以下简称"盖×"）在海之杰公司任总经理职务，其主要职责为：按照公司的章程，根据董事会会议通过的各项决议、规定和一系列制度，组织公司的生产经营活动；全权处理董事会授权范围内的有关正常业务，以公司的名义签发各种文件等。

2011年1月8日，祥辉国际实业（香港）公司（以下简称"祥辉公司"）向海之杰公司传真合同一份，约定订购男装衬衫。海之杰公司在合同上加盖公司印章，祥辉公司没有支付定金，也未在合同上签章。为履行上述合同，盖×指示公司计划部经理于2011年1月20日和2月22日与黄冈金律纺织有限公司（以下简称"金律公司"）签订《产品采购合同》各1份，采购亚麻棉交织提花染色布。经海之杰公司计划部经理向其投资人阿齐兰·宾×兄弟公司请示后，安排将祥辉公司订购的男装衬衫全部生产完毕。但该批衬衫未能出售成功。2013年12月23日至31日，盖×带领海之杰公司采购人员到广州库存市场采购、验收和运输光坯布，共向周×等15名供应商采购布匹，价款（含运费）共计1,283,892元。

海之杰公司诉至法院，请求判令盖×赔偿给海之杰公司造成的损失200万元，并承担诉讼费。

海之杰公司主张，盖×严重违反公司财务制度，在祥辉公司未付定金和预付款的情况下指示公司计划部采购金律公司产品，后衬衫无法出售，从广州采购的光坯布存在严重质量问题，其违反了公司高管的忠实、勤勉义务，给公司造成了严重的经济损失，应当对因此给公司造成的损失承担赔偿责任。

裁判要旨

法院认为，从海之杰公司的具体诉请和依据的事实看，其并未提供证据证明

盖 × 在履行总经理职务期间存在获利情况，故其实际上针对的是盖 × 违反勤勉义务而非忠实义务。从法律规定看，《公司法》(2005)仅原则性规定了公司高级管理人员的勤勉义务，并未规定违反勤勉义务的具体情形。综观公司法实践，勤勉义务所要求的尽一个普通谨慎之人在类似情况下应尽到的合理注意，是一个经过实践而被逐渐总结出来的标准。面对市场不断变化的商事交易实践，如果要求每一个经营判断都是正确的，其结果会使公司高级管理人员过于小心谨慎，甚至裹足不前，延误交易机会，降低公司经营效率，最终不利于实现公司和股东权益。特别是在不涉及公司高级管理人员个人利益与公司利益冲突等可能违反忠实义务的情形中，公司高级管理人员依照法律和公司章程履行经营管理职责的行为，应受到法律的认可和保护。盖 × 作为海之杰公司的总经理，具有依照法律和公司章程主持公司生产经营管理工作的职权。本案中，盖 × 订立合同以及采购光坯布的行为，均系其为开展公司日常经营而履行总经理职权的行为，在案涉衬衫生产前，海之杰公司亦已请示其股东阿齐兰·宾 × 兄弟公司。本案中，盖 × 的行为并未超越海之杰公司章程规定的职责范围，未违反公司高级管理人员的忠实义务和勤勉义务，不负赔偿责任。

案例2 北京市高级人民法院(2020)京民终696号 北京煜森股权投资有限公司与刘 × 梅等损害公司利益责任纠纷

▶ 案情摘要

北京煜森股权投资有限公司(以下简称“煜森公司”)系有限责任公司，未设监事会。李 × 纯系煜森公司执行董事，刘 × 梅系控股股东，王 × 生为公司监事。

2019年8月5日，王 × 生向煜森公司及李 × 纯、刘 × 梅发送《关于监事开展监督检查的通知》(以下简称“《通知一》”)，通知其行使监事职权，对公司及被投资公司开展财务专项及相关检查。

2019年8月6日，煜森公司人员通过微信向王 × 生发送“关于监事检查事项的确认(请回复)”文件，称10万元审计费用过高，需当面协商与核实。

2019年8月8日，王 × 生向煜森公司及李 × 纯、刘 × 梅发出回函，回复监事检查工作所涉及的各事项，但未对10万元审计费用进行讨论的事项作出回复。

2019年8月12日，王 × 生向煜森公司及李 × 纯、刘 × 梅发送《关于公司开展审计监督检查所需明细材料的通知》(以下简称“《通知二》”)，要求于2019年8月21日之前准备好相关材料以供核查。

2019年9月5日，煜森公司股东郑×南、司×认为李×纯、刘×梅无视《通知一》，公然违反对公司的勤勉、重视义务，违法行使职权且不正常履行职责，严重违反了法律、行政法规、公司章程和公司的规章制度，已经给公司和其他股东的利益造成了严重损害，要求王×生作为监事以公司名义提起诉讼，追究前述人员的法律责任。

煜森公司诉至法院，请求判令李×纯、刘×梅向煜森公司承担遭受的损失（监事行使职权支付的会计师、律师费用）共计15万元，并如实提供监事履行职权所需资料以及承担本案的诉讼费用。

裁判要旨

法院认为，认定董事、高级管理人员是否违反勤勉义务应当从其职责范围来判断。忠实、勤勉义务的判断包括主观和客观两个方面，在主观上应当要求高级管理人员存在重大过失。只要董事、公司高级管理人员尽到了适当的注意义务，按照公司的日常运作模式发挥了管理作用，根据公司决策认真执行，法院不宜对公司的内部行为过多干涉，只有结合案件的具体情况，根据主客观相结合的标准进行衡量，在属于重大过失、过错的情形下，才能直接认定董事、高级管理人员的行为构成违反忠实、勤勉义务。本案中，煜森公司于2019年8月6日向王×生发送“关于监事检查事项的确认”要求讨论审计费用及相关事项。而王×生针对公司的确认函及回复信息，仅向公司及李×纯、刘×梅提出了备查材料等要求，未就审计费用等煜森公司提出的问题进行回应，且给公司预留的资料准备时间仅2周左右。现有证据不足以证明李×纯、刘×梅在案涉监事履行职责事项上存在重大过失或故意。煜森公司主张的15万元损失，仅3万元提供了律师事务所的咨询服务费发票，其余费用尚未实际发生，已付的3万元费用属于公司治理的必要成本支出，在无明显反证的情况下，不能认定为公司所遭受的损失。煜森公司主张本案诉争费用系李×纯、刘×梅违反勤勉及忠实义务给公司造成的损失，缺乏事实及法律依据，不予支持。

案例3 黑龙江省高级人民法院（2018）黑民申2845号 黑龙江鸿基米兰热力有限责任公司、王×玉损害公司利益责任纠纷

▶ 案情摘要

王×玉原系黑龙江鸿基米兰热力有限责任公司（以下简称“鸿基米兰公司”）负

责销售的副经理，取得了鸿基米兰公司的授权，负责为公司采购煤炭，对外签订煤炭购销合同。

因鸿基米兰公司不能按期给付货款，在征得公司财务负责人路 × 华同意的情况下，王 × 玉与七台河金源煤炭销售有限公司（以下简称“金源煤炭公司”）、哈尔滨百润源经贸有限公司（以下简称“百润经贸公司”）签订了两份《补充协议》及相应的违约条款，致使鸿基米兰公司采购成本增加。

鸿基米兰公司诉至法院，认为王 × 玉无权代表公司签订违约条款，公司已实际承担了因王 × 玉损害公司利益的行为所造成的经济损失，要求判令王 × 玉赔偿公司经济损失 2,022,751 元。

裁判要旨

法院认为，王 × 玉代表公司对外签订煤炭购销合同，属于职务行为，得到了鸿基米兰公司的授权。由于公司的高级管理人员在从事商业活动时常会面临极大商业风险，不能要求每一个决策活动均产生最佳效益，否则对实际经营管理者的要求将过于苛刻。王 × 玉的案涉行为在当时情形下具有一定的合理性，并不违反商业判断规则。鸿基米兰公司所举示的证据不足以证明王 × 玉存在损害公司利益的故意或重大过失。

案例 4 安徽省合肥市中级人民法院（2017）皖 01 民终 7901 号 范 ×、蒋 × 保损害公司利益责任纠纷

▶ 案情摘要

范 × 自 2010 年 6 月 28 日起担任武汉美菱电器营销有限公司（以下简称“美菱公司”）总经理至 2012 年 2 月 29 日。蒋 × 保自 2010 年 12 月 20 日起担任美菱公司财务负责人至 2012 年 5 月 16 日。

2011 年 11 月 18 日，范 ×、蒋 × 保代表美菱公司与湖北博士来科技有限公司（以下简称“博士来公司”）签订了《2012 年度美菱冰箱、冰柜、洗衣机区域经销商协议》及《补充协议》，经武汉市中级人民法院审理后，以（2014）鄂武汉中民商终字第 01345 号民事判决认定上述合同明为委托经营，实为借款合同关系，美菱公司经判决向博士来公司支付了借款本息 240 万元，造成 1,588,182 元实际损失。

后美菱公司诉至法院，认为范 ×、蒋 × 保违反公司章程的规定，在未向董事会

汇报，未经董事会审议通过的情况下，与博士来公司签订借款合同，造成公司损失1,588,182 元，应对此承担赔偿责任。

范 × 称由于其主观上认为合同不属于借款合同，是其职权范围内的经销商协议，未正式形成董事会决议，但实际上告知了公司，并未对公司隐瞒。时任美菱公司董事的余 × 兵、王 × 林均出庭作证，证明范 × 将协议及补充协议的内容告知公司，并取得与会人员的同意。余 × 兵、王 × 林占有董事会 2/3 的表决权。

裁判要旨

法院认为，基于公司经营业务的复杂性和商业决策自身的特点，考量公司高级管理人员的责任，应当参照商业判断规则。根据案涉协议内容，即使明为委托经营、实为借款合同，由于武汉美菱公司实际占有、使用了博士来公司交付的 300 万元，范 ×、蒋 × 保个人也未从中获利，且公司对此也知情，亦无证据证明该协议的签订不符合当时的商业判断，不应认定上述签约行为违反了高级管理人员对公司的勤勉、忠实义务。

总结及延展

董事、监事、高级管理人员的勤勉义务中的重要衡量标准之一为合理注意义务，但法律并未对合理注意义务进行具体解释，如何确认“合理注意”的基准在司法实践中是一个难题。如基准不合理，要么会导致公司对董监高的履职要求过高，不仅损害董监高的合法权益，亦会抑制董监高拓展突破的积极性；要么会导致公司对董监高履职过程松懈怠懒，形同虚设，不能充分发挥职能作用，无论前述哪一种情况最终都将影响到公司的长远发展。

《公司法》(2024)颁布前，司法实践中，法院通常以“一个普通谨慎之人的合理注意”来判断勤勉义务，未强调董监高的管理者身份。如在(2020)最高法民申 640 号一案中，最高人民法院要求董监高“尽一个普通谨慎之人的合理注意”；在(2020)京民终 696 号一案中，法院要求董监高“履行其职责时必须表现出一般审慎者处于相似位置时在类似情况下所表现出来的勤勉、注意和技能”。

笔者认为，《公司法》(2024)第 180 条对勤勉义务的基准要求是“执行职务应当为公司的最大利益尽到管理者通常应有的合理注意”，前述表达中包含了两个关键信息：第一，合理注意义务应当以公司的最大利益为导向；第二，合理注意义务应当按照“管理者”所应当具备的认知能力标准。

《公司法》(2024)强调董监高在履职期间的注意义务应当高于“一个普通谨慎之人的合理注意”标准，且董监高需以其作为管理者的身份合理相信自身的职务行为有助于公司实现利益最大化。如在(2020)沪0109民初17535案件中，法院认为勤勉义务是指公司基于董事的经营管理地位而从职业层面提出要求，要求董事勤奋、谨慎地管理与决策，对于公司经营事项尽到合理注意义务。

较之《公司法》(2018)，《公司法》(2024)对于勤勉义务中合理注意的标准有所提高，故既往司法判例中时常出现的“尽一个普通谨慎之人的合理注意”相关表述恐不再适用后续裁判。

按照目前的法律规定，董监高履职期间的合理注意义务可从下述几点进行分析和理解：

第一，应识别“勤勉义务”项下的具体内容，根据具体职责内容确定合理性标准。

《公司法》(2024)并未规定勤勉义务的具体内容。证监会在《上市公司章程指引》(2023)中明确了上市公司董事勤勉义务的内容，《上市公司章程指引》(2023)第98条规定：“董事应当遵守法律、行政法规和本章程，对公司负有下列勤勉义务：(一)应谨慎、认真、勤勉地行使公司赋予的权利，以保证公司的商业行为符合国家法律、行政法规以及国家各项经济政策的要求，商业活动不超过营业执照规定的业务范围；(二)应公平对待所有股东；(三)及时了解公司业务经营管理状况；(四)应当对公司定期报告签署书面确认意见。保证公司所披露的信息真实、准确、完整；(五)应当如实向监事会提供有关情况和资料，不得妨碍监事会或者监事行使职权；(六)法律、行政法规、部门规章及本章程规定的其他勤勉义务。注释：公司可以根据具体情况，在章程中增加对本公司董事勤勉义务的要求。”上述规定虽然较为明确具体，但属于针对上市公司的指引性文件内容，仅可作为非上市公司董事勤勉义务的参考。

笔者认为，勤勉义务的本质可理解为“恪尽职守”——完成职责范围内的应作为之事，所以董监高的具体职责内容来源于法律规定以及章程、制度规定。法律法规中涉及董监高职责内容的条款可分为“显性条款”和“隐性条款”：“显性条款”指的是直接规定董监高履职义务的条款，此种类型的法律法规直接指向董监高的履职行为，较为容易识别；“隐性条款”指的是条款内容指向公司义务，比如《公司法》(2024)第86条规定，公司应当负责办理股权变更登记，类似条款的义务人直接指向公司，但公司是拟制人格，其具体行为依赖于董监高等内部人员的管控和运作，故法律法规中所涉公司的对外义务均可转换为董监高对于公司的义务。恰是基于前述情况，故公司章程以及公司制度中一般会在法律框架内对董监高的职责予以区分化、具体化、细致化规定，所以在判断个案中董监高的具体职责范围时，首先要比对法律规定，判断所涉事项是否属于董监高法定义务或公司法定义务范畴，如法律没有规定，则需继续查阅公司章程、制度中的个性化规定，判断所涉事项是否被公司定义为董监高的具体职责。在清晰识别董监高具体职责范围的基础上，可通过举证责任的分配认定董监高履职情况是否符合合理性标准。

针对法律法规直接规定的董监高职责义务，与章程、制度中规定的董监高勤勉义务，只要董监高未能完成前述义务，均可初步视为其未能尽到管理者应有的合理注意，此时董监高如能够举证其在履职过程中遇到了客观存在且无法克服的障碍，则可进一步判定董监高已经尽到了管理者的合理注意，履行了勤勉义务。而针对法律法规中所涉公司对外义务转化而来的董监高职责（章程及制度中未体现），则需根据董监高履职的客观条件是否具备、董监高是否能够获取相应信息或反馈来综合判断其是否尽到合理注意义务。

一般而言，董事、监事、高管人员的勤勉义务按照内容可划分为决策、监督两个维度。

决策勤勉是指董事、监事、高管人员进行决策时应知道相关信息并谨慎决策，具体包括两层含义：(1)决策程序合法；(2)在信息收集及评估后进行决策。如前述两种行为均已完成则可视为达到了合理注意标准，因为对于决策义务而言，决策内容会涉及多种考量因素以及多重利益的博弈，复杂程度较高，其决策质量高低往往难以判断，法院在审理过程中不宜强行评判。而完善的程序要件能够在很大程度上保障和助力决策的合理性，排除明显不合理决策的发生，这对于商业主体的内部决策而言已然足够，至于难度较大的商业问题应当如何解决本也不应当交由法律决定。监督勤勉是指董事、监事、高管人员应主动对其他董事、经理层以及员工等人的行为实施监督。监督勤勉具体包含两层含义：(1)履行了法律法规以及章程规定的监督义务；(2)针对已发现的不当行为予以合法纠正或处置。如前述行为均已完成，则可视为已尽到合理注意。

总体而言，勤勉义务更加偏重对履职程序完整程度、完善程度的考量。比如，根据决策勤勉义务的要求，董事应当亲自出席董事会会议，熟悉公司的财务会计报表和律师提供的法律意见，及时了解公司业务经营管理状况；之后根据法律法规、公司章程规定的公司目的作出决议；对董事会决议的事项有异议时，应当将其异议记入董事会会议记录；董事应当对董事会的决议承担责任；发现董事会聘任的经营管理人员不能胜任时，应当及时建议董事会将其解聘；接受监事会对其履行职责的合法监督和合理建议；当其不能履行勤勉义务时，应当及时提出辞职等。①

第二，“合理注意”应当以“公司利益最大化”为目标。

无论是“决策勤勉义务”还是“监督勤勉义务”，董监高执行职务应当致力于公司利益最大化，即公司利益优先于股东等其他主体的利益。如果董监高在履职过程中，发现股东或者其他主体损害公司的利益而无所作为，则可视为未尽到合理注意。

如在（2018）最高法民再366号一案中，董事会6名成员均系股东委派。由于其未能在股东出资期限届满之后履行向股东催缴出资的义务，未能为公司的最大利益执行职务，被法院判决承担赔偿责任。

第三，应区分对待不同岗位管理者的合理注意义务。

笔者认为，“管理者应有的合理注意”并非指代同一种标准，董监高的职责范围并不完全相同，应结合各义务主体的职责范围确定勤勉义务的具体内容。

在（2022）鄂01民初7号案中，法院认为，公司内部董事对于公司所负有的勤勉尽责义务标准理应高于独立董事，有义务对交易对方及标的公司提供的相关资料尽到谨慎审核义务。通常情况下，不同管理者应具备的合理注意不同，认定“管理者通常应有的合理注意”时，需综合考虑其公司规模、职责范围、是否为执行董事、是否为内部董事等因素，从多个维度考察。

（五）股东抽逃出资，给公司造成损失，挂名董事、未参加决策或履行职务行为的董事，是否要承担赔偿责任？

案例1 **最高人民法院（2014）民二终字第00092号　袁×岷与光彩宝龙兰州新区建设有限公司、宝纳资源控股（集团）有限公司、龙湾港集团有限公司股东出资纠纷**

▶ 案情摘要

光彩宝龙兰州新区建设有限公司（以下简称“光彩宝龙公司”）章程约定，龙湾港集团有限公司（以下简称“龙湾港公司”）出资2719.2万元，宝纳资源控股（集团）有限公司（以下简称“宝纳资源公司”）出资2560.8万元，持股比例分别为51.55%、

① 参见江必新、何东宁:《最高人民法院指导性案例裁判规则理解与适用（公司卷）》，中国法制出版社2012年版，第166–167页。

48.5%。经宝纳资源公司作为协调人并担保，龙湾港公司向珠海经济特区瑞福星医药工业公司（以下简称“瑞福星公司”）借款1439万元用作注册资金投入光彩宝龙公司。

此后，龙湾港公司将投到光彩宝龙公司的1439万元注册资金，以虚构的工程款名义转到其控股子公司疏浚公司，再由疏浚公司支付给瑞福星公司，最终偿还了龙湾港公司向瑞福星公司的1439万元借款。

在该款项转出之后，时任龙湾港公司、光彩宝龙公司及疏浚公司法定代表人的袁×岷在光彩宝龙公司为龙湾港公司出具的《资金使用申请单》上签字同意。

就此，光彩宝龙公司和宝纳资源公司诉至法院，要求龙湾港公司向光彩宝龙公司返还抽逃的出资20,549,424.23元，并支付同期银行贷款利息，同时要求袁×岷承担连带责任。

袁×岷辩称，其在转款完成后按照内部财务管理制度补签字的行为，属于为完善转款手续而履行法定代表人职责的职务行为，主观上系被蒙蔽，客观上亦未实施“协助”或“利用关联公司便利”等行为，依法不应承担任何法律责任。

裁判要旨

法院认为，公司的其他股东、董事、高管人员等，只要实施了协助股东抽逃出资的行为，即应承担连带责任，而与协助行为对抽逃出资所起作用的大小、是否为抽逃出资的必要条件等无关。从常理上判断，袁×岷对其控制的三个关联公司之间故意实施的抽逃出资行为应是明知或应知的，虽然案涉签字行为发生在款项转出之后，但仍代表袁×岷对龙湾港公司抽逃出资行为的认可。袁×岷对通过其担任法定代表人的三个关联公司之间故意虚构债务以抽逃出资的行为主观上存在过错，客观上也实施了协帮的行为，应当承担连带返还责任。

案例2 最高人民法院（2020）最高法民申200号 石嘴山青年乘用车有限公司、金华青年莲花控股集团有限公司股东出资纠纷

▶ 案情摘要

石嘴山国马科技股份有限公司（以下简称“国马公司”）由石嘴山青年曼莲花汽车有限公司（以下简称“青年曼公司”）、石嘴山青年乘用车有限公司（以下简称“乘用车公司”）、金华青年莲花控股集团有限公司（以下简称“莲花公司”）、石嘴山市矿业（集团）有限责任公司（以下简称“矿业集团”）四股东发起设立。

青年曼公司、乘用车公司、莲花公司作为汽车集团和浙 ×× 年乘用车集团有限公司（以下简称“浙江乘用车集团”）在石嘴山市的投资平台，法定代表人均为庞 × 年，且在财务、表决权、业务上存在混同，三公司通过互相配合，将已出资到位的国马公司资本转出，共同构成对国马公司的抽逃出资。

矿业集团向一审法院起诉，请求判令青年曼公司、乘用车公司和莲花公司共同向国马公司返还抽逃的出资款及利息，国马公司实际控制人汽车集团、金华青年汽车制造有限公司（以下简称“金华汽车制造公司”）、浙江乘用车集团及国马公司董事庞 × 年、孙 × 海、王 × 丹、庞 × 萍、傅 ×、厉 × 平共同对此承担连带清偿责任。

经法院审理查明，庞 × 年、孙 × 海、傅 × 系抽逃国马公司资金的具体决策和直接实施者。

王 × 丹、庞 × 萍、厉 × 平则辩称，其 3 人只是挂名董事，不参与国马公司的经营管理，自始至终都未参与，也不了解国马公司和其他任何公司的资金收支情况，更不清楚每笔往来资金的情况，参加的 2013 年 1 月 8 日国马公司董事会会议是正常履职并不涉及抽逃资金问题。

裁判要旨

法院认为，庞 × 年、王 × 丹、庞 × 萍、孙 × 海、傅 ×、厉 × 平等作为国马公司的董事分别以积极实施和不履行法定义务的方式协助股东抽逃出资。庞 × 年、孙 × 海、傅 × 系抽逃国马公司资金的具体决策和直接实施者，王 × 丹、庞 × 萍、厉 × 平违反对国马公司负有的忠实义务和勤勉义务，应承担返还抽逃资金利息的连带责任。

总结及延展

本次《公司法》（2024）的修订中，除进了一步规定股东应当返还抽逃的出资外，还规定负有责任的董事、监事、高级管理人员应当与该股东承担连带赔偿责任，将行为方式由原来的“协助抽逃”修改为“负有责任”。“协助抽逃”指向的是董监高的禁止性事宜，而“负有责任”指向了董监高的监督、核查职责。

前述修改实质上是在董监高相应忠实义务的基础上增添了勤勉义务，扩大了董监高的义务和责任范围，这无疑加重了责任主体的举证责任。本次修改也将连带责任的法律位阶从司法解释上升到了法律，并进一步调整了协助抽逃出资的人员范围，这也是《公司法》（2024）中对于董事、监事、高级管理人员唯一的一处连带赔偿责任的规定。

从过往司法实践来看，行为人在抽逃出资行为中的原因力大小及是否实施了协助行为，不影响该等连带赔偿责任的承担，公司董事以只担任挂名董事、未参加决策或履行职务行为等理由所作的抗辩均不成立。

（六）当董事会决议违反法律法规规定时，董事能否以已经尽到了忠实勤勉义务而主张免责？

案例1 北京市高级人民法院（2017）京行终3225号 胡×勇与中国证券监督管理委员会行政复议纠纷

► 案情摘要

2016年7月5日，中国证券监督管理委员会（以下简称“证监会”）作出了〔2016〕84号《行政处罚决定书》（以下简称“被诉处罚决定”），查明丹东欣泰电气股份有限公司（以下简称“欣泰电气”）首次公开发行股票并在创业板上市（以下简称“IPO”）申请文件中相关财务数据存在虚假记载，胡×勇为其他直接责任人员之一。证监会决定对欣泰电气处以非法所募资金的3%即772万元罚款，同时对胡×勇处以5万元罚款。

胡×勇不服该处罚决定并向证监会申请行政复议，后证监会作出维持针对胡×勇部分处罚的决定。

胡×勇不服处罚决定和复议决定，故向法院提起诉讼：（1）其属于外部董事、不直接从事经营管理、不知悉公司违法行为，不存在过错，不应为他人的违法行为承担责任；（2）其担任董事为职务行为，决策均由委派单位作出，不应由其个人承担不利后果；（3）其并非该公司审计委员会成员，信任专业审计机构的专业报告，在整个事件中不存在过错。

经法院审理查明，在欣泰电气IPO申请的过程中，胡×勇一直担任公司董事，在相关董事会决议上签字同意并在招股说明书中签名“保证招股说明书内容真实、准确、完整”。

裁判要旨

法院认为，胡×勇的抗辩理由不能成立。首先，虽然外部董事一般不直接参与公司的具体经营，但仍然应当具备公司管理所需的必备专业知识，充分了解公司的经营状况，并基于自己的独立判断履行职责。其次，公司是否成立了专门的审计委员会，以及董事自己是否系审计委员会成员，均不影响董事应当依法独立履行其忠实勤勉义务。最后，外部专业审计机构应当对其所出具的审计报告文件的真实性、完整性和合规性负责，董事可以因为基于对外部专业审计机构无保留意见而对审计结论信赖，而在董事会决议违反法律法规的情况下降低董事尽到忠实勤勉义务的证明责任，但相关财务会计文件经过外部专业审计机构的审计，并不能完全替代董事履行忠实勤勉义务，因为董事履行忠实勤勉义务具有相对独立性，对公司财务状况以及委托外部专业审计机构开展独立的审计工作仍然负有合理、审慎的注意和独立履行职责的义务。胡 × 勇未举出任何实质性证据证明自己履行了董事的忠实勤勉义务，其抗辩理由不能成立。

案例2 上海金融法院（2019）沪 74 民初 2509 号　彭 × 与中安科股份有限公司等证券虚假陈述责任纠纷

▶ 案情摘要

中安科股份有限公司（以下简称“中安科公司”）启动重大资产重组项目，拟向深圳市中恒汇志投资有限公司（以下简称“中恒汇志公司”）以非公开发行股份的方式购买中恒汇志公司持有的中安消技术公司 100% 的股权。

2014 年 6 月 10 日，中安科公司董事会就本次重大资产重组审议通过了重大重组议案，董事邱 ×、朱 × 及独立董事蒋 ×、殷 ×、常 × 表决同意，关联董事黄 × 等回避表决。2015 年 1 月 23 日，中安科公司配套募集资金新增股份完成登记，重大资产重组实施完成。

2019 年 5 月 31 日，中安科公司发布关于收到证监会行政处罚决定书的公告。证监会认定中安科公司在其 2014 年 6 月 11 日发布关联交易报告书中所披露的置入资产评估值及 2013 年度营业收入存在严重虚增，构成证券市场虚假陈述。

彭 × 在虚假陈述行为实施日至揭露日期间买入中安科公司股票，并一直持有至基准日后，因而遭受损失。彭 × 遂向法院起诉，要求包括作为独立董事的殷 ×、常 ×、蒋 × 在内对其损失承担赔偿责任。

裁判要旨

法院认为，独立董事与内部董事的职责并不相同，对于二者所应承担的责任也应有所区分。本案中，殷 ×、常 ×、蒋 × 为独立董事，未在中安科公司任职，并不参与公司的经营活动，仅是对公司的经营决策提供建议和监督，相对于内部董事而言，其对公司经营状况的了解程度更低。况且本案中需要其表决意见的是他人提供的第三方信息即重大资产重组所涉的标的公司中安消技术公司的经营状况。对于殷×、常×、蒋×3名外部董事而言，其并非专业人士，要求其持续关注标的公司案涉项目的履行进程，并对与标的公司经营状况相关的资料进行审核，显然已超出独立董事的职责范围。故殷×、常×、蒋×在本案中应予免责。

总结及延展

笔者认为，董事会决议违法并不等同于董事行为违法或者董事未能履行忠实勤勉义务。在前面专题已提到，按照法定要求履职是忠实勤勉义务的基本要求，在目前的司法实践中，法院在审查董事、监事、高级管理人员的行为是否符合忠实勤勉义务的要求时，首先对董监高的行为进行形式审查，如果董事、监事、高级管理人员的职务行为违反了法律、行政法规的强制性规定，即可直接认定其违反了忠实勤勉义务的要求，无须再对其行为进行实质性审查。

但值得注意的是，认定董监高履职行为违法需直接关注行为本身，而非通过行为结果的合法性推断行为的合法性。董事会决议不合法只是一种结果，该结果可能是多种正反因素冲突博弈之后的综合结果，个别董事在董事会决议中的行为表现未必是决定董事会决议结果的关键因素。通过已查询的司法案例可知，当董事会决议违法时，应当准确界定和判断董事对董事会决议是否承担责任，要严而有度，既不能让董事职位虚置，也不能延展过宽，只要董事会决议违反法律法规的规定就推定董事未尽忠实勤勉义务，而应当结合董事的具体类型、职责范围判断其合理注意标准，如果董事已经举证其在力所能及的范围内审慎地履行了自己的职责，则可视为董事已尽到了忠实勤勉义务。

（七）在多个董监高违反忠实勤勉义务需对公司承担赔偿责任的情况下，该责任属于连带责任还是按份责任？

案例1 江苏省无锡市中级人民法院（2018）苏02民终3185号 无锡储运有限公司与邵×铭、奚×茂、王×新损害公司利益责任纠纷

▶ 案情摘要

奚×茂、王×新、邵×铭原均为无锡储运有限公司（以下简称“储运公司”）

员工。奚 × 茂自 1998 年 12 月 31 日至 2013 年 12 月 2 日担任储运公司董事长及总经理。王 × 新自 1998 年 12 月 31 日起担任储运公司副总经理，于 2005 年 12 月 19 日至 2014 年 12 月 17 日担任储运公司总经理。邵 × 铭自 2007 年 1 月至 2010 年 7 月担任储运公司物资储运分公司经理，自 2010 年 7 月至 2013 年 12 月 28 日担任储运公司铁路运输分公司经理。

2003 年 10 月 29 日，储运公司与无锡市商业银行（以下简称“商业银行”）、无锡宝山钢铁贸易有限公司（以下简称“宝山公司”）签订了一份《仓储合作协议》，约定商业银行同意对租用储运公司位于无锡市城南路 25 号仓库存放货物的企业提供仓单质押贷款。储运公司同意为取得仓单质押贷款的所有借款人提供连带保证担保，双方不再另行签订单项或单笔保证合同，宝山公司为储运公司在协议项下的债务承担连带保证责任。

储运公司认为，奚 × 茂等 3 人具有丰富的仓储业务监管经验，未能审慎、勤勉地履行管理职责：未对《仓储合作协议》相关业务采取总价控制的监管方式，并拟定相关业务操作规范；亦未向公司披露《仓储合作协议》，导致公司仍然延续总量控制的监管方式，放任质押风险的产生，并最终导致公司产生担保风险。王 × 新、邵 × 铭在镍板处置过程中违反对公司的忠诚义务，基于个人私利阻挠镍板的处置；而奚 × 茂在明知镍板价值已经足以覆盖储运公司担保责任的情况下未能及时推进镍板的处置，最终导致储运公司产生损失，其 3 人应当对储运公司在质押物超发事件中产生的损失承担赔偿责任。

储运公司向法院请求判令奚 × 茂、王 × 新、邵 × 铭对任职期间给公司造成的 2,751,903.57 元损失承担连带赔偿责任。

裁判要旨

法院认为，关于赔偿责任分配的问题，根据《侵权责任法》的相关规定，认定由直接责任人邵 × 铭对公司在质押物超发事件中产生的损失承担 70% 的赔偿责任，奚 × 茂、王 × 新因监管不力承担 30% 的赔偿责任。首先，在邵 × 铭和奚 × 茂、王 × 新之间，邵 × 铭系经办人和直接负责人，奚 × 茂、王 × 新系管理责任人，应适用《侵权责任法》第 12 条：“二人以上分别实施侵权行为造成同一损害，能够确定责任大小的，各自承担相应的责任”，应由直接负责人邵 × 铭承担 70% 的赔偿责任；其次，在奚 × 茂、王 × 新之间，两人均系管理责任人，对公司的监管业务均有管理职责，应适用《侵权责任法》第 8 条：“二人以上共同实施侵权行为，造成他人损害的，应当承担连带责任”，故奚 × 茂、王 × 新应对剩余 30% 的赔偿责任承担连带责任。

案例2 广东省广州市海珠区人民法院（2018）粤 0105 民初 747 号 广州达雅高桐树医学检验实验室有限公司（原广州百皋医学检验所有限公司）与陈 × 靖、张 × 媛损害公司利益责任纠纷

▶ 案情摘要

陈 × 靖为广州达雅高桐树医学检验实验室有限公司（原广州百皋医学检验所有限公司，以下简称“达雅公司”）财务及行政总监，张 × 媛为公司副总，陈 × 善为公司总经理。后因与陈 × 善、张 × 媛、陈 × 靖发生劳动争议，达雅公司解除了与 3 人的劳动合同关系。

2015 年 12 月 11 日，广州市地方税务局稽查局对达雅公司 2013 年 1 月 1 日至 2015 年 5 月 5 日的纳税情况进行检查，并作出《税务事项通知书》[穗地税稽税通（2015）45 号]，载明：“你公司在‘长期待摊费用——开办费’‘管理费用’等科目反映支付陈 × 善、张 × 媛、陈 × 靖工资、补贴等工资薪金，未足额代扣代缴个人所得税。其中，张 × 媛 117,191.29 元，陈 × 靖 30,262.20 元，陈 × 善 95,163.12 元。”达雅公司向税务机关代缴了陈 × 善、张 × 媛、陈 × 靖个人所得税款，并于 2016 年 4 月 14 日诉至法院要求三人偿还公司代缴的个人所得税。法院分别判令陈 × 靖、张 × 媛、陈 × 善偿还公司代缴的个人所得税 32,887.2 元、117,191.29 元、34,397.79 元。

2017 年 11 月 23 日，广州市地方税务局稽查局作出《税务行政处罚决定书》[穗地税稽罚（2017）18 号]，决定对达雅公司应扣未扣（陈 × 善、张 × 媛、陈 × 靖等员工个人所得税 140,130.50 元，其中陈 × 善 27,041.17 元、张 × 媛 80,630.38 元、陈 × 靖 32,458.95 元）的行为处以罚款 70,065.25 元。达雅公司于 2017 年 11 月 30 日向税务机关交纳了上述罚款。

2018 年 1 月 11 日，达雅公司提起本次诉讼，要求陈 × 善、张 × 媛、陈 × 靖与公司法定代表人及董事梁 × 薇赔偿 70,065.25 元的罚款损失。

裁判要旨

法院认为，陈 × 善、张 × 媛、陈 × 靖、梁 × 薇 4 被告在公司纳税人员的税款缴纳过程中存在计算和审核的过失，违反了作为公司高管人员应尽到的忠实勤勉义

务，由此造成达雅公司被税务机关罚款 70,065.25 元，应当对达雅公司的损失承担赔偿责任。依据《侵权责任法》第 8 条的规定，达雅公司被税务机关罚款而造成经济损失的侵权事实，是由于 4 被告在履行职责过程中违反了相应义务出现了过失而导致，如前所述，4 被告作为达雅公司的高级管理人员，对个人所得税均负有统筹计算申报缴纳的义务，按层级管理要求，均应在前一手的审核结果上进行进一步的审核，可见 4 被告的行为之间相互关联、互相影响，最终导致公司出现了未足额扣缴个人所得税的情况，4 被告存在共同的过失。因此，4 被告对侵权行为所造成的损害后果应承担连带赔偿责任，即连带赔偿经济损失 70,065.25 元给达雅公司。

案例3 福建省厦门市思明区人民法院（2020）闽 0203 民初 23003 号 厦门华俄进出口贸易有限公司、施 × 智等损害公司利益责任纠纷

▶ 案情摘要

2012 年 6 月 14 日，经股权转让后，厦门华俄进出口贸易有限公司（以下简称“华俄公司”）的股东持股情况为：柳 × 溪持股 20%，张 × 邻持股 50%，施 × 智持股 30%。其中，柳 × 溪为公司执行董事，施 × 智为公司经理。

2020 年 6 月 29 日，因华俄公司利用 200 份虚开发票向税务机关申报出口退税并取得出口退税款 3,061,415.09 元，国家税务总局厦门市税务稽查局对华俄公司作出处以骗取税款 3,061,415.09 元 1 倍的罚款计 3,061,415.09 元的处罚决定。

华俄公司于 2020 年 7 月 2 日收到《税务行政处罚决定书》后，多次联系施 × 智，但其拒不理会。其后，华俄公司仅于 2020 年 10 月 9 日缴交罚款 1000 元。

华俄公司认为，施 × 智作为实际责任人，违反了忠实和勤勉义务，未经公司执行董事或公司股东会的授权和批准，利用其担任华俄公司经理期间的职务便利，私自以华俄公司名义通过与蔡 ×、蔡 × 钱犯罪团伙勾结，利用华俄公司从事虚开发票行为，导致华俄公司遭受巨额罚款，应承担赔偿责任。

华俄公司诉至法院，请求判令施 × 智赔偿华俄公司罚款损失 1000 元并承担本案的诉讼费用。

裁判要旨

法院认为，担任华俄公司经理的施 × 智组织实施了华俄公司骗取出口退税行为，是华俄公司遭受 1000 元罚款损失的直接责任人；担任华俄公司执行董事的柳 ×

溪，未确保华俄公司在其任职期间不被实施违法行为，致使施 × 智能够利用其担任公司经理的职务之便组织实施出口骗税行为，应当承担主要责任；担任华俄公司监事的杨 × 娥，未对公司恪尽忠实和勤勉义务，放任华俄公司实施违法行为，亦应当对华俄公司的上述损失承担相应的赔偿责任。张 × 邻虽系华俄公司的股东及高级管理人员，但在案证据和相关事实均不足以证明张 × 邻系华俄公司实施前述违法行为的直接责任人，因此，张 × 邻对华俄公司的前述损失无须承担赔偿责任。结合华俄公司实施违法行为的实际情况，根据施 × 智、柳 × 溪、杨 × 娥各自行为对华俄公司实施违法行为的过错参与程度，酌定施 × 智、柳 × 溪、杨 × 娥应当承担赔偿责任的比例分别为 40%、30%、30%。由于华俄公司明确表示不要求柳 × 溪、杨 × 娥、张 × 邻对华俄公司的上述损失承担责任。因此，对华俄公司要求施 × 智赔偿华俄公司缴纳罚款 1000 元损失的主张，予以酌情支持。

总结及延展

当多个董监高违反忠实勤勉义务时，其应对公司承担何种类型责任的问题，在目前司法实践中尚无定论。部分裁判观点认为，多个董监高违反勤勉义务的行为构成共同侵权，应当承担连带责任。在（2018）粤 0105 民初 747 号案中，法院认为 4 名高级管理人员的行为之间相互关联、互相影响，最终导致公司出现了未足额扣缴个人所得税的情况，其 4 人存在共同的过失，应对侵权行为所造成的损害后果承担连带赔偿责任。部分裁判观点认为，董监高之间应按照过错程度及参与程度承担按份责任。在（2020）闽 0203 民初 23003 号案中，法院认为，施 × 智作为公司经理，是公司实施骗取出口退税行为的直接责任人，柳 × 溪作为执行董事，应承担主要责任，杨 × 娥作为监事，亦应承担相应责任。据此，法院结合公司实施违法行为的实际情况，根据施 × 智、柳 × 溪、杨 × 娥各自行为对公司实施违法行为的过错参与程度，酌定 3 人应当承担赔偿责任的比例分别为 40%、30%、30%。

值得注意的是，连带责任还是按份责任的认定并不是单一、绝对的，二者也有可能并存。如在（2018）苏 02 民终 3185 号案中，法院认为在邵 × 铭和奚 × 茂、王 × 新之间，邵 × 铭系经办人和直接负责人，奚 × 茂、王 × 新系管理责任人，应适用原《侵权责任法》第 12 条："二人以上分别实施侵权行为造成同一损害，能够确定责任大小的，各自承担相应的责任"，应由直接负责人邵 × 铭承担 70% 的赔偿责任；在奚 × 茂、王 × 新之间，两人均系管理责任人，对公司的监管业务均有管理职责，应适用原《侵权责任法》第 8 条："二人以上共同实施侵权行为，造成他人损害的，应当承担连带责任”，故奚 × 茂、王 × 新应对剩余 30% 的赔偿责任承担连带责任。

笔者认为，董事、监事、高级管理人员违反忠实勤勉义务，并因此向公司承担赔偿责任的认定与普通侵权责任纠纷对应的赔偿认定并无二致，应当根据个案中各责任主体的具体侵权行为特质、侵权情节判定究竟是共同侵权还是分别侵权，并根据《民法典》侵权责任编的相关规定，结合案件事实合理确认董事、监事、高级管理人员的相关责任类型。

专题十三

股东知情权

一、法律规定对比解析

(一)《公司法》(2018)与《公司法》(2024)相关条文对比

《公司法》(2018)	《公司法》(2024)
第33条 股东有权查阅、复制公司章程、股东会会议记录、董事会会议决议、监事会会议决议和财务会计报告。 股东可以要求查阅公司会计账簿。股东要求查阅公司会计账簿的,应当向公司提出书面请求,说明目的。公司有合理根据认为股东查阅会计账簿有不正当目的,可能损害公司合法利益的,可以拒绝提供查阅,并应当自股东提出书面请求之日起十五日内书面答复股东并说明理由。公司拒绝提供查阅的,股东可以请求人民法院要求公司提供查阅。	**第57条** 股东有权查阅、复制公司章程、股东名册、股东会会议记录、董事会会议决议、监事会会议决议和财务会计报告。 股东可以要求查阅公司会计账簿、会计凭证。股东要求查阅公司会计账簿、会计凭证的,应当向公司提出书面请求,说明目的。公司有合理根据认为股东查阅会计账簿、会计凭证有不正当目的,可能损害公司合法利益的,可以拒绝提供查阅,并应当自股东提出书面请求之日起十五日内书面答复股东并说明理由。公司拒绝提供查阅的,股东可以向人民法院提起诉讼。 股东查阅前款规定的材料,可以委托会计师事务所、律师事务所等中介机构进行。 股东及其委托的会计师事务所、律师事务所等中介机构查阅、复制有关材料,应当遵守有关保护国家秘密、商业秘密、个人隐私、个人信息等法律、行政法规的规定。 股东要求查阅、复制公司全资子公司相关材料的,适用前四款的规定。
第97条 股东有权查阅公司章程、股东名册、公司债券存根、股东大会会议记录、董事会会议决议、监事会会议决议、财务会计报告,对公司的经营提出建议或者质询。	**第110条** 股东有权查阅、复制公司章程、股东名册、股东会会议记录、董事会会议决议、监事会会议决议、财务会计报告,对公司的经营提出建议或者质询。 连续一百八十日以上单独或者合计持有公司百分之三以上股份的股东要求查阅公司的会计账簿、会计凭证的,适用本法第五十七条第二款、第三款、第四款的规定。公司章程对持股比例有较低规定的,从其规定。 股东要求查阅、复制公司全资子公司相关材料的,适用前两款的规定。 上市公司股东查阅、复制相关材料的,应当遵守《中华人民共和国证券法》等法律、行政法规的规定。

续表

《公司法》(2018)	《公司法》(2024)
第 165 条 有限责任公司应当依照公司章程规定的期限将财务会计报告送交各股东。 股份有限公司的财务会计报告应当在召开股东大会年会的二十日前置备于本公司,供股东查阅;公开发行股票的股份有限公司必须公告其财务会计报告。	**第 209 条** 有限责任公司应当按照公司章程规定的期限将财务会计报告送交各股东。 股份有限公司的财务会计报告应当在召开股东会年会的二十日前置备于本公司,供股东查阅;公开发行股份的股份有限公司应当公告其财务会计报告。

(二)相关规范索引

相关规范	条款
《公司法司法解释(四)》(2020)	第 7 条、第 8 条、第 9 条、第 10 条、第 11 条、第 12 条

(三)新旧公司法变化解读

《公司法》(2018)中对股东知情权已有相关的规定,《公司法》(2024)则在前述基础上结合了既往公司法司法解释内容,并进行了扩充与完善。

第一,较之《公司法》(2018)第 33 条,《公司法》(2024)第 57 条扩充了股东知情权的行权范围,将"股东名册"和"会计凭证"纳入其中。

实践中,很多公司存在股权代持情况,导致股东名册与工商登记备案名册并不一致,且股权代持以及股东名册的修订亦并非法定决议事项,导致公司的部分股东并不了解相关情况。《公司法》(2024)允许股东查阅、复制股东名册,有利于股东掌握相关信息,提升真实股东信息的透明度。

《公司法》(2018)第 33 条仅规定了股东有权查阅会计账簿,但会计凭证系编制会计账簿的基础依据,如果仅查阅会计账簿并不能完全反映公司真实财务情况,故司法实践中针对股东是否可以查询会计凭证一直存在争议。此次《公司法》(2024)消除分歧,为股东知情权的充分有效行使提供了新的契机。此外,《公司法》(2024)限定"会计凭证"仅供查阅,较好地平衡了股东与公司之间的利益,防止股东行使知情权过程中造成公司商业秘密的泄露。

第二,《公司法》(2024)第 57 条融合了《公司法司法解释(四)》(2020)第 10 条、第 11 条的规定,明确股东可以委托中介机构行使知情权,同时,《公司法》(2024)删除了《公司法司法解释(四)》(2020)第 10 条中"在该股东在场的情况下"的表述,即律师事务所等中介机构可以在无股东陪同的情况下,以代理人身份独立查阅会计账簿、会计凭证。

第三，《公司法》(2024) 第 57 条新设股东知情权穿透制度，规定母公司股东有权查阅、复制全资子公司相关材料，进一步完善了股东知情权的权利体系。实践中，很多投资人均是通过搭建或入驻持股平台的方式间接持有全资子公司的股权，由于实际开展经营活动的主体是全资子公司，而母公司（持股平台）股东却碍于缺少直接股东身份而无法了解其真正投资标的的真实运营情况，导致很多持股比例较小的母公司股东的权益无法得到保障。而《公司法》(2024) 明确规定母公司的股东可以查阅、复制全资子公司的相关材料，有效地化解了前述困境，为母公司股东了解母公司及其全资子公司的经营情况提供了直接渠道和路径，避免了母公司通过转移全资子公司资产而侵犯母公司股东合法权益的情形。

第四，《公司法》(2024) 第 110 条新增股份有限公司股东行使查阅会计账簿、会计凭证的权利，但同时限定了相应权利行使的持股比例和持股时间，即"连续一百八十日以上单独或者合计持有公司百分之三以上股份"，但公司章程可规定更低的持股比例。也就是说，股份有限公司的章程可扩大查阅会计账簿、会计凭证的股东范围，但不能调高持股比例限缩行权股东范围。

二、争议问题及司法裁判实务梳理

（一）股东行使知情权中所涉及的会计凭证是否包含原始凭证？

案例 1　最高人民法院（2019）最高法民申 6815 号　富巴投资有限公司、海融博信国际融资租赁有限公司股东知情权纠纷

▶ **案情摘要**

海融博信国际融资租赁有限公司（以下简称"海融博信公司"）成立于 2015 年 2 月 27 日，公司类型为有限责任公司（台港澳与境内合资），富巴投资有限公司（以下简称"富巴公司"）系在香港特别行政区注册成立的公司，为海融博信公司股东。

2018 年 3 月 27 日，富巴公司向海融博信公司发出律师函，要求行使其股东知情权，请求查阅、复制公司章程、股东会会议记录、会计账簿（含总账、明细账、日记账、其他辅助性账簿）以及会计凭证（含记账凭证、相关原始凭证及作为原始凭证附件入账备查的合同等有关资料）。

海融博信公司于 2018 年 3 月 28 日收到该《律师函》后拒绝答复。

富巴公司起诉海融博信公司，请求判令海融博信公司将其成立以来的公司会计账簿(含总账、明细账、日记账、其他辅助性账簿)以及会计凭证(含记账凭证、相关原始凭证及作为原始凭证附件入账备查的有关资料)的原件完整置备于其住所地以供富巴公司查阅等。

一审法院经审理后支持了富巴公司要求查阅会计账簿及原始凭证的诉讼请求。海融博信公司不服一审判决,提起上诉。二审法院经审理后撤销一审判决,驳回富巴公司要求查阅原始凭证的诉讼请求。富巴公司不服二审判决,向最高人民法院提起上诉,再审法院裁定驳回其再审申请。

裁判要旨

法院认为,根据《会计法》(2017)第13条第1款的规定:“会计凭证、会计账簿、财务会计报告和其他会计资料,必须符合国家统一的会计制度的规定。”同时,第14条第1款规定:“会计凭证包括原始凭证和记账凭证”,会计账簿不包括原始凭证和记账凭证。股东知情权和公司利益的保护需要平衡,不应当随意超越法律的规定扩张解释股东知情权的范畴。《公司法》(2013)规定的股东可查阅范围没有涉及原始凭证,故对富巴公司查阅海融博信公司原始凭证的请求不予支持。

案例2 江苏省宿迁市中级人民法院 李×君、吴×、孙×、王×兴诉江苏佳德置业发展有限公司股东知情权纠纷[①]

▶ 案情摘要

2009年4月8日,江苏佳德置业发展有限公司(以下简称“佳德公司”)的股东李×君、吴×、孙×、王×兴4人递交书面申请称:“四申请人李×君、吴×、孙×、王×兴作为股东,对公司经营现状一无所知,而公司经营至今没有发过一次红利,并对外拖欠大量债务,使其股东权益受到了严重侵害。为了解公司实际情况,维护自己合法权益,4名申请人准备于2009年4月23日前,在公司住所地依据公司法的规定查阅或复制公司的所有资料(含公司所有会计账簿、原始凭证、契约、通信、传票、通知等)。”

佳德公司复函前,该4名股东于2009年4月14日诉至法院,提出上述诉求。同日,法院受理该案。

---

① 参见《最高人民法院公报》2011年第8期。

一审法院经审理后驳回李×君、吴×、孙×、王×兴的诉讼请求。李×君、吴×、孙×、王×兴不服一审判决，提起上诉。二审法院经审理后撤销一审判决，支持其要求查阅会计账簿和会计凭证（含相关原始凭证）的诉讼请求。

裁判要旨

法院认为，股东知情权是股东享有对公司经营管理等重要情况或信息真实了解和掌握的权利，是股东依法行使资产收益、参与重大决策和选择管理者等权利的基础性权利。从立法价值取向上看，其关键在于保护中小股东合法权益。根据《公司法》(2005)第34条第2款，《会计法》(1999)第9条、第14条、第15条第1款的规定，公司的具体经营活动只有通过查阅原始凭证才能知晓，不查阅原始凭证，中小股东可能无法准确了解公司真正的经营状况。根据会计准则，相关契约等有关资料也是编制记账凭证的依据，应当作为原始凭证的附件入账备查。李×君、吴×、孙×、王×兴4人查阅权行使的范围应当包括会计账簿（含总账、明细账、日记账和其他辅助性账簿）和会计凭证（含记账凭证、相关原始凭证及作为原始凭证附件入账备查的有关资料）。

总结及延展

《公司法》(2018)及司法解释均未对股东会计凭证查阅权进行明确规定。但是，实践中部分公司在编制会计账簿时违法造假的情形并不罕见。基于此，股东只查阅会计账簿显然无法达到了解公司真实经营状况的目的。[①] 故此，查阅更能反映信息完整性与真实性的会计凭证成为股东维护自身合法权益的刚性需求。

既往司法实践中，对股东知情权是否包含原始凭证存在截然相反的观点。一种观点认为，虽然《公司法》(2018)未明文规定会计凭证查阅权，但基于《公司法》(2018)关于股东知情权的立法目的，并考虑会计凭证与会计账簿的不同特点，股东查阅权的行使范围应当包括会计凭证，否则将不利于股东获悉公司真实的经营状况及财务状况，从而实质上无法达成保护股东的合法权益的目的。另一种观点则认为，根据《公司法》(2018)、《会计法》(2017)的相关规定，会计凭证仅是会计账簿的依据，而不是会计账簿的组成部分，因而股东不具有查阅会计凭证的法定权利，况且从平衡股东知情权和公司利益的目的出发，亦不应当对股东知情权的行使范围作出

① 参见上海市第二中级人民法院商事审判庭课题组、朱川、李非易：《股东知情权客体的第三层面：查阅会计凭证的证成与限度——兼谈公司法修订草案第51条》，载《法律适用》2022年第10期。

扩张性解释。

笔者认为，根据《会计法》(2024)第9条、第14条、第15条的规定，会计账簿必须以经过审核的会计凭证（包括原始凭证和记账凭证）为依据，会计凭证是制作会计账簿的基础和原始材料，能够反映出会计账簿的真实性和完整性，又是验证会计账簿对公司财务状况的记录是否完整准确的依据。

从法律角度而言，原始凭证的性质，是会计账簿得以成立的依据，也是会计账簿记录内容的真实性得以验证的证据。股东正当行使知情权与公司利益不相矛盾，在无相关禁止性的法律规定和公司章程规定的情况下，为保障公司股东充分了解公司的财务和经营管理信息，将会计凭证列入股东可查阅的范围，是适应我国现阶段公司治理现状的适应性举措。

我国市场经济处于起步阶段，虽然现代企业制度已经初步形成并得以践行，但受到文化、风俗、习惯、政治、经济制度的制约，公司治理实践中还大量存在着与诚信原则相悖的情况，如公司内部一般会有两套账，一套对外，另一套对内，这从近年来频繁显现的上市公司财务造假事件即可见一斑，经过严格审计程序的上市公司尚存在此种情况，更遑论中小企业。若法律与司法实践只允许查阅会计账簿，不允许查阅作为会计账簿内容证据的原始凭证，对股东知情权的保护力度将会大为减弱。

实践中，税务部门、审计部门查账的流程一般从账面疑点开始，然后查阅原始凭证，最后方能发现真相。对于股东而言，如一概不能查阅原始凭证，便很难制约企业管理层的管理权，不受制约的权力必然走向权力滥用的结果，最终会损害股东以及公司的合法权益。实际上，我国司法实践中早有支持的判决，很多法官在判决书中指出，会计账簿的真实性和完整性只有通过原始凭证才能反映出来，若不允许股东查阅公司的原始凭证，股东很难真正了解公司的实际情况，股东的知情权并未获得实际落实，从落实股东知情权角度出发，股东有权查阅公司的原始凭证。

《公司法》(2024)则直接将会计凭证列入有限责任公司股东可查阅内容的范围中，对长久以来的争论进行了回应，且未针对会计凭证的查阅作出任何限制性规定。结合《会计法》(2024)第14条第1款“会计凭证包括原始凭证和记账凭证”的规定，笔者认为，原始凭证应属于《公司法》(2024)第57条所规定的股东知情权范围内。至于《公司法》(2024)施行背景下，股东行使知情权查阅公司会计凭证的具体做法和相应限制还需今后的司法实践进一步明确。

(二)股东请求查阅会计账簿、会计凭证的前置程序存在瑕疵，股东是否能够通过诉讼手段实现知情权？

案例1 广东省佛山市中级人民法院(2022)粤06民终7585号 佛山市华电智能通信科技有限公司、唐×坚等股东知情权纠纷

▶ 案情摘要

佛山市华电智能通信科技有限公司(以下简称“华电公司”)章程第13条规定，“股东有权要求查阅公司会计账簿，公司拒绝提供查阅的，股东可以请求人民法院要求公司提供查阅”。

唐×坚、罗×勤向华电公司财务霍×发送《关于霍×涉嫌挪用资金或财务侵占的问责函》(以下简称“问责函”)，载明：在2020年5月28日至2021年6月15日，因霍×在未召开股东会并未经股东知情和同意的情况下非法转出68,724,728.7元，涉嫌挪用资金罪或职务侵占罪，责令霍×向其提供财务报表及相关材料。

后因遭华电公司及霍×拒绝，罗×勤、唐×坚提起本案诉讼，要求华电公司提供从2016年1月1日以来的公司会计账簿(含总账、明细账、日记账、其他辅助性账簿及银行流水)、会计凭证、股东会会议记录和财务会计报告、纳税凭证。

一审法院经审理后认为，罗×勤、唐×坚作为公司股东享有查阅权，支持了二人的诉讼请求。华电公司不服一审判决，提起上诉，其认为问责函的发送对象并非华电公司，且未有明确提出要求查阅或者复制的具体资料名称、范围，也未说明查阅的目的，该函件不能视为罗×勤、唐×坚依法向华电公司书面申请查阅、复制有关财务资料、履行了法定的前置程序，一审法院认定的事实错误。

二审法院经审理后维持原判，驳回上诉。

裁判要旨

法院认为，股东提起会计账簿查阅权诉讼的前置条件是股东向公司提出了查阅的书面请求，且公司拒绝提供查阅。本案中，虽然案涉问责函的发送对象非华电公司，唐×坚、罗×勤履行前置程序存在瑕疵，但霍×作为华电公司财务，其收到股东查阅公司财务报表及相关材料的请求，职务上有义务将其转达给华电公司负责人，且华电公司已在一审庭审中承认唐×坚、罗×勤向其出示过该函，事实上已收

到该申请，故应视为前置程序瑕疵已被弥补。而华电公司明知唐 × 坚、罗 × 勤提出行使股东知情权而未提供协助，至本案诉讼发生仍未提供相应资料，可认定唐 × 坚、罗 × 勤已满足提起会计账簿查阅权诉讼的前置条件，具备提起本案诉讼的合法基础。

案例2 北京市第三中级人民法院（2021）京03民终13398号 北京亿美汇金信息技术有限责任公司与上海钰昌投资管理有限公司股东知情权纠纷

▶ 案情摘要

上海钰昌投资管理有限公司（以下简称“钰昌公司”）为北京亿美汇金信息技术有限责任公司（以下简称“汇金公司”）股东，中昌大数据股份有限公司（以下简称“中昌公司”）为钰昌公司股东，持股比例为100%。

钰昌公司向法院提起本案诉讼，要求查阅汇金公司2018年1月1日至2020年6月30日的会计账簿，以及查阅、复制公司章程、股东会会议记录、董事会会议决议、监事会会议决议和财务会计报告。

钰昌公司诉称，钰昌公司分别于2019年10月21日和11月29日向汇金公司法定代表人及其财务经理发送邮件要求提供相关材料以便其进行审计并编制合并报告，但经多次沟通，汇金公司均拒绝并未予提供相关材料。

汇金公司辩称，钰昌公司从未就查阅会计账簿事宜向汇金公司提出载明查阅目的及范围的书面请求，未履行请求查阅会计账簿的法定前置程序，相关诉讼请求应予驳回。

一审法院经审理后支持了钰昌公司的诉讼请求。汇金公司不服一审判决，提起上诉。二审法院经审理后撤销一审法院同意钰昌公司查阅会计账簿的判决。

裁判要旨

法院认为，钰昌公司虽主张其已委托中昌公司查阅亿美汇金公司会计账簿，但该授权委托书并未在书面请求及现场查阅时一并送达汇金公司，而是在一审庭审中提交，故根据上述事实及在案证据，钰昌公司在履行前置程序上存在瑕疵。在钰昌公司未能提交其他证据证明其已履行前置程序的情况下，对于其要求查阅汇金公司会计账簿的诉讼请求，缺乏事实及法律依据，本院对此不予支持。

案例3 上海市第二中级人民法院（2021）沪02民终1278号　章×与上海玖培数控机械有限公司股东知情权纠纷

▶ 案情摘要

章×作为上海玖培数控机械有限公司（以下简称“玖培公司”）股东，向法院请求查阅玖培公司的会计账簿，并提交了显示“快件派送不成功（因收方客户拒收快件）”的物流记录以证明自身已履行查阅会计账簿的前置程序。

玖培公司辩称，公司自2016年6月14日起已变更经营地址，且在一审中已出示相关证明材料，与章×的寄件地址不相符，故不可能对函件拒收，该函件退件与公司无任何关系；另外，公司经营地址变更多年，章×也知晓公司变更经营地址的事实，但该函件仍未寄往公司正确地址，章×对此存在过错。

一审法院经审理后驳回章×要求查阅玖培公司的会计账簿的诉讼请求。章×不服一审判决，提起上诉。二审法院经审理后维持原判，驳回上诉。

裁判要旨

法院认为，当事人应对其主张负举证责任。相关法律对股东要求查阅会计账簿规定了前置程序，股东应严格依法行使该项权利。现章×无证据证明玖培公司存在故意或明确拒绝其查阅会计账簿的要求，一审法院结合双方实际情况认定法定前置程序存在瑕疵，进而不支持章×该项诉讼请求并无不当。

总结及延展

会计账簿、会计凭证中通常包含较为敏感的商业信息，故《公司法》（2024）为前述材料的查阅设定了前置条件，以防止部分股东滥用权利、频繁行权进而导致公司利益受损。

根据《公司法》（2024）第57条规定，股东行使查阅会计账簿、会计凭证需要满足以下条件：第一，股东应当向公司提出书面请求，说明目的。第二，股东提出书面请求后应给予公司一定回复期（公司收到后15日），回复期内公司明确拒绝或公司超期未回复的，股东可提起诉讼。

而既往司法实践中，股东在进行前置程序时，往往会出现部分瑕疵，在前述情况下，股东是否能够直接提起股东知情权诉讼一直存在争议。

根据检索的相关案例，笔者发现，前置程序瑕疵主要存在以下几种情况：第一，股东未提出书面申请，而是通过口头表达的方式传述请求；第二，股东提出请求后未等到 15 日回复期届满直接提起诉讼；第三，股东的查阅申请中未写明查阅目的；第四，股东的书面申请邮寄地址错误，导致公司未收到材料；第五，股东书面请求行使知情权的范围与起诉时的知情权范围不一致。

笔者认为，前述情况虽均属前置程序瑕疵，但是否会影响股东的知情权诉讼则应作相对性分析。首先，从知情权制度的立法旨意来看，一方面，法律需要保障未参加实际管理运营的股东能够及时了解到其所投资标的的相关情况，防止掌握控制权的股东出现道德风险，排挤或侵害其他股东的权利；另一方面，法律也需要保障股东行使知情权具有正当性，防止股东借由查账之名行不轨之事，损害公司利益。其次，股东与公司之间的关系属于公司自治范畴，公司自治的目的是实现“盈利和发展”，而法律裁判则关注“规则与正义”，由于股东与公司及其他股东之间的矛盾关系到公司自身的长远发展以及所有股东的利益，基于趋利避害的经济主体本性，公司内部所采取的化解矛盾方法不仅更具有灵活性和贴合性，且有助于维护公司的运营以及经济效率的提高。因此，法律不到非常必需之时刻，应当少些干预，将市场主体的事情交由其自行处理。而股东查阅公司会计账簿、会计凭证是极其容易引发股东与公司之间矛盾的事项，故公司法在股东寻求司法救济之前设立前置程序的目的亦是刻意搭建股东与公司之间的协商空间，争取能够通过最优途径化解双方之间矛盾，减少不必要的资源浪费；相反，如果股东与公司之间已然丧失了协商的可能性，法律亦应及时保护股东权益不受侵害。

所以，基于对法律设置前置程序含义的理解，可以获得一个判断逻辑，即只要股东在前置程序中已然表明其行权的正当性，且股东与公司之间协商未果，则可判定股东提起知情权诉讼具有必要性，法律应当予以支持。故笔者认为，判断《公司法》（2024）第 57 条第 2 款所涉前置程序的瑕疵是否影响股东的相应司法权利行使，亦应结合上述分析，根据不同情形作出区分性认定。具体如下：

第一种情形，股东未提出书面申请，而是通过口头表达的方式传述请求。

如果股东有证据表明其已经通过口头表达的方式让执行公司事务的董事等对公司有着管理运营权利、义务的人员知晓了股东自身的查阅请求及其查阅目的，则股东是否以书面形式提出申请均不影响公司对于股东查账正当性的审查，以及是否协商处理的考量，故在上述情况下如公司拒绝表态或者否定股东的请求，股东通过诉讼的方式维权具有合法性及合理性。

第二种情形，股东提出请求后未等到 15 日回复期届满直接提起诉讼。

笔者认为，15 日答复期的设置意旨在于限定公司自行处理股东查账事宜的期间，防止公司故意拖延阻碍股东行使知情权，15 日实质上系对股东诉讼权益的保护。因此，股东未等 15 日届满直接起诉不应对其起诉权和胜诉权造成负面影响。按照惯常诉讼程序，当知情权诉讼进入审判程序时，15 日等待期通常都已届满，除非公司有证据证明在 15 日届满前已经给予股东肯定性回复，否则前述诉讼均符合继续审理的条件。既往司法判例显示，法院通常会根据“便于当事人诉讼，便于人民法院依法独立、公正和高效行使审判权”的原则继续对相关诉讼进行审理。

第三种情形，股东的查阅申请中未写明查阅目的。

公司法要求股东在查阅申请中写明查阅目的是便于公司判断股东查账是否具有正当性。如股东在申请中未说明查账目的，但该案件已进入诉讼程序，公司针对查账目的合理性的判断及抗辩权依然存在，且庭审秩序规范、严谨，能够有效防止、纠正双方当事人毫无依据的表态，更加有助于公司、股东针对查账的目的进行清晰理性的分析和争辩。所以，在这种情况下，公司的权益并不会受到任何损害，且公司也有足够的空间和时间思考并确认对于股东查账事宜的态度，如果公司在庭审中同意股东查账，则相应诉讼程序也会随着股东的撤诉或法院的调解而终止，如果公司抱持否定态度，则庭审程序的推进更加有利于提高纠纷解决的效率。因此，实践中法院通常基于减轻当事人诉累、提升诉讼效率的原则，允许股东在诉讼过程中予以补正，即股东可在庭审过程中说明查阅目的。

第四种情形，股东的书面申请邮寄地址错误，导致公司未收到材料。

按照《公司法》(2024)第 57 条的规定，股东在诉请查阅会计账簿、会计凭证之前，首先应当向公司提出书面申请，故股东有义务向公司有效送达前述申请。也就是说，股东应当按照自己应当知道的公司的有效收件信息进行送达。如果系因为公司经营地址变更且股东不知情导致股东的申请未能送达到公司，则公司未收到相应申请并不是股东过错导致，股东可以在 15 日届满后直接提起诉讼。当然，对此股东负有初步举证责任，应提供相应邮单、物流记录和所邮寄的查阅申请文件。相反，如果股东可以查询到或者明知公司的有效送达地址，但未能进行正确送达，则视为股东尚未履行向公司提出申请的前置程序，其行为可被视为不当行权，亦不具有起诉的权利。

第五种情形，股东书面请求行使知情权的范围与起诉时的知情权范围不一致。

法律要求股东提出书面请求的重要原因在于便于公司审查股东查账是否具有正当理由，如果在公司已经拒绝股东查账申请的情况下，说明公司并不认同股东给出的查账理由，双方争议内容已确定，如果股东在诉讼过程中所增加的查询内容未超出其给出的查账理由所涉范围，则仍然属于双方的争议范畴，前述争议内容在股东告知公司查账请求的前置程序中已充分体现，股东在诉讼中扩展查账范围的行为并未损害到公司分析决策的权益，也并未剥夺公司通过自治协商解决该问题的空间。因此，在这种情况下法院可以且应当继续审理相应诉讼。相反，如果股东在前置程序中所给予的查账理由直接指向某些具体材料，并无任何延展空间，则股东在诉讼中增加查账内容的行为与之前股东给予的查账理由很可能没有任何关联性，在这种情况下，股东在诉讼中扩展查账范围的行为有恶意规避法律规定之嫌，其所增加的查账请求亦不应得到法律的支持。

（三）股东或股东投资的其他公司与公司间有未决诉讼的，股东请求查阅会计账簿、会计凭证，是否属于存在"不正当目的"？

案例1 四川省高级人民法院（2018）川民再663号　四川融易控股有限公司、蒋×阳股东知情权纠纷

▶ 案情摘要

四川沣通实业有限公司（以下简称"沣通公司"）、蒋×阳均系四川融易控股有限公司（以下简称"融易控股公司"）股东。

因沣通公司及其法定代表人冯×萱向融易控股公司借款200万元后逾期未还，融易控股公司曾向一审法院提起民间借贷纠纷诉讼，法院于2017年3月21日立案受理。

此前，股东蒋×阳作为担保人，为他人担保向融易控股公司借款1500万元，在经法院判决并强制执行后仍未归还。

据此，融易控股公司于2016年10月28日召开股东会，明确"部分股东发函要求查阅、复制公司会计账簿及原始凭证的问题，发函股东是现公司诉讼案件债务人的担保人，是诉讼案件的利害关系人，公司不能向发函股东提供"。

2017年1月22日，蒋×阳向融易控股公司邮寄《查阅请求函》，请求查阅自公司成立至今的公司章程、股东会会议记录、执行董事决议记录、财务会计报告以及全部会计账簿。

因融易控股公司一直未作出任何答复，蒋×阳诉至一审法院，要求行使股东知情权。

一审法院经审理后支持了对于蒋 × 阳要求查阅会计账簿及会计凭证的诉请。

融易控股公司不服一审判决，提起上诉。二审法院经审理后维持原判，驳回上诉。融易控股公司不服二审判决，向四川省高级人民法院申请再审，再审法院经审理后，维持二审判决。

裁判要旨

法院认为，鉴于股东行使知情权是否具有不正当目的的认定纯属主观心理活动的描述和认定，故只能根据当事人的行为来进行推断或者进行法律推定，证明难度较大。本案中，融易控股公司主张蒋 × 阳查阅公司会计账簿具有不正当目的，但无论蒋 × 阳是不是融易控股公司起诉的债务人（被执行人）或相关税务稽查事项的举报人，融易控股公司提交的证据尚不足以证明蒋 × 阳存在不正当目的，不能据此否定蒋 × 阳的知情权。

案例2 北京市第三中级人民法院（2023）京 03 民终 4066 号 北京通大投资管理有限公司与深圳一房和信资产管理有限公司股东知情权纠纷

▶ 案情摘要

深圳一房和信资产管理有限公司（以下简称“深圳一房公司”）作为北京通大投资管理有限公司（以下简称“北京通大公司”）股东，于 2021 年 3 月 17 日向其邮寄了《股东知情权申请书》，称因北京通大公司现有大额借款无法清偿，无法说明去向，且存在私自将其名下子公司股权转让给他人的情形，故要求行使股东知情权，北京通大公司需在 15 日内提供所有资料。该邮件于 2021 年 3 月 18 日被北京通大公司签收。

因北京通大公司未在法定期限内提供其要求查阅、复制的公司文件，深圳一房公司为维护自身权益，提起本案诉讼。

北京通大公司答辩称，其与深圳汇鑫鸿泰资产管理有限公司（以下简称“深圳汇鑫公司”）的借款合同纠纷案件正在法院执行中，深圳汇鑫公司和深圳一房公司的法定代表人均为高 × 天，且两公司的经营范围均包括了“资产管理、投资咨询、投资管理”的经营业务，深圳一房公司提起本案诉讼具有不正当目的，可能损害北京通大公司的合法权益。

一审法院经审理后驳回了北京通大公司要求查阅相关记账凭证和原始凭证的诉

讼请求，支持了要求查阅公司章程、股东会会议记录、董事会会议决议、监事会会议决议、财务会计报告和会计账簿的诉讼请求。北京通大公司不服一审判决，提起上诉。二审法院经审理后撤销一审法院支持查阅董事会会议决议、监事会会议决议的判决，其余维持原判。

裁判要旨

法院认为，北京通大公司主张深圳一房公司行使股东知情权具有不正当目的，应就其主张充分举证。即使深圳一房公司和深圳汇鑫公司存在实际控制人或者经营范围重合等关联性，但不能以此认定深圳一房公司可能通过行使股东知情权获取的资料实施了损害北京通大公司合法权益的行为，北京通大公司上诉主张其与深圳汇鑫公司的诉讼案件正在执行阶段、深圳一房公司行使股东知情权可能损害其合法权益亦缺乏充分的依据，本院不予采纳。

总结及延展

《公司法司法解释（四）》(2020)第8条规定："有限责任公司有证据证明股东存在下列情形之一的，人民法院应当认定股东有公司法第三十三条第二款规定的'不正当目的'：(一)股东自营或者为他人经营与公司主营业务有实质性竞争关系业务的，但公司章程另有规定或者全体股东另有约定的除外；(二)股东为了向他人通报有关信息查阅公司会计账簿，可能损害公司合法利益的；(三)股东在向公司提出查阅请求之日前的三年内，曾通过查阅公司会计账簿，向他人通报有关信息损害公司合法利益的；(四)股东有不正当目的的其他情形。"

由前述解释说明可知，股东或股东投资的其他公司与公司间存在未决诉讼本身不属于《公司法》(2024)第57条规定的"不正当目的"。故此，股东是否将行使知情权所获得的信息用于损害公司合法利益才是判断股东是否具有不正当目的的关键。实践中，股东或股东投资的其他公司与公司间有未决诉讼时，股东行使知情权，诚然大多是出于搜集证据之目的。但是，《公司法》(2024)赋予公司拒绝查阅的权利，是基于保护公司合法利益的初衷，而不是为了维护公司的一切利益。[①]前述未决诉讼系按照相关法定程序正常进行时，即使股东将行使知情权所获知之信息用于该案诉讼中，也并不会对公司合法权益造成损害。

---

① 参见李建伟：《股东知情权边界的利益衡量》，载《暨南学报（哲学社会科学版）》2022年第6期。

专题十四

股东代表诉讼

一、法律规定对比解析

(一)《公司法》(2018)与《公司法》(2024)相关条文对比

《公司法》(2018)	《公司法》(2024)
第 149 条 董事、监事、高级管理人员执行公司职务时违反法律、行政法规或者公司章程的规定,给公司造成损失的,应当承担赔偿责任。	**第 188 条** 董事、监事、高级管理人员执行职务违反法律、行政法规或者公司章程的规定,给公司造成损失的,应当承担赔偿责任。
第 151 条 董事、高级管理人员有本法第一百四十九条规定的情形的,有限责任公司的股东、股份有限公司连续一百八十日以上单独或者合计持有公司百分之一以上股份的股东,可以书面请求监事会或者不设监事会的有限责任公司的监事向人民法院提起诉讼;监事有本法第一百四十九条规定的情形的,前述股东可以书面请求董事会或者不设董事会的有限责任公司的执行董事向人民法院提起诉讼。 监事会、不设监事会的有限责任公司的监事,或者董事会、执行董事收到前款规定的股东书面请求后拒绝提起诉讼,或者自收到请求之日起三十日内未提起诉讼,或者情况紧急、不立即提起诉讼将会使公司利益受到难以弥补的损害的,前款规定的股东有权为了公司的利益以自己的名义直接向人民法院提起诉讼。 他人侵犯公司合法权益,给公司造成损失的,本条第一款规定的股东可以依照前两款的规定向人民法院提起诉讼。	**第 189 条** 董事、高级管理人员有前条规定的情形的,有限责任公司的股东、股份有限公司连续一百八十日以上单独或者合计持有公司百分之一以上股份的股东,可以书面请求监事会向人民法院提起诉讼;监事有前条规定的情形的,前述股东可以书面请求董事会向人民法院提起诉讼。 监事会或者董事会收到前款规定的股东书面请求后拒绝提起诉讼,或者自收到请求之日起三十日内未提起诉讼,或者情况紧急、不立即提起诉讼将会使公司利益受到难以弥补的损害的,前款规定的股东有权为公司利益以自己的名义直接向人民法院提起诉讼。 他人侵犯公司合法权益,给公司造成损失的,本条第一款规定的股东可以依照前两款的规定向人民法院提起诉讼。 公司全资子公司的董事、监事、高级管理人员有前条规定情形,或者他人侵犯公司全资子公司合法权益造成损失的,有限责任公司的股东、股份有限公司连续一百八十日以上单独或者合计持有公司百分之一以上股份的股东,可以依照前三款规定书面请求全资子公司的监事会、董事会向人民法院提起诉讼或者以自己的名义直接向人民法院提起诉讼。

（二）相关规范索引

相关规范	条款
《证券法》(2019)	第 94 条
《公司法司法解释（一）》(2014)	第 4 条
《公司法司法解释（二）》(2020)	第 23 条
《公司法司法解释（四）》(2020)	第 23 条、第 24 条、第 25 条、第 26 条
《公司法司法解释（五）》(2020)	第 1 条、第 2 条
《九民纪要》	第 24 条、第 25 条、第 26 条、第 27 条

（三）新旧公司法变化解读

股东代表诉讼制度，是指公司的合法权益受到董事、监事、高级管理人员及他人不法侵害时，公司却怠于或不能行使诉权保护其利益，符合法定条件的公司股东为了维护公司的利益有权依照法定程序以自己的名义代公司起诉不法侵害人，所得诉讼利益归于公司的一种制度。[①]《公司法》(2024)第 189 条在承继《公司法》(2018)规定的一般股东代表诉讼制度的基础上，增加了双重股东代表诉讼制度，将股东代表诉权穿透至公司的全资子公司，对股东代表诉讼制度进一步完善，解决了股东在公司治理失灵的情况下对于公司的全资子公司权益受损而束手无策的痛点问题。《公司法》、司法解释以及审判纪要共同构建了我国目前的股东代表诉讼制度。

《公司法》(2024)第 189 条在《公司法》(2018)第 151 条的基础上，新增双重股东代表诉讼制度，将股东代表诉讼的被告范围扩展至全资子公司的董事、高级管理人员。全资子公司的董事、监事、高级管理人员有损害公司利益情形的，或者他人侵犯公司全资子公司合法权益造成损失的，有限责任公司的股东、股份有限公司连续 180 日以上单独或者合计持有公司 1% 以上股份的股东，可以依照股东代表诉讼的规定书面请求全资子公司的监事会、董事会向人民法院提起诉讼或者以自己的名义向人民法院提起诉讼。

从《公司法》(2024)第 189 条第 4 款的表述来看，此次新增的双重股东代表诉讼制度可作如下理解：第一，该制度的适用范围仅限于全资子公司，未包含其他类型的子公司。第二，具有起诉资格的原告为有限责任公司的股东和股份有限公司连续

① 参见杨仕兵：《论股东代表诉讼中的联合行使诉权》，载《政治与法律》2014 年第 5 期。

180日以上单独或者合计持有公司1%以上股份的股东。第三，母公司股东提起股东代表诉讼需要履行前置程序，即请求全资子公司的监事会、董事会向人民法院提起诉讼。第四，被告不仅包括董事、监事、高级管理人员，还包括侵犯公司利益的其他主体。

《公司法》(2024)修订前，司法实践中多数法院并不支持双重股东代表诉讼制度。如最高人民法院在(2021)最高法民申6233号案中指出，原告提起代表诉讼应当具有标的公司的股东身份，但该案原告系标的公司股东的股东，因此无权行使标的公司股东权利，其诉讼主体不适格，原审法院裁定驳回起诉并无不当。

有学者指出，股东双重代表诉讼制度是在公司重组、集团化发展运作中，完善公司集团治理机制，堵塞法律漏洞，保护投资人基本权益不可缺少的必要环节。① 本次《公司法》修订正式确立了双重股东代表诉讼制度，为集团化治理模式下母公司股东维护其合法权益提供了必要救济手段，减少了因控制权减弱带来的不利影响，对保护母公司中小股东利益具有重要意义，同时将对关联公司的董事、监事、高级管理人员、实际控制人、控股股东等主体形成震慑力，有助于督促其认真履行其忠实勤勉义务。②

二、争议问题及司法裁判实务梳理

(一)股东已退出公司，但在其持股时发生过公司利益受损的情况，前任股东是否有权提起股东代表诉讼?

案例1 最高人民法院(2015)民二终字第38号　北京金伦多资源技术有限公司与上海迈卡尔得工贸有限公司、孙×等损害公司利益责任纠纷

▶ **案情摘要**

青岛永鑫汇矿业有限公司(以下简称“永鑫汇公司”)享有承德三金公司90%的股权，北京金伦多资源技术有限公司(以下简称“金伦多公司”)享有永鑫汇公司100%的股权。

① 参见沈贵明:《二重派生诉讼适格原告要件的构建》，载《法制与社会发展》2015年第2期。

② 参见王毓莹:《新公司法二十四讲：审判原理与疑难问题深度释解》，法律出版社2024年版，第342页。

2008 年 4 月 15 日至 2010 年 7 月 30 日，承德三金公司股权被左 × 华、李 × 转让后，又历经多次转让。

金伦多公司认为，左 × 华、李 × 作为永鑫汇公司及关联公司的高级管理人员，明知承德三金公司股权的实际价值，仍以极低的价格将其出售，与诸多后手受让人恶意串通，故诉至法院，请求确认就承德三金公司股权签订的多份股权转让合同无效。

本案起诉后，金伦多公司将其享有的永鑫汇公司的股份转让给沈 × 骧并办理了股权变更登记。

裁判要旨

法院认为，股东代表诉讼的适格原告为公司股东。金伦多公司现已不是永鑫汇公司的股东，不能行使股东的相关权利，也不能提起确认永鑫汇公司对外转让股权效力及赔偿的诉讼，其作为股东代表永鑫汇公司主张权利的事实基础已不存在，无权再以股东身份继续进行本案诉讼。

案例2 最高人民法院（2013）民申字第 645 号　南京东驰汽车工业（集团）有限公司与江苏春兰自动车有限公司、泰州春兰销售公司及一审第三人南京徐工汽车制造有限公司股东滥用股东权利赔偿纠纷

► 案情摘要

南京东驰汽车工业（集团）有限公司（以下简称“东驰公司”）享有南京徐工汽车制造有限公司（以下简称“徐工汽车公司”）40% 的股权，以徐工汽车公司股东身份提起了股东代表诉讼。

在本案二审审理过程中，东驰公司将其所持股份全部转让给徐工机械公司，并办理了工商变更登记。后二审法院以东驰公司丧失徐工汽车公司股东身份为由，驳回了东驰公司的起诉。

此后，东驰公司申请再审称，其虽然丧失了股东身份，但并不丧失诉讼主体资格，不影响诉讼的进行。如果徐工机械公司同意，则应当由徐工机械公司取代东驰公司继续诉讼；如果徐工机械公司不愿意继续诉讼，则二审法院应当征询东驰公司是否同意将本案股东代表诉讼转变为直接诉讼。

裁判要旨

法院认为，具备公司股东身份是有限责任公司股东提起股东代表诉讼的身份要件。东驰公司已丧失了徐工汽车公司股东的身份，不符合股东代表诉讼的主体资格要求，丧失了在本案中继续以徐工汽车公司股东身份进行股东代表诉讼的资格。

总结及延展

股东提起股东代表诉讼时需要具备股东资格，是法律规定的应有之义。但由于股东资格具有流动性，那么对于股东代表诉讼而言，原告须具备股东资格究竟是特指起诉阶段，还是指损害公司利益行为发生阶段？实践中，关于前述问题一直存在争议。与股东代表诉讼相关联的股东资格变化可分为两种情况：第一种情况是，损害公司利益行为发生时并不具有股东资格，其后才成为股东；第二种情况是，损害公司利益行为发生时具备股东资格，但后续股权转让至第三方。《九民纪要》第 24 条规定："股东提起股东代表诉讼，被告以行为发生时原告尚未成为公司股东为由抗辩该股东不是适格原告的，人民法院不予支持。"根据前述规定内容，后续继任股东可以针对其成为股东之前的损害公司利益行为提起代表诉讼。而对于已不具备股东资格的股东，是否有权针对其享有股东身份时，董事、监事、高级管理人员等损害公司权益的行为，提起股东代表诉讼？相关法律、司法解释及《九民纪要》并未明确。

笔者认为，在股东代表诉讼制度中，股东的诉讼权利来源于其在特定情况下所享有的法定代表权。当公司内部管理失灵或者负责公司运营管理的人员营私舞弊，导致公司利益受损却无法启动诉讼时，则股东有权代表公司提起诉讼，其权利来源于法律对于公司的救济，本质上是股东代替公司行使诉讼权利，故股东最终取得的胜诉利益也将归于公司。既然是基于救济公司权益而产生的法定代表权，则代表人与公司之间在组织架构中必须存在特定关联，确保代表人与公司的利益一致性，方能贴合该类法定代表的设立目标和意旨，有效地保护公司利益。故《公司法》(2024)第 189 条所涉"有权提起诉讼的股东"应作严格解读，特指"在起诉时符合法定条件的现任股东"，而不能宽泛适用至前任股东。如果起诉时原告不具备股东身份或起诉后原告因股权变更等丧失股东身份，则相应诉的利益已经丧失，原股东不再属于适格的原告。如最高人民法院在(2015)民申字第 2204 号案中所述，有限责任公司的股东会有权以股东会决议形式解除股东资格，且关于解除股东资格的决议已经生效；之后，股东并没有依法提起申请撤销股东会决议诉讼或申请确认股东会决议无效的诉讼。因此，股东在该案中丧失了股东资格，无权提起股东代表诉讼，裁定驳回起诉，有事实和法律依据。

（二）隐名股东能否提起股东代表诉讼？

案例1 安徽省高级人民法院（2020）皖民申4333号 刘×、刘×华公司证照返还纠纷

▶ **案情摘要**

安徽皖蜀春置业有限公司（以下简称"置业公司"）设立之初，内部的名义股东系两个法人股东安徽皖蜀春酒业有限公司（以下简称"酒业公司"）和安徽鼎和房地产开发有限公司（以下简称"鼎和公司"），实际投资人为鼎和公司和刘×、刘×征、陈×峰、吴×彬等人，酒业公司系名义上的唯一法人股东。刘×为置业公司法定代表人。

2011年5月，鼎和公司退出置业公司，刘×华购买了鼎和公司所持置业公司股份中的21%，并以股东身份直接参与了公司经营管理。

2018年11月9日，刘×征、陈×峰、吴×彬和刘×华函请置业公司监事陈×忠依法针对置业公司原法定代表人刘×损害公司权益的行为提起诉讼，但陈×忠在签收该请求函后未予起诉。

就此，刘×征、陈×峰、吴×彬和刘×华提起股东代表诉讼，要求刘×立即返还置业公司行政印章、财务专用印章以及其在银行备案的法定代表人名章。

刘×辩称，刘×征、陈×峰、吴×彬和刘×华4人非置业公司股东，非本案适格主体，无权起诉置业公司及法定代表人。

裁判要旨

法院认为，公司内部争议应遵循"双重标准，内外有别"的原则，隐名股东与显名股东之间的投资权益纠纷，属于内部纠纷，在处理公司内部关系引发的纠纷时应依契约自由、意思自治原则来解决。4原告虽系隐名股东，但其参加了置业公司的经营，实际享受了正常股东相同的权利义务，不存在恶意规避法律的动机和目的，有权就置业公司内部纠纷提起诉讼。

案例2 浙江省嘉兴市中级人民法院（2020）浙04民终3129号 汪×林、浙江凯能实业有限公司公司关联交易损害责任纠纷

▶ 案情摘要

庄×君、周×华为浙江万有科技有限公司（以下简称“万有公司”）名义股东，持股比例分别为90%、10%，庄×君担任法定代表人、执行董事、经理，周×华担任监事。

2015年11月11日，汪×林与万有公司、庄×君、周×华达成调解协议，万有公司36.38%的股权归汪×林所有，该股权由汪×林委托庄×君持有，汪×林不参与公司经营管理。

本案中，汪×林认为周×华与庄×君恶意串通进行关联交易，共同侵害了万有公司利益，向法院提起股东代表诉讼。

庄×君等被告辩称，虽汪×林由法院调解书确定持有万有公司36.38%的股权，但该部分股权已委托庄×君代持，汪×林系公司隐名股东，不参与公司的经营管理，无权提起股东代表诉讼。

裁判要旨

法院认为，有权提起股东代表诉讼的股东应是显名股东而非隐名股东。本案中，汪×林并非经正式登记的显名股东，也不参与万有公司经营管理，其作为隐名股东享有投资权益，而不能要求行使股东权利，不具备提起股东代表诉讼的主体资格。

总结及延展

隐名股东是否可以股东身份提起股东代表诉讼在司法实践中存在争议。一种观点认为，法律明确限定了股东代表诉讼的原告主体资格，而隐名股东是否具备股东身份，尚属不确定事项，故其不能要求行使股东权利，不具备提起股东代表诉讼的主体资格。另一种观点认为，公司争议应遵循“双重标准，内外有别”的原则，股东代表诉讼属于内部纠纷，只要隐名股东参与了公司经营管理，对内具有股东身份，则可以提起相关诉讼。

笔者认为，为有效厘清这一问题，须首先深入理解《公司法》（2024）第189条限

定诉讼主体资格的原因及目的。如前所述，有效维护公司利益是设立股东代表诉讼制度的根本目的。股东代表诉讼中，股东的权利来源于法律对于公司的救济。针对同一个损害公司利益的行为，任何一个股东提起股东代表诉讼之后，根据一事不再理的原则，其他股东均不得再次提起相同的诉讼。也就是说，针对公司内部同一事宜，所有股东共享仅有的“一次”代替公司发起救济诉讼的权利。与此同时，股东代表诉讼的结果却影响深远，关系到公司及其所有利益相关者的权益能否避免侵害，得到充分保障。这就要求提起股东代表诉讼的股东能够公正且充分地代表公司及其利益相关者的整体利益。①

这也是为何《公司法》(2024)第189条针对原告的诉讼主体资格设置了诸多限制条件：既要求股东在启动诉讼之时向公司内部提出先诉请求，同时也要求股东在持股时间、持股比例方面满足法定要求。目的在于防止部分股东在并未参与也不了解公司实际经营的情况下，胡乱操作或者私心用甚，随意启动诉讼程序，导致公司及其他利益相关方权益受损。

同时，笔者认为，公司法设立股东代表诉讼的首要目的为“鼓励股东积极参与公司经营管理，提高股东维护公司合法利益的积极性”，之所以对原告主体资格进行限制性设定也是为了在保障前述目标顺利实现的同时，避免部分股东借“公司之名”进行恶意诉讼。

因此，在分析隐名股东是否可以成为股东代表诉讼的原告主体时，应当根据隐名股东与公司之间关系的实际情况区别视之。实践中，部分隐名股东仅保留自益权，将参与公司经营管理的共益权交由名义股东行使；然而，还有部分隐名股东虽未登记于行政管理机关或记载于股东名册之中，但公司股东均认可其实质股东身份，且隐名股东一直以类似“影子董事”的角色参与公司的内部管理运营，即隐名股东并未将共益权委托至名义股东代为行使，而是通过其他股东都认可的方式享有权利、承担义务。在这种情况下，隐名股东虽未显名，但却切实践行了股东职权，相较于名义股东而言，隐名股东对公司的了解参与程度更加深入。故此，隐名股东通过维护公司利益不受损继而达到自我权益保护的积极性会更强，其在诉讼过程中的分析和决策也会更加全面周延。

综上所述，隐名股东是否享有股东身份属于公司的内部争议，在处理公司内部关系引发的纠纷时应依据契约自由、意思自治原则来解决，遵循“内外有别”的原

---

① 参见乔欣等：《公司纠纷的司法救济》，法律出版社2007年版，第64页。

则。如果隐名股东参加了公司的经营，股东资格、身份及持股比例已经过公司股东会议决议所确认，各方对对方的股权比例也均无异议，隐名股东实际享受了正常股东相同的权利义务，那么就公司内部纠纷提起诉讼时，隐名股东依法具有股东代表诉讼的诉讼主体资格；反之，当隐名股东未参与公司经营管理时，其仅享有投资权益，不能要求行使股东权利，亦无权代表公司提起诉讼。

（三）在什么情况下，股东代表诉讼的前置程序可得到豁免？

案例1 最高人民法院（2019）最高法民终1679号 周×春与庄士中国投资有限公司、李×慰、彭×傑及第三人湖南汉业房地产开发有限公司损害公司利益责任纠纷

▶ 案情摘要

庄士中国投资有限公司（以下简称“庄士公司”）系湖南汉业房地产开发有限公司（以下简称“汉业公司”）的实际控制人。汉业公司董事会由李×慰（董事长）、彭×傑、庄×农、李×心、周×春组成，除周×春外，其他4名董事会成员均为庄士公司董事或高级管理人员。

汉业公司股东周×春认为，庄士公司、李×慰、彭×傑作为汉业公司的实际控制人和高级管理人员，利用关联关系和管理人地位，实施损害汉业公司财产及其他利益的行为，应承担赔偿责任，就此提起了本案股东代表诉讼。

庄士公司、李×慰、彭×傑3被告辩称，周×春未履行提起股东代表诉讼的前置程序，且周×春的诉讼请求均无事实和法律依据，3被告没有损害汉业公司利益，向法院请求驳回周×春的起诉。

一审法院经审理后以周×春未履行法律规定的提起股东代表诉讼的前置程序，同时本案客观上也不具备“情况紧急、损失难以弥补”的法定情形为由，裁定驳回了周×春的起诉。周×春不服一审判决，提起上诉。二审法院经审理后撤销一审裁定，指令湖南省高级人民法院审理。

裁判要旨

法院认为，一般情况下，股东没有履行前置程序的，应当驳回起诉。但是，该项前置程序针对的是公司治理的一般情况，即在股东向公司有关机关提出书面申请之时，存在公司有关机关提起诉讼的可能性。如果不存在这种可能性，则不应当以原

告未履行前置程序为由驳回起诉。本案证据无法证明汉业公司设立了监事会或监事，周×春对该公司董事李×慰、彭×傑提起股东代表诉讼的前置程序客观上无法完成。本案中，除周×春外，汉业公司其他4名董事会成员均为庄士公司董事或高级管理人员，与庄士公司具有利害关系，基本不存在汉业公司董事会对庄士公司提起诉讼的可能性，再要求周×春完成对庄士公司提起股东代表诉讼的前置程序已无必要。

案例2 最高人民法院（2015）民四终字第54号 李×与周×峰、刘×芝损害公司利益责任纠纷

▶ 案情摘要

李×与周×峰、刘×芝为鞍山市中兴房屋开发有限公司（以下简称“中兴公司”）股东，李×占34%的股份，周×峰、刘×芝各占33%的股份，李×为法定代表人（未掌握公司公章），刘×芝为董事长，周×峰为公司监事。

因中兴公司一直未开发新的房地产项目，亦未开展与房地产项目无关的其他项目，且一直未形成利润分配方案，李×于2013年3月13日向周×峰、刘×芝发出催告函，要求二人在收到此催告函后30日内，立即返还侵占公司的全部资产，但周×峰、刘×芝二人未予回复。就此，李×提起本案股东代表诉讼。

裁判要旨

法院认为，起诉董事需向监事会或监事而非董事会提出书面请求，起诉监事则需向董事会或执行董事而非监事会或监事本人提出书面请求，此规定意在通过公司内部机关的相互制衡，实现利害关系人的回避，避免利益冲突。本案中，中兴公司监事周×峰以及除李×之外的其他董事会成员皆为被告，与案涉纠纷皆有利害关系，已无途径达成该目的。中兴公司被告董事会成员和监事在同一案件中，无法既代表公司又代表被告，为及时维护公司利益，在本案的特殊情况下，应予免除李×履行前置程序的义务。

总结及延展

为防止股东滥用诉讼代表权利，《公司法》（2024）第189条也给股东代表诉讼设置了交叉请求的前置程序。股东代表起诉前，应遵循穷尽公司内部救济原则，依法

先向有关公司机关(董事会、监事会)提出请求，请求有关公司机关向人民法院起诉，若有关公司机关拒绝履行职责或者怠于履行职责，则股东为维护公司利益可向人民法院起诉。

设立“穷尽内部救济”原则的重要原因在于法律充分尊重和信任公司内部决策和治理的机制效能，如果公司调和、解决内部矛盾的积极性能够在法律引导下得到激发，不仅可过滤诸多无价值诉讼，实现经济资源的优化配置，也可有效避免诉讼程序对于公司经营秩序的扰乱。但“凡事皆有度，浅则不达，过犹不及”，如过于追求程序的严谨反而会导致公司及股东利益因为形式上的瑕疵而失去法律的庇护。

对于前置程序的例外，我国《公司法》(2024)统一收纳于“情况紧急，不立即提起诉讼将会使公司利益受到难以弥补的损害”的情形中，但这是否意味着只要股东的请求事项不够紧急，则股东必须在切实完成所有前置程序后方可代表公司提起诉讼？笔者认为不然，股东代表诉讼制度存在的本身就足以说明公司在运营过程中很可能会出现由于管理人员疏于职守、道德风险迸发所导致的“治理失灵”“监督失灵”等公司经营僵局情况。当股东在无法通过寻求内部救济达成目标或者履行前置程序受到诸多阻碍的情况下，同样存在豁免前置程序的必要性。故此，股东是否应当履行前置程序不仅应基于紧迫性考量，还应考虑前置程序的有效性及可能性。

实践中，部分法院对前置程序把握过于严苛，不问案件的具体情况，只要股东未向公司机关提出书面申请，一概以不符合法律规定为由驳回股东起诉。后针对前述情况，《九民纪要》第25条规定：“一般情况下，股东没有履行该前置程序，应当驳回起诉。但是，该前置程序针对的是公司治理的一般情况，即在股东向公司有关机关提出书面申请之时，存在公司有关机关提起诉讼的可能性。如果查明的相关事实表明，根本不存在该种可能性的，人民法院不应当以原告未履行前置程序为由驳回起诉。”

根据既往司法判例，“公司有关机关不具有提起诉讼可能性”大致包括以下几种情况。

第一，相关机关不存在，或有关人员已不在其位，股东无从提起请求；第二，股东准备起诉董事或监事，但董事会或监事会受到同一名股东或者实际控制人控制，董事或者监事不具有互相起诉的可能性；第三，董事或监事既是前置程序的受理主体，又同时是股东意欲提起诉讼的被告，存在利益冲突；第四，董事会或监事会与损害公司利益的行为存在利害关系，或受制于损害公司利益的行为主体。

概言之，一旦出现公司有权机关无法提出诉讼的极端情况，即可豁免股东代表诉讼前置程序，股东有权为了公司的利益，以自己的名义直接提起诉讼。[①]

（四）双重股东代表诉讼中，胜诉利益归于母公司还是子公司？

案例1 山西省高级人民法院（2016）陕民终255号 王×凡、党×、海航控股集团有限公司与赵×海损害公司利益责任纠纷

▶ 案情摘要

赵×海、海航控股集团有限公司（以下简称“海航控股公司”）为陕西海航海盛投资有限公司（以下简称“海航投资公司”）股东，持股比例分别为40%、60%。陕西皇城海航酒店有限公司（以下简称“皇城酒店公司”）系海航投资公司全资子公司。

王×凡、党×均由海航控股公司通过海航投资公司委派至皇城酒店公司担任董事，其中王×凡为董事长。在王×凡担任皇城酒店公司董事长期间，存在长期占用酒店豪华套间、给他人安排免费住宿的问题；在党×担任皇城酒店公司董事期间，存在安排他人在公司领取空饷的问题。

赵×海认为，王×凡、党×由海航控股公司委派，故海航控股公司作为海航投资公司的控股股东应对其委派的人员负有管理责任。

赵×海在完成公司法定前置程序后，提起股东代表诉讼，要求王×凡及党×赔偿海航投资公司损失，同时要求海航控股公司承担连带责任。

一审法院经审理后认为胜诉利益应当归属于母公司，判决由皇城酒店公司的董事、总经理王×凡、党×二人分别向海航投资公司赔偿其损失955,964元、368,246元，海航控股公司承担连带责任，驳回其余诉讼请求。王×凡、党×、海航控股公司不服一审判决，提起上诉。二审法院经审理后认为本案的胜诉利益应当归属于子公司，改判令王×凡、党×二人分别向皇城酒店公司赔偿经济损失930,764元、180,000元，海航控股公司承担连带责任。

裁判要旨

法院认为，其一，子公司的损失不能等同于母公司的损失，母、子公司之间虽然存在控制与被控制的关系，但在法人财产制度上，是彼此独立的两个主体，各自依据

① 参见贺茜：《实体与程序双重视角下股东权益的司法保护——以“股东代表诉讼”为切入点》，载《法学论坛》2024年第1期。

相应的财务制度，独立核算，自负盈亏。其二，如果将子公司应得的损害赔偿直接归属于母公司，必然会造成将应当归属于子公司的财产以法律判决的方式直接划归于其唯一股东所有的情况，形成一人公司与其股东之间实质上的财产混同，亦与现行法律规定相悖。因此，本案的胜诉利益应当归属于子公司，即皇城酒店公司的高管王×凡、党×二人应当向皇城酒店公司（子公司）赔偿损失，而不是向海航控股公司（母公司）赔偿损失。

案例2 江苏省镇江市中级人民法院（2018）苏11民终35号 江苏开元众鑫玩具有限公司与杨×平损害公司利益责任纠纷

▶ 案情摘要

江苏天爱集团有限公司（以下简称为“天爱公司”）的股东为杨×平、江苏开元众鑫玩具有限公司（以下简称为“众鑫公司”），其中杨×平持股40%，众鑫公司持股60%，天爱公司法定代表人为周×东。句容市天骄工艺品有限公司（以下简称为“天骄公司”）为天爱公司全资子公司。

2012年12月，天爱公司与众鑫公司签订《承包经营合同》及相关附件协议，约定天爱公司将其全资子公司天骄公司发包给众鑫公司承包经营。协议签订后，众鑫公司接管天骄公司财务，沿用天骄公司银行账户进行资金收付。

在承包合同履行过程中，天爱公司股东杨×平认为众鑫公司存在违约和侵权行为，损害了天爱公司合法权益，遂先后分别书面发函给天爱公司董事会与监事，请求就众鑫公司侵害公司利益的行为提起诉讼，但在法定期限内未获响应。为此，杨×平以众鑫公司为被告，天骄公司为第三人，提起本案诉讼，请求判令众鑫公司向天骄公司返还货款2,971,626.84元。

一审法院经审理后判令众鑫公司向天骄公司给付2,678,155.68元。众鑫公司不服一审判决，提起上诉。二审法院经审理后撤销一审判决，改判令众鑫公司向天骄公司给付2,093,782.96元。

裁判要旨

法院认为，众鑫公司应当向天骄公司返还款项。天爱公司将其全资子公司发包给众鑫公司承包经营，众鑫公司承包后，实际接管并控制天骄公司财务，在属于天骄公司承包前应收货款到账后，未能按约将扣除应付支出后的剩余部分足额解交到天爱公司管理，众鑫公司该行为直接侵害了天骄公司的利益，同时也侵害了天骄公司唯一股东即天爱公司利益，而众鑫公司作为天爱公司占股 60% 的大股东，导致天骄公司及天爱公司无法向众鑫公司提起诉讼。杨 × 平作为天爱公司占股 40% 的股东，在履行了前置程序的情况下，有权以天爱公司股东的身份向众鑫公司提起诉讼。众鑫公司未能按约交付结余货款的行为直接侵害了天骄公司利益，有关结余货款应向天骄公司进行交付。

总结及延展

《公司法》(2024)在《公司法》(2018)所规定的股东代表诉讼基础上，将股东代表诉讼的被告范围扩展至全资子公司的董事、高级管理人员。笔者通过案例检索发现，由于在《公司法》(2024)出台前，并无明确规定赋予母公司代表子公司提起诉讼的权利。因此，虽然实践中存在母公司代子公司起诉的案例，但绝大部分母公司所提起的诉讼均被法院以不具备诉讼主体资格为由予以驳回。如最高人民法院在(2018)最高法民终 113 号案件中明确指出："股东向公司完成出资成为公司股东后即享有公司股权，股东人格和财产与公司的人格与财产相互分离、各自独立。新佰益公司起诉认为中天公司的权益受到侵害，并请求侵害者向中天公司承担责任，其并非诉因涉及的民事法律关系之一方主体，与本案不存在直接的利害关系。"

而部分法院在没有明确的法律规定下，认可了母公司代表子公司起诉的效力，但也明确指出，母、子公司之间虽然存在控制与被控制的关系，但从法人财产制度角度看，母、子公司是彼此独立的两个主体，不应通过判决的方式将属于子公司的财产划归母公司所有，否则将构成财产混同，因此，判决胜诉利益应该归于子公司。前述判决观点不仅与《公司法司法解释(四)》(2020)第 25 条现行股东代表诉讼中，胜诉利益归于公司的规定内容相一致，也与双重股东代表诉讼制度的法理逻辑相契合。

(五)股东代表诉讼的诉讼请求未得到法院支持的，诉讼费用应由股东还是公司承担？

案例1 广东省惠州市中级人民法院(2021)粤 13 民终 5834 号　葛 ×、惠州市富力航货运代理有限公司诉讼、仲裁、人民调解代理合同纠纷

▶ 案情摘要

2019 年 9 月 4 日，葛 × 以监事身份代表惠州市富力航货运代理有限公司(以下

简称“富力公司”)以损害公司利益责任纠纷为由向富力公司的法定代表人彭 × 均提起诉讼。对此,一审法院于作出(2019)粤 1302 民初 15761 号民事判决书驳回了富力公司的诉讼请求,后该案被提起上诉,二审法院作出(2020)粤 13 民终 3812 号民事判决书驳回了上诉,维持原判。以上两案共产生诉讼费 17,608 元。

2021 年 2 月 20 日,葛 × 诉至法院,请求判令富力公司支付前述两案的案件受理费及利息。

裁判要旨

法院认为,公司承担费用是基于诉讼请求得到支持,其立法目的在于维护公司利益,避免股东或监事滥用权力减损公司利益。本案中,葛 × 作为监事代表富力公司起诉彭 × 均损害公司利益被驳回诉讼请求,由此产生的诉讼费理应由其自行承担。

案例 2 上海市奉贤区人民法院(2021)沪 0120 民初 19037 号　张 × 月与上海赟鼎智能科技有限公司其他与公司有关的纠纷

▶ 案情摘要

张 × 月和张 × 峰为上海赟鼎智能科技有限公司(以下简称“赟鼎公司”)股东,持股比例分别为 30%、70%,张 × 峰为公司法定代表人及执行董事。

2019 年 12 月 31 日,张 × 月和张 × 峰等召开临时股东会,决议由赟鼎公司将其持有的江苏 ×× 有限公司 30%的股权以 1000 元的价格转让给张 × 峰,张 × 月对转让目的、转让费等均提出疑问。另外,张 × 峰出售赟鼎公司车辆的款项未入公司账。

2020 年 6 月 10 日,张 × 月提起股东代表诉讼,诉请张 × 峰向赟鼎公司赔偿损失,同时承担由此产生的合理律师代理费用。诉讼开庭后,张 × 峰为避免自己承担赔偿责任,将其持有的江苏 ×× 有限公司 30%的股权回转给了赟鼎公司,并将出售车辆的车款及利息汇入了赟鼎公司账户内。

2020 年 11 月 20 日,法院作出(2020)沪 0115 民初 40006 号(以下简称“40006 号案件”),认为张 × 月主张的案涉合理费用与股东代表诉讼案分属不同的法律关系,应当另行起诉。

张 × 月认为,现赟鼎公司因其股东代表诉讼而获益,赟鼎公司应当承担其因诉讼产生的合理律师代理费用。因此，张 × 月诉至法院，要求赟鼎公司向其支付合理费用 37,500 元及利息。

裁判要旨

法院认为，股东代表诉讼的提起是基于一种共益权，即公司的整体利益，而非基于股东的个人利益，股东代表诉讼胜诉后的利益亦应归属于公司。胜诉股东虽然不能获得被告的民事责任承担，但其行为毕竟是为了公司的利益，因此，作为获利一方的公司应当承担因股东起诉所付出的合理费用。本案中，虽然张 × 月在 40006 号案件中的诉讼请求未得到法院的支持，但该诉讼是张 × 月为了赟鼎公司的利益而提起的。赟鼎公司的合法利益已经实际得到实现，而该利益的实现与张 × 月起诉的行为之间存在着因果关系，故作为获利一方的赟鼎公司应承担张 × 月为此诉讼支出的合理费用。

总结及延展

《公司法司法解释（四）》（2020）第 25 条规定：“股东依据公司法第 151 条第 2 款、第 3 款规定直接提起诉讼的案件，胜诉利益归属于公司。股东请求被告直接向其承担民事责任的，人民法院不予支持。”第 26 条规定，股东依据《公司法》（2018）第 151 条第 2 款、第 3 款规定直接提起诉讼的案件，其诉讼请求部分或者全部得到人民法院支持的，公司应当承担股东因参加诉讼支付的合理费用。

从前述规定可知，股东代表诉讼的利益归属于公司，股东作为特定情形下公司诉讼的代表人，与公司之间形成了信义义务，股东启动诉讼的实质系履行机构职能，目的是保护公司利益，因此胜诉利益应归属公司。

基于此，《公司法司法解释（四）》（2020）第 26 条规定，诉讼请求部分或者全部得到人民法院支持的，公司应当承担诉讼费用。如股东代表诉讼的全部请求均得到法院支持，公司承担诉讼费用自无疑问。而在部分胜诉的情况下，考虑到股东以一己之力维护公司的整体利益，部分胜诉的结果足以表明股东提起诉讼具有相当的正当性与合理性；从鼓励股东提起该类诉讼、积极维护权益的角度出发，《公司法司法解释（四）》（2020）作出了此种安排。

关于股东败诉时的费用负担，公司法及司法解释均未明确。通过既往案例检索可知，部分法院认为《公司法司法解释（四）》（2020）第 26 条的立法目的在于维护公司利益，避免股东或监事滥用权力减损公司利益，因此，股东代表诉讼的诉讼请求完全没有得到法院支持的，股东参加诉讼支付的合理费用应该自行承担。也有法院认为，股东代表诉讼的提起是基于一种共益权，即公司的整体利益，而非基于股东的个人利益。因此，即使股东提出的诉讼请求没有得到支持，但其行为毕竟是为了公司的利益，只要股东不存在故意和重大过失，其参加诉讼所支付的合理费用应该由公司承担，如（2021）沪 0120 民初 19037 号判决所述。

笔者较为赞同“败诉时，股东参加诉讼所支付的合理费用应当由其自行承担”的观点。在（2021）沪 0120 民初 19037 号判决中，法院认为“股东代表诉讼的提起属于共益权，所以相应费用应当由公司承担”，笔者认为前述说理稍欠妥当。股东代表公司提起诉讼的权利确属“共益权”，指股东以参与公司经营为目的而得以行使的权利，或者说是股东以个人利益为目的兼为公司的治理利益而行使的权利。所以“共益权”并非“公益权”，股东行使该项权利的目的依然是为自身利益，只是在此种情况下股东自身利益的实现需依赖于股东对公司治理的参与，共益权是股东实现自益权的途径与保障，股东表决权、知情权、确认股东会和董事会决议无效、请求公司解散等均属于共益权。所以，共益权的行使一定会对公司治理产生影响，但不必然导致公司获益。

股东代表诉讼制度的设立仅仅意味着股东享有代表提起诉讼的权利，但这并不意味着实践中该权利的行使必然具有善意动机以及合理依据。股东代表诉讼的后果具有双面性，如果股东启动诉讼并非出于对公司的利益保护，而是基于与核心管理人员的矛盾冲突、或自身业务素养较低等原因恶意行权、以权谋私，则不仅对公司无所助益，还会导致公司的正常经营秩序受到损害。故此，公司是否能够在股东代表诉讼中受益在诉讼结果生效之前是完全不确定的。因此，应当根据股东代表诉讼的结果酌情确定诉讼相关费用的承担。《公司法》中多数问题的解决方案归根结底是“利益平衡”四个字，如果股东行使权利的随意性较强，则必然会导致公司或债权人利益受损，所以“既要保护，又要限制”才是公司法对待每一个权利主体的核心要诀。

综上所述，笔者认为，无论从“共益权”的法理解读角度，抑或基于《公司法司法解释（四）》（2020）第 26 条的内涵外延，均应以结果为导向，通过让股东适当背负诉讼成本的方式为股东提起代表诉讼增加一定压力，以求权责相匹配。故此，如股东代表诉讼败诉，则应由原告股东自行负担诉讼支出，如此亦有助于督促股东认真谨慎、理性克制地行权，防止股东滥用权力妨碍公司的正常经营。

专题十五

定向减资

一、法律规定对比解析

(一)《公司法》(2018)与《公司法》(2024)相关条文对比

《公司法》(2018)	《公司法》(2024)
第 177 条 公司需要减少注册资本时,必须编制资产负债表及财产清单。 公司应当自作出减少注册资本决议之日起十日内通知债权人,并于三十日内在报纸上公告。债权人自接到通知书之日起三十日内,未接到通知书的自公告之日起四十五日内,有权要求公司清偿债务或者提供相应的担保。	**第 224 条** 公司减少注册资本,应当编制资产负债表及财产清单。 公司应当自股东会作出减少注册资本决议之日起十日内通知债权人,并于三十日内在报纸上或者国家企业信用信息公示系统公告。债权人自接到通知之日起三十日内,未接到通知的自公告之日起四十五日内,有权要求公司清偿债务或者提供相应的担保。 公司减少注册资本,应当按照股东出资或者持有股份的比例相应减少出资额或者股份,法律另有规定、有限责任公司全体股东另有约定或者股份有限公司章程另有规定的除外。
—	**第 225 条** 公司依照本法第二百一十四条第二款的规定弥补亏损后,仍有亏损的,可以减少注册资本弥补亏损。减少注册资本弥补亏损的,公司不得向股东分配,也不得免除股东缴纳出资或者股款的义务。 依照前款规定减少注册资本的,不适用前条第二款的规定,但应当自股东会作出减少注册资本决议之日起三十日内在报纸上或者国家企业信用信息公示系统公告。 公司依照前两款的规定减少注册资本后,在法定公积金和任意公积金累计额达到公司注册资本百分之五十前,不得分配利润。

续表

《公司法》(2018)	《公司法》(2024)
—	**第 226 条** 违反本法规定减少注册资本的，股东应当退还其收到的资金，减免股东出资的应当恢复原状；给公司造成损失的，股东及负有责任的董事、监事、高级管理人员应当承担赔偿责任。
第 204 条 公司在合并、分立、减少注册资本或者进行清算时，不依照本法规定通知或者公告债权人的，由公司登记机关责令改正，对公司处以一万元以上十万元以下的罚款。 公司在进行清算时，隐匿财产，对资产负债表或者财产清单作虚假记载或者在未清偿债务前分配公司财产的，由公司登记机关责令改正，对公司处以隐匿财产或者未清偿债务前分配公司财产金额百分之五以上百分之十以下的罚款；对直接负责的主管人员和其他直接责任人员处以一万元以上十万元以下的罚款。	**第 255 条** 公司在合并、分立、减少注册资本或者进行清算时，不依照本法规定通知或者公告债权人的，由公司登记机关责令改正，对公司处以一万元以上十万元以下的罚款。

(二)相关规范索引

相关规范	条款
《九民纪要》	第 5 条

(三)新旧公司法变化解读

相较于《公司法》(2018)第 177 条,《公司法》(2024)第 224 条增加了第 3 款内容“公司减少注册资本，应当按照股东出资或者持有股份的比例相应减少出资额或者股份，法律另有规定、有限责任公司全体股东另有约定或者股份有限公司章程另有规定的除外”。

公司的减资可以根据减资的比例分为同比例减资和不同比例减资，前者指公司减资后各个股东的比例保持不变；后者又称定向减资，指公司减资后各个股东的出资比例发生了变化。根据《公司法》(2024)第 224 条第 3 款的规定，公司原则上应当进行同比例减资，在法律另有规定、有限责任公司全体股东另有约定或者股份有限公司章程另有规定的例外情况下允许定向减资。

定向减资制度的设立在实践中具有重要意义。一方面，当相关主体权益存在冲突时，比如公司回购异议股东的股权 / 股份，需要通过定向减资制度合法注销该中小股东的股东身份，以协同公司注册资本的变动。另一方面，定向减资与投资领域中的股权回购协议关系密切，特别是在私募投资领域，定向减资是投资机构退出公司的重要方式。

二、争议问题及司法裁判实务梳理

（一）违反通知债权人程序，是否影响定向减资的效力？

案例1 江苏省高级人民法院（2015）苏商终字第00140号　江苏万丰光伏有限公司与上海广力投资管理有限公司、丁×焜等分期付款买卖合同纠纷

▶ **案情摘要**

2010年11月19日，上海广力投资管理有限公司（以下简称“广力公司”）作出股东减资决定，将注册资本由2500万元减少至500万元，股东丁×（持股80%）、丁×焜（持股20%）持股比例不变。广力公司作出减资决议后未通知其债权人江苏万丰光伏有限公司（以下简称“万丰公司”）。

2011年1月20日，广力公司存于工商档案的《有关债务清偿及担保情况说明》载明，该公司在《上海商报》刊登了减资公告，广力公司及丁×焜、丁×承诺，未清偿债务及担保债权，由公司继续负责清偿，并由全体股东在法律规定范围内提供相应担保。后广力公司办理了工商变更登记手续。

此后，万丰公司诉至法院，请求判令广力公司、丁×焜、丁×支付所欠货款及迟延付款利息。

裁判要旨

法院认为，基于广力公司违约延期付款给万丰公司造成损失的客观事实，以及股东负有诚信出资担保责任以保障公司债权人的交易安全的基本法律原则，在广力公司减资未依法通知债权人万丰公司的情形下，一审法院判令丁×焜、丁×在减资范围内对广力公司不能还款部分承担补充赔偿责任，既未超出丁×焜、丁×认缴的出资额，也与其在减资过程中向工商管理部门出具的关于“在法律规定的范围

内提供相应的担保”的说明不悖，未超过其合理预期，合法正确。

案例2 上海市第二中级人民法院（2016）沪02民终10330号　上海德力西集团有限公司与江苏博恩世通高科有限公司、上海博恩世通光电股份有限公司等买卖合同纠纷

▶ 案情摘要

江苏博恩世通高科有限公司（以下简称“江苏博恩公司”）进行定向减资，该公司于2012年8月10日和9月27日形成的股东会决议载明：“同意公司减少注册资本19,000万元（其中认缴额2700万元，实缴额16,300万元），其中，冯×减少19,000万元（认缴额2700万元，实缴额16,300万元）。此次减少注册资本后，冯×不再具备股东资格。”

2012年8月13日，江苏博恩公司在《江苏经济报》上发布了减资公告，并于2012年8月31日出具了验资报告。此后，江苏博恩公司办理了相应的工商变更登记。

但江苏博恩公司在减资前未向其债权人上海德力西集团有限公司（以下简称“德力西公司”）清偿前述债务，且并未将减资事宜通知德力西公司。

此后，德力西公司诉至法院，要求判令江苏博恩公司偿还货款，江苏博恩公司股东上海博恩公司、冯×在19,000万元减资范围内对江苏博恩公司应付货款承担补充赔偿责任。

裁判要旨

法院认为，公司减资本质上属于公司内部行为，理应由公司股东根据公司的经营状况通过内部决议自主决定，以促进资本的有效利用，但应直接通知或公告通知债权人，以避免因公司减资产生损及债权人债权的结果。

虽然江苏博恩公司在《江苏经济报》上发布了减资公告，但并未就减资事项直接通知德力西公司，故该通知方式不符合减资的法定程序，也使德力西公司丧失了在江苏博恩公司减资前要求其清偿债务或提供担保的权利。由于江苏博恩公司在减资行为上存在瑕疵，致使减资前形成的公司债权在减资之后清偿不能的，上海博恩公司和冯×作为江苏博恩公司股东应在公司减资数额范围内对江苏博恩公司债务不能清偿部分承担补充赔偿责任。

案例3 江苏省南通市中级人民法院（2018）苏06民终2588号 梁×与顾×华股东损害公司债权人利益责任纠纷

▶ 案情摘要

2015年12月18日，南通三和顺物流有限公司（以下简称“三和顺公司”）经股东会决议，同意将公司注册资本由100万元增至500万元，增资额为400万元，由顾×华进行出资，出资方式为认缴出资，出资时间为2024年8月31日。2016年10月11日，经股东会决议，三和顺公司减资400万元，公司注册资金从500万元减至100万元，并于同日在《南通日报》进行登报公告，但并未直接通知梁×。

2016年8月2日，陈×斌出具借据向梁×借款60万元，三和顺公司在借据的连带责任担保人落款栏处加盖公章。2016年8月23日，法院依法受理梁×与案外人陈×斌、三和顺公司、顾×华民间借贷纠纷案件，于2017年12月19日作出（2017）苏06民终2396号民事判决，判令三和顺公司对陈×斌的60万元借款本金、利息及律师费承担连带还款责任，该民事判决现已生效。

梁×诉至法院，请求判令顾×华在减资的400万元范围内对南通市中级人民法院作出的（2017）苏06民终2396号民事判决书主文中三和顺公司对梁×的债务承担连带清偿责任。

一审法院经审理后驳回梁×要求顾×华对案涉债务承担连带清偿责任或补充赔偿责任的诉讼请求。梁×不服一审判决，提起上诉。二审法院经审理后维持原判，驳回上诉。

裁判要旨

法院认为，本案中，三和顺公司在减资时对梁×系其保证债权人是明知的，其未就减资事项对已知债权人梁×进行直接通知，使梁×丧失了在减资前要求其清偿债务或提供担保的权利，该减资行为违反法定程序。对债权人通知义务之履行，非减资行为的生效要件，而仅系对抗要件。公司不为通知义务，或对于在法定期限内提出异议之债权人不为清偿或不提供相当之担保，并不影响减资行为的效力，但公司不得以减资对抗此类债权人，此类债权人仍可在公司原有注册资本范围内对公司主张权利，被减资股东仍应在其应缴或认缴的注册资本范围内依《公司法》的规定对此类债权人承担民事责任。本案中，三和顺公司的减资行为不得对抗梁×。综上，梁 × 关于三和顺公司减资程序不合法的理由成立，予以支持。

但是公司违反法定程序减资，并非认缴出资的股东加速履行未到期出资义务的法定事由，顾 × 华作为三和顺公司的股东出资期限尚未届至，其在本案中不应承担民事责任。

案例4 北京市第三中级人民法院（2021）京03民终9223号 北京趣游互动娱乐科技有限公司与天下众创（厦门）投资咨询有限公司等与破产有关的纠纷

▶ 案情摘要

2019年3月5日，北京趣游公司全体股东出席股东会并形成决议，决议第一项同意注册资本由2000万元变更为185万元，变更后股东高 × 出资122.35万元，盈跃公司出资16.65万元，松禾公司出资18.5万元，天津趣游公司出资14.5万元，众创公司出资13万元。2019年3月6日，北京趣游公司在《北京晚报》刊登了减资公告。

2019年9月2日，北京趣游公司向法院申请进行破产清算。法院裁定受理其破产清算申请，并指定北京市尚公律师事务所担任破产管理人。

北京趣游公司诉至法院，请求确认2019年3月5日作出的股东会决议第一项内容无效。

北京趣游公司认为，根据破产法原理，先减资、后破产足以证明涉案决议系为逃避公司债务。减资前，北京趣游公司已有被执行案件，并具有破产情形。股东作出减资的股东会决议时，北京趣游公司已无法清偿到期债务，资产总额小于负债总额，存在破产情形，且北京趣游公司已有被执行案件无法执行，也有债权人提起诉讼，股东在明知有负债的情况下作出重大减资决定，仅给自己和关联方发减资通知，以公告的方式满足减资的形式要件，存在通过减资逃避承担未出资部分债务的目的，名为减资，实为抽逃出资，该行为损害了债权人利益，是以合法形式掩盖非法目的，逃债意图明显，应当确认无效。

裁判要旨

法院认为，首先，决议是公司形成意思表示的法律行为。减资本质上属于公司内部行为，属于公司意思自治的范畴。一般情况下，减资行为按照法律规定和公司章程规定的程序作出即可成立有效。我国相关法律法规并未规定减资中未通知债权人构成减资无效。其次，减资中未通知债权人构成瑕疵减资。瑕疵减资损害了对公司减资前的注册资本产生合理信赖利益的债权人权益，并未损害所有债权人的合法利益，并不当然导致减资无效。再次，北京趣游公司仅以减资、破产发生的时间顺序主张涉案决议系以逃避债务为目的，依据不足，不予采纳。最后，根据法律规定和减资公司及相关人员减资时出具的债务清偿声明，权益受损的债权人可以要求减资股东和相关人员对其债权承担清偿责任，其合法权益并非不可救济。故北京趣游公司以瑕疵减资、逃避债务为由要求确认减资决议无效，不予支持。

总结及延展

《公司法》(2018)并未规定违反通知债权人程序将导致减资无效的法律后果，而仅仅规定了责令改正、1万～10万元罚款的后果。当前司法实践中，法院通常不认为"通知债权人"属于强制规定。对于未履行通知义务的情况，实践中法院普遍认为，减资决议的效力对债权人"不发生法律效力"或不能"对抗"债权人，减资股东应当在减资范围内承担补充赔偿责任。

《公司法》(2024)第226条规定："违反本法规定减少注册资本的，股东应当退还其收到的资金，减免股东出资的应当恢复原状；给公司造成损失的，股东及负有责任的董事、监事、高级管理人员应当承担赔偿责任。"前述条款系违法减资法律后果，但该条款并未明确在未通知债权人的情况下，公司减资行为的效力状态。学理界对此则抱有不同态度。部分学者认为，公司不履行公司法规定的减资程序或违反对减资施加的约束条件，均构成违法减资，这表明"违反本法规定"包括违反减资的法定程序与违反减资的实体规则。[①] 因此，未完成《公司法》(2024)第224条规定的通知、公告债权人的程序而进行减资，相关责任人应依法承担法律责任。部分学者则认为，违反减资程序也不应当然导致减资决议无效。瑕疵减资的决议有效，并不必然损害债权人利益，若确实损害了债权人利益的，债权人可以通过要求公司在减资范围内承担偿付责任以及继续要求股东在减资范围内承担责任的方式救济。[②] 针对这一问题，还有待于今后的司法解释予以补充。

笔者认为，《公司法》(2024)第226条系对内责任的认定和责任承担方式，而从对外角度来讲，减资的责任主体系公司，如果公司在减资过程中未能履行法定程序导致债权人遭受损失，则公司应当承担赔偿责任，而不是由第226条规定项下公司

---

① 参见李建伟：《公司法评注》，法律出版社2024年版，第895页。

② 参见赵旭东、刘斌：《新公司法诉讼实务指南》，法律出版社2024年版，第403页。

内部董事、监事、高级管理人员承担责任。此外，即使公司违法减资，也并不当然意味着公司减资决议无效。前述问题类似于“物债二分”，公司决议是否有效需要根据决议程序、决议内容进行判断，如果公司的减资决议程序合法、内容也未违反法律法规以及公司章程的规定，则公司的减资决议并不存在不成立、无效或者可撤销的情形。而公司在减资过程中的违法操作行为属于实际操作阶段，减资决议合法性与实际操作的合法性从条文内容上来看，只有在受让股东不按期足额缴纳出资时转让股东才承担补充责任。换言之，在未届出资期限时前股东不承担补充责任。但为了最大限度地保护债权人利益，有必要对股权转让时公司是否已经不能清偿到期债务进行审查，如股权转让后公司发生不能清偿债务的情形的，那么对于转让前的股东主观上不具有“恶意逃债”，故对于前股东一般不追究其补充责任；但倘若股权转让时公司已经发生不能清偿债务的情形的，能够认定转让前的股东主观上具有“恶意”，有逃避债务之嫌疑的，应当追究其补充责任。

简言之，在股权已经转让甚至多手转让的情形下，公司和债权人主张现股东出资加速时，还会涉及前股东的责任承担问题，但对于目前责任承担尚不明确的情况下，对于是否能追究前股东责任以及多个前股东情况下的责任承担问题，仍有待商榷和研究。

公司决议效力瑕疵必然影响减资行为的效力，但减资行为违法并不会当然影响减资决议的效力。

（二）定向减资程序中，公司是否仍有义务通知债权未到期或债权数额不明确的债权人、减资决议作出后变更登记前新增的债权人以及担保权人？

案例1 上海市高级人民法院（2020）沪民再28号 上海博达数据通信有限公司诉梅斯信息科技（苏州）有限公司、杨×林、陈×兰等买卖合同纠纷

▶ 案情摘要

2015年10月8日、2015年11月11日、2016年1月5日，梅斯信息科技（苏州）有限公司（以下简称“梅斯公司”）分别与上海博达数据通信有限公司（以下简称“博达公司”）签订了三份买卖合同，三份合同均约定货到后4个月付清货款。

2015年9月15日，梅斯公司作出股东会决议，将公司注册资本由2000万元减至1000万元，并于2015年10月16日在《苏州日报》上对减资事宜进行了公告，但并未通知博达公司。2016年8月8日，工商行政管理部门对梅斯公司核发了新的营

业执照。

此后，博达公司诉至法院，要求判令梅斯公司立即支付货款及逾期付款的违约金，梅斯公司股东杨 × 林和陈 × 兰对梅斯公司的债务在 1000 万元限额内承担连带清偿责任。

博达公司认为，梅斯公司的减资发生在与博达公司的交易期间，博达公司是梅斯公司减资过程中的已知债权人，梅斯公司负有通知博达公司的义务。

杨 × 林、陈 × 兰、梅斯公司则辩称，梅斯公司减资程序符合公司法的规定，公司在减资期间对尚在形成但未最终确定的债权人不负有通知义务。

裁判要旨

法院认为，公司应通知的债权人范围不仅包括股东会形成减资决议时已确定的债权，还包括减资决议形成后至工商登记变更前产生的债权。对已知的、明确的债权人，公司必须以书面方式通知，对无法找到或通知到的债权人，则可通过报纸公告。本案中，博达公司享有要求梅斯公司支付货款的请求权，是梅斯公司的债权人，债权尚未到期或者债权数额尚未明确，均不影响博达公司作为债权人的身份。博达公司的债权发生在梅斯公司股东会的减资决议后，工商登记变更前，是明确的债权人，梅斯公司应以书面方式通知博达公司。梅斯公司未以书面通知形式履行通知义务，存在违法减资行为。杨 × 林、陈 × 兰出具的《公司债务担保情况的说明》承诺公司债务由减资后全体股东担保，故杨 × 林、陈 × 兰应在梅斯公司 1000 万元减资范围内，对梅斯公司的债务承担连带清偿责任。

案例 2　浙江省高级人民法院（2020）浙民终 858 号　周 ×、张 × 奇执行异议之诉纠纷

▶ 案情摘要

2015 年 11 月 28 日，张 × 奇与杭州云淘赛融网络科技有限公司（以下简称“云淘公司”）签订了《“云淘红包”推广合作合同》后，向云淘公司支付了合同项下的技术服务费和履约保证金合计 20 万元。

2015 年 12 月 1 日，云淘公司就公司定向减资事项形成股东会决议并在《钱江晚报》上刊登了减资公告，但并未提供就减资事项及时书面通知张 × 奇的证据。

2018 年 12 月 21 日，张 × 奇依据（2017）杭仲（萧）裁字第 44 号裁决向法院申

请执行云淘公司的财产，经执行，云淘公司尚欠张 × 奇 156,655.88 元及相应利息。2019 年 9 月 20 日，张 × 奇向执行法院申请追加了云淘公司股东周 × 为被执行人。周 × 就此提起本案执行异议之诉。

云淘公司作为第三人，称其已在《钱江晚报》上公告减资事项，已经履行了公告及通知义务。

裁判要旨

法院认为，张 × 奇在案涉合同签订后，按约交付履约保证金、技术服务费，已成为云淘公司的债权人。为避免公司减资损害债权人的清偿利益，对债权人的未到期债权亦应设定相应的保护，债权尚未到期不影响张 × 奇仍系云淘公司减资程序中应当通知的债权人。在没有证据证明债权人存在无法直接送达的情况下，不能豁免公司的直接通知义务。本案中，云淘公司和周 × 未就减资事项提供直接通知张 × 奇的证据，云淘公司以已在《钱江晚报》上公告减资事项为由主张其已履行了通知义务，于法不符。

案例3 上海市高级人民法院（2021）沪民申 3189 号 上海某建筑装潢材料有限公司诉陆 ×、汤 × 损害公司债权人利益责任纠纷

▶ 案情摘要

上海某装饰工程有限公司（以下简称“装饰公司”）成立于 2009 年 7 月 14 日。2014 年 10 月 20 日，装饰公司形成股东会决议：注册资本拟由 1300 万元减少至 200 万元，股东汤 × 拟减少 400 万元投资，减少后实际投资为 100 万元；股东陆 × 拟减少 700 万元投资，减少后实际投资为 100 万元。同日，汤 ×、陆 × 共同出具了《有关债务清偿及担保情况说明》，载明公司对外债务为 0 元。同年 10 月 23 日，装饰公司在《上海商报》上刊登减资公告。装饰公司于 2014 年 12 月 10 日完成减资变更登记。

另查明，2014 年，上海某建筑装潢材料有限公司（以下简称“建筑公司”）因承揽合同纠纷将装饰公司诉至上海市崇明区人民法院，请求装饰公司支付工程欠款 5,664,002 元及逾期付款利息。案件历经一审、二审、再审程序，（2018）沪 02 民再 80 号判决装饰公司支付原告剩余款项 5,662,722 元以及逾期利息。随后，建筑公司申请执行未果。

建筑公司认为，该公司与装饰公司之间的债权债务关系在 2013 年 10 月签订加工承揽合同时就已确立，陆 ×、汤 × 作为装饰公司股东减资时，理应通知原告却未履行通知义务，而是直接登报公告，损害了原告权利，应比照抽逃出资的相关规定认定两人责任。故诉至法院，请求判令：陆 ×、汤 × 在各自的减资范围内对（2018）沪 02 民再 80 号民事判决确定的装饰公司的付款义务承担补充赔偿责任。

裁判要旨

法院认为，公司在减资时对已知或应知的债权人负有法定的通知义务，不能在未通知的情况下直接以登报公告的方式代替通知。本案中，陆 ×、汤 × 辩称装饰公司决议减资前已与建筑公司结清工程款，无须就减资事宜通知原告，显与（2018）沪 02 民再 80 号生效判决的结果相悖。公司作出减资决议后，应受通知的债权人系指在公司作出减资决议时对公司享有债权的主体，不以已经生效的法律文书确认为必要，也不以债权数额明确为前提。从生效判决结果来看，装饰公司减资前并未与建筑公司结算完毕，因此，在装饰公司减资时建筑公司对其客观上享有债权，理应被通知。装饰公司在能够与建筑公司取得联系的情况下，未将减资事项直接通知建筑公司而是登报公告，不符合法定程序，亦使建筑公司丧失在装饰公司减资前要求其清偿债务或提供担保的权利。

本案中，陆 ×、汤 × 作为股东，明知建筑公司向装饰公司主张债权，仍然作出减资决议且未依法通知建筑公司，其行为损害了装饰公司对外清偿债务的能力，也损害了建筑公司的债权，最终导致建筑公司在装饰公司减资前形成的债权在减资后无法获得清偿，应在减资 1100 万元的范围内对装饰公司不能清偿部分承担补充赔偿责任。

总结及延展

笔者认为，公司的注册资本是交易对方信赖公司财产责任能力的重要依据。在无法获知公司内部实际经营的情形下，外部债权人往往以注册资本为依据判断公司信用与资产状况。注册资本的减少通常会导致公司清偿能力的下降，这将对债权人能否受偿及其受偿比例起到举足轻重的影响。因此，公司注册资本的减少需要经过较为严苛的法律程序。公司未按照法定程序进行减资的行为实际上违反了公司资本不变和资本维持原则，与股东未履行出资义务及抽逃出资对于债权人利益的侵害在本质上无异。为避免公司减资损害债权人的利益，减资过程中应通知的债权人范围需作广义理解，对债权未到期或债权数额不明确的债权人、减资决议作出后变更登记前新增的债权人以及担保权人，公司均负有通知义务。

(三)公司亏损是否影响支付型定向减资的效力?

案例1　江苏省高级人民法院(2019)苏民申1370号　江阴联通实业有限公司与陈×和公司决议效力确认纠纷

▶ 案情摘要

陈×和是江阴联通实业有限公司(以下简称"联通公司")的股东。2016年7月28日，陈×和通过全国企业信用信息公示系统查询发现，联通公司在未通知其的情况下分两次进行了大规模减资，将注册资本从19,516万元减到6245.12万元，股东人数从8名股东减少至3名。联通公司上述减资属差异化减资而非同比例减资，导致陈×和持有的联通公司股权从3%增加至9.375%。

陈×和认为，联通公司的行为损害了其作为股东所享有的知情权、参与决策管理权等法定权利和合法权益，遂诉至法院，请求撤销联通公司关于减资的两份股东会决议。

联通公司在庭审中自认：2015年12月25日、2016年3月16日、2016年3月18日、2016年5月23日的四次股东会均未通知陈×和参加；诉争减资款项按等额股本金实际已交付减资股东。

裁判要旨

法院认为，联通公司两次减少注册资本，均未依照公司章程规定通知陈×和参加相关股东会会议，与会的相关股东利用持股比例的优势，以多数决的形式通过了不同比例减资的决议，直接剥夺了陈×和作为小股东的知情权、参与重大决策权等程序权利，损害了陈×和作为股东的合法权利。从联通公司提供的资产负债表、损益表看，联通公司处于亏损状态，不同比例减资不仅改变了联通公司设立时的股权结构，导致陈×和持有的联通公司股权比例上升，增加了陈×和作为股东所承担的风险，损害了陈×和的合法利益。故尽管从形式上看，联通公司仅仅是召集程序存在瑕疵，但从决议的内容看，联通公司股东会作出的关于减资的决议已经违反法律，应认定相关股东会减资决议无效。

案例2 上海市第一中级人民法院（2018）沪01民终11780号 华×伟诉上海圣甲虫电子商务有限公司公司决议纠纷

► **案情摘要**

2018年3月1日，在处于严重亏损的情况下，上海圣甲虫电子商务有限公司（以下简称“圣甲虫公司”）作出股东会决议，以返还500万元投资款的方式对××公司进行定向减资。该决议未征得其股东华×伟同意。

案涉股东会决议第一项为同意公司减资及减资后各股东的持股比例，其中，华×伟的股权比例从24.47%上升至25.32%；第二项为同意圣甲虫公司向××公司返还投资款500万元；第三、四项为修改公司章程及对减资事项的授权。

华×伟认为，圣甲虫公司未经全体股东同意进行定向减资，将资本公积金返还给个别股东的做法违反了法律规定，违背了公司法“同股同权”的基本原则，损害了其他股东和公司债权人的利益，故诉至法院，请求确认决议第一、三、四项不成立，第二项无效。

裁判要旨

法院认为，不同比例减资会直接突破公司设立时的股权分配情况，如只需经2/3以上表决权的股东通过即可做出不同比例减资决议，则实际上是以多数决形式改变公司设立时经发起人一致决所形成的股权架构，因此，对于不同比例减资，除全体股东或者公司章程另有约定外，应当由全体股东一致同意。涉案股东会决议的第一、三、四项均涉及减资后股权比例的重新分配以及变更登记，在未经华×伟同意的情形下，视为各股东对股权比例的架构未达成一致意见，股东会决议的第一、三、四项不成立。公司成立后，股东不得随意抽回出资。尤其在公司亏损的情况下，如果允许公司向股东返还减资部分股权对应的原始投资款，实际是未经清算程序通过定向减资的方式变相向个别股东分配公司剩余资产，不仅有损公司其他股东的利益和公司的财产权，还严重损害公司债权人的利益，应属无效。本案中，圣甲虫公司在处于严重亏损状态时以返还投资款的方式对××公司进行定向减资，将导致本公司的资产大规模减少，损害了公司的财产和信用基础，也损害了公司其他股东和公司债权人的利益，因此，案涉股东会决议第二项无效。

总结及延展

公司需向减资股东实际支付财产的减资，即支付型减资。支付型定向减资，实质上是部分股东先于其他股东及债权人从公司中取回财产。不论该行为是否会导致目标公司立即丧失偿付能力，但是其实际效果都是将公司的经营风险更多地向其他股东及债权人转移。因此，必然涉及股东之间及股东与债权人之间的利益冲突。[①]

《公司法》(2018)对于公司存在未弥补亏损的情况下能否实施支付型减资并无明确规定。本次修改的《公司法》亦未弥补此法律空白。鉴于法律并未对减资设置任何财务条件限制，许多公司在亏损的情况下，通过减资形式绕开利润分配规则，以实现向股东分配财产的目的。其中，不乏公司在实施减资完毕后即丧失了偿债能力的情况。尽管法律提供了一套债权人保护机制，但根据前文的分析可知，公司违反债权人通知程序的代价较低，该机制难以给债权人提供切实有效的保护。[②]

由上述案件判决结果可知，法院普遍认为公司亏损状态下的支付型定向减资决议会因违反资本维持原则及股东“不得抽逃出资”的规定从而被确认无效。但这一做法存在明显的逻辑问题：即减资决议无效是因为违反抽逃出资的强制规定，而成立抽逃出资是因为减资决议无效。故此，法院的做法本质上是为了平衡不同股东之间及股东和债权人之间的利益保护、维护实质公平的无奈之举。

---

① 参见王军：《公司资本制度》，北京大学出版社 2022 年版，第 446–465 页。

② 参见王军：《公司资本制度》，北京大学出版社 2022 年版，第 465 页。

专题十六

公司清算

一、法律规定对比解析

（一）《公司法》（2018）与《公司法》（2024）相关条文对比

《公司法》（2018）	《公司法》（2024）
第 183 条　公司因本法第一百八十条第（一）项、第（二）项、第（四）项、第（五）项规定而解散的，应当在解散事由出现之日起十五日内成立清算组，开始清算。有限责任公司的清算组由股东组成，股份有限公司的清算组由董事或者股东大会确定的人员组成。逾期不成立清算组进行清算的，债权人可以申请人民法院指定有关人员组成清算组进行清算。人民法院应当受理该申请，并及时组织清算组进行清算。	**第 232 条**　公司因本法第二百二十九条第一款第一项、第二项、第四项、第五项规定而解散的，应当清算。董事为公司清算义务人，应当在解散事由出现之日起十五日内组成清算组进行清算。 清算组由董事组成，但是公司章程另有规定或者股东会决议另选他人的除外。 清算义务人未及时履行清算义务，给公司或者债权人造成损失的，应当承担赔偿责任。 **第 233 条**　公司依照前条第一款的规定应当清算，逾期不成立清算组进行清算或者成立清算组后不清算的，利害关系人可以申请人民法院指定有关人员组成清算组进行清算。人民法院应当受理该申请，并及时组织清算组进行清算。 公司因本法第二百二十九条第一款第四项的规定而解散的，作出吊销营业执照、责令关闭或者撤销决定的部门或者公司登记机关，可以申请人民法院指定有关人员组成清算组进行清算。
第 184 条　清算组在清算期间行使下列职权： （一）清理公司财产，分别编制资产负债表和财产清单； （二）通知、公告债权人； （三）处理与清算有关的公司未了结的业务； （四）清缴所欠税款以及清算过程中产生的税款； （五）清理债权、债务； （六）处理公司清偿债务后的剩余财产； （七）代表公司参与民事诉讼活动。	**第 234 条**　清算组在清算期间行使下列职权： （一）清理公司财产，分别编制资产负债表和财产清单； （二）通知、公告债权人； （三）处理与清算有关的公司未了结的业务； （四）清缴所欠税款以及清算过程中产生的税款； （五）清理债权、债务； （六）分配公司清偿债务后的剩余财产； （七）代表公司参与民事诉讼活动。

续表

《公司法》(2018)	《公司法》(2024)
第185条 清算组应当自成立之日起十日内通知债权人，并于六十日内在报纸上公告。债权人应当自接到通知书之日起三十日内，未接到通知书的自公告之日起四十五日内，向清算组申报其债权。 债权人申报债权，应当说明债权的有关事项，并提供证明材料。清算组应当对债权进行登记。 在申报债权期间，清算组不得对债权人进行清偿。	**第235条** 清算组应当自成立之日起十日内通知债权人，并于六十日内在报纸上或者国家企业信用信息公示系统公告。债权人应当自接到通知之日起三十日内，未接到通知的自公告之日起四十五日内，向清算组申报其债权。 债权人申报债权，应当说明债权的有关事项，并提供证明材料。清算组应当对债权进行登记。 在申报债权期间，清算组不得对债权人进行清偿。
第186条 清算组在清理公司财产、编制资产负债表和财产清单后，应当制定清算方案，并报股东会、股东大会或者人民法院确认。 公司财产在分别支付清算费用、职工的工资、社会保险费用和法定补偿金，缴纳所欠税款，清偿公司债务后的剩余财产，有限责任公司按照股东的出资比例分配，股份有限公司按照股东持有的股份比例分配。 清算期间，公司存续，但不得开展与清算无关的经营活动。公司财产在未依照前款规定清偿前，不得分配给股东。	**第236条** 清算组在清理公司财产、编制资产负债表和财产清单后，应当制订清算方案，并报股东会或者人民法院确认。 公司财产在分别支付清算费用、职工的工资、社会保险费用和法定补偿金，缴纳所欠税款，清偿公司债务后的剩余财产，有限责任公司按照股东的出资比例分配，股份有限公司按照股东持有的股份比例分配。 清算期间，公司存续，但不得开展与清算无关的经营活动。公司财产在未依照前款规定清偿前，不得分配给股东。
第187条 清算组在清理公司财产、编制资产负债表和财产清单后，发现公司财产不足清偿债务的，应当依法向人民法院申请宣告破产。 公司经人民法院裁定宣告破产后，清算组应当将清算事务移交给人民法院。	**第237条** 清算组在清理公司财产、编制资产负债表和财产清单后，发现公司财产不足清偿债务的，应当依法向人民法院申请破产清算。 人民法院受理破产申请后，清算组应当将清算事务移交给人民法院指定的破产管理人。
第189条 清算组成员应当忠于职守，依法履行清算义务。 清算组成员不得利用职权收受贿赂或者其他非法收入，不得侵占公司财产。 清算组成员因故意或者重大过失给公司或者债权人造成损失的，应当承担赔偿责任。	**第238条** 清算组成员履行清算职责，负有忠实义务和勤勉义务。 清算组成员怠于履行清算职责，给公司造成损失的，应当承担赔偿责任；因故意或者重大过失给债权人造成损失的，应当承担赔偿责任。
第188条 公司清算结束后，清算组应当制作清算报告，报股东会、股东大会或者人民法院确认，并报送公司登记机关，申请注销公司登记，公告公司终止。	**第239条** 公司清算结束后，清算组应当制作清算报告，报股东会或者人民法院确认，并报送公司登记机关，申请注销公司登记。

(二)相关规范索引

相关规范	条款
《民法典》	第70条、第71条、第72条
《公司法司法解释(二)》(2020)	第2条、第9条、第10条、第11条、第12条、第13条、第14条、第15条、第16条、第17条、第18条、第19条、第20条、第21条、第22条、第23条
《九民纪要》	第14条、第15条、第16条
《公司强制清算纪要》	该会议纪要全文均为与清算相关之内容,此处不再一一列明

(三)新旧公司法变化解读

与《公司法》(2018)相比,《公司法》(2024)结合司法实践的需求对公司清算义务人制度作出了系统性的修改,明确了公司清算义务人的主体范围,强化了清算义务人的义务与责任,整体而言进一步完善了公司清算制度。

第一,《公司法》(2024)明确了清算义务人主体以及清算组成员的范围及选任方式。

《公司法》(2018)第183条根据有限公司以及股份有限公司的类型规定了清算组成员,但未明确清算义务主体,笼统地将清算义务主体与清算组成员混为一谈,而实质上清算组成员并非"从天而降","启动清算"这一事项作为清算前置程序必不可少,如不明确清算启动主体,则将出现无人对"逾期清算或未清算"承担责任的状况。

《民法典》第70条规定结合了《公司法》(2018)第183条与《公司法司法解释(二)》(2020)第18条的内容,设定了"清算义务人"主体,但前述条款将清算义务人划定为"执行机构或者决策机构的成员",范围过于广泛。执行机构、决策机构既可包含股东会、董事会、经理三个机构的成员,也可包含不在以上三个机构之内但对公司具有实际控制管理权的人员。

《公司法》(2024)第232条则对前述规定内容作出了重大修改,明确规定公司清算义务人仅限于公司董事,不涉及其他主体,且未针对公司类型将其予以区分处理。另外,《公司法》(2024)第232条规定了清算组成员的确认规则,即在公司章程存在相关规定或者股东会进行相关决议的情况下,应尊重公司自治,反之则默认公司董事为清算组成员。

第二,《公司法》(2024)第233条针对自行清算与强制清算的衔接程序进行了修订。

《公司法》(2018)第 183 条规定的“债权人”系依法申请强制清算的主体;《公司法》(2024)第 233 条将强制清算的申请主体扩大为“利害关系人”,其中可包括股东、董事、债权人、员工以及具有监管职能的相关政府部门等,有利于保障清算程序的顺利推进,有助于预防“未经清算即注销”的违法情形的出现。

值得注意的是,《公司法司法解释(二)》(2020)第 7 条所规定的“违法清算可能严重损害债权人或者股东利益的”情形,不属于《公司法》(2024)第 233 条规定的可申请法院指定清算组进行强制清算的情况。

第三,《公司法》(2024)第 237 条针对自行清算与破产清算的衔接程序进行了修订。

《公司法》(2018)第 187 条规定的“公司经人民法院裁定宣告破产后,清算组应当将清算事务移交给人民法院”,与《企业破产法》中破产清算的程序性规定存在冲突,《公司法》(2024)第 237 条则将“公司经人民法院裁定宣告破产后”修改为“人民法院受理破产申请后”,与《企业破产法》中的相关规定形成了有效衔接。

第四,《公司法》(2024)针对清算组成员的义务和责任作出了较大幅度的修订。

《公司法》(2018)第 189 条仅通过列举说明的方式规定了清算组成员具有忠实义务,但前述内容既未针对忠实义务进行概括性描述,亦未针对违反忠实义务的具体履行要素进行详细罗列,完善程度欠妥。另外,《公司法》(2024)第 238 条区分设定了清算组成员向公司、债权人承担赔偿责任的前置条件。清算组成员对公司或债权人承担赔偿责任本质上均属于侵权赔偿责任,但是两种赔偿情况所对应的违法行为并不相同。清算组向公司承担赔偿责任的违法行为要件是“怠于履行清算职责”,即清算组成员如未能积极履行清算义务则应当向公司承担赔偿责任,当且仅当清算组成员的履职行为出现重大纰漏瑕疵时清算组成员应当向债权人承担赔偿责任。笔者认为,《公司法》(2024)之所以区分设定清算组成员与公司以及债权人之间侵权过错行为要件,系因清算组成员对于公司的义务与其对于债权人的义务并不相同,对于公司而言,清算组成员具有忠实勤勉的法定义务;而对于债权人而言,清算组成员仅具有一般侵权主体的合理注意义务。

第五,《公司法》(2024)拓宽了清算组发布公告的法定渠道。

《公司法》(2018)第 185 条规定了公司发布清算公告的渠道,而《公司法》(2024)第 235 条在原有渠道的基础上新增了国家企业信用信息公示系统,有助于债权人通过更加便捷的方式查询到相关公告信息。

二、争议问题及司法裁判实务梳理

（一）公司未经清算直接注销，非清算义务人的清算组成员是否需向债权人承担赔偿责任？

案例1 上海市第二中级人民法院（2022）沪02民终3822号 平安银行股份有限公司上海分行与杨×俊等清算责任纠纷

▶ 案情摘要

郑世公司于2006年8月29日成立，李×文持股99%并担任法定代表人，郑×明持股1%。2014年5月13日，因金融借款合同纠纷，上海市浦东新区人民法院作出（2014）浦民六（商）初字第4219号民事判决，判令豪革公司归还平安银行上海分行借款本金及利息，郑世公司承担连带清偿责任。后因郑世公司无可供执行财产，强制执行程序于2014年12月18日终结。2018年12月11日，郑世公司申请注销税务登记，其报表披露了财务状况。2019年2月27日，股东会决议解散公司并成立清算组，成员包括李×文、郑×明和杨×俊，但杨×俊未签名。2019年3月5日，郑世公司向上海市宝山区市场监督管理局备案清算组成员。同年3月8日，郑世公司在《上海法治报》公告注销。同年5月10日，清算组出具《注销清算报告》，声称债务已清偿，财产已处置，李×文、郑×明、杨×俊签字确认。同日，股东会决议同意注销公司，同意清算报告，由清算组申请注销登记。2019年7月22日，李×文、郑×明申请公司注销，并于同年8月7日获市场监督管理局准许。

后平安银行上海分行向一审法院起诉。

一审法院查实，郑×明陈述报表数字不真实，应收账款和应付账款多不存在，且豪革公司债务与郑世公司无关，该债务已用其个人房产抵偿。至于杨×俊成为清算组成员，是因为工商部门要求清算组至少有三人，杨×俊仅是协助递交材料，并非实际参与清算。

一审法院审理后认定郑世公司及其股东应承担清偿责任，杨×俊虽是清算组成员，但并非清算义务人，无法在李×文与郑×明的授权之外履行清算人的职责，亦无故意损害债权人债权利益的行为，不承担责任。

平安银行上海分行不服一审判决，提起上诉。二审法院经审理后维持原判，驳回上诉。

裁判要旨

法院认为，案涉清算系受股东控制的不当清算，并非依法正常进行，故，清算组成员的侵权赔偿责任是否成立，应综合成员身份、能力、履职可能性等客观情况以及是否有意拖延、拒绝履职等主观因素予以区分认定。

本案中，杨 × 俊既非郑世公司股东、董事或监事，又未曾参与公司经营管理，亦非从事公司清算事务相关的专业人员，其作为郑 × 明私人司机而被指定为清算组成员系出于符合法人注销登记机关对清算组成员人数要求的需要。在另两名清算组成员即李 × 文、郑 × 明控制、主导清算，但消极不进行清算甚至虚假清算的情形下，一是其不具备独立履行清算职责的能力和权力；二是因清算组受控于两股东成员，其有“名”无“实”，客观上无法履行清算职责；三是没有证据证明其存在能够履行职责而拖延或拒绝履行的行为，也没有证据能认定其具有逃避或怠于履行清算职责给债权人造成损失的主观动机。故此，难以认定杨 × 俊对于清算组未予通知债权人平安银行上海分行导致债权人未及时申报债权而未获清偿具有故意或重大过失，其因而不应承担清算赔偿责任。

案例2 广东省深圳市中级人民法院（2020）粤 03 民终 15577 号 张 ×、宋 × 丽与深圳市中金岭南科技有限公司及王 × 磊清算责任纠纷

▶ 案情摘要

× × 公司于 2010 年 6 月 1 日成立，宋 × 丽担任法定代表人，公司类型为有限责任公司。公司股东包括宋 × 丽（出资 90%）和张 ×（出资 10%）。2017 年 1 月 14 日，因经营不善，× × 公司通过股东会决议决定终止经营并启动注销程序。

2017 年 8 月 8 日，宋 × 丽签署文件，指定王 × 磊为经办人，处理公司变更及备案登记，代理期限至同年 10 月 31 日。同日，宋 × 丽还签订了《注销决定》，变更清算组成员，新的清算组由宋 × 丽和王 × 磊组成。

2017 年 8 月 9 日，× × 公司清算组在《晶报》发布公告，通知债权人 45 日内申报债权并办理登记。2017 年 9 月 26 日，× × 公司提交《清算报告》，声称无债权债务，全体投资人承诺清算材料真实完整，并完成公司注销登记。

中金岭南公司与 × × 公司有业务往来，截至 2017 年 4 月 25 日，× × 公司欠中金岭南公司货款 969,160.65 元。之后，× × 公司支付了 40,000 元，最后一次付款在

2018 年 4 月 9 日。

中金岭南公司向一审法院起诉请求判令宋 × 丽、张 ×、王 × 磊赔偿中金岭南公司货款损失。

王 × 磊曾是深圳市天 ×× 财务代理有限公司的工商税务专员，该公司在 2017 年 10 月至 2018 年 3 月为王 × 磊缴纳社保。张 × 在庭审后确认，×× 公司在清算过程中聘请了深圳市天 ×× 财务代理有限公司代为办理清算及注销事宜。

裁判要旨

法院认为，中金岭南公司对 ×× 公司的债权真实有效，且案涉债务在 ×× 公司被清算前已经双方对账确认，中金岭南公司属于 ×× 公司的已知债权人，则 ×× 公司的清算组成员应当在清算过程中以正当、合理的方式通知中金岭南公司申报债权。本案中，清算组成员的通知行为并不符合法律规定，应对中金岭南公司因此产生的损失承担赔偿责任。×× 公司因股东会决议而解散，则应由全体股东即宋 × 丽、张 × 组成清算组进行清算，在清算过程中，×× 公司聘请深圳市天 ×× 财务代理有限公司作为代理公司代办注销手续，该公司并未实际参与 ×× 公司的清算工作，将公司员工王 × 磊变更为清算组成员仅系为了方便注销公司，故王 × 磊无须对清算过程中清算组人员因故意或重大过失给公司或债权人造成的损失承担赔偿责任，本案应承担赔偿责任的义务主体应为原清算组成员宋 × 丽、张 ×。

案例 3　江苏省无锡市中级人民法院（2022）苏 02 民终 3047 号　郑 × 衡、缪 × 海等清算责任纠纷

▶ 案情摘要

天美利公司因与森玺公司存在货款纠纷，于 2015 年 7 月 1 日诉至无锡市滨湖区人民法院。滨湖法院审理后作出（2015）锡滨华商初字第 00134 号民事判决，判令森玺公司向天美利公司支付 83,907.33 元和承担诉讼费 956 元。该判决生效后，天美利公司向滨湖法院申请强制执行。因森玺公司无可供执行的财产，滨湖法院于 2016 年 6 月 29 日裁定终结本次执行程序。

2019 年 1 月 14 日，锡山法院作出（2018）苏 0205 清申 3 号民事裁定，裁定受理大丰源鑫公司对森玺公司的强制清算申请。森玺公司清算组向该院提交工作报告，载明清算组未接管到森玺公司的任何材料、账册、重要文件，也未能联系到公司有关

人员，故以无法清算为由申请终结强制清算程序。2019年6月5日，锡山法院作出(2019)苏0205强清1号民事裁定，终结森玺公司的强制清算程序，森玺公司的债权人可另行要求森玺公司的股东等清算义务人承担连带清偿责任。

森玺公司于2019年6月21日召开股东会研究决定注销公司，成立清算组，成员为全体股东及郑×衡、缪×海，清算组组长为倪×清。全体股东在该材料上签字。2019年9月5日，森玺公司形成清算报告，全体清算组成员及全体股东在该报告上进行了签字。

天美利公司向法院起诉要求郑×衡、缪×海对森玺公司未获清偿的债权承担赔偿责任。

一审法院审理后支持了天美利公司要求郑×衡、缪×海对森玺公司未获清偿的债权承担赔偿责任的诉讼请求。郑×衡、缪×海不服一审判决，提起上诉。二审法院经审理后撤销一审判决，驳回天美利公司全部诉讼请求。

裁判要旨

法院认为，强制清算程序是公司出现解散事由而未能自行清算条件下的一种司法救济措施，除法律另有规定外，强制清算程序终结的后果是公司权利义务消灭，公司注销、公司法人终止。公司强制清算程序终结之后再组织自行清算，清算组组织的自行清算行为不产生相应的法律效果，并且，本案中郑×衡、缪×海的清算行为与天美利公司的债权受损不存在因果关系，不应承担损害赔偿责任。强制清算程序终结，清算组应当办理森玺公司的工商注销登记。此时，森玺公司股东倪×泉、倪×洪、陶×、倪×清，作为森玺公司的清算义务人，其是否应当承担对债权人因怠于履行义务导致的损害赔偿责任已经确定，该赔偿责任的主体不包括当时已经不是股东的郑×衡、缪×海。天美利公司债权受损的结果与郑×衡、缪×海二人参与的自行清算过程中清算组以虚假清算报告办理森玺公司工商注销登记不具有因果关系。综上所述，郑×衡、缪×海无须对天美利公司的债权承担赔偿责任。

案例4 广东省深圳市中级人民法院(2020)粤03民终13935号 深圳市南油(集团)有限公司、深圳市鹏基龙电工程有限公司等清算责任纠纷

▶ 案情摘要

深圳市鹏基龙电工程有限公司(以下简称“鹏基公司”)对保税仓公司的债权经

广东省深圳市中级人民法院(2005)深中法民五终字第1259号民事判决确认。

保税仓公司成立于1994年3月18日,营业期限自1994年3月18日至2014年3月18日,股东为深圳市南油(集团)有限公司(以下简称"南油集团")(持股比例95%)及深圳南油广告公司(持股比例5%)。2016年8月11日,保税仓公司作出股东会决议:同意公司解散并进入清算;同意成立清算组,清算组成员为周×辉、孙×凤、张×,周×辉为清算组组长。2016年8月15日,保税仓公司将上述清算组成员进行工商备案登记。2016年8月16日,保税仓公司在晶报刊登《清算公告》。2018年8月31日,保税仓公司清算组作出清算报告,南油集团、深圳南油广告公司在落款投资人盖章处盖章,周×辉、孙×凤、张×在清算组成员处签名确认。

2018年8月31日,深圳市市场监督管理局发布企业注销通知书,对保税仓公司办理注销登记予以核准。

南油集团向一审法院提起诉讼,请求判令:周×辉、孙×凤、张×、南油集团共同赔偿鹏基公司损失。

裁判要旨

法院认为,周×辉、张×凤、张×作为南油集团员工参与清算工作系履职行为,无须承担赔偿责任。南油集团作为公司股东依法应为保税仓公司的清算组成员。保税仓公司作出股东会决议将周×辉、孙×凤、张×列为清算组成员,但该三人既非保税仓公司股东,亦非员工,对公司不负有法定清算义务,而是作为南油集团员工应公司要求开展清算工作,故在无相反证据的情况下,上述三人参与清算工作的行为代表南油集团,其行为后果应由南油集团承担。清算组编制清算虚假清算报告且未按照规定履行通知和公告义务,导致债权人未及时申报债权而未获清偿,清算组成员对因此造成的损失应当承担赔偿责任。但因保税仓公司清算组成员周×辉、孙×凤、张×系受南油集团委派从事清算工作,其清算行为的法律后果应由南油集团承担,故在清算过程中未通知债权人申报债权产生的损失赔偿责任,依法应由南油集团承担。

总结及延展

在《公司法》(2024)出台之前,实务中很多公司在成立清算组时会加入公司职员,诸如公司会计、行政人员等普通员工,或公司以外的成员,诸如第三方代理机构等"跑腿"人员。

在清算程序未能依法进行时，对前述人员作为清算组成员是否需要承担责任存在较大争议，主要争议可汇集于下述问题：如果公司未能依法进行清算（包括未清算或者编造虚假的清算报告、清算说明等不当清算）导致债权人或者公司损失的，作为非公司员工的第三方人员是否应当对此承担赔偿责任？部分法院认为“清算组成员未依法履行清算职责的，视为全体清算组成员具有故意或重大过失，构成共同侵权，进而由全体成员共同承担赔偿责任，但当清算未能依法开展时，清算组成员若能举证证明自己对清算组未履行清算职责的行为不存在重大过错的，则应当免于承担侵权赔偿责任”。例如，（2022）沪 02 民终 3822 号判决。但大部分法院均认为无论何种情况，只要清算组存在过错，且导致债权人遭受损失，则清算组全体成员均需无差别地承担赔偿责任。

笔者认为，清算组成员的赔偿责任可分为对于债权人的赔偿责任以及对于公司的赔偿责任。前述两种赔偿责任的性质略有不同，但总体来说均属于一般侵权责任。清算组成员是否需要对公司或者债权人承担赔偿责任，需要判断其相应行为是否满足侵权责任的构成要件：第一，清算组成员是否存在违法行为；第二，清算组成员对违法行为是否存在过错；第三，相应违法行为是否导致损失；第四，违法行为与损失结果之间是否存在因果关系。其中，损失是否存在属于事实问题，与清算组成员身份无关。故本部分在讨论不同身份的清算组成员的赔偿责任问题过程中，仅聚焦于违法行为、主观过错、因果关系三个层面。

司法实践中，债权人起诉清算组成员要求其承担赔偿责任的情况较为普遍，故笔者先行针对清算组成员对债权人承担赔偿责任的要件进行分析。

清算组成员对于债权人的侵权赔偿责任可分为三种类型：第一种是未清算即注销公司的侵权责任；第二种是虚假清算后注销公司的侵权责任；第三种是清算过程不合法导致的侵权责任。前两种责任均可被归为因“清算未能正常开展”所导致。就整个清算过程而言，基础性清算程序均依赖于清算义务人是否依法履职。首先，清算程序的启动、清算组的成立与清算义务人的职责相关；其次，清算义务人掌握了公司的内部资料，如账册、审计报告、交易文件等，清算组成立后，其开展清算活动需要以前述资料作为基础。“清算未能正常开展”情况的出现恰恰说明清算义务人未及时、合法地启动清算程序。例如，清算义务人刻意隐匿清算基础资料，导致清算报告与真实情况不一致，最终导致债权人受损的，则该行为与清算组的其他成员并无关联，尤其是清算组中未曾参与过公司任何经营的人员，除清算义务人的其他人员并不具备启动或推动清算工作开展的基础性条件。

在《公司法》(2024)生效之前，由于清算义务人主体不明确，司法实践出于保护债权人的利益考量，在对应案件中判决全体清算组成员承担赔偿责任的做法属于大多数。但笔者认为，无论是基于之前的《公司法》(2018)或者目前施行的《公司法》(2024)，不加区分地要求所有清算组成员承担相同责任和义务均有悖于公平原则。虽然法律统一规定了清算组的违法行为及赔偿责任，但由于前述赔偿属于一般侵权责任赔偿，归责方式上适用过错责任原则，因此，裁判机关在进行责任认定时不仅应当判断清算组在客观上是否存在相应违法行为，同时也需判断清算组成员对于该违法行为的形成是否存在主观过错。

从《公司法司法解释(二)》(2020)的规定来看，清算组成员身份不同，其对应的违法行为也不相同。以《公司法司法解释(二)》(2020)第19条为例，其条文规定："有限责任公司的股东、股份有限公司的董事和控股股东，以及公司的实际控制人在公司解散后，恶意处置公司财产给债权人造成损失，或者未经依法清算，以虚假的清算报告骗取公司登记机关办理法人注销登记，债权人主张其对公司债务承担相应赔偿责任的，人民法院应依法予以支持。"前述规定中的责任主体与《公司法》(2018)第183条所涉主体相对应。因当时尚未设定清算义务人概念，故《公司法》(2018)第183条以及《公司法司法解释(二)》(2020)第19条虽未明示，但从文意理解来看，"有限责任公司的股东、股份有限公司的董事和控股股东，以及公司的实际控制人"属于清算事项的负责人。由于清算程序的启动以及清算对应文件、资料的提供，均需清算事项负责人的主导和安排，清算组中的其他成员没有能力和条件管控前述事宜。故此，《公司法司法解释(二)》(2020)第19条中并未将"全部清算组成员"作为违法行为的责任主体，而是将与公司经营相关的、掌握经营资料的机构人员作为责任主体，前述主体即属于《公司法》(2024)所适用的"清算义务人"概念范畴。除前述条款外，《公司法司法解释(二)》(2020)第18条、第20条、第21条的内容也涉及公司未合法清算时的责任主体问题，前述条款与《公司法司法解释(二)》(2020)总体上共同表达了同一种规则：当公司应清算未清算，或者因材料不齐全无法进行清算时，相应的责任主体也均为清算义务人，而非其他人员。由于《公司法司法解释(二)》(2020)中所涉清算义务人的人员范畴过于宽泛，导致部分小股东在无法参与公司经营的情况下承担了与己方能力完全不匹配的责任，后《九民纪要》第14条明确了《公司法司法解释(二)》(2020)第18条第2款规定的"怠于履行义务"，是指有限责任公司的股东在法定清算事由出现后，在能够履行清算义务的情况下，故意拖延、拒绝履行清算义务，或者因过失导致无法进行清算的消极行为。故若小股东举证证明其既不是公司董事会或者监事会成员，也没有选派人员担任该机关成员，且从未参与公司经营管理的，则应认定其不构成“怠于履行义务”，从而无须对公司债务承担连带清偿责任。从《九民纪要》第 14 条规定的内容可看出最高人民法院认为应当根据清算组成员的不同身份确定其义务范畴，建立更加公平的清算责任体系，以求权责相适应。

类同此理，在公司清算过程中，股东可通过举证证明其没有故意或过失、不构成“怠于履行义务”而免除相应清算清偿责任。倘若忽视非清算义务人的清算组成员之能力限制，简单苛求其承担本属于公司、实际控制人的义务，向债权人承担侵权赔偿责任，显然有悖权利义务相统一的要求，也有违公平原则。

《公司法》(2024)对清算组成员的赔偿责任构成要件进行了总体性规定。《公司法》(2024)第 232 条第 3 款规定：“清算义务人未及时履行清算义务，给公司或者债权人造成损失的，应当承担赔偿责任”；第 238 条规定：“清算组成员履行清算职责，负有忠实义务和勤勉义务。清算组成员怠于履行清算职责，给公司造成损失的，应当承担赔偿责任；因故意或者重大过失给债权人造成损失的，应当承担赔偿责任。”由此可见，清算组成员向债权人承担赔偿责任概而言之需满足两个条件：(1)清算组成员存在故意或者重大过失的违法行为；(2)前述故意或者重大过失导致债权人受损，二者具有因果关系。

仔细研判前述《公司法司法解释(二)》(2020)以及《公司法》(2024)相关条文内容可知，清算责任纠纷中相应承担责任的主体可以划分为两种：第一类责任主体是清算义务人；第二类责任主体是清算组成员。在清算过程中，前述二者均具备承担侵权责任的可能性，但二者承担责任的过错行为情境既有重合，又有区别。清算组成员只有在出现故意或者重大过失的过错行为时才需向债权人承担赔偿责任，而清算义务人只要未及时启动清算程序或者未提供开展清算的必备条件，则应视为清算义务人存在过错。

另外，从因果关系的角度来看，完整的清算程序分为“清算”“注销”两个步骤，并且是先“清算”后“注销”。在公司清算义务人未履行清算义务的情况下，清算组成员的后续一切操作行为均是建立在不合法的基础之上，债权人的可受偿债权金额以及真实损失情况均是无法确定的。也就是说，如果法定清算义务人未对公司进行清算导致公司可分配财产未能体现公司资产的真实状况，由于前期基础的搭建不具有合法性，后续清算组成员无论如何操作均无法保证债权人的合法利益不受损害，前述情况下清算义务人才是导致债权人利益受损的根本原因，后续的注销行为与债权人利益受损之间无法形成因果关系。在此前提下，侵权主体是清算组义务人，而非其他人员，其他人员不应对公司未清算行为所导致的损失承担任何责任。如果清算义务人切实履职，公司具备合法清算的条件，但在清算过程中清算组成员存在重大过错导致债权人利益受损，则相应责任主体为清算组成员。

实践中，很多企业为了逃避债务，恶意通过不清算等方式向市场监督管理部门办理注销登记。在这种情况下，司法审判应透过现象看本质，追责于真正的责任主体，不应仅因该公司完成了形式上的清算程序，而将责任错误归置于非清算义务人的清算组成员。

值得注意的是，不同于担保类纠纷，清算责任纠纷案件在不同情况下对应不同的责任主体，相应责任主体的认定具有独立性、唯一性，并不存在连带关系而是互相排斥的，清算组成员承担责任后，清算组成员之间是无法向清算义务人进行追偿的。在这种情况下，为了避免“一刀切”的处理，应根据清算组成员的不同身份区分判定每一个成员的侵权责任构成要件具有重要实践意义。

除清算组成员需要对债权人承担赔偿责任的情况外，根据《公司法》(2024)第238条的规定，清算组成员怠于履行清算职责，给公司造成损失的，应当承担赔偿责任。那么，在清算组成员怠于履职的情况下，判定清算组成员对公司的赔偿责任是否亦需要依据不同身份区别处理，即非公司经营参与者的清算组成员（低位阶员工、第三方机构人员等）是否需要一并承担责任？

笔者认为，清算组成员向公司承担赔偿责任的法理以及法律基础系清算组成员对公司具有信义义务，本质上，清算组成员是公司在清算阶段的受托人以及代理人，因此，基于委托代理关系，清算组成员对于公司具有天然的信义义务。故而，无论清算组成员是否在清算程序启动之前参与了公司的经营管理，只要接受了公司委托成为清算组成员，则必然对公司负有信义义务，以推进清算工作顺利进行。清算组成员在工作过程中必须忠实、勤勉，即清算组成员在自身利益与清算利益冲突时，应当优先考量公司以及债权人的利益；清算组成员在工作过程中应当尽到合理注意义务。因此，清算组成员无一例外均应当忠实、勤勉，并为自己的瑕疵义务履行对公司承担法律责任。

但值得探讨的是，勤勉义务的主要内容为须尽到“合理的注意义务”，此处“合理的注意义务”应当如何界定，是否要求每一个清算组成员具有同等的注意义务？笔者认为，清算组在清算过程中的责任承担，与未合法开展清算导致的清算组赔偿责任不同，清算未能合法开展涉及清算义务人、其他清算组成员两种不同类型的责任主体，两种责任主体的法定义务亦不相同，司法实践中同样应予以区分。

而在正常清算过程中，清算组成员的履职行为不存在因清算义务人的不当行为而导致的客观障碍，各清算组成员的工作条件以及法定义务具有统一性，并无本质区别，故此种情况下再根据清算组成员的个体特质予以精细区分，已然超越了法律审判的合理范畴。清算组成员之间的经验、能力可能会有差异，但如果要求人民法院在审判时针对每一个清算组成员的经验、能力进行区分，并通过自由裁量的方式针对清算组成员的赔偿责任进行区分认定，不仅工作量较大，而且也难以把握合理尺度。

（二）在清算义务人对债权人的赔偿责任中，如何计算诉讼时效？

案例1 最高人民法院（2018）最高法民申5325号 鹰潭金良汇融投资管理有限公司、中国建材集团有限公司股东损害公司债权人利益责任纠纷

▶ 案情摘要

中宏公司于1998年成立，注册资本3000万元，股东包括中国宏观经济学会、中建材公司、葛洲坝公司、希格玛公司和华夏证券公司等9家单位。1999年，公司增资至22,000万元，中国宏观经济学会为主要股东。

2000年，北京市第二中级人民法院判决中宏公司返还华夏证券公司6000万元借款及利息。2002年，华夏证券公司因未获清偿，取得债权凭证。2003年，中宏公司被吊销营业执照。

2008年，北京市方圆公证处证明建投中信公司向中宏公司邮寄了《债权出售告知书》和《债权转让通知书》，显示华夏证券公司将债权转让给建投中信公司。2016年，北京市长安公证处证明建投中信公司将债权再次转让给鹰潭公司。

此后，鹰潭公司向一审法院起诉，要求中建材公司、葛洲坝公司、希格玛公司对中宏公司6000万元借款及迟延履行债务利息承担连带清偿责任。

裁判要旨

法院认为，2009年9月5日这个时间节点，债权转让对中宏公司发生效力。《公司法司法解释（二）》施行之前，我国并无清算义务人未履行清算义务应当承担连带清偿责任的规定。2008年5月19日施行的《公司法司法解释（二）》第18条第2款作出了关于股东怠于履行清算义务对公司债务承担连带清偿责任的规定，华夏证

券公司作为中宏公司的股东，明知中宏公司无法进行清算的事实，但其并未自该时间节点开始在法律规定的期间内向中建材公司、葛洲坝公司、希格玛公司主张债权。由于本案鹰潭公司的债权受让于建投中信公司，建投中信公司债权受让于华夏证券公司，根据《合同法》第82条的规定，中建材公司、葛洲坝公司、希格玛公司对华夏证券公司的诉讼时效抗辩可以向鹰潭公司主张。因此，原审对于债权转让的时间和诉讼时效已经超过的认定正确，鹰潭公司的该项再审申请理由不能成立，本院不予支持。

案例2 上海市高级人民法院（2018）沪民申2207号　中国民生银行股份有限公司上海分行与上海绿洲投资控股集团有限公司股东损害公司债权人利益责任纠纷

▶ 案情摘要

2002年，民生银行上海分行因借款合同纠纷起诉珠海石化上海公司、亨通（集团）公司及石基公司。法院判决珠海石化上海公司归还本金及逾期利息，石基公司承担连带清偿责任。民生银行上海分行于2002年申请执行，但因被执行人无财产可供执行，法院裁定中止执行。2005年，法院再次裁定终结执行程序。

石基公司于1993年成立，股东包括嘉定区房产总公司（后更名为绿洲集团公司）、𠙶城建设开发公司（后更名为𠙶城市政总公司）和香港石基公司。石基公司于2005年被吊销营业执照，2013年经营期限届满。

2015年，民生银行上海分行申请对石基公司破产清算。2016年，法院裁定受理申请，但清算过程中发现石基公司缺少清算资料，无法继续执行清算程序，最终裁定终结破产清算程序。

后民生银行上海分行起诉请求：1. 要求绿洲集团公司、𠙶城市政总公司向民生银行上海分行清偿石基公司拖欠民生银行上海分行的欠款43,202,201.87元；2. 绿洲集团公司、𠙶城市政总公司支付民生银行上海分行垫付的石基公司破产清算费用25,000元。

一审法院经过审理后认为民生银行上海分行的诉讼请求超过诉讼时效，但对民生银行上海分行垫付的破产清算费用法院予以支持。民生银行上海分行不服一审判决，提起上诉。二审法院经审理后维持一审判决，驳回上诉。民生银行上海分行不服二审判决，向上海市高级人民法院申请再审。再审法院裁定驳回民生银行上海分行的再审申请。

裁判要旨

法院认为，民生银行上海分行作为石基公司的债权人及申请执行人，在法院执行债权的过程中应已知晓石基公司被吊销营业执照，出现了需要清算的情形，之后民生银行上海分行亦应对石基公司的情况尽合理注意义务，故本院认为民生银行上海分行应当知悉石基公司股东未履行清算义务致其权利被侵害的事实。因此，即使考虑民生银行上海分行知晓石基公司股东不履行清算义务的合理期限，至民生银行上海分行于2015年5月申请对石基公司强制清算，也已过7年，显然超过了诉讼时效。至于“财产、账册、重要文件等灭失，无法进行清算”是清算义务人怠于履行义务对公司债务向债权人承担连带责任的条件，而不是债权人主张损害赔偿责任诉讼时效的起算点，破产清算程序亦非债权人实现债权的必然程序，清算事由的发生也不产生清算义务人承担赔偿责任诉讼时效重新起算的效力。

案例3 最高人民法院（2018）最高法民申2137号 厦门卓信成投资有限责任公司、东京物产株式会社股东损害公司债权人利益责任纠纷

► 案情摘要

食为天公司于1992年5月23日成立，为中外合作企业，股东包括东京物产和天津国际大厦。公司经营期限至2002年5月22日。食为天公司设立分支机构丽晶酒店，至迟于2002年4月不再经营。

食为天公司1994年至2000年的审计资料显示，公司资产和负债逐年增加，至2000年资产总计49,661,179.76元，负债合计48,857,956.39元，年度利润总额 −7,208,445.42元，未分配利润 −20,300,194.39元。

1993年3月，食为天公司与中行和平支行签订贷款合同，贷款2550万元。合同签订后，中行和平支行依约发放了贷款。合同到期后，食为天公司未能完全履行还款义务，中行和平支行遂起诉。2001年8月6日，一审法院作出（2001）一中经初字第290号民事判决，判令食为天公司偿还借款本金2550万元及自2000年12月21日至判决生效日的逾期利息，并以丽晶酒店承担抵押担保责任。经对食为天公司的银行存款及抵押财产进行强制执行，截至2002年9月16日，食为天公司尚欠中行和平支行10,760,625.76元及相应利息，一审法院裁定终结本次执行程序。

2004 年 9 月 7 日，中行和平支行将债权转让给东方资产公司，后东方资产公司转让给东信资产公司，最终东信资产公司于 2011 年 12 月 13 日转让给卓信成公司。债权转让协议注明的本金数额为 8,957,771.60 元，利息数额为 5,251,588.67 元。

2008 年 1 月 28 日，食为天公司因未参加年检被吊销营业执照，要求其立即组织清算。卓信成公司认为东京物产和天津国际大厦怠于履行清算义务，导致公司财产、账册等灭失，无法清算。

卓信成公司于 2016 年 6 月 27 日向一审法院提起诉讼，要求东京物产与天津国际大厦对食为天公司的债务承担连带清偿责任。

一审法院认为卓信成公司的起诉已超过诉讼时效。卓信成公司不服一审判决，向天津市高级人民法院提起上诉。二审法院驳回上诉，维持原判。卓信成公司不服二审判决，向最高人民法院申请再审，再审法院裁定驳回卓信成公司的再审申请。

裁判要旨

法院认为，根据原审查明事实，因食为天公司不履行借款合同纠纷案的生效判决，债权人中国银行天津和平支行申请天津市第一中级人民法院强制执行，债权获得部分清偿。在食为天公司无其他财产可供执行的情况下，天津市第一中级人民法院于 2002 年 9 月 16 日裁定终结对食为天公司的执行程序。中国银行天津和平支行将未获受偿的债权作为不良金融资产，对外出让，经过三次债权转让后，由卓信成公司受让该债权。其间，食为天公司于 2002 年 5 月经营期限届满、于 2008 年 1 月 28 日被吊销营业执照。根据《公司法》(2018)第 180 条、第 183 条的规定，公司因上述情形而解散的，应当在解散事由出现之日起 15 日内成立清算组，开始清算。由于上述公司解散情形均为公示登记信息，因此，无论债权转让与否，食为天公司的债权人至迟于 2008 年 2 月 13 日就知道或应当知道因食为天公司股东怠于清算可能造成债权人的权利受到侵害，2 年的诉讼时效应从此时起算。而本案卓信成公司直至 2016 年 7 月才提起本案诉讼，故原判决认定其起诉已经超过诉讼时效期间，并无不当。

总结及延展

在《公司法》(2024)实施之前，《公司法》(2018)尚未设定清算义务人的概念，但《公司法》(2018)第 183 条认为有限责任公司的股东、股份有限公司的董事和控股股东应承担启动清算义务。《公司法司法解释(二)》(2020)第 19 条所涉责任主体可理解为“清算义务人”，前述规定应理解为：清算义务人未在法定期限内成立清算组开始清算，导致公司财产贬值、流失、毁损或者灭失，或导致无法进行清算的，债权人可主张清算义务人在造成损失范围内对公司债务承担赔偿责任。

根据前述规定，清算义务人赔偿责任纠纷可分为两种情况，第一种情况是清算义务人未启动清算导致公司财产贬值、灭失，债权人利益受损；第二种情况是清算义务人怠于履职，最终清算未能开展且债权人未得到任何清偿。在第一种情况下，债权人的诉讼时效应当从知道或者应当知道自身利益受损之日开始计算，一般而言，当债权人获得清偿份额之日即应当知道自身权益受到损害，故在第一种情况下，债权人的诉讼时效应当从获知受偿金额之日开始计算。在第二种情况下，债权人的诉讼时效应从债权人知道或者应当知道公司无法进行清算之日起开始计算。

那么，如何认定公司债权人“知道或应当知道公司无法进行清算之日”？现行法律及司法解释尚未有明确规定，司法实务中则主要存在如下几种观点：

其一，按照《公司法》(2024)第232条的规定，清算义务人应当在公司解散事由出现之日起15日内组成清算组。故此，“知道或者应当知道公司无法清算之日”一定是在清算组应当成立的期限之后。但如果公司迟迟未清算的，对于该公司能否进行清算，外部债权人无从知晓，只有在强制清算程序终结之时才能知道公司无法清算，即以强制清算程序为此类案件的前置程序，其诉讼时效也应于法院出具终结强制清算程序的裁定之日起起算。

其二，法院出具终结强制清算程序的裁定并非认定公司无法清算的唯一标准，公司债权人“知道或者应当知道公司无法进行清算之日”应结合清算事由发生的时间、债务人公司被吊销营业执照的时间、债权人确认债权无法清偿的时间、债务人公司无财产可供执行被裁定终结的时间、法院裁定终结强制清算程序的时间、债务人公司主要财产灭失的时间等方面综合进行判断。在具体案件审理过程中，应当结合个案的具体情况综合判断诉讼时效的起算点。

其三，债权人以公司未及时清算、无法清算为由主张清算义务人承担民事赔偿责任的诉讼时效应自债权人知道或应当知道公司出现解散事由的第16日开始起算，目前有较少部分判例持有该观点。前述观点是《九民纪要》未出台时最高人民法院民二庭的观点，后《九民纪要》并未采纳这一种观点，原因在于：债权人是否有权进行强制清算，与公司是否无法清算没有逻辑关联，债权人有权申请强制清算，并不等同于债权人要求股东承担连带清偿责任的请求权已经成立。

（三）清算组仅以公告方式通知债权人，是否构成有效通知？

案例1 最高人民法院（2020）最高法民申5085号　王×森、青海昆源矿业有限公司清算责任纠纷

▶ 案情摘要

森和公司于2014年6月23日成立，企业类型为自然人独资，股东及法定代表人为王×森。2017年11月17日，原森和公司股东变更为王×森持股1%、陈×刚持股99%。2018年6月6日，原森和公司在《青海日报》刊登公告。2018年7月26日，原森和公司股东变更为王×森持股100%。森和公司于2018年8月1日由清算组王×森、顾×娟签字并由股东王×森签字确认，作出《青海省森和煤业有限责任公司清算报告及确认清算报告的决定》，称："2018年8月1日经股东决定，森和公司注销清算已结束，公司债权债务已清理完毕，清算报告所列事项准确无误、合法、有效，通过清算组所作的清算报告，公司债权债务如有遗漏由公司股东承担。"同日，由西宁市市场监督管理局出具（宁市监）登记企销字（2018）第1645号准予注销登记通知书，准予森和公司注销，森和公司即被注销。2019年6月2日王×森与陈×刚签订证明，载明"陈×刚为青海森和煤业有限责任公司的实际股东及清算组成员"。

2017年2月28日，昆源公司与原森和公司签订了煤炭销售合同，约定森和公司从昆源公司处购买大柴旦高泉原煤并销往西宁地区的供电企业。2018年3月26日，双方签订了《债务确认书及还款计划》，确认截至2017年12月20日森和公司共计拖欠昆源公司煤款22,207,421元，双方约定森和公司自2018年4月1日起以分期付款的方式每月归还昆源公司5,000,000元，在2018年10月1日前全额付清。

后来，昆源公司起诉王×森，要求王×森承担赔偿责任。一审法院经审理后认为，王×森在清算期间不具有故意或者重大过失行为，亦不是清算组实际成员，昆源公司的诉讼请求，缺乏事实依据，不能成立。

昆源公司不服一审判决，向青海省高级人民法院提起上诉。二审法院认为，王×森在森和公司未实际清算的情况下，决定向登记机关办理注销公司登记，无论其作为清算组成员未书面通知已知债权人申报债权，还是对公司未依法清算而提供不实清算报告注销公司均存在重大过错，昆源公司请求王×森对未获申报和清偿的债权承担赔偿责任，符合法律规定。

王×森不服二审判决，向最高人民法院申请再审。

裁判要旨

法院认为,《最高人民法院关于适用〈中华人民共和国公司法〉若干问题的规定(二)》第 11 条规定:“公司清算时,清算组应当按照公司法第一百八十五条的规定,将公司解散清算事宜书面通知全体已知债权人,并根据公司规模和营业地域范围在全国或者公司注册登记地省级有影响的报纸上进行公告。”据此,公司在解散清算时,清算组除须在报纸上刊登公告外,还应书面通知全体已知债权人,王 × 森自认清算组未向昆源公司书面告知森和公司解散清算事宜,原审法院认定其未履行通知义务并无不当,王 × 森该项主张不能成立。

案例 2 湖北省高级人民法院(2021)鄂知民终 550 号 杨 × 鹏、郑 × 女等清算责任纠纷

▶ 案情摘要

2015 年 4 月 20 日,三为鹏公司成立,该公司的法定代表人为杨 × 鹏,股东包括杨 × 鹏、郑 × 女等自然人及南昌市三为果业有限公司。

2017 年 5 月 16 日,三为鹏公司与王 × 就加盟事项签订《特许加盟合同》(以下简称“涉案合同”),其后王 × 依约履行涉案合同,持续经营加盟店,并持续从三为鹏公司连续采购并支付货款。王 × 述称,其已支付三为鹏公司“服务费”5000 元、“两年短期管理押金”95,000 元、货款押金 15,000 元;杨 × 鹏、郑 × 女则认为,三为鹏公司仅收取到王 × 支付的上述款项中的 45,000 元。

2018 年 11 月 8 日,三为鹏公司股东会通过决议:1. 同意公司注销备案;2. 同意成立清算组,清算组成员由股东杨 × 鹏、郑 × 女组成,由杨 × 鹏担任清算组组长。2019 年 1 月 2 日,三为鹏公司清算组出具公司注销清算报告:确认公司清算组于 2018 年 11 月 8 日通知公司债权人申报债权,并于 2018 年 11 月 9 日在《长江商报》公告公司债权人申报债权,截至 2019 年 1 月 2 日,公司资产总额为 0 元,其中净资产、负债总额均为 0 元,公司债权已清收完毕,公司债务已清偿完毕。清算组成员及全体股东在该公司注销清算报告上签字或盖章予以确认。2019 年 1 月 2 日,武汉市武昌区行政审批局作出准予注销登记通知书,准予三为鹏公司注销登记。

庭审中,三为鹏公司一方陈述注销事项并未通知王 ×,只是将王 × 所经营加盟店的供货事宜转由原三为鹏公司股东承担至王 × 结束经营之时。

后王 × 起诉杨 × 鹏、郑 × 女，要求杨 × 鹏、郑 × 女返还费用并承担违约责任。

裁判要旨

法院认为，三为鹏公司注销前成立清算组，该清算组仅在《长江商报》发布公告，并未以书面、电话等合理方式及时通知尚未履行完毕的涉案合同对方当事人王 ×，以致王 × 未能及时申报债权而未获清偿。杨 × 鹏、郑 × 女作为清算组成员，未依法履行清算义务，有重大过失。王 × 作为已注销公司三为鹏公司的债权人，有权就原应由三为鹏公司支付的款项，向杨 × 鹏、郑 × 女主张赔偿责任。

总结及延展

清算组对于公司债权人具有通知义务，前述义务是基于清算组成员对公司的信义义务产生的，这就意味着清算组成员应当在力所能及的范围内对清算中的事项尽到勤勉尽职。《公司法》(2024)第 234 条规定了清算组应履行通知、公告债权人的义务，目的是便于债权人获取相关信息，迅速申报债权。无论采取何种情况通知债权人，均是围绕着“让债权人快速获知信息”的统一目标来决策安排，公告仅是在无法与债权人取得有效联系时的兜底手段，是“没办法中的办法”，公告信息实质上很难让债权人获知，如直接将公告作为通知债权人的唯一手段显然缺乏合理性，说明清算组成员未能充分践行自身的职责义务。故清算组在通知债权人时应当秉持“尽可能使用有效联系手段”的原则，通过公司内部资料以及公开查询渠道获取债权人的联系方式、住址信息，对于未知或住所不明确的债权人，清算组应在报纸上或者国家企业信用信息公示系统上发出公告。司法实践中大部分法院亦认为：清算组应当以书面、电话等合理方式通知已经知道或者应当知道的全部债权人，同时，需在报纸上或国家企业信用信息公示系统公告，方才构成有效通知。

(四)如清算义务人未及时履行清算义务，但其行为与债权人的损失之间不存在因果关系，清算义务人是否需要承担赔偿责任？

案例1 江苏省高级人民法院（2021）苏民申 18 号 高邮市四方机械有限公司与庞 × 峰、朱 × 军股东损害公司债权人利益责任纠纷

▶ 案情摘要

2018 年 6 月 22 日，江阴市金鹏新型建材有限公司（以下简称“金鹏公司”）被江

阴市市场监督管理局吊销了营业执照。朱 × 军、庞 × 峰系金鹏公司股东。

金鹏公司债权人高邮市四方机械有限公司（以下简称“四方公司”）认为，在金鹏公司被吊销营业执照后，四方公司对其享有的债权将依赖于朱 × 军、庞 × 峰依法对该公司进行清算才能获得实现。朱 × 军、庞 × 峰作为金鹏公司的股东，应当在公司出现解散事由之日起 15 日内组成清算组对公司债权债务进行清算，但朱 × 军、庞 × 峰逾期至今仍未对公司进行清算，致使该公司责任财产状况始终处于不明的状态，直接导致了四方公司的债权一直无法受偿。朱 × 军、庞 × 峰等滥用公司法人独立地位及股东有限责任逃避债务的行为，严重损害了四方公司作为债权人的合法权益。

四方公司由此诉至法院，请求判令朱 × 军、庞 × 峰对金鹏公司的债务承担连带给付责任。

裁判要旨

法院认为，朱 × 军、庞 × 峰作为金鹏公司持股 50% 的股东，且分别担任公司执行董事、监事职务，系金鹏公司清算义务人，负有对公司进行清算的法定义务，但二人至今未成立清算组对金鹏公司进行清算，应认定其怠于履行清算义务。

但是，本案所涉债务系金鹏公司与四方公司之间的债权债务，股东对公司债务以出资额为限承担有限责任是公司法的基本原则。四方公司在朱 × 军、庞 × 峰怠于履行清算义务的情况下，既未向人民法院申请对金鹏公司强制清算或破产清算，也未能提供充足的证据证明由于朱 × 军、庞 × 峰未在法定期限内成立清算组开始清算导致金鹏公司财产贬值、流失、毁损或者灭失，现四方公司直接要求朱 × 军、庞 × 峰对金鹏公司欠其的债务承担连带责任，于法无据，不予支持。

案例 2　浙江省高级人民法院（2018）浙民申 4160 号　广东粤财资产管理有限公司、叶 × 泓股东损害公司债权人利益责任纠纷

▶ 案情摘要

2011 年 10 月 25 日，广东发展银行股份有限公司杭州分行（以下简称“广发杭州分行”）与广东粤财资产管理有限公司（以下简称“粤财公司”）签订了《债权转让协议书》，将其对债务人浙江永富物资有限公司（以下简称“永富公司”）的债权及其一切从权利移交粤财公司。

2013 年 1 月 15 日，永富公司因未参加 2011 年年检，被工商部门吊销营业执照。

2017 年 7 月 25 日，粤财公司作为债权受让人以股东损害公司债权人利益责任起诉永富公司工商登记股东叶 × 泓、徐 × 涛。粤财公司认为，叶 × 泓、徐 × 涛作为永富公司的清算义务人，时至今日也未对永富公司进行依法清算，二人的上述行为导致粤财公司本应全额受偿的债权无法得到清偿，应对永富公司的债务承担赔偿责任，即对粤财公司连带清偿。

裁判要旨

法院认为，股东没有及时主动对营业执照吊销清算，并不必然损害公司债权人的利益，且公司营业执照被吊销，已经被公示，粤财公司作为债权受让人应该明了知晓，其没有主动提出异议，如果构成对其损害，应在法定期限内提出。现有证据并不足以证明永富公司存在财产贬损的情形，更无证据显示永富公司财产贬损系叶 × 泓、徐 × 涛怠于履行清算义务所致，故对粤财公司要求叶 × 泓、徐 × 涛对永富公司债务承担赔偿责任的请求不予支持。

总结及延展

清算组成员的赔偿责任属于一般侵权责任，清算组成员的过错违法行为与债权人损失之间是否存在因果关系是侵权责任构成要件的重要一环。《公司法》（2024）第 232 条第 3 款规定："清算义务人未及时履行清算义务，给公司或者债权人造成损失的，应当承担赔偿责任。"《公司法司法解释（二）》（2020）第 18 条第 1 款规定："有限责任公司的股东、股份有限公司的董事和控股股东未在法定期限内成立清算组开始清算，导致公司财产贬值、流失、损毁或者灭失，债权人主张其在造成损失范围内对公司债务承担赔偿责任的，人民法院应依法予以支持。"

综上可知，清算义务人未及时履行公司清算义务并非当然产生股东、董事对公司债务的赔偿责任，还需考察清算义务人不作为与公司财产贬损之间的因果关系，诸如，公司已经被法院强制执行且未查找到任何财产，或者财产自然灭失，在前述情况下，如债权人未提供证据证明清算义务人怠于履行清算义务与公司财产灭失存在因果关系，则不能认定债权人的损失是由清算义务人过错导致。

图书在版编目（CIP）数据

新公司法实务解构与精讲 / 张婧楠编著 . -- 北京 : 法律出版社 , 2025. -- ISBN 978-7-5197-9621-1

Ⅰ. D922.291.914

中国国家版本馆 CIP 数据核字第 2024JS9472 号

新公司法实务解构与精讲
XIN GONGSIFA SHIWU JIEGOU YU JINGJIANG

张婧楠 编著

责任编辑 张心萌
装帧设计 鲍龙卉

出版发行 法律出版社
编辑统筹 学术·对外出版分社
责任校对 李慧艳　张翼羽
责任印制 胡晓雅　宋万春
经　　销 新华书店

开本 710 毫米 ×1000 毫米　1/16
印张 27　**字数** 455 千
版本 2025 年 1 月第 1 版
印次 2025 年 1 月第 1 次印刷
印刷 北京盛通印刷股份有限公司

地址：北京市丰台区莲花池西里 7 号（100073）
网址：www.lawpress.com.cn
投稿邮箱：info@lawpress.com.cn
举报盗版邮箱：jbwq@lawpress.com.cn
销售电话：010-83938349
客服电话：010-83938350
咨询电话：010-63939796

书号：ISBN 978-7-5197-9621-1
定价：88.00 元
凡购买本社图书，如有印装错误，我社负责退换。电话：010-83938349